Schriften zum Deutschen und Europäischen Arbeits- und Sozialrecht

Herausgegeben von Ulrich Preis

Band 33

PL ACADEMIC RESEARCH

Die Aufgabe des Grundsatzes der Tarifeinheit bei Tarifpluralität
und die Auswirkungen auf das Betriebsverfassungsrecht

Lena Kristina Kuzbida

Die Aufgabe des Grundsatzes der Tarifeinheit bei Tarifpluralität und die Auswirkungen auf das Betriebsverfassungsrecht

PL ACADEMIC RESEARCH

Bibliografische Information der Deutschen Nationalbibliothek
Die Deutsche Nationalbibliothek verzeichnet diese Publikation in der Deutschen Nationalbibliografie; detaillierte bibliografische Daten sind im Internet über http://dnb.d-nb.de abrufbar.

Zugl.: Köln, Univ., Diss., 2014

Umschlagabbildung:
Siegel der rechtswissenschaftlichen Fakultät der Universität zu Köln.
Abdruck mit freundlicher Genehmigung der Universität zu Köln.

Umschlaggestaltung:

Gedruckt auf alterungsbeständigem,
säurefreiem Papier.

D 38
ISSN 1861-4582
ISBN 978-3-631-65878-9 (Print)
E-ISBN 978-3-653-05192-6 (E-Book)
DOI 10.3726/978-3-653-05192-6

PL Academic Research ist ein Imprint der Peter Lang GmbH.

Peter Lang – Frankfurt am Main · Bern · Bruxelles · New York ·
Oxford · Warszawa · Wien

Diese Publikation wurde begutachtet.

www.peterlang.com

Vorwort

Die vorliegende Arbeit wurde von der Rechtswissenschaftlichen Fakultät der Universität zu Köln im Juni 2014 als Dissertation angenommen.

Mein besonderer Dank gilt zunächst meinem Doktorvater, Herrn Prof. Dr. Björn Gaul, der diese Arbeit betreut und unterstützt hat. Durch seine konstruktiven Anmerkungen und Hinweise hat er entscheidend zum Gelingen meiner Arbeit beigetragen.

Ebenfalls herzlich bedanken möchte ich mich bei Herrn Prof. Dr. Dr. h.c. Ulrich Preis für die Erstellung des Zweitgutachtens.

Mein größter Dank gilt schließlich meinen Eltern, meinem Bruder und meinem Lebensgefährten für ihre stetige Unterstützung, ihren Zuspruch und ihre Geduld. Ihnen widme ich diese Arbeit.

Inhaltsverzeichnis

Abkürzungsverzeichnis

a.A.	andere Ansicht
Abs.	Absatz
AEntG	Arbeitnehmer-Entsendegesetz
a.F.	alte Fassung
Anm.	Anmerkung
AOG	Gesetz zur Ordnung der nationalen Arbeit
ArbGG	Arbeitsgerichtsgesetz
ArbRB	Der Arbeits-Rechts-Berater
ARGE	Arbeitsgemeinschaft
Art.	Artikel
AT-Angestellte	Außertarifliche Angestellte
AuA	Arbeit und Arbeitsrecht
AuR	Arbeit und Recht
BAG	Bundesarbeitsgericht
BAT	Bundesangestellten-Tarifvertrag
BAVC	Der Bundesarbeitgeberverband Chemie
BB	Betriebs-Berater
BDA	Bundesvereinigung der Deutschen Arbeitgeberverbände
BDSG	Bundesdatenschutzgesetz
BetrVG	Betriebsverfassungsgesetz
BGB	Bürgerliches Gesetzbuch
BVerfG	Bundesverfassungsgericht
bzw.	beziehungsweise
CDU	Christlich Demokratische Union
CGB	Christlicher Gewerkschaftsbund
CGM	Christliche Gewerkschaft Metall
CSU	Christlich Soziale Union
DAF	Deutsche Arbeitsfront
DAG	Deutsche Angestellten Gewerkschaft
DAV	Deutscher Anwaltsverein
DB	Der Betrieb
DBB	Deutscher Beamtenbund

DGB	Deutscher Gewerkschaftsbund
d.h.	das heißt
DKK	Däubler/Kittner/Klebe
e.V.	eingetragener Verein
ErfK	Erfurter Kommentar
f.	folgende
FDP	Freie Demokratische Partei
ff.	fortfolgende
Fn.	Fußnote
FS	Festschrift
GDBA	Gewerkschaft Deutscher Bundesbahnbeamten und Anwärter
GdF	Gewerkschaft der Flugsicherung
GDL	Gewerkschaft Deutscher Lokomotivführer
gem.	gemäß
GG	Grundgesetz
GK-BetrVG	Gemeinschaftskommentar Betriebsverfassungsgesetz
GS	Großer Senat
h.L.	herrschende Literatur
h.M.	herrschende Meinung
HWK	Henssler/Willemsen/Kalb
i.S.d.	im Sinne des/der
i.S.v.	im Sinne von
i.V.m.	in Verbindung mit
JuS	Juristische Schulung
JZ	Juristenzeitung
KAV	kommunaler Arbeitgeberverband
LAG	Landesarbeitsgericht
MünchArbR	Münchner Handbuch zum Arbeitsrecht
m.w.N.	mit weiteren Nachweisen
n.F.	neue Fassung
Nr.	Nummer
NZA	Neue Zeitschrift für Arbeitsrecht
OT	Ohne Tarifbindung
PersV	Die Personalvertretung
RAG	Reichsarbeitsgericht
RdA	Recht der Arbeit
Rn.	Randnummer
RWI	Rheinisch-Westfälische Institut für Wirtschaftsforschung

S.	Seite/Satz
SAE	Sammlung Arbeitsrechtlicher Entscheidungen
sog.	sogenannte/sogenannter
TVG	Tarifvertragsgesetz
TVöD	Tarifvertrag für den öffentlichen Dienst
TVVO	Verordnung über Tarifverträge. Arbeiter- und Angestelltenausschüsse und Schlichtung von Arbeitsstreitigkeiten
UFO	Unabhängige Flugbegleiter Organisation
VAA	Verband angestellter Akademiker und leitender Angestellter der chemischen Industrie
Var.	Variante
Ver.di	Vereinte Dienstleistungsgewerkschaft
vgl.	vergleiche
z.B.	zum Beispiel
ZFA	Zeitschrift für Arbeitsrecht
ZIP	Zeitschrift für Wirtschaftsrecht
ZTR	Zeitschrift für Tarifrecht

A. Einleitung

Seit mehr als 50 Jahren galt bislang nach der ständigen Rechtsprechung des Bundesarbeitsgerichts bei Tarifkollision der Grundsatz der Tarifeinheit. Nach dem Prinzip „Ein Betrieb – Eine Gewerkschaft" konnte sich lediglich ein Tarifvertrag in einem Betrieb durchsetzen, auch wenn der Arbeitgeber für diesen Betrieb an mehrere Tarifverträge mit sich überschneidenden Geltungsbereichen gebunden war. Dies galt sowohl für den Fall der Tarifkonkurrenz als auch im Falle einer Tarifpluralität. Hintergrund für diese Rechtsprechung war der pragmatische Gedanke, eine einfache und handhabbare Lösung bei auftretenden Tarifkollisionen zu schaffen. In der Literatur ist diese Vorgehensweise seit jeher auf heftige Kritik gestoßen. Bemängelt wurde durchweg ein Eingriff in die grundrechtlich geschützte Koalitionsfreiheit. Zudem hatte sich auch in der Rechtsprechung unterinstanzlicher Gerichte sowie bei vereinzelten Senaten des Bundesarbeitsgerichts in den letzten Jahren eine schleichende Distanzierung vom Grundsatz der Tarifeinheit bei Tarifpluralität im Betrieb angekündigt.

Maßgeblich zu dieser Entwicklung beigetragen hat die stetige Veränderung der Gewerkschaftslandschaft in Deutschland. Neben den klassischen DGB-Gewerkschaften bildeten sich zum einen sog. Spezialisten- und Spartengewerkschaften, wie die Gewerkschaft der Lokführer GDL, der Marburger Bund, die Pilotenvereinigung Cockpit oder die Gewerkschaft der Flugbegleiter UFO. Zum anderen traten zunehmend Richtungsgewerkschaften, insbesondere die im CGB zusammengeschlossenen christlichen Gewerkschaften, auf und damit ebenfalls in Konkurrenz zu den DGB-Gewerkschaften. Diese Wandlung führte immer öfter zu einem Aufeinandertreffen konkurrierender Tarifverträge in einem Betrieb.

Das Bundesarbeitsgericht hat nunmehr seinen über Jahrzehnte hinweg das Tarifrecht prägenden Rechtsgrundsatz der Tarifeinheit im Betrieb bei Tarifpluralität aufgegeben. Mit Beschluss vom 27.01.2010[1] stellte der 4. Senat eine Anfrage auf Rechtsprechungsänderung an den 10. Senat. Dieser stimmte mit seinem

1 BAG, Beschluss vom 27.01.2010, 4 AZR 549/08, AP Nr. 46 zu § 3 TVG, NZA 2010, 645ff.

Beschluss vom 23.06.2010[2] der Aufgabe des Grundsatzes der Tarifeinheit für die Fälle von Tarifpluralität zu. Am 07.07.2010[3] gab der 4. Senat dann schlussendlich seine bisherige Rechtsprechung zur Tarifeinheit im Betrieb auf und beendete damit eine Ära.

Diese Rechtsprechungsänderung wirft für die Praxis zahlreiche Neuerungen auf. Die Abkehr von dem Grundsatz der Tarifeinheit bedingt, dass jetzt mehrere Tarifverträge nebeneinander in einem Betrieb zur Anwendung gelangen und gegebenenfalls unterschiedliche Regelungen enthalten können, ohne dass, wie bisher, einer der konkurrierenden Tarifverträge zurücktreten muss.

Vor diesem Hintergrund stellt sich aktuell die Frage, wie mit den Folgeproblemen umzugehen ist. Zum einen führt die Umsetzung mehrerer Tarifverträge in einem Betrieb für den Arbeitgeber zu erheblichen organisatorischen Konsequenzen. Dieser ist nunmehr gehalten, auf jeden gewerkschaftlich organisierten Mitarbeiter, den für diesen gültigen Tarifvertrag anzuwenden. Dazu ist es aber unerlässlich, dass der Arbeitgeber überhaupt weiß, welcher Tarifvertrag für welchen Arbeitnehmer Wirkung entfaltet. Dies führt wiederum zu der wesentlichen Frage, ob dem Arbeitgeber ein Fragerecht nach der Gewerkschaftszugehörigkeit zusteht. Des Weiteren ist problematisch, wie mit bestehenden Bezugnahmeklauseln umzugehen ist, da es jetzt an der Bestimmtheit fehlen kann. Zudem sind auch die Auswirkungen auf das Arbeitskampfrecht nicht zu unterschätzen.

Unter Berücksichtigung der von den Kritikern der Tarifpluralität angeführten rechtlichen und tatsächlichen Schwierigkeiten soll der Fokus dieser Arbeit jedoch schwerpunktmäßig auf den Auswirkungen für das Betriebsverfassungsrecht liegen. Hier gilt es zu begutachten, welche Veränderungen sich durch das Ende der Tarifeinheit bei Tarifpluralität mit Blick auf die §§ 80 Abs. 1, 87 Abs. 1 Einleitungssatz, 77 Abs. 3, 3 Abs.1 BetrVG sowie die Gemeinsamen Einrichtungen ergeben und wie diese folglich für den tarifpluralen Betrieb zu lösen sind.

Bei mehreren, in einem Betrieb anwendbaren Tarifverträgen stellt sich auf betrieblicher und betriebsverfassungsrechtlicher Ebene daher die Frage, ob die Rechtsprechungsänderung auch hier konsequent umzusetzen ist und damit alle geltenden Tarifverträge Wirkung entfalten, oder ob zugunsten der Betriebsautonomie nur einem der Tarifwerke Vorzug eingeräumt werden darf. Anders als bei Individualnormen, wird bei betrieblichen Angelegenheiten gem. § 3 Abs. 2 TVG allein auf die Tarifbindung des Arbeitgebers abgestellt. Damit kommt es

2 BAG, Beschluss vom 23.06.2010, 10 AS 2/10, AP Nr. 47 zu § 3 TVG, NZA 2010, 778; Beschluss vom 23.06.2010, 10 AS 3/10.

3 BAG, Urteil vom 07.07.2010, 4 AZR 549/08, AP Nr. 140 zu Art 9 GG, NZA 2010, 1068ff.

unabhängig von der Gewerkschaftszugehörigkeit der Arbeitnehmer zur Verbindlichkeit tariflicher Vorschriften für den gesamten Betrieb, wenn der Arbeitgeber an den Tarifvertrag gebunden ist. Aus diesem Grunde besteht zukünftig vermehrt die Gefahr unterschiedlicher betrieblicher Regelungen durch verschiedene Tarifverträge.

Im Hinblick auf die betriebliche Mitbestimmung ist zum einen § 77 Abs. 3 BetrVG von dem Paradigmenwechsel betroffen. Hier gilt es zu klären, welcher Tarifvertrag den Tarifvorbehalt nach § 77 Abs. 3 S. 1 BetrVG auslöst und damit abweichende Betriebsvereinbarungen des Betriebsrats sperrt. Problematisch ist zudem, wie es sich mit konkurrierenden Öffnungsklauseln gem. § 77 Abs. 3 S. 2 BetrVG verhält, da diese der Sperrwirkung grundsätzlich entgegenstehen. Mit Blick auf § 87 Abs. 1 Eingangssatz BetrVG und § 77 Abs. 3 BetrVG muss erörtert werden, wie mit „alten" Betriebsvereinbarungen umzugehen ist, die bereits vor der Rechtsprechungsänderung Bestand hatten und nunmehr möglicherweise im Widerspruch zu der neuen Rechtslage stehen.

Zum anderen sind von der Rechtsprechungsänderung auch die Regelungsgegenstände des § 87 Abs. 1 BetrVG betroffen, beispielsweise Arbeitszeitmodelle oder Fragen der betrieblichen Lohngestaltung. Nach der Rechtsprechungsaufgabe sind konsequenterweise Arbeitnehmer, die dieselbe Tätigkeit ausüben, unter Umständen aufgrund ihrer jeweiligen Gewerkschaftszugehörigkeit unterschiedlich zu entlohnen, müssen unterschiedlich viel arbeiten oder haben Anspruch auf unterschiedlich viele Urlaubstage. Dies kann mit Blick auf verschiedene tarifliche Regelungen zu Arbeitszeitmodellen aber zu weitreichenden praktischen Schwierigkeiten führen. Des Weiteren ist hinsichtlich § 87 Abs. 1 Eingangssatz BetrVG zu untersuchen, welche Auswirkungen die Tarifpluralität auf den Bereich der Mitbestimmung des Betriebsrats in sozialen Angelegenheiten hat. In diesem Zusammenhang ist fraglich, nach welchen Kriterien zukünftig der Tarifvorrang behandelt werden soll. Hier muss mit Blick auf den Normzweck entschieden werden, ob jeder Tarifvertrag die Sperrwirkung gegenüber dem betrieblichen Mitbestimmungsrecht auszulösen vermag, oder eben nur einer der konkurrierenden Tarifverträge. Ferner ist problematisch, wie es sich mit unterschiedlichen Betriebsvereinbarungen je nach Gewerkschaftszugehörigkeit verhält. Dabei kommt es maßgeblich auf das Verhältnis zwischen Betriebs- und Tarifautonomie nach der Intention des Gesetzgebers an.

Darüber hinaus spielt die Aufgabe des Grundsatzes der Tarifeinheit im Betrieb auch eine entscheidende Rolle in Bezug auf betriebsverfassungsrechtliche Organisationsnormen, insbesondere auf § 3 Abs. 1 BetrVG. Die Schwierigkeit besteht hier darin, dass es dem Arbeitgeber frei steht, mit mehreren Gewerkschaften

Zuordnungstarifverträge abzuschließen, die nunmehr unabhängig voneinander abweichende Arbeitnehmervertretungsstrukturen vorsehen können.

Letztlich ergeben sich für den tarifpluralen Betrieb auch wichtige Fragen hinsichtlich der Tarifverträge über die Gemeinsamen Einrichtungen nach § 4 Abs. 2 TVG. Insbesondere außerhalb des AEntG gilt es eine Lösung zu finden, die der Aufgabe gemeinsamer Einrichtungen gerecht wird.

Das Ziel der Arbeit ist demnach eine Analyse der Rechtsprechungsänderung des Bundesarbeitsgerichts zum Grundsatz der Tarifeinheit im Betrieb. Im Fokus steht dabei insbesondere, inwieweit einer Aufgabe der Tarifeinheit zugunsten von Tarifpluralität im Betrieb mit besonderem Blick auf das Betriebsverfassungsrecht gefolgt werden kann und welche Konsequenzen sich hieraus für die Arbeitsvertragsparteien und andere betriebliche Institutionen ergeben. Aus diesen Erkenntnissen gilt es, eine praxistaugliche und rechtsdogmatisch fundierte Lösung bei auftretenden Tarifkollisionen im BetrVG zu entwickeln.

B. Die Entwicklung des Grundsatzes der Tarifeinheit bei Tarifkonkurrenz und Tarifpluralität bis 2010

Der Grundsatz der Tarifeinheit im Arbeitsverhältnis und im Betrieb hat eine lange Entwicklung hinter sich. Das bisherige Verständnis zur Behandlung von Tarifkollisionen beruhte dabei maßgeblich auf den geschichtlichen Strukturen der Gewerkschaftslandschaft sowie auf der Rechtsprechung des BAG. Viele Jahrzehnte lang galt der Grundsatz der Tarifeinheit daher als unumstößliches Rechtsprinzip. Seine gesetzliche Fixierung erfolgte jedoch nie. Vielmehr wurden von Wissenschaft und Rechtsprechung für dessen Begründung „allgemeine Rechtsprinzipien“ herausgearbeitet, die mitunter auch den der heutigen Bundesrepublik Deutschland vorangegangenen historischen Gegebenheiten geschuldet waren. Sowohl das System des Tarifrechts, als auch der Grundsatz der Tarifeinheit im Betrieb folgten zunächst aus dem Industrieverbandsprinzips.[4]

Die jüngere Geschichte hat jedoch gezeigt, dass ein Wandel in der Organisationstruktur der Gewerkschaften stattfand, der mit dem Grundsatz „Ein Betrieb – eine Gewerkschaft“ nicht immer zu vereinbaren war. Die Zunahme von sog. Sparten- und Spezialistengewerkschaften hat daher dazu geführt, dass der Druck auf das Prinzip der betriebsweiten Tarifeinheit immer größer wurde, da es der Praxis nicht länger gerecht werden konnte.

I. Historische Entwicklung

Unter dem Einfluss der TVVO im Koalitionspluralismus der Weimarer Republik gewannen die Rechtsinstitute der Tarifkonkurrenz und Tarifpluralität und damit auch der Grundsatz der Tarifeinheit an Bedeutung. Zunächst stand jedoch alleine die Tarifeinheit im Arbeitsverhältnis im Vordergrund. Eine Verfestigung der Tarifeinheit im Betrieb konnte erst unter den Tarifordnungen im Nationalsozialismus beobachtet werden.[5] Im Nachgang wurde das Prinzip der Tarifeinheit in der Rechtsprechung immer weiter vorangetrieben.

4 Vgl. Greiner, NZA 2007, 1023.

5 Jacobs, Tarifeinheit und Tarifkonkurrenz, § 3, S. 41.

1. Tarifeinheit in der Weimarer Republik und im Nationalsozialismus

a. Tarifeinheit in der Weimarer Republik

Der Grundsatz der Tarifeinheit hatte seinen Ursprung bereits in der Weimarer Republik. Maßgeblich hierfür war die Zersplitterung der Gewerkschaftslandschaft in Richtungsgewerkschaften.

Zu Beginn des Tarifvertragswesens war die Tarifgestaltung weitestgehend dezentral organisiert, so dass es zu keiner Kollision tariflicher Regelungen kam. Damals dominierten eher kleinräumig organisierte Berufsverbände.[6] Nach Aufhebung des Koalitionsverbots im Jahre 1869 und der Gründung erster gewerkschaftlicher Zentralverbände stieg jedoch die Anzahl der Tarifverträge rasch an.[7] Vorherrschend waren zunächst Firmentarifverträge, so dass Tarifkonkurrenzen weiter selten blieben.

Nach 1914 sank der prozentuale Anteil der Firmentarifverträge, da der räumliche Geltungsbereich von Tarifverträgen größer wurde und immer mehr Arbeitsverhältnisse erfasste. Aus der Erkenntnis des fehlenden wirtschaftlichen Gleichgewichts der Parteien eines Arbeitsverhältnisses, stieg der Organisationsgrad der Arbeitnehmer und damit auch die Zahl der Arbeitgeber- und Arbeitnehmerverbände.[8] Dieser Koalitionspluralismus wurde ferner durch die Ausrichtung der Verbände nach dem Berufsverbandsprinzip gefördert.

Konkurrenz erhielt diese Form der Gruppierung jedoch schon bald durch Industrieverbände, die aufgrund ihrer betriebseinheitlichen Regelungen aller Arbeitsbedingungen, insbesondere in Großbetrieben, an Popularität gewannen. Die Ablösung der Berufsorganisationen durch die Industrieverbände führte erstmals zu der besagten Problematik von Tarifkollisionen.[9]

In dem Bewusstsein der zunehmenden Wichtigkeit und Komplexität des Tarifvertragswesens wurden zu Beginn des 20. Jahrhunderts verschiedene Entwürfe für ein Tarifvertragsgesetz vorgelegt, die meist auch Regelungen über Tarifkollisionen enthielten.[10] So befasste sich *Sinzheimer* in seinem Entwurf eines Arbeitstarifgesetzes als einer der Ersten mit der „Mehrheit von Tarifverträgen“ und normierte eine Kollisionsregel auf der Grundlage des Prioritätsprinzips.[11] Ebenso enthielt der Gesetzesentwurf für eine Tarifvertragsverordnung aus dem

---

6 Reichold, RdA 2007, 321.

7 Jacobs, Tarifeinheit und Tarifkonkurrenz, § 3, S. 41.

8 Jacobs, Tarifeinheit und Tarifkonkurrenz, § 3, S. 42.

9 Vgl. Reichold, RdA 2007, 321.

10 Jacobs, Tarifeinheit und Tarifkonkurrenz, § 3, S. 42.

11 Sinzheimer, Arbeitstarifgesetz, S. 213ff.

Reichsarbeitsamt vom 09.12.1918 eine Regelung für das Zusammentreffen mehrerer allgemeinverbindlicher Tarifverträge im Arbeitsverhältnis.[12] Beiden Entwürfen lag jedoch ausschließlich die Tarifeinheit im Arbeitsverhältnis zugrunde.

1918 erließ der Gesetzgeber dann die Verordnung über Tarifverträge, Arbeiter- und Angestelltenausschüsse und Schlichtung von Arbeitsstreitigkeiten (TVVO). In der TVVO wurde die Tarifkonkurrenz ansatzweise in § 2 Abs. 2 TVVO normiert. Voraussetzung war, dass ein Arbeitsverhältnis von mehreren Tarifverträgen erfasst wurde und beide Arbeitsvertragsparteien tarifbeteiligt waren. Nach § 2 Abs. 2 TVVO durften auf ein Arbeitsverhältnis nicht mehrere allgemeinverbindliche Tarifverträge angewandt werden. Eine Auflösung im Falle einer Kollision sollte nach dem Quantitätsprinzip erfolgen. Danach war der Tarifvertrag vorrangig, der die größte Anzahl von Arbeitsverhältnissen im Betrieb erfasste.

Keine Regelung enthielt die TVVO bei Tarifkonkurrenzen abseits von § 2 Abs. 2 TVVO für den Fall, dass keiner oder nur einer der das Arbeitsverhältnis erfassenden Tarifverträge allgemeinverbindlich war. Nach h.M. konnten jedoch auch in diesen Varianten mehrere Tarifverträge nicht nebeneinander bestehen.[13] Argumentiert wurde, dass der Tarifvertrag als einheitliches Ganzes zu verstehen sei. Umstritten war jedoch, welche Rechtsfolge bei konkurrierenden Tarifverträgen außerhalb des § 2 Abs. 2 TVVO angewandt werden sollte. Einigkeit bestand lediglich dahingehend, dass aufkommende Tarifkonkurrenzen zunächst ausschließlich im einzelnen Arbeitsverhältnis aufzulösen waren. Alles andere wurde als „unechte Tarifkollision" behandelt.[14] Hierunter fiel auch die Tarifpluralität, also ein Nebeneinander mehrerer Tarifverträge im Betrieb und die Ergänzung oder Ablösung mehrerer Tarifverträge.[15] Der Grundsatz der Tarifeinheit und die zur Tarifkonkurrenz entwickelten Prinzipien kamen dann nicht zur Anwendung. Bei Tarifpluralität galt weiterhin der jeweilige Tarifvertrag für die entsprechend Tarifgebundenen.[16] Von einer Anerkennung der Tarifeinheit im Betrieb konnte damit noch keine Rede sein.

Im Folgenden entstanden weitere Entwürfe für ein Tarifvertragsgesetz, welches die TVVO ablösen sollte. Dazu gehörten unter anderem der nicht amtliche Entwurf des Ausschusses für ein einheitliches Arbeitsrecht von 1921, welcher auf der Grundlage eines Vorentwurfs von *Sinzheimer* verfasst wurde sowie ein

---

12 Siehe Jacobs, Tarifeinheit und Tarifkonkurrenz, § 3, S. 43f.

13 Konzen, RdA 1978, 151.

14 Jacobs, Tarifeinheit und Tarifkonkurrenz, § 3, S. 49.

15 Hueck/Nipperdey, Bd. 2/1, S. 249.

16 Konzen, RdA 1978, 151.

Gesetzesentwurf von *Nipperdey* aus dem Jahre 1924.[17] Alle Entwürfe hatten wiederum gemein, dass nur ein Tarifvertrag auf das Arbeitsverhältnis angewandt werden sollte. Daraus konnte man schließen, dass bereits zu diesem Zeitpunkt zumindest die Tarifeinheit im Arbeitsverhältnis als anerkannte Kollisionsregel verstanden worden ist. Vorherrschendes Auflösungsmodell war das Spezialitätsprinzip. Grund zu der Annahme, dass der Grundsatz der Tarifeinheit in diesen Entwürfen auch auf den Betrieb ausgeweitet werden sollte, gab es nicht.

Erst gegen Ende der Weimarer Republik stieß auch die Lehre von der Tarifeinheit im Betrieb auf immer mehr Zuspruch. Im Zuge der zunehmenden tarifpolitischen Bedeutung des Industrieverbandsprinzips verlor der Fachtarif gegenüber dem Industrietarif stetig an Gewicht.[18] In der Praxis kristallisierte sich ein Bedürfnis nach betriebseinheitlicher Regelung aller Arbeitsverhältnisse heraus, das unter anderem auch auf organisatorische und praktische Gesichtspunkte zurückzuführen war. Die Gewerkschaften zielten deshalb darauf ab, Betriebe einheitlich mit allen Arbeitnehmern zu erfassen, um die zunehmende Industrialisierung zu kompensieren. Allerdings konnte dieses Konzept nicht umgehend flächendeckend umgesetzt werden, da auch weiterhin noch einzelne Gewerkschaften an ihrer traditionellen Organisationsform nach dem Berufsverbandsprinzip festhielten.

Dem allgemeinen Streben nach dem Industrieverbandsprinzip wurde aber bei der Existenz von Tarifkonkurrenzen in Arbeitsverhältnissen dadurch Rechnung getragen, dass der Fachtarifvertrag bei Kollision mit einem Industrietarifvertrag aus dem Betrieb verdrängt wurde, da letzterer gem. § 2 Abs. 2 TVVO in der Regel mehr Arbeitsverhältnisse eines Betriebs erfasste.[19]

Zu der endgültigen Anerkennung des Grundsatzes der Tarifeinheit im Betrieb trug ausschlaggebend *Hans Carl Nipperdey* bei. Er forderte vehement dessen Stellung als zwingendes Rechtsprinzip. 1929 formulierte *Nipperdey* in seinen Entscheidungsanmerkungen zu einem Urteil des Reichsarbeitsgerichts eine „allgemeine Rechtsauffassung von der Einheitlichkeit der Tarife", wonach immer nur ein Tarifvertrag für das Arbeitsverhältnis und zugleich den Betrieb gelten solle.[20]

Zu beobachten war demnach eine Akzentverschiebung vom Einzelarbeitsverhältnis hin zum betrieblichen Arbeitsverhältnis, innerhalb dessen die Beschäftigten

17 Jacobs, Tarifeinheit und Tarifkonkurrenz, § 3, S. 45.

18 Konzen, RdA 1978, 151; Hueck/Nipperdey, Bd. 2/1, S. 255.

19 Konzen, RdA 1978, 151.

20 Nipperdey, Anm. zu RAG, Urteil vom 19.01.1929, RAG 270/28, ARS Bd. 5, 1929, S. 87.

nicht Diener verschiedener Herren, sprich zweier Tarifverträge, sein sollten.[21] Diese Entwicklung passte augenscheinlich zu der zeitbedingten Kollektivierung des Arbeitsrechts. In der Weimarer Republik wurde zunehmend das Recht der Institution „Betrieb" sowie das „soziale Organisationsverhältnis" und weniger die einzelvertraglich begründete Rechtsbeziehung hervorgehoben.[22]

Zusammenfassend kann damit festgehalten werden, dass die Tarifeinheit im Arbeitsverhältnis bereits in den ersten Entwürfen für ein Tarifvertragsgesetz aufgenommen und in der Folgezeit nicht weiter ernsthaft bestritten wurde. Über die Rechtsfolge bei zwingender Kollisionsauflösung konnte letztlich aber keine Einigkeit erzielt werden. Die Tarifeinheit im Betrieb entwickelte sich erst im Zuge des Industrieverbandsprinzips und gewann nicht zuletzt durch ihren Befürworter *Nipperdey* an Zustimmung. Allerdings konnte es sich als Rechtsprinzip noch nicht vollends etablieren. Erst einige Jahre später unter der Präsidentschaft *Nipperdeys* sollte das Prinzip der Tarifeinheit im Betrieb dann auch durch das Bundesarbeitsgericht bei späterer Einführung des TVG fortgeführt werden.[23]

b. Tarifeinheit im Nationalsozialismus

Die Wandlung zugunsten der Tarifeinheit im Betrieb wurde während des Nationalsozialismus zwangsläufig fortgeführt und verfestigt.

Mit der Machtübernahme durch Hitler 1933 kam es zu einer Auflösung der Koalitionen.[24] An ihre Stelle trat nach dem Treuhändergesetz vom 19.05.1933 eine neue Instanz zur „Ausschaltung der Gewerkschaften", die sog. „Treuhänder der Arbeit", die nunmehr für die Tarifgestaltung zuständig waren. Als einheitliche Organisation aller Arbeitnehmer und Arbeitgeber wurde die Deutsche Arbeitsfront (DAF) gegründet. Im Jahr 1934 wurde diese Machtposition durch das Gesetz zur Ordnung der nationalen Arbeit (AOG) weiter gefestigt. Die Treuhänder der Arbeit konnten in dem ihnen zugewiesenen Bezirk eigenständig Tarifordnungen erlassen und waren lediglich an Richtlinien und Weisungen des Reichsarbeitsministers gebunden. Unabhängig von weiteren Faktoren galt die festgelegte Tarifordnung für alle Arbeitsverhältnisse im Betrieb zwingend und unmittelbar. Im Nationalsozialismus wurde der freie Wettbewerb der Koalitionen um Tarifverträge mithin von einer hoheitlichen Tarifordnung abgelöst und

---

21 Reichold, RdA 2007, S. 322.

22 Reichold, Betriebsverfassung als Sozialprivatrecht, 1995, S. 327ff.

23 BAG, Urteil vom 26.02.1957, 1 AZR 529/55, AP Nr. 3 zu § 4 TVG Tarifkonkurrenz; Urteil vom 29.03.1957, 1 AZR 208/55, AP Nr. 4 zu § 4 TVG Tarifkonkurrenz.

24 Konzen, RdA 1978, 152.

das Tarifrecht komplett verstaatlicht.[25] Aufgrund des AOG waren Tarifkonkurrenzen nahezu ausgeschlossen, da die Bezirke der Treuhänder geographisch unterteilt waren und allein sie bestimmen konnten, wie viele Tarifordnungen zur Geltung kamen. Der Grundsatz der Tarifeinheit im Betrieb wurde aber durch das Reichsarbeitsgericht in ständiger Rechtsprechung als allgemeiner Rechtsgrundsatz weiter vertreten.[26] Allerdings ist hierbei zu berücksichtigen, dass es sich bei diesem Verständnis um ein arbeitsrechtliches Zwangsreglement handelte, das nicht mit dem heutigen freiheitlichen Tarifsystem zu verglichen ist. Insofern kann nur unter besonderer Zurückhaltung von einer Verfestigung gesprochen werden, die auch auf das moderne Tarifrecht zu übertragen ist.[27]

2. Das Industrieverbandsprinzip

Das Ende des 2. Weltkrieges führte nach 1945 zu einer Wiederauferstehung der Gewerkschaften im Sinne der Weimarer Republik. Unter dem Einfluss der Besatzungsmächte wurde das Industrieverbandsprinzip und damit auch der Grundsatz „ein Betrieb – eine Gewerkschaft" weitestgehend durchgesetzt. Die zurückgewonnene Freiheit der Koalitionen und der Ruf nach einer einheitlichen Organisationsstruktur führten im Jahr 1949 zu der Gründung des Deutschen Gewerkschaftsbundes (DGB) mit anfänglich 16 Mitgliedsgewerkschaften. Unter dessen Dach formierten sich mehrere Industriegewerkschaften nach dem Industrieverbandsprinzip als zwingende Organisationsform. Diese Form des Zusammenschlusses sollte einschlägige Berufs- und Angestelltengewerkschaften ersetzen. Die neuen DGB-Gewerkschaften schlossen überwiegend großflächige Tarifverträge, wobei sie sich an den Tarifordnungen des Dritten Reiches und nicht an den Tarifwerken der Weimarer Republik orientierten.[28] Aufgrund dieser „Monopolstellung" relativierte sich zunächst die Problematik von Tarifkollisionen.

Im Rahmen der Nachkriegszeit wurden weitere Entwürfe für ein neues Tarifvertragsgesetz vorgelegt, von denen die meisten trotz allem Regelungen zur Tarifkonkurrenz enthielten.[29] Letztlich setzte sich aber, noch vor der verfassungsrechtlichen Anerkennung der Koalitionsfreiheit und der Tarifautonomie im Grundgesetz, der Entwurf des Wirtschaftsrates für das Vereinigte Wirtschaftsgebiet durch. Das Ta-

25 Reichold, RdA 2007, 322.

26 Jacobs, Tarifeinheit und Tarifkonkurrenz, § 4, S. 62.

27 Vgl. Konzen, RdA 1978, 152.

28 Reichold, RdA 2007, S. 322.

29 Einzelheiten bei Jacobs, Tarifeinheit und Tarifkonkurrenz, § 4, S. 64ff.

rifvertragsgesetz (TVG) trat mit dem 22.04.1949 in Kraft. Es beinhaltete jedoch weder Regelungen zur Tarifkonkurrenz noch zur Tarifpluralität. Der Grundsatz der Tarifeinheit wurde ebenfalls nicht gesetzlich kodifiziert. Insbesondere auf Gewerkschaftsseite sah man eine Normierung als überflüssig an, weil man sich inzwischen ohnehin nach dem Industrieverbandsprinzip und damit auch nach dem Grundsatz der Tarifeinheit organisiert hatte.[30]

Das Industrieverbandsprinzip spiegelt sich damit zwar in unserem Tarifrecht wieder, ist allerdings kein zwingender Rechtsgrundsatz. Vielmehr nahm der DGB das Prinzip „Ein Betrieb – eine Gewerkschaft" lediglich als Leitlinie für sich und seine Mitgliedsgewerkschaften in seine Satzung auf. Durch eine klare Abgrenzung der Organisationsgebiete der Gewerkschaften und der Installation eines Schiedsgerichts sollte versucht werden, innergewerkschaftlichen Konflikten rund um die Tarifzuständigkeit und drohender Tarifpluralität untereinander vorzubeugen bzw. diese im Sinne des Satzungsprinzips zu lösen.[31] Lange Zeit wurde die Gestaltungs- und Ordnungsfunktion des Industrieverbandprinzips auch nicht in Frage gestellt. In der produktionsorientierten Industrie dominerten die großen Industriegewerkschaften Metall (IG Metall) oder Bergbau-Chemie-Energie (IGBCE) sowie die aus 5 Einzelgewerkschaften entstandene Vereinte Dienstleistungsgewerkschaft Ver.di. Damit ist der DGB nach wie vor die größte Gewerkschaftsorganisation mit 7 Industrieverbandsgewerkschaften und der Dienstleistungsgewerkschaft Ver.di.

Daneben haben sich jedoch weitere Gewerkschaften einen gefestigten Platz erkämpft, die sich der Organisationsstruktur des DGB nicht anschließen wollten. Zu nennen sind zum einen der Christliche Gewerkschaftsbund CGB, welcher aus 19 einzelnen Christlichen Gewerkschaften und Berufsverbänden besteht. Zum anderen haben sich unter dem Dach Beamtenbund und Tarifunion DBB ca. 49 Einzelgewerkschaften zusammengeschlossen.

Insgesamt kann aber festgehalten werden, dass den DGB-Gewerkschaften nach 1945 eine gewisse Vormachtstellung zukam und damit eine Kollision unterschiedlicher Tarifverträge für lange Zeit nahezu ausgeschlossen war.

3. Der Umbruch in der Gewerkschaftslandschaft

Die aktuelle Entwicklung hinsichtlich der Tarifpluralität im Betrieb ist vielmehr auf die in den letzten Jahren entstandenen Sparten- und Spezialistengewerkschaften zurückzuführen. Diese Gewerkschaften vertreten bestimmte berufliche

30 Reichold, RdA 2007, S. 322.

31 Bepler, NZA Beilage 3/2010, S. 101.

Funktionseliten, die zwar mitgliedschaftlich in aller Regel nur Minderheiten in den Betrieben repräsentieren, andererseits aber in ihrer wirtschaftlichen Bedeutung ebenso regelmäßig von außerordentlich hoher gesamtbetrieblicher Bedeutung sind. Beispiele für solche Spezialistengewerkschaften sind der Marburger Bund für die Ärzte, im Bereich des Luftverkehrs für Piloten die Vereinigung Cockpit sowie die UFO für die Flugbegleiter, die Vereinigung Boden für das Bodenpersonal und die GdF im Bereich der Flugsicherung oder die GDL für die Lokführer. Diese Gewerkschaften unterscheiden sich maßgebend von dem Gewerkschaftswesen des bisher dominierenden Industrieverbandsprinzips. Die Wandlung der Gewerkschaftslandschaft ist Reflektion der sich stetig verändernden Arbeitswelt. Bestand in den letzten Jahren ein großer Unterscheid zwischen Arbeitern und Angestellten, so führten in den letzten Jahrzehnten sowohl Technisierung als auch Spezialisierung zu einer Fragmentierung der in den Betrieben zu leistenden Arbeitsformen.[32] Dies hatte zur Folge, dass häufig die Mitarbeiterzufriedenheit und die Identifikation mit der Arbeit verloren gingen. Konnte in der Vergangenheit das organisatorische Industrieverbandsprinzip eine Zusammengehörigkeit der Beschäftigten vermitteln, stellte sich nach und nach ein Einheitsgefühl eher in bestimmten Berufsgruppen ein.[33] Folglich gerieten DGB und DBB weiter ins Abseits, soweit es um die Vertretung spezifischer Arbeitnehmergruppen, sog. Spezialisten, ging, da diese mit der Vertretung ihrer spezifischen Interessen in Großgewerkschaften wie Ver.di immer unzufriedener wurden. Beispielhaft sei angeführt, dass die Gewerkschaft der Ärzte, der Marburger Bund, der Gewerkschaft Ver.di. das jahrelange Mandat für die Tarifverhandlungen entzog und stattdessen, wie die GdF oder UFO, in deren Konkurrenz trat.

Das Phänomen der Spartengewerkschaften fokussiert sich insbesondere auf Unternehmen der Daseinsvorsorge, die vormals hoheitlich erbrachte Dienstleistungen im Transport- und Gesundheitssektor anbieten.[34] Dieser Bereich ist besonders heikel, weil durch Streiks von Spartengewerkschaften neben dem Unternehmen auch die von ihrem Versorgungsauftrag profitierende Bevölkerung getroffen wird.[35] Im Transportbereich kommt hinzu, dass streikbedingt ausfallende Transportleistungen als absolute Fixschuld nicht mehr nachgeholt werden können.[36]

---

32 Fritz/Meyer, NZA Beilage 3/2010, S. 111.

33 BAG, Urteil vom 18.03.2009, 4 AZR 64/08, AP Nr. 41 zu § 3 TVG; NZA 2009, 1028ff.

34 Deinert, NZA 2009, 1181.

35 Schliemann, in FS für Jobst-Hubertus Bauer, 2010, S. 925.

36 Schliemann, in FS für Jobst-Hubertus Bauer, 2010, S. 927.

Die Problematik lässt sich einfach anhand der wichtigsten Spartengewerkschaften darstellen. So ist beispielsweise im Bereich der Krankenhäuser die Spezialistengewerkschaft Marburger Bund aktiv. Der Marburger Bund wurde bereits 1947 gegründet und kooperierte bis 2005 hinsichtlich der Tarifpolitik mit den DGB-Gewerkschaften. Erst nach seiner Abspaltung trat er in Konkurrenz zu Ver.di und organisiert seitdem nahezu vollständig die Belegschaft der Ärzte. Die zeitweise streikbedingte Lahmlegung der Gesundheitsfürsorge auf diesem Sektor kann im Extremfall zu erheblichen Einbußen für die Allgemeinheit führen.

Weiter konkurrieren im Bereich des Luftverkehrs die Berufsgruppengewerkschaften UFO und Vereinigung Boden mit Ver.di um das Kabinen- und Bodenpersonal.[37] Die Unabhängige Flugbegleiter Organisation (UFO) wurde 1992 gegründet und 2004 vom BAG für tariffähig erklärt.[38] Die Piloten vertritt hingegen weiter allein die Vereinigung Cockpit. Die Gewerkschaft wurde 1969 als Zusammenschluss von Piloten und Pilotinnen gegründet. Bis 1999 kooperierte sie mit der Deutschen Angestellten Gewerkschaft (DAG). Als diese jedoch in die Gewerkschaft Ver.di übergehen sollte, setzte die Vereinigung Cockpit ihre tarifpolitische Eigenständigkeit durch und verweigerte 2001 die Übernahme des von Ver.di abgeschlossenen Tarifvertrages. Um die Flugsicherung bemühen sich sowohl Ver.di als auch die im Jahre 2003 gegründete GdF. Die vorstehenden Gewerkschaften besitzen aufgrund ihrer elitären Spezialisierung ein gewaltiges und durchsetzungsfähiges Streikpotential, allerdings auch zum Nachteil derjenigen, die außerhalb des Unternehmens stehen und vielmehr nur dessen Leistung in Anspruch nehmen wollen.

Im Bereich des Bahnverkehrs werben TRANSNET, die GDBA und die GDL um die Lokführer.[39] Die Gewerkschaft Deutscher Lokomotivführer (GDL), wurde bereits 1867 als Verein Deutscher Lokomotivführer gegründet und war zunächst im DBB organisiert. Seit dem Jahr 2002 strebt die Spartengewerkschaft jedoch nach tarifpolitischer Eigenständigkeit und konnte ihre Position im Rahmen der Tarifauseinandersetzungen 2007/2008 ausbauen. Während sich der Arbeitgeberverband der Deutschen Bahn AG mit den Bahngewerkschaften TRANSNET und GDBA auf ein einheitliches Tarifwerk unter Einschluss von Lokführern und sonstigem Fahrpersonal einigte, forderte die GDL durch erhebliche Arbeitskämpfe einen eigenen Tarifvertrag für die Lokomotivführer. Vor der Einigung auf einen Grundlagenvertrag zwischen Arbeitgeber und den

37 Schliemann, in FS für Jobst-Hubertus Bauer, 2010, S. 925.

38 BAG, Beschluss vom 14.12.2004, 1 ABR 51/03, AP Nr. 1 zu § 2 TVG Tariffähigkeit, NZA 2005, 697ff.

39 LAG Hessen, Urteil vom 02.05.2003, 9 SaGa 637/03; NZA 2003, S. 679ff.

Gewerkschaften im März 2008, war das Unternehmen einer immensen wirtschaftlichen Belastung durch langanhaltende Streiks ausgesetzt. Diese wirkten sich ebenso unmittelbar auf die Öffentlichkeit aus.

Insgesamt hat sich daher auf gewerkschaftlicher Seite der von Art. 9 Abs. 3 GG verfassungsrechtlich gedeckte Koalitionspluralismus in den letzten Jahren ausgebaut und verstärkt.

4. Die Kernbereichsrechtsprechung des BVerfG

Das Bundesarbeitsgericht entwickelte seine Rechtsprechung zur Tarifeinheit unter Berufung auf die damals vorherrschende Kernbereichslehre des BVerfG.[40] Das BVerfG vertrat lange Zeit die Ansicht, die Koalitionsfreiheit unterliege nur in einem Kernbereich dem Schutz des Art. 9 Abs. 3 GG.[41] Die Koalitionsfreiheit räume demnach den Koalitionen und deren Mitgliedern keinen inhaltlich unbegrenzten und gesetzlich unbegrenzbaren Handlungsspielraum ein.[42] Eine eindeutige und abschließende Bestimmung des Kernbereichs erfolgte jedoch nicht. Vielmehr wurde mitunter ganz allgemein vom Kernbereich der Koalitionsbetätigung gesprochen.[43] Aus einigen Entscheidungen konnte man entnehmen, dass das BVerfG den Kernbereich als angetastet erachtete, soweit die Beschränkung der Koalitionsfreiheit nicht zum Schutze anderer Rechtsgüter geboten sei.[44] Ferner sollte der Schutz der Koalitionsfreiheit nur soweit reichen, als er für die Erhaltung und die Sicherung des Bestandes der Koalitionen unerlässlich war. Im Übrigen wäre es Sache des Gesetzgebers, die Tragweite dadurch zu bestimmen, dass er die Befugnisse der Koalitionen unter Beachtung des Kernbereichs ausgestalte.[45] Diese Rechtsprechung war zu Recht erheblicher Kritik ausgesetzt. Die herrschende Literatur lehnte die Kernbereichslehre durchweg ab und forderte eine Einpassung des Art. 9 Abs. 3 GG in die allgemeine Grundrechtsdogmatik.[46] Bemängelt wurde die ungesicherte Reichweite der unbestimmten Rechtsbegriffe „Kernbereich“ und „Unerlässlichkeit“, sowie die fehlende Trennschärfe bei deren Abgrenzung.[47]

---

40 BAG, obiter dictum, Beschluss vom 14.12.2004, 1 ABR 51/03; NZA 2005, 697ff.

41 BVerfG, Urteil vom 18.11.1954, 1 BvR 629/52, AP Nr. 1 zu Art 9 GG.

42 BVerfG, Beschluss vom 19.02.1975, 1 BvR 418/71, AP Nr. 50 zu Art 9 GG Arbeitskampf.

43 BVerfG, Entscheidung vom 30.11.1965, 2 BvR 54/62, AP Nr. 7 zu Art 9 GG.

44 BVerfG, Entscheidung vom 30.11.1965, 2 BvR 54/62, AP Nr. 7 zu Art 9 GG.

45 BVerfG, Beschluss vom 17.02.1981, 2 BvR 384/78, AP Nr. 9 zu Art 140 GG.

46 m.w.N. Jacobs, Tarifeinheit und Tarifkonkurrenz, § 21, S. 422.

47 Butzer, RdA 1994, 380.

Die Kernbereichslehre wurde letztlich vom BVerfG in seiner Entscheidung aus dem Jahre 1995 aufgegeben.[48] Vielmehr sei die Koalitionsfreiheit vorbehaltlos gewährleistet, aber nicht jede Einschränkung sei ausgeschlossen. Ein Eingriff könne durch Grundrechte Dritter oder andere Rechtsgüter mit Verfassungsrang gerechtfertigt sein.[49] Darüber hinaus bedürfe die Koalitionsfreiheit der gesetzlichen Ausgestaltung, soweit das Verhältnis der Tarifvertragsparteien zueinander als Träger widerstreitender Interessen berührt werde.[50] Das BVerfG stellte jedoch klar, dass die Kernbereichsjudikatur bislang einfach fehlgedeutet wurde und der Schutzbereich der Koalitionsfreiheit auch bisher schon weiter als der Kernbereich habe verstanden werden müssen, weil Art. 9 Abs. 3 GG die Betätigungsfreiheit nicht schrankenlos gewährleiste, sondern eine Ausgestaltung durch den Gesetzgeber zulasse.[51] Unabhängig von dieser Erläuterung hat das BVerfG die Kernbereichsdoktrin trotzdem faktisch aufgegeben. Mithin hätte sie grundsätzlich ab diesem Zeitpunkt auch nicht weiter zur Begründung des Grundsatzes der Tarifeinheit herangezogen werden dürfen.

Nach heutigem Verständnis kann daher der Grundrechtsschutz der Koalitionen aus Art. 9 Abs. 3 GG nicht mehr auf einen „Kernbereich koalitionsmäßiger Betätigung" beschränkt werden, die für die Erreichung des Koalitionszwecks unerlässlich ist. Vielmehr muss er sich auf alle koalitionsspezifischen Verhaltensweisen erstrecken.[52]

5. Zwischenergebnis

Der Grundsatz der Tarifeinheit im Betrieb gewann dank *Nipperdey* bereits gegen Ende der Weimarer Zeit an Zustimmung und wurde später unter der Geltung des TVG von 1949 durch das BAG ausgebaut und konkretisiert. Zunächst begegnete der Grundsatz bei Tarifpluralität wenig Bedenken, da sich die Gewerkschaften ohnehin nach dem Industrieverbandsprinzip organisierten und damit Tarifkollisionen nahezu ausgeschlossen waren. Mit dem Wandel in der

48 BVerfG, Entscheidung vom 14.11.1995, 1 BvR 601/92, AP Nr. 80 zu Art. 9 GG, NZA 1996, 381ff.

49 BVerfG, Entscheidung vom 26.06.1991, 1 BvR 779/85, AP Nr. 117 zu Art. 9 GG Arbeitskampf.

50 BVerfG, Entscheidung vom 26.06.1991, 1 BvR 779/85, AP Nr. 117 zu Art. 9 GG Arbeitskampf.

51 BVerfG, Entscheidung vom 14.11.1995, 1 BvR 601/92, AP Nr. 80 zu Art. 9 GG, NZA 1996, 381ff.

52 BVerfG, Entscheidung vom 14.11.1995, 1 BvR 601/92, AP Nr. 80 zu Art. 9 GG, NZA 1996, 381ff.

Gewerkschaftslandschaft und der Verselbstständigung einiger Berufsgruppengewerkschaften wurde das Prinzip jedoch immer öfter in Frage gestellt.

II. Bisherige Behandlung von Tarifkollisionen in Rechtsprechung und Literatur

Die Problematik konkurrierender Tarifverträge ist seit jeher ein wichtiges Thema in Rechtsprechung und Literatur. Aufgrund der Vielzahl existierender Tarifverträge mit sich teilweise überschneidenden Geltungsbereichen kommt es immer wieder zu Kollisionen, sowohl auf arbeitsvertraglicher als auch auf betrieblicher Ebene. Zwar wurde von den DGB-Gewerkschaften versucht, durch die Organisation nach dem Industrieverbandsprinzip die Tarifzuständigkeit der einzelnen Gewerkschaften dergestalt abzugrenzen, dass eine Kollision mehrerer Tarifverträge nahezu ausgeschlossen war. Jedoch führten die Veränderungen in der Tariflandschaft, wie vorstehend aufgezeigt, zu neuer Gewerkschaftskonkurrenz durch Sparten- und Spezialistengewerkschaften. In der jüngeren Vergangenheit kam es daher wieder öfter zu Tarifkonkurrenz und Tarifpluralität. Nach der bisherigen Rechtsprechung des Bundesarbeitsgerichts wurden etwaige Kollisionen in beiden Varianten durch den Grundsatz der Tarifeinheit aufgelöst. Das Schrifttum stand dem, zumindest für die Fälle von Tarifpluralität, seit jeher kritisch gegenüber.

1. Problemstellung

Der Grundsatz der Tarifeinheit kommt dann zur Anwendung, wenn mindestens zwei Tarifverträge miteinander kollidieren. Eine Tarifkollision liegt vor, wenn mehrere Tarifverträge unterschiedlicher Tarifvertragsparteien sich in ihren Geltungsbereichen überschneiden und für einen Betrieb ganz oder teilweise dieselben Materien regeln und zumindest der Arbeitgeber an mehr als einen Tarifvertrag gebunden ist.[53] Dies kann zum einen bezogen auf das Arbeitsverhältnis der Fall sein. Dann kommt es zu einer Tarifkonkurrenz. Treffen zum anderen mehrere Tarifverträge im Betrieb aufeinander, spricht man von einer Tarifpluralität. Da nach § 4 Abs. 1 TVG die Rechtsnormen eines Tarifvertrages, die den Inhalt, den Abschluss oder die Beendigung von Arbeitsverhältnissen ordnen, unmittelbar und zwingend zwischen den beiderseits Tarifgebundenen, die unter den Geltungsbereich des Tarifvertrages fallen, gelten, kann es dazu kommen, dass für ein Arbeitsverhältnis oder in einem Betrieb mehrere Tarifverträge zur Anwendung

53 Hromadka/Maschmann, Arbeitsrecht, Bd. 2, § 13, Rn. 261.

gelangen. Die Vorschrift gilt zudem entsprechend für Rechtsnormen des Tarifvertrages über betriebliche und betriebsverfassungsrechtliche Fragen.

Die konkurrierende Tarifbindung kann sowohl tarifautonom, mittels Legitimation der Tarifgeltung durch die Tarifparteien, als auch durch staatliche Veranlassung herbeigeführt werden. Eine tarifautonome Kollisionslage setzt voraus, dass es sich um Tarifverträge verschiedener Tarifvertragsparteien handelt.[54] Beide Parteien des Rechtsverhältnisses legitimieren somit eigens aufgrund ihrer Privatautonomie die Tarifgeltung. Hier können verschiedene Konstellationen eine Tarifkonkurrenz oder eine Tarifpluralität auslösen. Nach § 3 Abs. 1 TVG wird die tarifautonome Tarifgebundenheit bei Arbeitnehmern durch die Mitgliedschaft in einer vertragsschließenden Gewerkschaft ausgelöst. Bei Arbeitgebern wird sie entweder durch die Mitgliedschaft in einem vertragsschließenden Verband oder durch Parteistellung beim Abschluss eines Firmentarifvertrages begründet. Beispielsweise kann ein Verbandstarifvertrag mit einem Haustarifvertrag derselben Gewerkschaft konkurrieren.[55] In diesem Fall gelten für die Mitglieder der Gewerkschaft sowohl der Verbands- als auch der Firmentarifvertrag. Mithin kommen zwei Tarifvertragswerke in ein und demselben Arbeitsverhältnis bzw. auch im Betrieb zur Geltung. Auch ein von einem Spitzenverband in eigenem Namen abgeschlossener Tarifvertrag kann mit einem Tarifvertrag eines seiner Mitgliedsverbände mit demselben Tarifpartner zusammentreffen. Des Weiteren kann eine tarifautonom veranlasste Tarifkonkurrenz bei Doppelmitgliedschaft auftreten. Auf Arbeitgeberseite ist dies der Fall, wenn der Arbeitgeber Mitglied in mehreren Arbeitgeberverbänden ist, etwa weil er verschiedene Betriebe hat, für die fachlich oder räumlich verschiedene Verbände Tarifzuständigkeit beanspruchen. Sind in einem solchen Fall die Geltungsbereiche der von ihnen mit derselben Gewerkschaft abgeschlossenen Tarifverträge nicht exakt voneinander abgegrenzt, kann es zu Überschneidungen der Tarifverträge kommen.[56] Außerdem kann ein Verbandswechsel zu einer Doppelmitgliedschaft führen. Der Arbeitgeber ist im Nachwirkungszeitraum gem. § 3 Abs. 3 TVG an den zuvor abgeschlossenen Tarifvertrag weiter gebunden und somit Mitglied in beiden Verbänden.[57] Die sich anschließende Tarifgebundenheit an den Tarifvertrag des alten Verbandes ist zwar vom Staat veranlasst, beruht aber auf der durch die Mitgliedschaft autonom eingegangenen Verpflichtung zur Tariftreue für eine bestimmte Laufzeit. Danach konkurrieren für einen gewissen Zeitraum

54 MünchArbR-Löwisch, Bd. 2, § 186, Rn. 1 f.

55 Reichold, RdA 2007, S. 323.

56 MünchArbR-Löwisch, Bd. 2, § 186 Rn. 2.

57 Däubler/Zwanziger, TVG, § 4, Rn. 924.

alter und neuer Tarifvertrag miteinander.[58] Sofern beide Tarifverträge mit derselben Gewerkschaft abgeschlossen wurden, liegt eine Tarifkonkurrenz vor. Auf Arbeitnehmerseite kommt es, soweit es um Individualnormen geht, eher selten zu autonom ausgelösten Tarifkollisionen. Dies kann jedoch passieren, wenn der Arbeitnehmer Mitglied in mehreren Gewerkschaften wäre und der Arbeitgeber seinerseits den Tarifverträgen mit diesen Gewerkschaften unterworfen ist.[59]

Letztlich kann eine Tarifkonkurrenz auch auf Grund der Regelung des § 3 Abs. 2 TVG entstehen. Bei betrieblichen und betriebsverfassungsrechtlichen Normen ist eine autonom ausgelöste Tarifkonkurrenz bzw. Tarifpluralität häufiger anzutreffen, da die Tarifgebundenheit des Arbeitgebers ausreicht. Danach führt auch die Bindung des Arbeitnehmers an nur einen Tarifvertrag zu einer Kollision, wenn allein der Arbeitgeber in Bezug auf betriebliche bzw. betriebsverfassungsrechtliche Normen an mehrere Tarifverträge gebunden ist, da diese für alle Arbeitnehmer des Betriebes des Arbeitgebers gelten.

Eine staatlich veranlasste Tarifkonkurrenz wird hingegen ausgelöst, indem der Staat die Tarifgeltung auch auf Nichtorganisierte erstreckt.[60] Hauptfall ist die Allgemeinverbindlicherklärung von Tarifverträgen.[61] Hier kann es dazu kommen, dass ein für allgemeinverbindlich erklärter Tarifvertrag mit einem anderen Tarifvertrag, dem der Arbeitgeber oder der Arbeitnehmer als Mitglied unterworfen sind, kollidiert. Es besteht ferner die Möglichkeit einer Konkurrenz zweier für allgemeinverbindlich erklärter Tarifverträge.

Der übergeordnete Begriff einer Tarifkollision ist danach aufzugliedern in Tarifkonkurrenz und Tarifpluralität. Nachfolgend sollen diese Begrifflichkeiten näher erläutert und bewertet werden.

a. Tarifkonkurrenz im Arbeitsverhältnis

Tarifkonkurrenz liegt nach Auffassung in Rechtsprechung und Literatur vor, wenn mehrere Tarifverträge auf ein und dasselbe individuelle Arbeitsverhältnis nach ihrem Geltungsbereich Anwendung finden und beide Arbeitsvertragsparteien an mehrere Tarifverträge tarifgebunden sind.[62] Dazu muss jeder der

---

58 Jacobs, in Jacobs/Krause/Oetker, Tarifvertragsrecht, § 7 Rn. 202.

59 MünchArbR-Löwisch, Bd.2, § 186 Rn. 4.

60 MünchArbR-Löwisch, Bd. 2, § 186 Rn. 6.

61 Reichold, RdA 2007, S. 323.

62 BAG, Urteil vom 05.09.1990, 4 AZR 59/90, AP Nr. 19 zu § 4 TVG Tarifkonkurrenz; Urteil vom 20.03.1991, 4 AZR 455/90, AP Nr. 20 zu § 4 TVG Tarifkonkurrenz; Urteil vom 23.03.2005, 4 AZR 203/ 04, AP Nr. 29 zu § 4 TVG Tarifkonkurrenz; Däubler/

zeitlich geltenden Tarifverträge dasselbe Arbeitsverhältnis mit seinem persönlichen, räumlichen und betrieblich-fachlichen Geltungsbereich erfassen und auch tatsächlich gelten.[63] Maßgeblich ist hier also auf die Normenkollision im einzelnen Arbeitsverhältnis abzustellen.

aa. Voraussetzungen

Eine Tarifkonkurrenz setzt mithin das Vorliegen mehrerer Tarifverträge und deren Geltung für ein und dasselbe Arbeitsverhältnis sowie eine daraus resultierende Überschneidung der geregelten Sachbereiche voraus.

(1) Geltung mehrerer Tarifverträge für ein Arbeitsverhältnis

Eine solche Konkurrenzsituation entsteht demnach, wenn unter Berücksichtigung von Tarifbindung und Geltungsbereich für ein und dasselbe Arbeitsverhältnis mehrere Tarifverträge anwendbar sind.

(a) Mehrfache Tarifbindung

Für die Entstehung einer Tarifkonkurrenz bedarf es daher zunächst grundsätzlich einer nachzuweisenden beiderseitigen Tarifgebundenheit von Arbeitnehmer und Arbeitgeber. Ein Arbeitsverhältnis, das in den Geltungsbereich eines Tarifvertrages fällt, wird nur dann von dessen normativer Wirkung erfasst, wenn die Arbeitsvertragsparteien tarifgebunden sind. Tarifverträge können demnach unabdingbare Wirkung nur gegenüber Tarifgebundenen entfalten. Die Tarifgebundenheit konkretisiert den im Geltungsbereich niedergelegten Adressatenkreis des Tarifvertrages.

Wer tarifgebunden ist, kann aber nicht von den Tarifvertragsparteien selbst festgelegt werden, sondern ergibt sich aus dem Gesetz, §§ 3, 4 Abs. 2 und 5 Abs. 4 TVG.

Gem. § 3 Abs. 1 TVG sind die Mitglieder der Tarifvertragsparteien und der Arbeitgeber, der selbst Partei des Tarifvertrages ist, tarifgebunden. Nach § 4 Abs. 1 S. 1 TVG muss für Inhaltsnormen eine beiderseitige Tarifgebundenheit vorliegen. Eine Tarifbindung kraft Organisationszugehörigkeit tritt mithin nur ein, wenn sowohl der Arbeitgeber, als auch der jeweilige Arbeitnehmer Mitglied derjenigen Organisation sind, die den Tarifvertrag abgeschlossen hat, soweit die

---

Zwanziger, TVG § 4, Rn. 923; ErfK/Franzen, § 4 TVG, Rn. 65; Jacobs in, Tarifeinheit und Tarifkonkurrenz, § 7, S. 95 f. m.w.N. Jacobs.

63 BAG, Urteil vom 20.03.1991, 4 AZR 455/90, AP Nr. 20 zu § 4 TVG Tarifkonkurrenz; BAG, Urteil vom 22.09.1993, 10 AZR 207/92, AP Nr. 21 zu § 4 TVG Tarifkonkurrenz; Däubler/Zwanziger, TVG, § 4, Rn. 923; Löwisch/Rieble, TVG, § 4, Rn. 115ff.

Organisation selbst tariffähig ist. Eine Ausnahme gilt nach § 3 Abs. 2 TVG für Rechtsnormen über betriebliche oder betriebsverfassungsrechtliche Fragen, da diese in allen Betrieben einheitlich gelten, wenn allein der Arbeitgeber tarifgebunden ist.

Das Gesetz unterscheidet bei der Tarifbindung demnach verschiedene Gruppen. Beim Verbandstarif sind gem. § 3 Abs. 1 TVG diejenigen Arbeitgeber und Arbeitnehmer tarifgebunden, die Mitglieder der Tarifvertragsparteien im Zeitpunkt der Feststellung der Tarifwirkungen sind. Für den Arbeitgeber bedeutet dies, dass er dem vertragsschließenden Arbeitgeberverband angehört. Der Arbeitnehmer hingegen muss der korrelierenden Gewerkschaft angehören, also der Gewerkschaft, die mit dem Arbeitgeberverband den Tarifvertrag geschlossen hat.

Des Weiteren ist auch der Arbeitgeber, der selbst Tarifpartei ist, ebenfalls tarifgebunden. Dies ist regelmäßig der Fall, wenn ein einzelner Arbeitgeber mit der zuständigen Gewerkschaft einen Firmen- oder Haustarifvertrag abschließt. Hier sind dann der Arbeitgeber und seine bei der Gewerkschaft organisierten Arbeitnehmer tarifgebunden. Die Tarifgebundenheit des Arbeitgebers beim Firmentarifvertrag entsteht nicht kraft Mitgliedschaft, sondern kraft Parteistellung. Der Tarifvertrag gilt für den Arbeitgeber demnach aufgrund seiner Selbstbindung.

Tarifgebundenheit liegt zudem vor, wenn Spitzenorganisationen einen Tarifvertrag im eigenen Namen abschließen. Spitzenorganisationen im Sinne von § 2 Abs. 2–4 TVG sind Zusammenschlüsse von Arbeitgeberverbänden oder Arbeitnehmervereinigungen auf fachlicher, gemischt-gewerblicher oder territorialer Grundlage. Sie können Tarifverträge in eigenem Namen abschließen, wenn der Abschluss zu ihren satzungsmäßigen Aufgaben gem. § 2 Abs. 3 TVG gehört, oder im Namen ihrer Mitglieder, wenn eine entsprechende Vollmacht nach § 2 Abs. 2 TVG vorliegt. Dieser Fall der Tarifbindung ist zwar nicht ausdrücklich im § 3 TVG geregelt. Die Tarifbindung folgt jedoch aus einer zweckgerechten Auslegung von § 2 Abs. 3 TVG. Es besteht im Übrigen Einigkeit darüber, dass nicht nur die Mitgliedsverbände der Spitzenorganisationen, sondern auch deren Mitglieder, d.h. der einzelne Arbeitgeber und Arbeitnehmer, tarifgebunden sind, auch wenn die Spitzenorganisation den Tarifvertrag im eigenen Namen abgeschlossen hat.[64] Die jüngste Entscheidung des BAG zur Tariffähigkeit von Spitzenorganisationen erfolgte durch Beschluss vom 14.12.2010 im Hinblick auf die im Jahr 2002 gegründete Tarifgemeinschaft Christlicher Gewerkschaften

64 Stein, Tarifvertragsrecht, Rn. 156.

für Zeitarbeit und Personalserviceagenturen (CGZP).[65] Deren alleinige satzungsmäßige Aufgabe war der Abschluss von Tarifverträgen mit Arbeitgebern, die gewerbsmäßige Arbeitnehmerüberlassung betreiben wollten. Nach Ansicht des 1. Senats des BAG sei die CGZP keine Spitzenorganisation gem. § 2 Abs. 3 TVG, da sich ihre Mitgliedsgewerkschaften (CGB, DHV und GÖD) nicht im Umfang ihrer Tariffähigkeit zusammengeschlossen hätten. Tarifverträge könnten aber nur von einer tariffähigen Gewerkschaft bzw. einem Zusammenschluss solcher Gewerkschaften, der Spitzenorganisation, abgeschlossen werden. Will die Spitzenorganisation selbst Tarifvertragspartei sein, muss der Abschluss von Tarifverträgen zu ihren satzungsmäßigen Aufgaben gehören bzw. durch Auslegung als deren Aufgabe zu ermitteln sein. Die einzelnen Arbeitnehmer und Arbeitgeber als Mitglieder der in der Spitzenorganisation zusammengefassten Verbände sind dann an die von ihr in eigenem Namen geschlossen Tarifverträge gebunden. Dazu müssten aber auch die sich zusammenschließenden Gewerkschaften ihrerseits tariffähig sein und die Tariffähigkeit der Spitzenorganisation vollständig vermitteln. An einem „Zusammenschluss" fehle es jedoch dann, wenn die miteinander verbundenen Verbände sich nur in Teilen ihrer Organisationsbereiche zusammenschließen. Zudem reiche es nicht, dass ein Teil der einer Spitzenorganisation angeschlossenen Mitgliedsgewerkschaften Tariffähigkeit vermittele. Ebenso seien die tarifrechtlichen Anforderungen nicht erfüllt, wenn die satzungsmäßige Zuständigkeit der Spitzenorganisation für den Abschluss von Tarifverträgen über die Organisationsbereiche der Mitgliedsgewerkschaften hinausgehe. Die CGZP erfülle die Voraussetzungen nach § 2 Abs. 3 TVG aber nicht, da gerade keine Vermittlung der Tariffähigkeit durch die Mitglieder vorliege. Die CGZP sei nicht in dem gesamten, durch die Satzungen der CGM, der HDV und der GÖD bestimmten, Organisationsbereich zum Abschluss von Tarifverträgen berechtigt, sondern vielmehr auf Tarifverträge mit Arbeitgebern oder Arbeitgeberverbänden beschränkt, die oder deren Mitglieder als Verleiher, Dritten Arbeitnehmer zur Arbeitsleistung überlassen wollen. Zudem gehe der Organisationsbereich der CGZP über den ihrer Mitglieder hinaus, da dieser sämtliche Arbeitsverhältnisse im Bereich der Arbeitnehmerüberlassung erfasse. Ganz aktuell hat sich das BAG in drei Entscheidungen dazu geäußert, dass der CGZP die Tariffähigkeit rückwirkend bereits seit ihrer Gründung Ende 2002 abgesprochen werden muss.[66]

65 BAG, Beschluss vom 14.12.2010, 1 ABR 19/10, AP Nr. 6 zu § 2 TVG Tariffähigkeit.

66 BAG, Beschluss vom 22.05.2012, 1 ABN 27/12; Beschluss vom 23.05.2012, 1 ABR 58/11; Beschluss vom 23.05.2012, 1 ABR 67/11.

Ferner sind auch Arbeitgeber und Arbeitnehmer tarifgebunden, die infolge einer Allgemeinverbindlicherklärung in den Geltungsbereich des Tarifvertrages fallen. Gem. § 5 Abs. 4 TVG werden die Normen eines Tarifvertrages in diesem Rahmen auch auf die bisher nicht tarifgebundenen Arbeitgeber und Arbeitnehmer erstreckt. Dadurch wird die Tarifgebundenheit für „Außenseiter“ fingiert. § 5 TVG regelt unter strengen Voraussetzungen wann eine Allgemeinverbindlichkeit von Tarifverträgen überhaupt zulässigerweise angeordnet werden darf. Eine Verletzung der negativen Koalitionsfreiheit der „Außenseiter“ wird richtigerweise abgelehnt, da § 5 Abs. 1 S. 1 Nr. 2 TVG auf das öffentliche Interesse abstelle und auch dem Verhältnismäßigkeitsprinzip genügen müsse.[67] Hinter der Allgemeinverbindlicherklärung stehe der Schutz tarifungebundener Arbeitnehmer. Es bestünde sonst die Gefahr, dass tarifgebundene Arbeitgeber bei der Einstellung nichtorganisierte Arbeitnehmer solchen die organisiert sind vorziehen, um damit den durch den Tarifvertrag normierten Lasten zu entgehen bzw. untertarifliche Arbeitsbedingungen zu vereinbaren. Diesen unerwünschten arbeitsrechtlichen und wirtschaftlichen Konsequenzen versucht das TVG aber gerade durch die Fortgeltung gem. § 3 Abs. 3 TVG sowie durch die Allgemeinverbindlicherklärung zu begegnen.

Des Weiteren muss hinsichtlich der Tarifbindung auch zwischen den einzelnen Normgruppen differenziert werden. Zu unterscheiden sind hier einerseits die Individualnormen und zum anderen die betrieblichen- und betriebsverfassungsrechtlichen Normen eines Tarifvertrages. Unter Individualnormen versteht man Inhalts-, Abschluss- und Beendigungsnormen, die nicht den Betrieb, sondern das einzelne Arbeitsverhältnis betreffen. Im Hinblick auf Individualnormen entfaltet ein Tarifvertrag Geltung, wenn gem. § 3 Abs. 1, Abs. 3, § 4 Abs. 1 S. 1 TVG das Arbeitsverhältnis vom Geltungsbereich des Tarifvertrages erfasst wird und beide Arbeitsvertragsparteien an den Tarifvertrag tarifgebunden sind. Früher wurde vom BAG vertreten, dass auch außerhalb des § 3 Abs. 2 TVG die bloße potentielle Tarifbindung eines Arbeitnehmers im Betrieb ausreichend sei.[68] Dem kann allerdings nicht zugestimmt werden. Die gesetzliche Regelung des § 4 Abs. 1 S. 1 TVG besagt unmissverständlich, dass bei Inhalts-, Abschluss- und Beendigungsnormen neben der Tarifbindung des Arbeitgebers auch die des Arbeitnehmers an den jeweiligen Tarifvertrag erforderlich ist.

Etwas anderes gilt jedoch für betriebliche- und betriebsverfassungsrechtliche Normen nach § 3 Abs. 2 TVG. Betriebsnormen gelten aus tatsächlichen

---

67 BVerfG, Entscheidung vom 24.05.1977, 2 BvL 11/74, AP Nr. 15 zu § 5 TVG.

68 BAG, Urteil vom 24.09.1975, 4 AZR 471/74, AP Nr. 11 zu § 4 TVG.

oder rechtlichen Gründen nur betriebseinheitlich, da sie kollektiv wirkende Regelungsbereiche betreffen, so dass sie auch als Kollektivnormen bezeichnet werden.[69] Nach dem BAG ist dies der Fall, „wenn eine Regelung auf der Ebene des Individualarbeitsvertrages evident sachlogisch unzweckmäßig wäre und deshalb eine einheitliche Regelung auf betrieblicher Ebene für alle Arbeitnehmer erforderlich ist". Dazu zählen Fragen, die unmittelbar die Organisation und Gestaltung des Betriebs, also der Betriebsmittel und der Belegschaft, betreffen.[70] Betriebsverfassungsrechtliche Normen behandeln die Rechtsstellung der Arbeitnehmerschaft im Betrieb und deren Organe und ergänzen damit das BetrVG, soweit dies von Gesetzes wegen zulässig ist. Nach § 3 Abs. 2, § 4 Abs. 1 S. 2 TVG genügt hier die einseitige Tarifbindung des Arbeitgebers. Auf die Tarifgebundenheit der Arbeitnehmer kommt es indes nicht an. Kollektivnormen zeichnen sich demnach dadurch aus, dass sie für alle Arbeitnehmer in Betrieben tarifgebundener Arbeitgeber gelten, also auch für die dort beschäftigten nicht organisierten Arbeitnehmer. Aufgrund der Erstreckung auf „Außenseiter" ist es wichtig, zwischen Individual- und Betriebsnormen zu unterscheiden. Sinn und Zweck der Normen ließen sich nicht erreichen, wenn ihre Geltung nur auf die organisierten Arbeitnehmer beschränkt bliebe. § 3 Abs. 2 TVG stellt damit eine Ausnahme von dem Prinzip der beiderseitigen Tarifbindung als Voraussetzung für die Normwirkung des Tarifvertrages dar. Dies lässt sich aber mit der betriebseinheitlichen Geltung der Normen erklären. Bei Kollektivnormen ist deshalb eine Tarifkonkurrenz eher anzutreffen als bei Individualnormen.

Eine besondere Tarifbindung besteht bei Normen über gemeinsame Einrichtungen gem. § 4 Abs. 2 TVG. Beispiele für gemeinsame Einrichtungen sind etwa Lohnausgleichs-, Urlaubs- oder Versorgungskassen, Fortbildungsstätten und Wohlfahrtseinrichtungen. Erfasst werden hier Regeln über die Errichtung, Erhaltung und Benutzung einer solchen Einrichtung sowie über die Rechte und Pflichten der Arbeitgeber und Arbeitnehmer gegenüber der Einrichtung. Dies ist eine Besonderheit, da Tarifverträge ansonsten nur auf das Arbeitsverhältnis und nicht auf die Beziehung zu Dritten einwirken.[71] Zum einen sind die gemeinsamen Einrichtungen selbst im Verhältnis zu den tarifgebundenen Arbeitgebern und Arbeitnehmern tarifgebunden und dürfen in ihrer Satzung nicht zuungunsten der Arbeitnehmer vom Tarifvertrag abweichen. Zum anderen sind alle Arbeitgeber und Arbeitnehmer an einen derartigen Tarifvertrag gebunden,

69 Jacobs, Tarifeinheit und Tarifkonkurrenz, 1999, S. 107 f.

70 BAG, Beschluss vom 17.06.1997, 1 ABR 3/97, AP Nr. 2 zu § 3 TVG Betriebsnormen, NZA 1998, 213.

71 Brox/Rüthers/Henssler, Rn. 679.

die zu den zuvor genannten Gruppen gehören. Teilweise wird im Schrifttum angenommen, dass eine einseitige Tarifbindung des Arbeitgebers ausreichend sei.[72] Nach heute h.M. in Rechtsprechung und Literatur ist jedoch davon auszugehen, dass eine beiderseitige Tarifbindung zwingende Voraussetzung ist, sofern es sich um Inhaltsnormen handelt.[73]

(b) Unmittelbare und zwingende Wirkung

Neben der kongruenten Tarifgebundenheit ist weitere Voraussetzung die unmittelbare und zwingende Wirkung der Tarifverträge für das betroffene Arbeitsverhältnis. Unmittelbare und zwingende Wirkung gem. § 4 Abs. 1 TVG entfaltet ein Tarifvertrag aber nur dann, wenn das Arbeitsverhältnis auch in den Geltungsbereich des Tarifvertrages fällt. Dieser ist zeitlich, räumlich, fachlich, betrieblich und persönlich zu bestimmen. Der Geltungsbereich eines Tarifvertrages wird im Gegensatz zu der Tarifgebundenheit durch die Tarifvertragsparteien selbst festgelegt. Diese können ihn ausdrücklich, aber auch konkludent regeln.

(aa) Zeitlicher Geltungsbereich

Der zeitliche Geltungsbereich sagt aus, in welchen zeitlichen Grenzen die Normen des Tarifvertrages auf die Arbeitsverhältnisse einwirken. Er deckt sich, sofern nichts anderes vereinbart ist, mit der Dauer des Tarifvertrages.[74]

Der Tarifvertrag tritt grundsätzlich mit seinem Abschluss, also seiner Unterzeichnung in Kraft. Eine Beendigung des Tarifvertrages kommt in verschiedenen Konstellationen vor. Zum einen endet ein Tarifvertrag im Falle einer Befristung mit Ablauf der Zeit, für die er eingegangen wurde.[75] Bei einem unbefristeten Tarifvertrag kann ein Ende hingegen durch den Eintritt einer auflösenden Bedingung herbeigeführt werden.[76] Diese ist z.B. dann gegeben, wenn der Tarifvertrag enden soll, falls nach einer längeren Verhandlungsfrist kein neuer Tarifvertrag abgeschlossen wird oder ein bestimmter Kaufkraftverlust eingetreten ist. Im Allgemeinen vereinbaren die Tarifvertragsparteien keine automatische Beendigung,

---

72 Wendeling-Schröder, in Kempen/Zachert, § 4 TVG, Rn. 157.

73 BAG, Urteil vom 05.12.1958, AP Nr. 1 zu § 4 TVG Ausgleichskasse; Urteil vom 05.10.1993, 3 AZR 586/92, AP Nr. 42 zu § 1 BetrAVG Zusatzversorgungskassen; Hanau, RdA 1970, 163; Wendeling-Schröder, in Kempen/Zachert, § 4 TVG, Rn. 132; Wiedemann, RdA 1968, 423; Zöllner, RdA 1967, 365.

74 Brox/Rüthers/Henssler, Rn. 721.

75 Däubler, TVR, Rn. 1438.

76 MünchArbR-Löwisch, Bd. 3, § 252, Rn. 74.

sondern Revisions- und Anpassungsklauseln.[77] Ferner kommt auch eine einvernehmliche und formlose Aufhebung des Tarifvertrages in Betracht.[78] Eine weitere Möglichkeit besteht in der ordentlichen Kündigung.[79] Kündigungsberechtigt ist nur eine Partei des Tarifvertrages.[80] Ist eine Kündigungsfrist vereinbart, so ist diese einzuhalten. Ist keine Kündigungsfrist vereinbart, wird in entsprechender Anwendung von § 77 Abs. 5 BetrVG und § 28 Abs. 2 S. 4 SprAuG von einer Kündigungsfrist von drei Monaten ausgegangen.[81] Eine außerordentliche Kündigung ist, wie bei allen Dauerschuldverhältnissen, gem. § 314 BGB aus wichtigem Grund zulässig.[82] Ein wichtiger Grund kann beispielsweise auf außerwirtschaftlichen oder wirtschaftlichen Gründen beruhen.[83] An die Wirksamkeit einer außerordentlichen Kündigung werden von der Rechtsprechung allerdings sehr hohe Anforderungen gestellt.[84]

Ist der Tarifvertrag durch Zeitablauf, Aufhebung oder Kündigung abgelaufen, so verliert er für die Tarifvertragsparteien die schuldrechtlichen Wirkungen. Für die Tarifgebundenen entfällt mit dem Ende des Tarifvertrages jedoch noch nicht jede Wirkung. Vielmehr gelten nach § 4 Abs. 5 TVG seine Rechtsnormen weiter, bis sie durch eine andere Abmachung ersetzt werden.[85] In diesem Zeitraum spricht man von der sog. Nachwirkung des Tarifvertrages. Nach Ablauf des zeitlichen Geltungsbereichs entfällt zwar der zwingende Charakter des Tarifvertrages, er behält jedoch weiterhin seine unmittelbare Wirkung. Zulässig sind demnach kollektiv- und individualvertragliche Abmachungen, die zuungunsten des Arbeitnehmers vom Tarifvertrag abweichen. Der nachwirkende Tarifvertrag bietet daher keinen Mindeststandart mehr.[86] Sinn und Zweck der Vorschrift ist es zu verhindern, dass die Arbeitsverhältnisse durch den Wegfall der tariflich bestimmten Arbeitsbedingungen inhaltsleer bzw. durch die dispositiven

---

77 Schaub, Arbeitsrechts-Handbuch, § 199, S. 1966, Rn. 37.

78 BAG, Urteil vom 8.9.1976, 4 AZR 359/75, AP Nr. 5 zu § 1 TVG Form.

79 Wank, in FS für Schaub, 1998, S. 763f.

80 BAG, Urteil vom 26.04.2000, 4 AZR 170/99, AP Nr. 4 zu § 1 TVG Kündigung, NZA 2000, 1010.

81 Jacobs, Tarifeinheit und Tarifkonkurrenz, § 9, S. 128.

82 Wiedemann/Wank, TVG, § 4, Rn. 28.

83 BAG, Urteil vom 18.02.1998, 4 AZR 363/96, AP Nr. 3 zu § 1 TVG Kündigung, NZA 1998, 1008.

84 BAG, Urteil vom 18.02.1998, 4 AZR 363/96, AP Nr. 3 zu § 1 TVG Kündigung, NZA 1998, 1008.

85 BAG, Urteil vom 12.12.2007, 4 AZR 996/06, AP Nr. 39 zu § 1 TVG, NZA 2008, 892.

86 Brox/Rüthers/Henssler, Rn. 702.

Gesetzesbestimmungen oder einseitigen Arbeitgeberweisungen ersetzt werden.[87] Zum Schutz des Arbeitnehmers werden daher die bisherigen tariflichen Regelungen für eine Übergangszeit dispositiv erhalten, sog. Überbrückungsfunktion. Die Nachwirkung erfasst grundsätzlich alle tariflichen Bestimmungen. Daher wirken nicht nur Inhaltsnormen, sondern auch Normen über betriebliche und betriebsverfassungsrechtliche Fragen und gemeinsame Einrichtungen nach.[88] Auch bei einem Verbandsaustritt nach Ablauf der Fortwirkungsfrist des § 3 Abs. 3 TVG und bei für allgemeinverbindlich erklärten, aber beendeten Tarifverträgen kommt es zur Nachwirkung.[89]

(bb) Räumlicher Geltungsbereich

Der räumliche Geltungsbereich bezeichnet regelmäßig das Tarifgebiet, in dem der Tarifvertrag gelten soll. So werden Orts-, Kreis-, Stadt-, Landes- und Bundestarife unterschieden.[90] Es findet derjenige Tarifvertrag auf das entsprechende Arbeitsverhältnis Anwendung, der am Erfüllungsort des Arbeitsverhältnisses gilt. Erfüllungsort ist in der Regel der Sitz des Betriebs.[91] Wird das Arbeitsverhältnis aus dem räumlichen Geltungsbereich des Tarifvertrages verlegt, so endet die unmittelbare und zwingende Wirkung. Der Tarifvertrag entfaltet dann lediglich Nachwirkung gem. § 4 Abs. 5 TVG.

(cc) Fachlicher Geltungsbereich

Die Begriffe des betrieblichen, fachlichen und persönlichen Geltungsbereichs gehen vielfach ineinander über. Zum Teil wird daher im Schrifttum der fachliche Geltungsbereich zum betrieblichen und zum persönlichen Geltungsbereich gezogen.[92] Unabhängig davon bestimmt der fachliche Geltungsbereich, für welche Tätigkeiten bestimmte Normen gelten sollen. Regelmäßig sehen Tarifverträge Lohn- und Gehaltsgruppenkataloge je nach dem Schwierigkeitsgrad der Arbeit vor.[93] Beispielsweise wurde früher häufig zwischen kaufmännischen und technischen Angestellten und Arbeitern unterschieden. Im Hinblick auf die Entscheidung des BVerfG zur Stellung von Arbeitern und Angestellten ist

---

87 BAG, Urteil vom 10.12.1997, 4 AZR 247/96, AP Nr. 20 zu § 3 TVG Nachwirkung, NZA 1998, 484.

88 HWK/Henssler, § 4 TVG, Rn. 10.

89 Wiedemann/Wank, TVG, § 4, Rn. 337ff.

90 Schaub, Arbeitsrechts-Handbuch, § 203, S. 1992, Rn. 21.

91 BAG, Urteil vom 03.12.1985, 4 AZR 325/84, AP Nr. 5 zu § 1 TVG, Tarifverträge.

92 Vgl. Schaub, Arbeitsrechts-Handbuch, § 203, Rn. 41.

93 Brox/Rüthers/Henssler, Rn. 723.

diesbezüglich jedoch Vorsicht geboten.[94] Aus diesen Gründen werden von den Tarifvertragsparteien inzwischen vorzugsweise für alle Arbeitnehmer einheitliche Tarifverträge abgeschlossen. Es steht den Tarifvertragsparteien auf Grund der Tarifautonomie frei, den fachlichen Geltungsbereich zu regeln. Geschieht dies nicht, gilt der Tarifvertrag für alle organisierten Arbeitnehmer, die in den der Branche unterfallenden Betrieben beschäftigt sind.[95]

(dd) Betrieblicher Geltungsbereich

Im Hinblick auf Gewerkschaften und Arbeitgeberverbände, die noch nach dem Industrieverbandsprinzip organisiert sind, werden die Tarifverträge normalerweise für alle Betriebe des von der Koalition vertretenen Wirtschaftszweigs, z.B. das Baugewerbe, abgeschlossen. Die Tarifvertragsparteien können den betrieblichen Geltungsbereich jedoch auch enger bestimmen, so wie es von den Berufsgruppengewerkschaften praktiziert wird. Für einen Betrieb gilt der Tarifvertrag, der dem Schwergewicht der betrieblichen Tätigkeit entspricht. Die neuere Rechtsprechung knüpft an die überwiegend im Betrieb zu leistende Arbeit oder an die Merkmale an, die dem Betrieb das Gepräge geben.[96] Entscheidend ist, ob der Betrieb nach der Verkehrsauffassung zu dem entsprechenden Gewerbezweig gerechnet wird. Umfasst ein Betrieb mehrere Geschäftszweige, sog. Mischbetrieb, kommt es für die Tarifgeltung auf den Hauptzweck des Betriebs an. Dieser richtet sich danach, mit welchen Tätigkeiten die Arbeitnehmer überwiegend befasst sind.[97]

(ee) Persönlicher Geltungsbereich

Grundsätzlich gilt der Tarifvertrag für alle Personen, die unter den zeitlichen, räumlichen, fachlichen und betrieblichen Geltungsbereich fallen. Der persönliche Geltungsbereich kann jedoch auch auf bestimmte persönliche Eigenschaften abstellen, z.B. Lebensalter, Familienstand oder Minderleistungsfähigkeit.[98] Wegen der sozialen Verantwortung der Tarifparteien müssen die persönlichen Abgrenzungsmerkmale aber der Gleichberechtigung und dem Allgemeinen Gleichheitssatz entsprechen und sachlich gerechtfertigt sein.[99]

---

94 BVerfG, Entscheidung vom 30. 5. 1990, 1 BvL 2/83, AP Nr. 28 zu § 622 BGB.
95 Brox/Rüthers/Henssler, Rn. 723.
96 BAG, Urteil vom 27.11.1963, 4 AZR 486/62.
97 BAG, Urteil vom 05.09.1990, 4 AZR 59/90.
98 Brox/Rüthers/Henssler, Rn. 723.
99 BAG, Urteil vom 15.10.2003, 4 AZR 606/02.

(2) Regelung desselben Sachgebiets
Letztlich müssen sich die Tarifverträge in ihren Regelungsbereichen überschneiden. Umstritten ist lediglich, ob eine vollständige Inkongruenz der konkurrierenden Tarifverträge vorliegen muss[100], oder ob es bereits ausreicht, wenn diese zumindest teilweise dieselben Sachbereiche regeln.[101]

Letztere Ansicht ist vorzugswürdig, da es in den wenigsten Fällen zu einer vollständigen Überschneidung kommen wird und eine Konkurrenzsituation vielmehr auch dann eintritt, wenn die Tarifverträge zu identischen Teilkomplexen unterschiedliche Regelungen für dasselbe Arbeitsverhältnis vorsehen. Ferner ist zu beachten, dass die Konkurrenz zwischen sich überschneidenden Tarifverträgen und nicht zwischen den gesamten Tarifwerken verschiedener Parteien auftritt, soweit sich nicht ausnahmsweise aus der Auslegung der Tarifverträge ergibt, dass sie einen einheitlichen Vertrag darstellen.[102]

bb. Abgrenzung zu scheinbarer Tarifkonkurrenz
Fälle „echter" Tarifkonkurrenz sind weiter abzugrenzen von jenen, bei denen es nur vermeintlich zu einer Kollision mehrerer Tarifverträge in Bezug auf ein einzelnes Arbeitsverhältnis kommt, sog. scheinbare Tarifkonkurrenz. Es gibt demnach Konstellationen, in denen mehrere Tarifverträge für ein Arbeitsverhältnis gelten, ohne dass eine Tarifkonkurrenz vorliegt.

(1) Kollision schuldvertraglicher Regelungen
Zu nennen ist in diesem Zusammenhang die Kollision schuldvertraglicher Regelungen. Überschneiden sich schuldrechtliche Teile mehrerer Tarifverträge, kann dies nicht zu einer Tarifkonkurrenz führen, da die schuldrechtlichen Teile von Tarifverträgen keine Normwirkung i.S.v. § 1 Abs. 1 Var. 1 TVG entfalten und somit keine Normenkollision im Arbeitsverhältnis entstehen kann.[103] Eine Lösung erfolgt vielmehr nach den Grundsätzen des vertraglichen Schuldrechts.[104]

(2) Selbstbeschränkungsklauseln
Mitunter regeln Tarifverträge, deren Geltungsbereiche sich überschneiden, das Kollisionsproblem selbst, indem sie anordnen, dass der eine Tarifvertrag

---

100 Kothe, Anm. zu BAG, Urteil vom 26.01.1994; SAE 1996, 17f.
101 Brox/Rüthers/Henssler, Rn. 725; Löwisch/Rieble, TVG, § 4, Rn. 295.
102 BAG, Urteil vom 20.04.2005, 4 AZR 288/04, AP Nr. 43 zu § 4 TVG Nachwirkung, NZA 2005, 1360ff.
103 Jacobs, Tarifeinheit und Tarifkonkurrenz, § 7, S. 104.
104 Waas, Tarifkonkurrenz, S. 12, Fn. 1; Witzig, S. 3.

in bestimmten Fällen hinter einen anderen zurücktreten soll. Solche Selbstbeschränkungsklauseln sind zulässig, da die Tarifvertragsparteien den Geltungsbereich im Rahmen ihrer Satzung autonom festlegen und deshalb auch für den Kollisionsfall einschränken können.[105] Ein Fall der Tarifkonkurrenz liegt hier nicht vor. Den Tarifvertragsparteien ist es jedoch verwehrt, den Vorrang der eigenen Tarifnormen gegenüber dem Tarifwerk einer konkurrierenden Gewerkschaft zu bestimmen, da ihnen keine rechtliche Befugnis zusteht, die Geltung der Normen anderer Tarifpartner auszuschließen, es sei denn, es handelt sich ausnahmsweise um den gleichen Vertragspartner. Andernfalls würde unzulässigerweise in die Koalitionsfreiheit der betroffenen Vereinigung eingegriffen.[106]

(3) Sich ergänzende Tarifverträge

Eine Tarifkonkurrenz kommt ebenso wenig in Betracht, wenn sich zwei oder mehrere Tarifverträge derselben Tarifvertragsparteien lediglich nach ihrem erkennbar äußeren Willen ergänzen sollen. Dies ist regelmäßig durch Auslegung zu ermitteln und kommt beispielweise bei Mantel- mit Entgelttarifverträgen vor. Eine Tarifkonkurrenz kann dann nicht entstehen. Die Tarifverträge bestehen vielmehr nebeneinander.[107] Dieses Nebeneinander ist eine Konsequenz der Tarifautonomie, die es gestattet, statt eines umfassenden Tarifwerkes zur Regelung aller Arbeits- und Wirtschaftsbedingungen i.S.d. Art. 9 Abs. 3 GG eine Vielzahl einzelner, aufgesplitterter Tarifverträge zu schaffen. Soweit nichts anderes vereinbart wird, bilden die sich ergänzenden Tarifverträge jeweils eigenständige Regelungswerke.

(4) Ablösung

Treffen dieselben Tarifvertragsparteien eine Regelung über einen Sachverhalt, der bereits in einem bestehenden Tarifvertrag enthalten ist, liegt ein Fall der Ablösung des alten durch einen neuen Tarifvertrag vor, sog. Zeitkollision.[108] Auch hier ist keine Tarifkonkurrenz gegeben, da die Tarifvertragsparteien aufgrund der ihnen verfassungsrechtlich garantierten Tarifautonomie frei darin sind, von ihnen geschaffene Tarifwerke zu ändern oder aufzuheben, auch zum

---

105 BAG, Urteil vom 20.03.1991, 4 AZR 455/90, AP Nr. 20 zu § 4 TVG Tarifkonkurrenz, NZA 1991, 736ff.; Wendeling-Schröder, in Kempen/Zachert/ § 4 TVG, Rn. 176.

106 Däubler/Zwanziger, TVG, § 4, Rn. 917.

107 BAG, Urteil vom 20.4.2005, 4 AZR 288/04, AP Nr. 43 zu § 3 TVG Nachwirkung, NZA 2005, 1360ff.

108 Jacobs, in Jacobs/Krause/Oetker, Tarifvertragsrecht, § 7, Rn. 194.

Nachteil der Arbeitnehmer.[109] Da die Tarifnormen unter dem immanenten Vorbehalt einer Änderung stehen, kommt Vertrauensschutz grundsätzlich nicht in Betracht.[110] Treffen die Tarifvertragsparteien keine ausdrückliche Regelung, gilt das Ablösungsprinzip. Der spätere Tarifvertrag verdrängt den vorherigen, soweit ein Widerspruch besteht.[111]

(5) Mischbetrieb

Kein Fall einer Tarifkonkurrenz liegt weiter in Mischbetrieben vor, wenn allein unklar ist, unter welchen von zwei Tarifverträgen der Betrieb fällt. Diese Frage stellt sich bei Mischbetrieben, da diese in der Regel mehr als einen Zweck verfolgen, wie beispielsweise ein Restaurant im Kaufhaus.[112] Bei einem solchen Betrieb, der mehrere Zwecke verfolgt, kommt es für die fachlich-betriebliche Zuordnung unter den Geltungsbereich der in Frage kommenden Tarifverträge maßgeblich darauf an, auf welche betrieblichen Zwecke die überwiegende Arbeitszeit der Arbeitnehmer entfällt.[113]

b. Tarifpluralität im Betrieb

Neben der Tarifkonkurrenz gibt es eine weitere Form der Tarifkollision, die Tarifpluralität. Auch hier stellte sich bislang die Frage, ob betriebsweit nur ein Tarifvertrag angewendet werden darf, oder ob für verschiedene Arbeitsverhältnisse im Betrieb unterschiedliche Tarifverträge gelten können. Tarifpluralität ist gegeben, wenn zwar nicht im einzelnen individuellen Arbeitsverhältnis, dafür aber im Betrieb konkurrierende Tarifverträge aufeinandertreffen und diese jeweils unterschiedliche Arbeitnehmer erfassen.[114] Nach Ansicht des BAG ist dies

---

109 BAG, Urteil vom 24.08.1993, 3 AZR 313/93, AP Nr. 19 zu § 1 BetrAVG Ablösung, NZA 1994, 807ff.

110 BAG, Urteil vom 23.03.2005, 4 AZR 203/04, AP Nr. 29 zu § 4 TVG Tarifkonkurrenz, NZA 2005, 1003ff.

111 BAG, Urteil vom 16.05.1995, 3 AZR 535/94, AP Nr. 15 zu § 4 TVG Ordnungsprinzip, NZA 1995, 1166ff.; Wiedemann/Wank, TVG, § 4, Rn. 261.

112 BAG, Urteil vom 01.04.1987, 4 AZR 77/86, AP Nr. 64 zu § 613a BGB, NZA 1987, 593ff.

113 Urteil vom 26.08.1998, 4 AZR 471/97, AP Nr. 66 zu § 1 TVG Tarifverträge: Einzelhandel, NZA 1999, 154ff.

114 BAG, Urteil vom 20.03.1991, 4 AZR 455/90, AP Nr. 20 zu § 4 TVG Tarifkonkurrenz; Urteil vom 26.01.1994, 10 AZR 611/92, AP Nr. 22 zu § 4 TVG Tarifkonkurrenz; Däubler/Zwanziger, TVG, § 4, Rn. 940.; Löwisch/Rieble, TVG, § 4, Rn. 125; Wiedemann/Wank, TVG, § 4, Rn. 280.

der Fall, wenn innerhalb eines Betriebs mehrere Tarifverträge nebeneinander gelten, ohne dass sie auf einzelne Arbeitsverhältnisse gleichzeitig anwendbar sind.[115] Diese Definition stimmt mit der der herrschenden Lehre überein.[116] Dazu muss der Arbeitgeber an verschiedene Tarifverträge gebunden sein, die jeweils den Geltungsbereich des Betriebs erfassen, während auf die einzelnen Arbeitnehmer je nach Tarifbindung nur einer der Tarifverträge anzuwenden ist. Im Betrieb konkurrieren aber mehrere, mit unterschiedlichen Gewerkschaften abgeschlossene Tarifverträge. Kurz gesagt bedeutet Tarifpluralität: Ein Betrieb, mehrere Tarifverträge. Gehören alle beteiligten Gewerkschaften einer Spitzenorganisation an, lässt sich eine Tarifpluralität regelmäßig vermeiden, indem schon die Tarifzuständigkeiten hinreichend abgegrenzt werden. Im Hinblick auf die DGB-Gewerkschaften soll das Schiedsgerichtsverfahren nach § 16 DGB-Satzung Kollisionen bereits im Vorfeld vermeiden.[117] Es kann aber auch hier Überscheidungen in den Satzungen der Gewerkschaften geben. Zum Teil werden auch Tarifverträge ohne vorheriges Schiedsgerichtsverfahren abgeschlossen und überschneidend geregelt.

Liegt hingegen eine Konkurrenzsituation mehrerer Gewerkschaften vor, die nicht derselben Spitzenorganisation angehören, kommt eine Abgrenzung über die Tarifzuständigkeiten nicht in Betracht, da diese sich nach dem Willen der konkurrierenden Gewerkschaften ja gerade überschneiden sollen.

Das Phänomen der Tarifpluralität hat in den letzten Jahren aufgrund des bereits angesprochenen Wandels in der Gewerkschaftslandschaft an Brisanz gewonnen. Da die Idee der Einheitsgewerkschaft und des Industrieverbandsprinzips immer mehr in Frage gestellt wurden und in vielen Bereichen eine Rückkehr zur Organisation nach dem Berufsverbandsprinzip beobachtet werden konnte, nahmen auch die Fälle der Tarifpluralitäten in Betrieben zu. Ein weiterer Faktor ist die Liberalisierung im Bereich der Tariffähigkeit, wie sie jüngst durch das BAG im Hinblick auf die Christliche Gewerkschaft Metall (CGM) demonstriert wurde. Diese Entscheidung war mitunter grundlegend für die Förderung des Gewerkschaftswettbewerbs.

115 BAG, Urteil vom 14.06.1989, 4 AZR 200/89, AP Nr. 16 zu § 4 TVG Tarifkonkurrenz; Urteil vom 05.09.1990, 4 AZR 59/90, AP Nr. 19 zu § 4 TVG Tarifkonkurrenz; Urteil vom 20.03.1991, 4 AZR 455/90, AP Nr. 20 zu § 4 TVG Tarifkonkurrenz.

116 Däubler/Zwanziger, TVG, § 4, Rn. 940; Wendeling-Schröder, in Kempen/Zachert, § 4 TVG, Rn. 151; Löwisch/Rieble, TVG, § 4, Rn. 125; Wiedemann/Wank, TVG, § 4, Rn. 280;

117 Preis, Kollektivarbeitsrecht, § 101, S. 223.

Im Gegensatz zu der Tarifkonkurrenz kommt es bei der Tarifpluralität maßgeblich darauf an, dass nur eine der Arbeitsvertragsparteien tarifgebunden ist.[118] Das einzelne Arbeitsverhältnis unterfällt also nicht zwei Tarifverträgen, sondern allenfalls einem. Im Betrieb gelten jedoch mehrere Tarifverträge. Je nach Gewerkschaftszugehörigkeit beanspruchen die unterschiedlichen Tarifverträge für die Mitarbeiter des Betriebs Geltung. Ein weiterer wesentlicher Unterschied liegt darin, dass nicht das einzelne Arbeitsverhältnis den Anknüpfungspunkt für die Kollision zweier oder mehrerer Tarifverträge bildet, sondern der Betrieb des Arbeitgebers. Möglich ist aber auch, dass Tarifkonkurrenz und Tarifpluralität zusammen treffen.

aa. Voraussetzungen für eine Tarifpluralität

Ein Tarifvertrag gilt im Arbeitsverhältnis nur, wenn er dem tariflichen Geltungsbereich unterfällt und beide Arbeitsvertragsparteien tarifgebunden sind. Die kollidierenden Tarifverträge müssen deshalb entweder auf Arbeitgeber- oder auf Arbeitnehmerseite von verschiedenen Tarifvertragsparteien abgeschlossen worden sein, damit es zu einer Tarifpluralität kommen kann. Mithin müssen in einem Betrieb für verschiedene Arbeitsverhältnisse derselben Art unterschiedliche Tarifverträge mit einander überschneidenden Regelungsinhalten gelten.

(1) Geltung mehrerer Tarifverträge in einem Betrieb

Auch für eine Tarifpluralität wird vorausgesetzt, dass das jeweilige Arbeitsverhältnis vom Geltungsbereich des Tarifvertrages erfasst wird und beide Arbeitsvertragsparteien an den Tarifvertrag tarifgebunden sind, §§ 3 Abs. 1, 4 Abs. 1 S. 1, 5 Abs. 4 TVG. Bei betrieblichen oder betriebsverfassungsrechtlichen Normen genügt wieder allein die Tarifbindung des Arbeitgebers gem. §§ 3 Abs. 2, 4 Abs. 1 s. 2 TVG.

Hinsichtlich der grundlegenden Voraussetzungen für eine tarifliche Kollision im Betrieb, wie der Tarifbindung und der Reichweite des Geltungsbereichs, sei deshalb auf die Ausführungen zur Tarifkonkurrenz verwiesen. Hier ergeben sich bezüglich der Begrifflichkeiten keine wesentlichen Unterschiede. Im Weiteren sollen daher nur kurz die wichtigsten Zusammenhänge auf Arbeitgeber- und Arbeitnehmerseite aufgegriffen werden.

---

118 BAG, Urteil vom 05.09.1990, 4 AZR 59/90, AP Nr. 19 zu § t TVG Tarifkonkurrenz; Urteil vom 20.03.1991, 4 AZR 455/90, AP Nr. 20 zu § 4 TVG Tarifkonkurrenz.

(a) Voraussetzungen auf Arbeitgeberseite

Die Tarifpluralität setzt auf Seiten des Arbeitgebers voraus, dass sein Betrieb bzw. ein Betriebsteil von den Geltungsbereichen verschiedener Tarifverträge erfasst wird und der Arbeitgeber tarifgebunden ist. Erforderlich ist, dass der Betrieb in der normativen Schnittmenge der Geltungsbereiche von mindestens zwei Tarifverträgen liegt, deren Reichweite gegebenenfalls durch Auslegung zu ermitteln ist.[119] Eine wichtige Rolle spielen dabei der räumliche und der betriebliche Geltungsbereich. Der Arbeitgeber muss weiter an die sich überschneidenden Tarifverträge gebunden sein. Die Bindung kann entweder durch eine privatautonome Mitgliedschaft nach § 3 Abs. 1 TVG, durch staatliche Allgemeinverbindlicherklärung gem. § 5 Abs. 4 TVG oder aufgrund fortgeltender Tarifbindung nach § 3 Abs. 3 TVG begründet werden.

Zum einen kann es danach zu einer Tarifpluralität im Betrieb kommen, wenn entweder der Arbeitgeber selbst kraft Tarifbindung und/oder der von ihm durch Mitgliedschaft legitimierte Verband mit mehreren Gewerkschaften Tarifverträge mit völlig oder teilweise identischen Regelungsbereichen abgeschlossen haben und sich in der Belegschaft neben nichtorganisierten Arbeitnehmern sowohl Arbeitnehmer finden, die der einen Gewerkschaft angehören, als auch solche, die Mitglied der anderen sind.[120] Sind die Arbeitnehmer unterschiedlichen Gewerkschaften zuzuordnen und findet somit für einen Teil der Belegschaft der eine Tarifvertrag und für den anderen Teil der Belegschaft ein anderer Tarifvertrag Anwendung, liegt Tarifpluralität vor. Beispielsweise beanspruchen bei der Deutschen Bahn die Gewerkschaften TRANSNET und GDL gleichermaßen Tarifzuständigkeit für das Zugpersonal. Sie konkurrieren in diesem Bereich um Mitglieder und streben beide den Abschluss von Tarifverträgen an. Gleiches gilt für den Marburger Bund und Ver.di bei den Krankenhausärzten.

Neben der vom einzelnen tariffähigen Arbeitgeber autonom gewählten doppelten Tarifgebundenheit, der sog. gewillkürten Tarifpluralität, gibt es andererseits auch vom Gesetzgeber herbeigeführte Ursachen für Tarifpluralitäten. Eine Kollisionslage entsteht danach auch aufgrund der Allgemeinverbindlicherklärung eines Tarifvertrages, wenn für die Verbandsmitglieder ein anderer, speziellerer Tarifvertrag gilt, während für „Außenseiter" allein der allgemeinverbindlich erklärte Tarifvertrag bindend ist.[121] Beispielsweise kann ein Arbeitgeber sowohl einem Tarifvertrag, der für allgemeinverbindlich erklärt wurde, als auch

119 Jacobs, in Jacobs/Krause/Oetker, Tarifvertragsrecht, § 7, Rn. 228.

120 Bepler, NZA Beilage 3/2010, 100.

121 BAG, Urteil vom 20.03.1991, 4 AZR 455/90, AP Nr. 20 zu § 4 TVG Tarifkonkurrenz; Preis, Kollektivarbeitsrecht, § 101, S. 224.

einem Tarifvertrag, den sein Arbeitgeberverband geschlossen hat unterliegen. Zu einer Tarifpluralität kommt es sogar dann, wenn letzterer Tarifvertrag zwar für ihn Geltung beansprucht, jedoch mangels Tarifgebundenheit für keinen seiner Arbeitnehmer. In diesem Fall gilt für die Arbeitnehmer der für allgemeinverbindlich erklärte Tarifvertrag, während der Arbeitgeber an zwei verschiedene Tarifverträge gebunden ist.

Ferner kann es aufgrund der Nachgeltungsanordnung in § 3 Abs. 3 TVG bei einem Verbandswechsel des Arbeitgebers sowie bei arbeitstechnischen oder räumlichen Umstrukturierungen in dessen Betrieb zu einem Nebeneinander mehrerer Tarifverträge kommen, wenn der alte Tarifvertrag fortbesteht und ein neuer, von anderen Tarifvertragsparteien geschlossener Tarifvertrag, nach § 3 Abs. 1 TVG oder § 5 Abs. 4 TVG hinzutritt und Mitglieder beider Gewerkschaften Arbeitnehmer des Betriebs sind.[122] Letztlich vermag auch die Verschmelzung zweier Unternehmen zu einer Kollision unterschiedlicher Tarifverträge im neuen Betrieb führen.[123]

(b) Voraussetzungen auf Arbeitnehmerseite

Auf Arbeitnehmerseite genügt aus Sicht des Bundesarbeitsgerichts für die Annahme einer Tarifpluralität bereits die potentielle Tarifgebundenheit eines Arbeitnehmers im Betrieb, d.h. die Möglichkeit, dass ein Arbeitnehmer Mitglied der Gewerkschaft sein könnte, die den Tarifvertrag abgeschlossen hat, an den auch der Arbeitgeber gebunden ist.[124] Folglich käme es für die Konstellation einer Tarifpluralität allein auf die Tarifbindung des Arbeitgebers an.

Nach anderer Ansicht soll dies jedoch lediglich im Hinblick auf die Kollision von Kollektivnormen gelten, da es sich hier um eine denknotwendig „betriebsweite Tarifkonkurrenz" handele.[125] In Bezug auf tarifliche Individualnormen müsse aber gefordert werden, dass mindestens ein Arbeitnehmer im Betrieb dem fachlichen und betrieblichen Geltungsbereich des jeweiligen Tarifvertrages unterfällt. § 4 Abs. 1 Satz 1 TVG fordere explizit die beiderseitige Tarifgebundenheit. Die bloße Möglichkeit, dass ein tarifgebundener Arbeitnehmer im Betrieb

---

122 BAG, Urteil vom 26.10.1983, 4 AZR 219/81, AP Nr. 3 zu § 3 TVG.

123 LAG Baden-Württemberg, Urteil vom 23.02.2005, 4 TaBV 2/04; Wiedemann/Oetker, TVG, § 3, Rn. 193.

124 BAG, Urteil vom 20.03.1991, 4 AZR 455/90, AP Nr. 20 zu § 4 TVG Tarifkonkurrenz; Urteil vom 26.01.1994, 10 AZR 611/92, AP Nr. 22 zu § 4 TVG Tarifkonkurrenz; Urteil vom 04.12.2002, 10 AZR 113/02, AP Nr. 28 zu § 4 TVG Tarifkonkurrenz; Hromadka/Maschmann, Arbeitsrecht, Bd. 2, § 13, Rn. 264.

125 Jacobs, in Jacobs/Krause/Oetker, Tarifvertragsrecht, § 7, Rn. 229.

beschäftigt werde, könne, neben der Tarifgebundenheit des Arbeitgebers, nicht ausreichen, um die Geltung der Individualnormen des entsprechenden Tarifvertrages zu begründen.[126]

Die Frage nach der Tarifbindung bei Tarifpluralität spielt sowohl im Tarifvertragsrecht als auch im Betriebsverfassungsrecht eine wesentliche Rolle. Auf tarifvertragsrechtlicher Ebene zeichnet sich Tarifpluralität gerade dadurch aus, dass in dem Betrieb des Arbeitgebers mindestens zwei Tarifverträge, die von unterschiedlichen Gewerkschaften abgeschlossenen wurden, Geltung entfalten, an die jeweils der Arbeitgeber gebunden ist, während für den einzelnen Arbeitnehmer je nach Tarifbindung nur einer der Tarifverträge Anwendung findet. Eine sachgerechte Feststellung von Tarifpluralität ist daher nur dann gewährleistet, wenn auch eine beiderseitige Tarifbindung vorliegt. Immerhin sollen dem jeweiligen Arbeitnehmer die Rechte zukommen, die aus seiner tariflichen Bindung resultieren. Dazu muss eine solche aber auch faktisch und nicht nur potentiell vorliegen. Dies ergibt sich zudem aus dem Wortlaut des § 4 Abs. 1 Satz 1 TVG sowie aus Gesichtspunkten der Rechtssicherheit. Bestehen Zweifel an der einzelnen Gewerkschaftszugehörigkeit, sind diese insofern aufzulösen, als der Arbeitnehmer selbst gehalten ist, seine Mitgliedschaft offen zu legen, um in den Genuss der Früchte des Tarifvertrages zu gelangen. Im Hinblick auf das Betriebsverfassungsrecht orientiert sich die Sperrwirkung eines Tarifvertrages mitunter an der Tarifbindung. Diesbezüglich wird im Verlauf der Arbeit noch zu klären sein, welche Anforderungen hier an die Tarifbindung zu stellen sind.

(2) Sich überschneidende Geltungsbereiche

Weiter müssen auch die im selben Betrieb geltenden unterschiedlichen Tarifverträge, zumindest in Teilbereichen inhaltlich gleiche Regelungen treffen, um eine Tarifpluralität auszulösen.

bb. Abgrenzung zu scheinbarer Tarifpluralität

Wie auch im Falle der Tarifkonkurrenz führt nicht gleich jede Kollisionslage im weiteren Sinne zu einer Tarifpluralität. Es sind vielmehr die Fälle scheinbarer Tarifpluralität abzugrenzen. Diese sind identisch mit denen der scheinbaren Tarifkonkurrenz. Mithin führen die Kollision schuldvertraglicher Regeln, die Vereinbarung von Selbstbeschränkungsklauseln, Ergänzung und Ablösung von Tarifverträgen, sowie verschiedene Tarifverträge in Mischbetrieben nicht zu einer Tarifpluralität.

126 Wiedmann/Arnold, ZTR 1994, 406.

c. *Abgrenzung*

Im Gegensatz zu den betriebsbezogenen Fällen der Tarifpluralität, handelt es sich bei der Tarifkonkurrenz um eine Normenkollision, die ausschließlich auf ein bestimmtes Individualarbeitsverhältnis zwischen Arbeitgeber und Arbeitnehmer bezogen ist. Für eine Tarifkonkurrenz ist damit ausschlaggebend, dass sowohl auf Arbeitgeberseite als auch auf Arbeitnehmerseite eine mehrfache Tarifgebundenheit besteht. Tarifpluralität hingegen zeichnet sich dadurch aus, dass nur der Arbeitgeber an mehrere Tarifverträge gebunden ist. Tarifkonkurrenz und Tarifpluralität können jedoch hinsichtlich tariflicher Individualnormen im selben Betrieb des tarifgebundenen Arbeitgebers gleichzeitig vorliegen, wenn beispielsweise nur ein oder mehrere Arbeitnehmer an beide kollidierenden Tarifverträge, andere Arbeitnehmer jedoch nur an den einen oder den anderen Tarifvertrag gebunden sind.[127]

2. Die Auflösung von Tarifkollisionen

Bislang hat das BAG in ständiger Rechtsprechung vertreten, dass sowohl die Fälle der Tarifkonkurrenz, als auch die Fälle der Tarifpluralität nach dem Grundsatz der Tarifeinheit aufzulösen sind.[128] Während das Schrifttum der Rechtsprechung hinsichtlich der Auflösung von Tarifkonkurrenzen überwiegend zustimmt, war die Auflösungsbedürftigkeit von Tarifpluralitäten jedoch seit jeher umstritten.

Vielmehr ging die herrschende Lehre davon aus, dass mehrere Tarifverträge in einem Betrieb nebeneinander bestehen können und der Grundsatz der Tarifeinheit nicht zur Anwendung gelangen dürfe.[129]

---

127 Schliemann, Sonderbeilage zu NZA 24/2000, S. 26.

128 BAG, Urteil vom 05.09.1990, 4 AZR 59/90, AP Nr. 19 zu § 4 TVG Tarifkonkurrenz, NZA 1991, 202ff.; Urteil vom 20.03.1991, 4 AZR 455/90, AP Nr. 20 zu § 4 TVG Tarifkonkurrenz, NZA 1991, 736ff.

129 Vgl. Däubler/Zwanziger, TVG, § 4, Rn. 940 ff.; ErfK/Franzen, § 4 TVG, Rn. 71; Löwisch/Rieble, TVG, § 4, Rn. 132 ff.; Wiedemann/Wank, TVG, § 4, Rn. 271 ff.; Wendeling-Schröder, in Kempen/Zachert, § 4 TVG, Rn. 156 ff.; Jacobs, Tarifeinheit und Tarifkonkurrenz, § 19, S. 334 ff. m.w.N.; ders., in Jacobs/Krause/Oetker, Tarifvertragsrecht, § 7, Rn. 228 ff.; ders., NZA 2008, 325 ff.; Waas, Tarifkonkurrenz und Tarifpluralität, 1999, S. 133 ff.; Bayreuther, Tarifautonomie als kollektiv ausgeübte Privatautonomie, S. 370 ff.; Lindemann/Simon, BB 2006, 1855 ff.; Reichold, RdA 2007, 324 f.; Franzen, ZfA 2009, 305 ff.; Nebeling/Gründel, NZA 2009, 1003 ff.; Deinert, NZA 2009, 1176 ff.; Greiner, Rechtsfragen der Koalitions-, Tarif- und Arbeitskampfpluralität, 2010, S. 337 ff.; Bayreuther, NZA 2007, 187 ff.; Schliemann, Sonderbeilage zu NZA 24/2000, S. 32.

a. Tarifkonkurrenz

Im Hinblick auf die Tarifkonkurrenz herrscht in Rechtsprechung und Literatur überwiegend Einigkeit, dass eine Kollision mehrerer Tarifverträge im Arbeitsverhältnis nicht hingenommen werden kann. Nur ein Tarifvertrag kann das Arbeitsverhältnis gestalten, da dieses nicht gleichzeitig zwei unterschiedlichen Tarifnormen unterliegen darf. Für die Auflösung der Tarifkonkurrenz gilt nach der h.M. daher der Grundsatz der Tarifeinheit.[130]

Während das BAG den Grundsatz der Tarifeinheit damit begründet, dass ein Abstellen auf die Einzelregelungen der jeweiligen Tarifverträge zu einem Schaden für die Rechtssicherheit führen würde[131], argumentiert das Schrifttum, dass der Regelungszusammenhang des Tarifvertrages nicht zerstückelt werden soll[132]. Eine Mischung von Arbeitsbedingungen aus zwei oder mehr Tarifverträgen zerstöre den von den Tarifvertragsparteien gefundenen Kompromiss. Die Tarifeinheit ergebe sich somit „aus der Natur der Sache".[133]

aa. Die Rechtsprechung des BAG

In erster Linie sei der Wille der Tarifvertragsparteien ausschlaggebend, welcher Tarifvertrag im Falle einer Tarifkonkurrenz Anwendung finden soll. Ist dieser jedoch weder ausdrücklich geregelt worden, noch mittels Auslegung festzustellen, greife nach Ansicht der höchstrichterlichen Rechtsprechung des BAG der Grundsatz der Tarifeinheit. Dieses Prinzip hat im TVG allerdings keine Normierung erfahren. Die so praktizierte Tarifeinheit im Arbeitsverhältnis sei vielmehr aufgrund der schon seit der Weimarer Zeit vorherrschenden allgemeinen Überzeugung mittlerweile gewohnheitsrechtlich verankert.[134]

---

130 BAG, Urteil vom 29.03.1957, 1 AZR 208/55, AP Nr. 4 zu § 4 TVG Tarifkonkurrenz; Urteil vom 24.09.1975, 4 AZR 471/74, AP Nr. 11 zu § 4 TVG Tarifkonkurrenz; Urteil vom 20.03.1991, 4 AZR 455/90, AP Nr. 20 zu § 4 TVG Tarifkonkurrenz; Urteil vom 04.12.2002, 10 AZR 113/02, AP Nr. 28 zu § 4 TVG Tarifkonkurrenz; Urteil vom 23.03.2005, 4 AZR 203/04, AP Nr. 29 zu § 4 TVG Tarifkonkurrenz; Däubler/Zwanziger, TVG, § 4, Rn. 925ff.; Hromadka/Maschmann, Arbeitsrecht, Bd. 2 § 13, Rn. 265; Löwisch/Rieble, TVG, § 4, Rn. 140; Schaub, Arbeitsrechts-Handbuch, § 203, Rn. 57; Wiedemann/Wank, TVG, § 4, Rn. 294.

131 BAG, Urteil vom 05.09.1990, 4 AZR 59/90, AP Nr. 19 zu § 4 TVG Tarifkonkurrenz; Urteil vom 20.03.1991, 4 AZR 455/90, AP Nr. 20 zu § 4 TVG Tarifkonkurrenz.

132 Löwisch/Rieble, TVG, § 4, Rn. 195.

133 Konzen, RdA 1978, 146.

134 Jacobs, in Jacobs/Krause/Oetker, Tarifvertragsrecht, § 7, Rn. 211.

(1) Grundsatz der Tarifeinheit im Arbeitsverhältnis

Der Grundsatz der Tarifeinheit besagt bezüglich der Tarifkonkurrenz, dass in jedem Arbeitsverhältnis nur ein Tarifvertrag in seiner Gesamtheit unmittelbar und zwingend zur Anwendung gelangen soll.[135] Danach könne ein und dasselbe Arbeitsverhältnis nicht gleichzeitig zwei kollidierenden tariflichen Normen unterliegen.

(2) Begründung

Da der Gesetzgeber auf Regelungen über Tarifkonkurrenz und Tarifpluralität im TVG verzichtete, war es an der Rechtsprechung entsprechende Lösungen zu entwickeln. Nicht überraschend war folglich, dass mit dem 1. Präsidenten des Bundesarbeitsgerichts *Nipperdey*, als Verfechter des Grundsatzes der Tarifeinheit, eben dieses Prinzip als Kollisionsregel im Arbeitsverhältnis aufgegriffen wurde. Der Grundsatz der Tarifeinheit im Arbeitsverhältnis sowie die Auflösung einer Tarifkonkurrenz nach dem Spezialitätsprinzip waren daher von Beginn an gefestigte Rechtsprechung des BAG.[136]

Der Grundsatz der Tarifeinheit ist auf ein Urteil des 1. Senats im Jahre 1957 zurückzuführen.[137] In dem zu Grunde liegenden Sachverhalt begehrte der Kläger, ein ehemaliger Arbeitnehmer, die Zahlung rückständigen Arbeitslohns. Der beklagte Arbeitgeber wandte ein, dass die auf Grundlage des allgemeinverbindlichen Rahmentarifvertrages für das Baugewerbe geltende Ausschlussfrist verstrichen sei. Der Kläger trug dagegen vor, dass dieser Tarifvertrag keine Anwendung finden könne, weil der Betrieb des Arbeitgebers sich mit der Errichtung von Blitzschutzanlagen beschäftige, wofür ein gesonderter Tarifvertrag einschlägig sei.[138]

Das Bundesarbeitsgericht stellte fest, dass in jedem Betrieb grundsätzlich für alle in diesem Betrieb begründeten Arbeitsverhältnisse nur ein Tarifvertrag Wirkung entfalte. In den Leitsätzen heißt es: „Der Grundsatz der Tarifeinheit schließt nicht nur aus, dass ein Arbeitsverhältnis von mehreren konkurrierenden

---

135 BAG, Urteil vom 20.03.1991, 4 AZR 455/90, AP Nr. 20 zu § 4 TVG Tarifkonkurrenz; Konzen, RdA 1978, S. 146ff.

136 Vgl. BAG, Urteil vom 26.02.1957, 1 AZR 529/55, AP Nr. 3 zu § 4 TVG Tarifkonkurrenz; Urteil vom 29.03.1957, 1 AZR 208/55, AP Nr. 4 zu § 4 TVG Tarifkonkurrenz; Urteil vom 20.03.1991, 4 AZR 455/90, AP Nr. 20 zu § 4 TVG Tarifkonkurrenz, NZA 1991, 736ff.; Urteil vom 26.01.1994, 10 AZR 611/92, AP Nr. 22 zu § 4 TVG Tarifkonkurrenz, NZA 1994, 1038ff.

137 BAG, Urteil vom 29.03.1957, 1 AZR 208/55, AP Nr. 4 zu § 4 TVG Tarifkonkurrenz.

138 Vgl. Kraft, RdA 1992, 162.

Tarifverträgen geordnet wird, sondern besagt auch, dass alle Arbeitsverhältnisse in dem Betrieb grundsätzlich nach demselben Tarifvertrag geordnet werden."

Der 1. Senat entschied abschließend, dass die Berufungsinstanz nachzuprüfen habe, ob ein solcher Tarif vorliegend anzuwenden sei, weil dieser Tarif den allgemeineren Bautarifvertrag nach dem Grundsatz der Tarifeinheit verdrängen könne.[139]

In den Jahren darauf folgten mehrere bestätigende Entscheidungen des 4. und des 10. Senats, die sich jedoch alle überwiegend auf das Verhältnis des allgemeinverbindlichen Bau-Rahmentarifvertrages zu Tarifverträgen anderer Fachrichtungen, etwa für Abbrucharbeiten, Glaser, Schlosser, für die Land- und Forstwirtschaft oder für das Metallhandwerk, bezogen.[140] Hierbei ging es aber weniger um Fälle echter Konkurrenz mehrerer Gewerkschaften, die unterschiedliche Tarifverträge mit Inhaltsnormen für eine bestimmte Branche oder ein bestimmtes Unternehmen abgeschlossen hatten, sondern vielmehr um fachlich nicht kongruente Tarifverträge.[141]

bb. Literatur

Die herrschende Literatur stimmt insoweit mit der Rechtsprechung des BAG überein, als Normenkollisionen im Individualarbeitsverhältnis zu Gunsten eines Tarifvertrages aufzulösen sind. Allerdings wird diese Ansicht damit begründet, dass die Regelungen eines Tarifwerks abschließend formuliert seien. Die Mischung von Arbeitsbedingungen aus zwei oder mehreren Tarifverträgen würde diesen gefundenen Kompromiss wieder zerstören.[142] Jeder Tarifvertrag sei ein in sich geschlossener, einheitlicher, als sinnvolles Ganzes zu betrachtender, abschließender Rechtssetzungsakt, dessen Aufsplitterung durch eine Regel der Tarifvielfalt dem Willen der Tarifvertragsparteien wiederspreche.[143]

---

139 BAG, Urteil vom 29.03.1957, 1 AZR 208/55, AP Nr. 4 zu § 4 TVG Tarifkonkurrenz.

140 BAG, Urteil vom 24.09.1975, 4 AZR 471/74, AP Nr. 11 zu § 4 TVG Tarifkonkurrenz; Urteil vom 29.11.1978, 4 AZR 304/77, AP Nr. 12 zu § 4 TVG Tarifkonkurrenz; Urteil vom 14.06.1989, 4 AZR 200/89, AP Nr. 16 zu § 4 TVG Tarifkonkurrenz; Urteil vom 24.01.1990, 4 AZR 561/89, AP Nr. 126 zu § 1 TVG Tarifverträge – Bau; Urteil vom 04.12.2002, 10 AZR 113/02, AP Nr. 28 zu § 4 TVG Tarifkonkurrenz.

141 Franzen, ZfA 2009, 299.

142 Konzen, RdA 1978, 146.

143 Jacobs, Tarifeinheit und Tarifkonkurrenz, § 15, S. 247.

cc. Rechtsfolge

Der Grundsatz der Tarifeinheit im Arbeitsverhältnis besagt jedoch lediglich, dass auf ein Arbeitsverhältnis nicht mehrere Tarifverträge angewendet werden dürfen. Diesem lässt sich allerdings nicht entnehmen, nach welchen Kriterien eine Tarifkonkurrenz aufzulösen ist. Im Gegensatz zur TVVO enthält das TVG keine Bestimmungen zur Lösung der Kollision. Rechtsprechung und herrschende Lehre wenden deshalb überwiegend in Ergänzung zu dem Grundsatz der Tarifeinheit das Spezialitätsprinzip an.[144] Hilfsweise wird auf das Mehrheitsprinzip zurückgegriffen. Zum Teil werden auch andere Lösungsansätze vertreten.

(1) Spezialitätsgrundsatz

Nach dem Spezialitätsprinzip kommt nur der Tarifvertrag zur Anwendung, der dem Betrieb räumlich, betrieblich, fachlich und persönlich am nächsten steht und deshalb den Erfordernissen und Eigenarten des Betriebs und der darin tätigen Arbeitnehmer nach der Zielsetzung des Betriebs und der zur Erreichung dieses Zieles verlangten und geleisteten Arbeit am besten gerecht wird.[145] Das soll der Tarifvertrag sein, der den betrieblich und fachlich, hilfsweise auch den persönlich und räumlich engsten Geltungsbereich hat.[146] Maßgebend ist dabei die Art der Arbeit, die der überwiegende Teil der Arbeitnehmer zu leisten hat. Demnach ist auf den sachnäheren Tarifvertrag abzustellen. Die Sachnähe

---

144 BAG, Urteil vom 24.09.1975, 4 AZR 471/74, AP Nr. 11 zu § 4 TVG Tarifkonkurrenz; Urteil vom 14.06.1989, 4 AZR 200/89, AP Nr. 16 zu § 4 TVG Tarifkonkurrenz, NZA 1990, 325ff.; Urteil vom 23.03.2005, 4 AZR 203/04, AP Nr. 29 zu § 4 TVG Tarifkonkurrenz, NZA 2005, 1003ff.; Däubler/Zwanziger, TVG, § 4, Rn. 932; Wendeling-Schröder, in Kempen/Zachert, § 4 TVG, Rn. 177; Wiedemann/Wank, TVG, § 4, Rn. 298ff.; Schaub, Arbeitsrechts-Handbuch, § 203, Rn. 58; Löwisch/Rieble, TVG, § 4, Rn. 142.

145 BAG, Urteil vom 22.02.1957, 1 AZR 536/55, AP Nr. 2 zu § 4 TVG Tarifkonkurrenz; Urteil vom 29.03.1957, 1 AZR 208/55, AP Nr. 4 zu § 4 TVG Tarifkonkurrenz; Urteil vom 02.11.1960, 1 AZR 251/58, AP Nr. 8 zu § 4 TVG Tarifkonkurrenz; Urteil vom 24.09.1975, 4 AZR 471/74, AP Nr. 11 zu § 4 TVG Tarifkonkurrenz; Urteil vom 29.11.1978, 4 AZR 304/77, AP Nr. 12 zu § 4 TVG Tarifkonkurrenz; Urteil vom 20.03.1991, 4 AZR 455/90, AP Nr. 20 zu § 4 TVG Tarifkonkurrenz, NZA 1991, 736ff.; Urteil vom 25.07.2001, 10 AZR 599/00, AP Nr. 242 zu § 1 TVG Tarifverträge: Bau, NZA 2002, 1406ff.; Urteil vom 18.10.2006, 10 AZR 576/05, AP Nr. 287 zu § 1 TVG Tarifverträge: Bau, NZA 2007, 1111ff.; ErfK/Franzen, § 4 TVG, Rn. 67; HWK/Henssler, § 4 TVG, Rn. 47; Hromadka/Maschmann, Arbeitsrecht, Bd. 2, § 13, Rn. 266; MünchArbR-Löwisch, Bd. 2, § 186, Rn. 16; Preis, Kollektivarbeitsrecht, § 101, S. 221.

146 Wiedemann/Arnold, ZTR 1994, 408.

wird dabei allerdings nicht bezogen auf das konkrete Arbeitsverhältnis, sondern bezogen auf den Betrieb in seiner Gesamtheit ermittelt. Da es sich um eine Kollision von Tarifnormen handelt, greift die h.M. dogmatisch auf den aus der Gesetzestechnik bekannten Grundsatz der Spezialität, „lex specialis derogat legi generali", zurück, wonach eine allgemeinere Norm von einer spezielleren verdrängt wird. Da diese Technik jedoch im Hinblick auf die komplexen Tarifverträge zunächst wenig Aussagekraft besitzt, ist eine Auslegung und Bewertung der Regelungsgegenstände und gegebenenfalls der Inhalte der konkurrierenden Tarifwerke erforderlich sowie eine weitergehende Konkretisierung der Spezialitätsmerkmale. Im Rahmen des Spezialitätsprinzips als Kollisionsregel bei sich überschneidenden Tarifverträgen wird daher zunächst ein Vergleich der einschlägigen Tarifwerke anhand ihres Geltungsbereichs vorgenommen.

Zu diesem Zwecke hat die Rechtsprechung verschiedene Spezialitätsverhältnisse herausgearbeitet, die sich an unterschiedlichen Aspekten des Geltungsbereichs festmachen lassen. Diese sind jedoch keinesfalls als abschließend zu bewerten, da die Tarifvertragsparteien aufgrund der Tarifautonomie stets selbst den Umfang des Geltungsbereichs bestimmen können.

Danach verdränge ein Firmentarifvertrag den weniger speziellen Verbands- oder Flächentarifvertrag.[147] Innerhalb von Flächentarifverträgen stelle der Tarifvertrag, der für die kleinere Fläche gilt, die speziellere Regelung gegenüber dem Tarifvertrag für die größere Fläche dar.[148] Bei der Kollision von Verbandstarifverträgen sei darauf abzustellen, welcher Tarifvertrag von seinem Geltungsbereich her die wenigsten unterschiedlichen Tätigkeiten erfasst und deshalb der speziellere ist.[149] Ferner müssten grundsätzlich regionale Tarifverträge einem bundesweiten Tarifwerk gegenüber vorgehen, denn ein räumlich eng begrenzter Tarifvertrag trage den regionalen Besonderheiten in der Regel besser Rechnung als ein bundesweit geltender.[150]

(2) Hilfsweise Mehrheitsprinzip

Nach Ansicht der Rechtsprechung soll für den Fall, dass das Spezialitätskriterium versagt, beispielsweise weil die Geltungsbereiche der Tarifverträge vollkommen oder nahezu identisch sind, hilfsweise demjenigen Tarifvertrag Vorrang

---

147 BAG, Urteil vom 24.01.2001, 4 AZR 655/99, AP Nr. 173 zu § 1 TVG Tarifverträge: Metallindustrie; NZA 2001, 788.

148 BAG, Urteil vom 22.02.1957, 1 AZR 536/55, AP Nr. 2 zu § 4 TVG Tarifkonkurrenz.

149 Hromadka/Maschmann, Arbeitsrecht, Bd. 2, § 13, Rn. 267.

150 Urteil vom 04.12.2002, 10 AZR 113/02, AP Nr. 28 zu § 4 TVG Tarifkonkurrenz, NZA 2003, 632.

zukommen, der im Betrieb die meisten Arbeitsverhältnisse erfasst.[151] Bereits zu Zeiten der Weimarer Republik normierte § 2 Abs. 2 TVVO ausdrücklich das Mehrheitsprinzip, auch Quantitätsprinzip oder Repräsentativitätsprinzip genannt. Danach durften auf ein Arbeitsverhältnis nicht mehrere allgemeinverbindliche Tarifverträge angewandt werden. Vielmehr gebührte dem Tarifvertrag der Vorrang, dem die größte Zahl von Arbeitsverhältnissen im Betrieb unterfiel.[152]

Nach einer Ansicht in der Literatur soll im Hinblick auf die Auflösung von Tarifkonkurrenzen bei der Kollision von Kollektivnormen das Quantitätsprinzip sogar den alleinigen Maßstab bilden.[153] Zumindest teilweise wird es auch für die Lösung von konkurrierenden Individualnormen herangezogen.[154]

Bislang nicht eindeutig geklärt ist aber, welcher Maßstab für die Beurteilung der Mehrheitsverhältnisse heranzuziehen ist. In der älteren Literatur finden sich Ansätze, nach denen dem Tarifvertrag Vorrang zukommen soll, dessen Geltungsbereich die meisten Arbeitsverhältnisse im Betrieb erfasst.[155] Allerdings kann daraus nicht ohne Weiteres auf die mitgliedschaftliche Legitimation geschlossen werden. Zudem könnten die Tarifvertragsparteien den Geltungsbereich beliebig erweitern, um möglichst viele Arbeitsverhältnisse zu erreichen.[156] Andere schlagen daher vor, den vorrangigen Tarifvertrag aus Gründen der demokratischen Legitimation nach der größten Anzahl der tarifgebundenen Arbeitnehmer im Betrieb zu ermitteln.[157] Maßgeblich könnten nur die mitgliedschaftlich begründeten Tarifbindungen nach § 3 Abs. 1 TVG sein. Hierbei werden nur die organisierten Arbeitnehmer gezählt, nicht aber solche, deren Tarifgebundenheit aus der Allgemeinverbindlicherklärung eines Tarifvertrages folgt oder für die der Tarifvertrag kraft einzelvertraglicher Bezugnahme gilt.[158] Dagegen wird

---

151 BAG, Urteil vom 22.02.1957, 1 AZR 536/55, AP Nr. 2 zu § 4 TVG Tarifkonkurrenz, Jacobs, Tarifeinheit und Tarifkonkurrenz, § 17, S. 269.

152 Jacobs, in Jacobs/Krause/Oetker, Tarifvertragsrecht, § 7, Rn. 216.

153 Jacobs, Tarifeinheit und Tarifkonkurrenz, § 17, S. 309f.; Nikisch, Arbeitsrecht, Bd. 2, § 86, S. 487; Witzig, S. 104.

154 Hueck/Nipperdey, Bd. 2/1, S. 650; Heß, ZfA 1976, 57; Wiedemann/ Arnold, ZTR 1994, 409.

155 Heß, ZfA 1976, 57.

156 Däubler, TVR, Rn. 1492.

157 Vgl. Däubler/ Zwanziger, TVG, § 4, Rn. 935; Jacobs, Tarifeinheit und Tarifkonkurrenz, § 17, S. 309; MünchArbR-Löwisch/Rieble, Bd. 3, § 276, Rn. 29.

158 Jacobs, in Jacobs/Krause/Oetker, Tarifvertragsrecht, § 7, Rn. 221.

eingewendet, dass eine Minderheitsgewerkschaft auf diese Weise keine Chance habe, mit ihrer Tarifpolitik zur Geltung zu kommen.[159]

(3) Andere Lösungsansätze

Neben dem von der Rechtsprechung entwickelten Spezialitätsgrundsatz und dem Mehrheitsprinzip werden vor allem im Schrifttum weitere Lösungsgrundsätze zur Auflösung von Tarifkollisionen vorgeschlagen. Grund dafür ist insbesondere, dass das Spezialitätsprinzip wegen mangelnder Aussagekraft oftmals als untaugliche Kollisionsregel angesehen wird.[160] Nachfolgend sollen die Theorien unter Berücksichtigung kritischer Anmerkungen dargestellt werden.

(a) Prinzip der größeren Sachnähe

Das Prinzip der größeren Sachnähe ist lediglich eine Modifikation des Spezialitätsprinzips und wird vor allem in der älteren Literatur vertreten.[161] Insbesondere mit Blick auf Betriebs- und Betriebsverfassungsnormen soll danach dem Tarifvertrag der Vorrang gebühren, dessen Gewerkschaft nach Art der erfassten Betriebe und Berufe der bei ihr organisierten Arbeitnehmer näher zur Sache stehe und damit das stärkere Recht zur Regelung der Arbeitsverhältnisse inne habe.[162] Dagegen wird eingewendet, dass eine Lösung nicht möglich sei, sobald es um die Auflösung zwischen zwei konkurrierenden Tarifverträgen der gleichen Gewerkschaft gehe. Darüber hinaus mangele es an greifbaren Bestimmungsmerkmalen, anhand derer die Sachnähe einer Gewerkschaft überhaupt ermittelt werden könnte.[163]

(b) Posterioritätsprinzip, Prioritätsprinzip

Teilweise wird auch eine Lösung über den zeitlichen Rang der Tarifwerke gesucht, wobei zwei gegensätzliche Ansätze vertreten werden, das Posterioritätsprinzip und das Prioritätsprinzip.

Nach dem Posterioritätsprinzip soll in Anlehnung an das zur Lösung von Gesetzeskonkurrenzen angewandte Prinzip „*lex posterior derogat legi priori*",

159 Däubler, TVR, Rn. 1492.

160 Vgl. dazu Kempen, NZA 2003, 416.

161 Jacobs, Tarifeinheit und Tarifkonkurrenz, § 16, S. 262 m.w.N.

162 Dieterich, Die betrieblichen Normen nach dem Tarifvertragsgesetz vom 09.04.1949, S. 104.

163 Jacobs, Tarifeinheit und Tarifkonkurrenz, § 16, S. 262.

der Tarifvertrag zur Anwendung kommen, der zuletzt abgeschlossen wurde.[164] Den umgekehrten Ansatz verfolgt hingegen das Prioritätsprinzip. Danach soll sich der Tarifvertrag durchsetzen, der zuerst abgeschlossen worden ist.[165] Die Ansicht stützt sich dabei auf den Ordnungsgedanken des Tarifvertrages sowie auf Gründe des Bestandsschutzes. Andere sprechen sich für eine modifizierte Anwendung des Prioritätsprinzips aus.[166] Bezogen auf ein konkretes Arbeitsverhältnis soll der Tarifvertrag zur Anwendung kommen, für den erstmals eine beiderseitige Tarifgebundenheit gegeben war. Problematisiert wird hier aber, dass beide Auffassungen zu rein zufälligen Ergebnissen führen würden und damit keine sachgerechte Lösungsvariante gegeben sei. Insbesondere müsse beachtet werden, dass es allein in der Hand des Arbeitgebers läge, bei Tarifverhandlungen mit mehreren Gewerkschaften, den Vorrang zu entscheiden, je nachdem in welcher Reihenfolge er die Tarifverträge abschließt. Umgekehrt könne es auch zu einem Wettlauf bzw. Zögern unter den Gewerkschaften kommen. Das Prioritätsprinzip sei zudem tarifpolitisch fragwürdig, da die unter Umständen bereits langfristig bestehenden Regelungen eine neue dynamische Tarifentwicklung blockieren könnten.[167]

(c) Unwirksamkeit einander widersprechender Regelungen

Des Weiteren wird von *Annuß* die Auffassung vertreten, dass sämtliche einander wiedersprechende Regelungen unwirksam seien.[168] Insofern gibt es nach seiner Ansicht keine sachliche Begründung, warum ein bestimmter Tarifvertrag einem anderen gegenüber bevorzugt werden sollte. Das ergebe sich auch aus § 3 Abs. 2 TVG, der für die Geltung von Betriebsnormen allein auf die Taftbindung des Arbeitgebers abstellt. Zudem könne nur der Gesetzgeber die Entscheidung treffen, welcher Tarifvertrag Vorrang genießen soll. Fraglich erscheint jedoch, ob dieser Ansatz mit Art. 9 Abs. 3 GG zu vereinbaren ist, da in einem solchen Fall keiner der Tarifverträge seine Schutzwirkung für die Arbeitnehmer entfalten würde. Das TVG geht aber gerade davon aus, dass jeder wirksam zustande gekommene Tarifvertrag grundsätzlich auch volle Geltung entfaltet, § 4 Abs. 1 TVG. Ist eine Auflösung zugunsten des einen oder des anderen Tarifvertrages ausnahmsweise aber notwendig, muss daher bedacht werden, dass die Wirkung jedes

164 Vgl. § 44 des Ersten Entwurfs eines Arbeitstarifgesetzes von Sinzheimer, abgedruckt in Sinzheimer, Arbeitstarifgesetz, S. 222.

165 Heß, ZfA 1976, 57.

166 Waas, Tarifkonkurrenz, S. 98ff.

167 Jacobs, Tarifeinheit und Tarifkonkurrenz, § 16, S. 264.

168 Annuß, NZA 2002, 293.

Tarifvertrages soweit wie möglich erhalten bleibt, um dem Willen des Gesetzgebers gerecht zu werden. Eine generelle Unwirksamkeit aller konkurrierenden Regelungen sei mit dieser Intention grundsätzlich nicht zu vereinbaren.

(d) Günstigkeitsprinzip

Im Hinblick auf die auflösungsbedürftigen Kollektivnormen vertritt *Däubler* die Ansicht, hier müsse das Günstigkeitsprinzip zur Anwendung gelangen.[169] Bei diesem bereits in der Weimarer Republik vertretenen Lösungsmodell, analog § 4 Abs. 3 TVG, soll der in seiner Gesamtheit für den Arbeitnehmer günstigere Tarifvertrag den Vorrang genießen. Zur Begründung wird unter anderem auf das Wesen des Tarifvertrages als gesetzliche Regelung von Mindestarbeitsbedingungen zugunsten der Arbeitnehmer hingewiesen.[170]

Kritisiert wird daran, dass das Günstigkeitsprinzip ausschließlich auf das Verhältnis von schwächeren zu stärkeren Normen zugeschnitten sei. Dogmatisch betrachtet stelle das Günstigkeitsprinzip daher eine Kollisionsregel für Regelungen unterschiedlicher Rangordnungen dar.[171] Im Falle einer Tarifkollision kollidieren jedoch Normen der gleichen Regelungsebene. Ferner würden auch Praktikabilitätserwägungen gegen eine Anwendung des Günstigkeitsprinzips sprechen. Zu beachten sei in diesem Zusammenhang, dass einem Tarifvertrag insgesamt der Vorrang eingeräumt werden müsse, es also zu einem Gesamtvergleich aller Bestimmungen der konkurrierenden Tarifverträge komme. Ein solcher Vergleich sei schon zwischen Individualnormen verschiedener Tarifverträge wegen der Komplexität heutiger Tarifverträge kaum möglich.[172] Bei der Kollision betrieblicher Normen könne eine Entscheidung darüber, welche betriebliche Ordnung für die Gesamtheit der Arbeitnehmer günstiger ist, in der Praxis nicht getroffen werden.[173]

(e) Wahlrecht des Arbeitnehmers

Ein anderer Lösungsansatz stellt auf Wahlmöglichkeiten ab, wonach entweder der Arbeitnehmer und der Arbeitgeber gemeinsam[174], oder nur der

169 Däubler, TVR, Rn. 1493f.

170 Wiedemann/Arnold, ZTR 1994, 406.

171 Wendeling-Schröder, in Kempen/Zachert, § 4 TVG, Rn. 251.

172 Jacobs, Tarifeinheit und Tarifkonkurrenz, § 16, S. 267.

173 Etzel, NZA Beilage 1/1987, S. 19.

174 Witzig, S. 93f.

Arbeitnehmer[175] oder eben die jeweils andere Seite des Arbeitsvertrages[176] wählen dürfen, welchem Tarifvertrag der Vorrang gebühren soll. Ein Vorteil dieser Lösung sei, dass Streitigkeiten über die Günstigkeit konkurrierender Tarifnormen vermieden werden und somit der Rechtssicherheit und Rechtsklarheit Rechnung getragen werde.[177] Kritisiert wird hier aber, dass Arbeitnehmer in der Regel den Tarifvertrag wählen, den sie für sich als günstiger empfinden und das Arbeitnehmerwahlrecht daher nichts anderes als eine „Prozeduralisierung" des Günstigkeitsprinzips sei.[178] Die Nachteile des Günstigkeitsprinzips wären zwar hinfällig, da Schwierigkeiten bei der Ermittlung des günstigeren Tarifvertrages vermieden würden, indem man die Günstigkeit nicht nach objektiven Kriterien bestimme, sondern anhand der subjektiven Sichtweise des Arbeitnehmers.[179] In diesem Zusammenhang stelle sich aber das Problem, wie in Fällen zu entscheiden sei, in denen sich die getroffene Wahl infolge tarifvertraglicher oder tatsächlicher Veränderungen nachträglich als unpassend herausstellt. Nach einer Meinung soll der Arbeitnehmer an seine Wahl gebunden sein[180], nach anderer Auffassung steht ihm ein erneutes Wahlrecht zu[181], eventuell verbunden mit einer Kündigungsfrist[182]. Der Normzweck des § 3 Abs. 3 TVG solle gerade verhindern, dass sowohl Arbeitgeber als auch Arbeitnehmer sich ihrer Tarifbindung ohne Weiteres entziehen können.[183] Darauf liefe es aber hinaus, stelle man dem mehrfach tarifgebundenen Arbeitnehmer frei, selbst über seine tarifvertragliche Bindung und somit über den Fortbestand seiner bisherigen Tarifgebundenheit zu entscheiden.[184] Hinzu komme, dass Kollektivnormen für alle Arbeitnehmer des Betriebs unabhängig von ihrer Tarifbindung betriebseinheitlich gelten. Daher müsse es hier auch eine gemeinsame Entscheidung aller Arbeitnehmer im Betrieb geben.[185] Das Herbeiführen einer solchen Mehrheitsentscheidung sei wohl kaum durchführbar.

---

175 Etzel, NZA Beilage 1/1987, S. 19f.
176 Reuter, JuS 1992, 109f.
177 Waas, Tarifkonkurrenz, S. 39.
178 Jacobs, Tarifeinheit und Tarifkonkurrenz, § 16, S. 265; Däubler, TVR, Rn. 1495.
179 Band, S. 175.
180 Etzel, Beilage NZA 1/1987, S. 20.
181 Bieback, DB 1989, 480.
182 Witzig, S. 96.
183 ErfK/Franzen, § 3 TVG, Rn. 22f.
184 Waas, Tarifkonkurrenz, S. 40.
185 Wiedemann/ Arnold, ZTR 1994, 409.

(f) Vorrang mitgliedschaftlicher Legitimation

Eine in der neueren Literatur zunehmend vertretene Ansicht fordert hingegen im Hinblick auf die Auflösung von Tarifkonkurrenzen ein Abstellen auf die stärkere privatautonome Legitimation der Tarifverträge.[186] Danach soll maßgeblich nach dem Geltungsgrund und der Normsetzungskompetenz der Tarifvertragsparteien differenziert werden. Somit sei in einem ersten Schritt zwischen tarifautonom ausgelösten und staatlich veranlassten Tarifkonkurrenzen zu unterscheiden. Eine tarifautonom herbeigeführte Tarifkonkurrenz liegt vor, wenn mehrere mitgliedschaftlich legitimierte Tarifverträge miteinander kollidieren, wie beispielsweise bei Doppelmitgliedschaft einer Arbeitsvertragspartei oder beim Zusammentreffen von Firmen- und Verbandstarifvertrag.[187] Bei staatlich veranlassten Tarifkonkurrenzen muss die Normwirkung von mindestens einem der kollidierenden Tarifverträge auf der staatlichen Erweiterung der Tarifgebundenheit auf „Außenseiter" beruhen, wie z.B. bei § 4 Abs. 5 TVG.[188]

Früher wurde teilweise ein genereller Vorrang des für allgemeinverbindlich erklärten Tarifvertrages vertreten.[189] Dagegen hält das moderne Schrifttum den mitgliedschaftlich legitimierten Tarifvertrag für vorrangig.[190] Zur Begründung wird auf verfassungsrechtliche Wertentscheidungen, insbesondere die von Art. 9 Abs. 3 GG geschützte Tarifautonomie der beteiligten Tarifvertragsparteien, zurückgegriffen.[191] Die Tarifautonomie legitimiere sich in erster Linie mitgliedschaftlich auf Grund des Verbandsbeitritts der Normunterworfenen. Gerade mit Blick auf die Konkurrenz zwischen einem für allgemeinverbindlich erklärten Tarifvertrag und einem mitgliedschaftlich legitimierten Tarifvertrag, soll letzterer wegen Art. 9 Abs. 3 GG vorgehen. Gegen das Legitimationsprinzip wird eingewandt, dass Rechtsnormen derselben Ebene auch denselben Legitimationsgrad aufweisen. Das Tarifvertragsgesetz kenne keine Tarifgeltung erster und zweiter Klasse.[192] Eine Rangordnung von Tarifverträgen je nach Ursprung gebe es im geltenden Tarifrecht nicht.[193]

---

186 Jacobs, Tarifeinheit und Tarifkonkurrenz, § 16, S. 271f.; Löwisch/Rieble, TVG, § 4, Rn. 115ff.; Reichold, RdA 2007, 323; im Hinblick auf Individualnormen auch Franzen, RdA 2008, 197.

187 MünchArbR-Löwisch, Bd. 3, § 269, Rn. 1, 4.

188 MünchArbR-Löwisch, Bd. 3, § 269, Rn. 3.

189 G. Müller, DB 1989, 1970.

190 Löwisch/Rieble, TVG, § 4, Rn. 144ff.

191 Franzen, RdA 2008, 197.

192 Däubler/Zwanziger, TVG, § 4, Rn. 926.

193 Wiedemann/Wank, TVG, § 4, Rn. 289.

(4) *Zwischenergebnis*

Nach ganz herrschender Meinung werden Tarifkonkurrenzen nach dem Grundsatz der Spezialität aufgelöst. In manchen Fallkonstellationen kann das Prinzip jedoch wegen der unbestimmten Spezialitätsmerkmale nicht immer überzeugen.[194] Hilfsweise wird deshalb auf das Mehrheitsprinzip zurückgegriffen.

Mit Blick auf die Kollektivnormen kann man diese Lösung an dieser Stelle zunächst einmal als ergebnisgerecht bezeichnen. Danach ist der Tarifvertrag anzuwenden, der die meisten Arbeitnehmer im Betrieb repräsentiert.

Die anderen in der Literatur diskutierten Auflösungsgrundsätze weisen jeweils Schwachstellen im Umgang mit Tarifkollisionen auf. Wie noch aufzuzeigen sein wird, kommt ein Rückgriff auf diese Ansätze nach der hier vertretenen Auffassung daher wenn überhaupt nur im Einzelfall in Betracht.

dd. Folgen der Tarifeinheit im Arbeitsverhältnis

Aus der Anwendung des Grundsatzes der Tarifeinheit im Arbeitsverhältnis folgt, dass alle weiteren, allgemeineren Tarifverträge nach dem Spezialitätsprinzip verdrängt werden. Es kommt also nur ein Tarifvertrag zur Anwendung. Der allgemeinere Tarifvertrag verliert dadurch jedoch nicht seine Gültigkeit. Vielmehr kommt es zu einem Anwendungsvorrang des spezielleren Tarifvertrages. Nur der vorrangige Tarifvertrag wirkt damit auf die Rechtsverhältnisse der Beschäftigten ein. Besteht der vorgehende Tarifvertrag nicht mehr, so setzt die Wirkung des ursprünglich verdrängten Tarifvertrages wieder ein, wenn dessen Bestimmungen rechtswirksam sind.[195]

b. Tarifpluralität

Während Rechtsprechung und Literatur übereinstimmend Tarifkonkurrenzen nach dem Grundsatz der Tarifeinheit im Arbeitsverhältnis auflösen, war im Gegenzug höchst umstritten, ob auch das Nebeneinander mehrerer Tarife auf betrieblicher Ebene zur Anwendung der Tarifeinheit drängt. Das BAG stützte sich bis zu seiner Rechtsprechungsaufgabe auch bei Tarifpluralität auf den Grundsatz der Tarifeinheit. Im überwiegenden Schrifttum stieß diese Vorgehensweise auf heftige Kritik. Zwar hat das BAG inzwischen den Grundsatz der Tarifeinheit im Betrieb bei Tarifpluralität aufgegeben und damit den Streit beendet.[196] Allerdings

194 Vgl. Schliemann, Sonderbeilage zu NZA 24/2000, S. 31.

195 Waas, Tarifkonkurrenz, S. 83ff.

196 BAG, Urteil vom 07.07.2010, 4 AZR 549/08, AP Nr. 140 zu Art 9 GG, NZA 2010, 1068ff.

sind die früheren Argumente beider Seiten von wesentlicher Bedeutung für das Verständnis der bisherigen Rechtsprechung und der Folgeproblematik von Tarifpluralitäten.

aa. Frühere Rechtsprechung des BAG

Nach bisheriger Ansicht des Bundesarbeitsgerichts lag bei Tarifpluralität ebenfalls eine auflösungsbedürftige Kollisionslage vor. Das BAG wandte deshalb in ständiger Rechtsprechung in den Fällen der Tarifpluralität, die im Zusammenhang mit der Tarifkonkurrenz entwickelten Grundsätze an. Danach galt auch bei Tarifpluralität das Prinzip der Tarifeinheit „ein Betrieb – ein Tarif", wonach aus Gründen der Praktikabilität, der Rechtssicherheit und der Rechtsklarheit nur einer der Tarifverträge angewandt wurde.[197]

(1) Grundsatz der Tarifeinheit im Betrieb

Der Grundsatz der Tarifeinheit besagte im Hinblick auf die Tarifpluralität nicht nur, dass für das einzelne Arbeitsverhältnis ausschließlich die Bestimmungen eines Tarifvertrages derselben Tarifvertragsparteien gelten dürfen, sondern darüber hinaus auch, dass ebenfalls die Tarifanwendung im Betrieb einheitlich durch einen Tarifvertrag zu erfolgen habe.[198] Damit sollte ausgeschlossen werden, dass der Arbeitgeber bzw. der Arbeitgeberverband mit unterschiedlichen Gewerkschaften Tarifverträge abschließt, die jeweils die Arbeitsverhältnisse der entsprechend gewerkschaftlich organisierten Arbeitnehmer bestimmen und der Arbeitgeber gem. § 4 Abs. 1 TVG gehalten wäre unterschiedliche Tarifverträge anzuwenden. Das BAG lancierte mit dieser Rechtsprechung eine einheitliche Geltung nur eines einzigen Tarifvertrages für einen Betrieb. In Anlehnung an die h.M. zur Auflösung von Tarifkonkurrenzen wurde der weniger spezielle Tarifvertrag, ungeachtet der an ihn bestehenden Tarifbindung, verdrängt. Nur einer der auf betrieblicher Ebene kollidierenden Tarifverträge konnte damit normative Wirkung entfalten. Ein Nebeneinander zweier Tarifverträge im Betrieb wurde ausgeschlossen. Nach Auffassung des Gerichts handelte es sich bei dem Grundsatz der Tarifeinheit um ein „allgemein anerkanntes Rechtsprinzip"[199].

---

197 BAG, Urteil vom 20.03.1991, 4 AZR 455/90, AP Nr. 20 zu § 4 TVG Tarifkonkurrenz, NZA 1991, 736; Urteil vom 26.01.1994, 10 AZR 611/92, AP Nr. 22 zu § 4 TVG Tarifkonkurrenz, NZA 1994, 1038ff.

198 BAG, Urteil vom 14.06.1989, 4 AZR 200/89, AP Nr. 16 zu § 4 TVG Tarifkonkurrenz.

199 BAG, Urteil vom 20.03.1991, 4 AZR 455/90, AP Nr. 20 zu § 4 TVG Tarifkonkurrenz.

(2) Wichtige Entscheidungen
Mit Urteil vom 05.09.1990[200] entschied das BAG zum ersten Mal, dass der Grundsatz der Tarifeinheit nicht nur bei Tarifkonkurrenz gelte, sondern auch für die Fälle der Tarifpluralität.

In dem zugrunde liegenden Sachverhalt ging es um Tarifpluralität in dem Betrieb der Klägerin, einem Fachverlag, der überwiegend auf medizinischem und naturwissenschaftlichem Gebiet tätig war. Dieser wurde sowohl von einem allgemeinverbindlichen Tarifvertrag „Altersversorgung 1986" als auch von einem Manteltarifvertrag „Buchhandel" erfasst. Die Beklagte war als gemeinsame Einrichtung der Tarifvertragsparteien die Einzugsstelle für die Versicherungsbeiträge nach dem allgemeinverbindlichen Tarifvertrag über die Altersversorgung für Redakteure an Zeitschriften vom 27. Juni 1986 (TV Altersversorgung 1986). Sie wollte die Klägerin auf Zahlung von Versicherungsbeiträgen für einige ihrer Mitarbeiter in Anspruch nehmen, welche mit der Auswahl, Zusammenstellung und Überarbeitung der Manuskripte befasst waren. Die Klägerin selbst gehörte seit dem 01.04.1954 dem Verband der Verlage und Buchhandlungen in Baden-Württemberg e.V. an, der mit den Gewerkschaften Handel, Banken und Versicherungen (HBV) und der Deutschen Angestellten-Gewerkschaft (DAG) den Manteltarifvertrag für die Arbeitnehmer/-innen des herstellenden Buchhandels in Baden-Württemberg vom 3.12.1987 (MTV Buchhandel) abgeschlossen hatte. Die bei der Klägerin beschäftigten Arbeitnehmer waren überwiegend Mitglieder der Gewerkschaft HBV und DAG. Unabhängig von der Gewerkschaftszugehörigkeit wendete die Klägerin aber den MTV Buchhandel auf alle ihre Arbeitnehmer, einschließlich der Redakteure, an. Die Klägerin beantragte daraufhin festzustellen, dass sie nicht verpflichtet sei, Beiträge für die bei ihr beschäftigten Redakteure an die Beklagte abzuführen. In den ersten beiden Instanzen wurde der Klage stattgegeben. Auch die Revision der Beklagten blieb ohne Erfolg. Nach Ansicht des BAG wurde den Redakteuren zu Recht jegliche Leistung aus dem Tarifvertrag Altersversorgung 1986 verwehrt, da der Manteltarifvertrag Buchhandel als der speziellere Tarifvertrag im Betrieb vorgehe und den allgemeinverbindlichen Tarifvertrag Altersversorgung verdränge. Dazu führte der 4. Senat des BAG klarstellend aus, dass in einem Betrieb nur die Tarifverträge einer Branche Anwendung finden sollen. Unter mehreren Tarifverträgen sei dann, entsprechend dem überwiegenden Betriebszweck, dem sachnäheren Tarifvertrag der Vorzug zu geben, d.h. dem Tarifvertrag, der dem Betrieb räumlich, betrieblich,

---

200 BAG, Urteil vom 05.09.1990, 4 AZR 59/90, AP Nr. 19 zu § 4 TVG Tarifkonkurrenz, NZA 1991, 202ff.

fachlich und persönlich am nächsten stehe und deshalb den Erfordernissen und Eigenarten des Betriebs und der darin tätigen Arbeitnehmer am besten gerecht werde. Damit seien die Fälle der Tarifpluralität im Ergebnis nach den Regeln der Tarifkonkurrenz zu lösen.[201] Zur näheren Begründung wurde auf die einschlägigen Entscheidungen verwiesen. Der Grundsatz der Tarifeinheit im Betrieb folge damit unmittelbar aus den Prinzipien der Rechtssicherheit und der Rechtsklarheit.

Im März 1991 hatte das Bundesarbeitsgericht dann den Fall einer „echten" Gewerkschaftskonkurrenz zu entscheiden.[202] In diesem grundlegenden Urteil vertiefte der 4. Senat seine Begründung und bestätigte damit seine Rechtsprechung zur Tarifeinheit. Der Sachverhalt bezog sich auf einen für allgemeinverbindlich erklärten Manteltarifvertrag einer Gewerkschaft, welcher mit dem Haustarifvertrag einer anderen Gewerkschaft konkurrierte. Im Konkreten hatten die Arbeitsvertragsparteien im Anstellungsvertrag aus dem Jahr 1980 die Geltung der Bestimmungen des Manteltarifvertrages für Angestellte im niedersächsischen Einzelhandel vereinbart. 1989 schlossen die Gewerkschaft HBV, deren Mitglied die klagende Arbeitnehmerin war, und die DAG gemeinsam einen Manteltarifvertrag mit dem Einzelhandelsverband Niedersachsen e.V. ab. Dieser Manteltarifvertrag war persönlich, räumlich und fachlich auf das Arbeitsverhältnis der Arbeitnehmerin anwendbar und wurde noch im selben Jahr für allgemeinverbindlich erklärt. Die beklagte Arbeitgeberin war nicht Mitglied des Einzelhandelsverbandes Niedersachsen e.V., sondern vielmehr einem anderen Arbeitgeberverband beigetreten, der für die Beschäftigten der Beklagten einen Haustarifvertrag mit der Gewerkschaft DAG vereinbart hatte. Die Beklagte wendete folglich den allgemeinverbindlichen Manteltarifvertrag nicht mehr an. Hiergegen wehrte sich nunmehr die Klägerin.[203] Das Bundesarbeitsgericht entschied, dass eine Tarifbindung der Beklagten an den für allgemeinverbindlich erklärten Manteltarifvertrag ausgeschlossen sei und begründete dies mit dem Grundsatz der Tarifeinheit. Danach finde neben dem Haustarifvertrag der allgemeinverbindliche Manteltarifvertrag keine Anwendung, denn nach dem Spezialitätsgrundsatz verdränge der speziellere Tarifvertrag alle anderen Tarifverträge

201 BAG, Urteil vom 05.09.1990, 4 AZR 59/90, AP Nr. 19 zu § 4 TVG Tarifkonkurrenz, NZA 1991, 202ff.

202 BAG, Urteil vom 20.03.1991, 4 AZR 455/90, AP Nr. 20 zu § 4 TVG Tarifkonkurrenz, NZA 1991, 736ff.

203 BAG, Urteil vom 20.03.1991, 4 AZR 455/90, AP Nr. 20 zu § 4 TVG Tarifkonkurrenz, NZA 1991, 738.

im Betrieb, die folglich nicht mehr zur Anwendung gelangen können. Das Haustarifvertragswerk sei immer spezieller, weil es sachnäher sei.

Das Gericht stellte zwar zunächst fest, dass der Grundsatz der Tarifeinheit keinen Niederschlag im TVG gefunden habe, jedoch begründete es seine Entscheidung mit den übergeordneten Prinzipien der Rechtssicherheit und Rechtsklarheit. Die vorliegende Regelungslücke legitimiere das Gericht auf anerkannte Rechtsgrundsätze wie das Prinzip der Tarifeinheit zurückzugreifen. Verfassungsrechtliche Bedenken im Hinblick auf Art. 9 Abs. 3 GG wurden mit dem Verweis auf die Kernbereichsrechtsprechung des Bundesverfassungsgerichts verworfen.[204] Danach werde der garantierte Kernbereich der Koalitionsfreiheit, im konkreten die Betätigungsgarantie, durch den Grundsatz der Tarifeinheit nicht berührt, da es jeder Koalition, deren Tarifvertrag durch einen spezielleren verdrängt wird, frei stehe, einen noch spezielleren Tarifvertrag abzuschließen, für einen solchen zu werben oder sich entsprechend zu betätigen. Ferner sei durch die Tarifeinheit nur ein geringer Teil des Geltungsbereichs eines Tarifvertrages betroffen, nämlich nur soweit es zu Überschneidungen komme. Letztlich bestimme ohnehin allein der Wettbewerb, ob sich eine Koalition im Arbeitsleben behaupten kann oder eben nicht. Ein Verstoß gegen die negative Koalitionsfreiheit sei ebenfalls ausgeschlossen, da der speziellere Tarifvertrag nicht ohne entsprechende Tarifbindung, Allgemeinverbindlicherklärung oder arbeitsvertragliche Bezugnahme auf alle Arbeitsverhältnisse des Betriebs angewendet werde.[205] Eine andere Bewertung ergab sich nach Ansicht des 4. Senats auch nicht daraus, dass in der arbeitsrechtlichen Vereinbarung auf den Manteltarifvertrag Einzelhandel Bezug genommen wurde. Die Klausel bewertete das Bundesarbeitsgericht vielmehr als Gleichstellungsabrede tarifgebundener Arbeitnehmer mit nicht tarifgebundenen Arbeitnehmern. Aufgrund des Spezialitätsgrundsatzes müsse der Grundsatz der Tarifeinheit genauso für einen kraft vertraglicher Bezugnahme, also nicht nach § 4 Abs. 1 TVG zwingend geltenden Tarifvertrag, zutreffen. Weiter ließ sich das Bundesarbeitsgericht noch zu dem Günstigkeitsprinzip aus. Selbst dieses könne dem für allgemeinverbindlich erklärten Manteltarifvertrag keine Geltung verschaffen, da das Günstigkeitsprinzip lediglich eine Kollisionsregel für das Verhältnis von schwächeren zu stärkeren Rechtsnormen darstelle und deshalb nicht zur Anwendung kommen kann,

---

204 BVerfG, Entscheidung vom 19.10.1966, 1 BvL 24/65, AP Nr. 24 zu § 2 TVG.

205 BAG, Urteil vom 20.03.1991, 4 AZR 455/90, AP Nr. 20 zu § 4 TVG Tarifkonkurrenz, NZA 1991, 736ff.

wenn es sich um mehrere tarifliche Regelungen handelt, die gleichrangig auf einer Stufe stehen.[206]

In der Folgezeit festigte das Bundesarbeitsgericht in zahlreichen Entscheidungen seine Rechtsprechung zum Grundsatz der Tarifeinheit im Betrieb bei Tarifpluralität. So begründete beispielsweise der 4. Senat in seinem Urteil aus dem Jahr 1994 die Maßgeblichkeit seiner Rechtsfortbildung zusätzlich mit Praktikabilitätserwägungen.[207] Aus einem Nebeneinander mehrerer Tarifverträge im Betrieb folgten rechtliche und tatsächliche Unzuträglichkeiten, die so nicht hinnehmbar wären. Im Interesse der Rechtssicherheit und Rechtsklarheit sei es daher für einzelne Arbeitnehmer zumutbar, dass sie nicht in den Anwendungsbereich eines sie begünstigenden Tarifvertrages fallen. Ansonsten führe Tarifkonkurrenz und Tarifpluralität zu praktisch kaum lösbaren Schwierigkeiten. Danach musste nach Ansicht des BAG jede Tarifkollision zwingend aufgelöst werden, da ansonsten unklar sei, welche Regelung für das Arbeitsverhältnis maßgebend ist. Es sollte schlicht verhindert werden, dass mehrere sich widersprechende Regelungen gleichzeitig Anwendung finden.[208] Würde nämlich auf die einzelnen Regelungen der unterschiedlichen Tarifverträge abgestellt, führe dies zu einer Schädigung der Rechtssicherheit.[209] Eine Differenzierung zwischen Individual- und Kollektivnormen erfolge dabei grundsätzlich nicht.[210] Bei Betriebsnormen, für deren Geltung die Tarifbindung allein des Arbeitgebers genügt, sei ohnehin immer nur ein Tarifvertrag im Betrieb anwendbar. Im Hinblick auf die Abgrenzungsschwierigkeiten zwischen Individual- und Betriebsnormen müsse die Tarifeinheit im Betrieb dann aber auch für Individualnormen gelten. Schließlich bleibe es den Mitgliedern der Gewerkschaft, deren Tarifvertrag verdrängt werde, unbenommen, der „siegreichen“ Gewerkschaft beizutreten. Der nachrangige Tarifvertrag werde zudem nur zeitweise verdrängt und nicht vollständig ausgehöhlt.

---

206 BAG, Urteil vom 20.03.1991, 4 AZR 455/90, AP Nr. 20 zu § 4 TVG Tarifkonkurrenz, NZA 1991, 736ff.

207 BAG, Urteil vom 26.01.1994, 10 AZR 611/92, AP Nr. 22 zu § 4 TVG Tarifkonkurrenz, NZA 1994, 1038ff.

208 HWK/Henssler, § 4 TVG, Rn. 47.

209 BAG, Urteil vom 05.09.1990, 4 AZR 59/90, AP Nr. 19 zu § 4 TVG Tarifkonkurrenz, NZA 1991, 202ff.; Urteil vom 20.03.1991, 4 AZR 455/90, AP Nr. 20 zu § 4 TVG Tarifkonkurrenz, NZA 1991, 736ff.

210 Siehe dazu Jacobs, Tarifeinheit und Tarifkonkurrenz, § 15, S. 247, Fn. 28.

(3) Begründung

Im Folgenden sollen die vorstehend genannten Argumente des BAG und Teilen der Literatur für die Auflösung der Tarifpluralität im Betrieb im Einzelnen genauer dargestellt werden. Im Mittelpunkt steht dabei, dass sich die Rechtsprechung im Wesentlichen auf die übergeordneten Prinzipien der Rechtssicherheit und Rechtsklarheit sowie Praktikabilitätserwägungen stützt. Nach Ansicht des BAG führte die Anwendung mehrerer Tarifverträge nebeneinander in einem Betrieb zu rechtlichen und tatsächlichen Unzuträglichkeiten, die durch den Grundsatz der Tarifeinheit beseitigt werden sollten.[211]

(a) Übergeordnete Rechtsprinzipien

Die in den entscheidenden Urteilen zur Tarifpluralität angeführten normativen und praktischen Erwägungen des BAG gingen maßgeblich auf die Rechtsprechung des 4. Senats zurück.[212] Obwohl die verfassungsrechtlichen Wertungen *prima facie* eher gegen das Prinzip der Tarifeinheit im Betrieb sprachen, rechtfertigte das Gericht seine Rechtsfortbildung mit der Funktionsfähigkeit des Tarifvertragssystems. Dazu würden auch die übergeordneten Prinzipien der Rechtssicherheit und Rechtsklarheit, die Ordnungsfunktion des Tarifvertrages sowie Praktikabilitätserwägungen zählen. Des Weiteren sei auch der Grundsatz der Tarifeinheit ein allgemein anerkanntes Rechtsprinzip, was sich schon dadurch manifestiere, dass er nicht nur ausdrücklich in der Begründung des Entwurfs eines Tarifvertragsgesetzes erwähnt worden sei, sondern auch Eingang in § 8 des sogenannten Stuttgarter Entwurfs vom Juli 1948 gefunden hätte.[213]

(aa) Prinzipien der Rechtssicherheit und der Rechtsklarheit

In erster Linie folgte der Grundsatz der Tarifeinheit im Betrieb nach Ansicht des BAG aus den übergeordneten Prinzipien der Rechtssicherheit und Rechtsklarheit.[214] Rechtliche und tatsächliche Unzuträglichkeiten, die sich aus einem Nebeneinander von Tarifverträgen in einem Betrieb ergeben, müssten

---

211 BAG, Urteil vom 20.03.1991, 4 AZR 455/90, AP Nr. 20 zu § 4 TVG Tarifkonkurrenz, NZA 1991, 736ff.

212 BAG, Urteil vom 29.11.1978, 4 AZR 304/77, AP Nr. 12 zu § 4 TVG Tarifkonkurrenz; Urteil vom 14.06.1989, 4 AZR 200/89, AP Nr. 16 zu § 4 TVG Tarifkonkurrenz; Urteil vom 05.09.1990, 4 AZR 59/90, AP Nr. 19 zu § 4 TVG Tarifkonkurrenz; Urteil vom 20.03.1991, 4 AZR 455/90, AP Nr. 20 zu § 4 TVG Tarifkonkurrenz.

213 BAG, Urteil vom 20.03.1991, 4 AZR 455/90, AP Nr. 20 zu § 4 TVG Tarifkonkurrenz.

214 BAG, Urteil vom 20.03.1991, 4 AZR 455/90, AP Nr. 20 zu § 4 TVG Tarifkonkurrenz, NZA 1991, 736ff.

vermieden werden. Ansonsten führe die Anwendung mehrerer Tarifverträge in einem Betrieb zu praktischen, kaum lösbaren Schwierigkeiten. Da der Grundsatz der Tarifeinheit im TVG keinen Niederschlag gefunden habe, bestand nach Auffassung des BAG in den Fällen von Tarifkollisionen eine schließungsbedürftige Regelungslücke. Diese sei durch Rückgriff auf allgemein anerkannte Rechtsprinzipien zu schließen. Ein solches Prinzip stelle auch der Grundsatz der Tarifeinheit dar, was sich schon dadurch zeige, dass er nicht nur ausdrücklich in der Begründung des Entwurfs eines Tarifvertragsgesetzes erwähnt worden sei, sondern auch Eingang in § 8 des sogenannten Stuttgarter Entwurfs vom Juli 1948 gefunden habe.[215] Allein die Geltung eines Tarifvertrages im Betrieb könne dem rechtsstaatlichen Interesse an Normsicherheit und Normklarheit Rechnung tragen, da ansonsten die Anwendung unterschiedlichster Arbeitsbedingungen im einzelnen Arbeitsverhältnis möglich sei. Nur so könne vermieden werden, dass es zu rechtlichen und tatsächlichen Unzuträglichkeiten durch ein Nebeneinander mehrerer Tarifverträge im Betrieb komme. Die Verdrängung eines Tarifvertrages durch einen anderen sei daher im übergeordneten Interesse der Rechtssicherheit hinzunehmen.

Weiterhin führten die Vertreter des Grundsatzes der Tarifeinheit zur Begründung an, dass es andernfalls zu einer verwirrenden Vielzahl von Tarifverträgen käme. Klare durchschaubare tarifvertragliche Strukturen seien höher einzuschätzen, als die tarifrechtliche Absicherung jedes Arbeitnehmers durch seinen Tarifvertrag.[216] Daneben wurde angeführt, dass die Geltung verschiedener Tarifverträge zu einem Überbietungswettbewerb um bessere Arbeitsbedingungen verleite.[217] Im Interesse der Rechtssicherheit und der Rechtsklarheit sei die Verdrängung des nachrangigen Tarifvertrages mithin in Kauf zu nehmen.[218]

(bb) Ordnungsfunktion des Tarifvertrages

Des Weiteren wurde der Grundsatz der Tarifeinheit im Wesentlichen, wenn auch mit Nuancen in den einzelnen Entscheidungen, damit begründet, dass dieser letztlich auf dem Ordnungsgedanken des Tarifvertragssystems beruhe.[219] Grundsätzlich besagt das Ordnungsprinzip im Arbeitsrecht, dass Tarifvertrag und Betriebsvereinbarung wegen ihrer Gleichstellung mit einem Gesetz eine

---

215 BAG, Urteil vom 20.03.1991, 4 AZR 455/90, AP Nr. 20 zu § 4 TVG Tarifkonkurrenz, NZA 1991, 736ff.

216 Hanau, NZA 2003, 128f.; Bayreuther, BB 2005, 2637.

217 Bayreuther, BB 2005, 2637.

218 BAG, Urteil vom 05.09.1990, 4 AZR 59/90, AP Nr. 19 zu § 4 TVG Tarifkonkurrenz.

219 BAG, Urteil vom 29.11.1978, 4 AZR 304/77, AP Nr. 12 zu § 4 TVG Tarifkonkurrenz.

einheitliche Ordnung schaffen. Wird eine derartige kollektivrechtliche Regelung durch eine spätere, ranggleiche abgelöst, tritt nach dem Grundsatz des Ordnungsprinzips diese an die Stelle der früheren, gleichgültig ob sie für den Arbeitnehmer günstiger ist oder nicht.[220]

Dieser Grundgedanke wurde auf Tarifkollisionen übertragen. Das BAG sah den funktionellen Kern eines Tarifvertrages in dessen vereinheitlichender und typisierender Wirkung. Die mit einer Tarifpluralität verbundenen Schwierigkeiten für die betriebliche Praxis seien aber mit der Ordnungsfunktion des Tarifvertrages nicht zu vereinbaren. Zudem müsse vermieden werden, dass durch unklare tarifrechtliche Verhältnisse im Betrieb der Tarifvertrag als Institut Schaden nimmt.[221] Der Grundsatz der Tarifeinheit im Betrieb diene somit als elementares Steuerungselement für die Tariflandschaft.

(b) Praktikabilitätserwägungen

Die Argumentationsansätze des BAG für das Prinzip der Tarifeinheit stützten sich ferner in Ermangelung einer gesetzlichen Regelung auf die praktischen Konsequenzen einer tarifpluralen Kollision im Betrieb.[222] Tarifpluralität führe zu „praktisch kaum lösbaren Schwierigkeiten". Diese praktischen Unzuträglichkeiten seien geeignet, die Rechtsicherheit und Rechtsklarheit zu beeinträchtigen.[223] Die Rechtssicherheit erfordere aber, dass alle Arbeitsverhältnisse eines Betriebs denselben Regeln eines Tarifvertrages unterständen. Die Tarifbindung des Arbeitgebers gewährleiste eine vom Wechsel der Arbeitnehmer unabhängige betriebseinheitliche Anwendung des Tarifvertrages und damit „eine rechtlich und tatsächlich praktikable Lösung". Das Bundesarbeitsgericht untermauerte seine Argumentation mit zahlreichen Praktikabilitätsgründen. Im Vordergrund stand dabei, dass eine ordnungsgemäße Tarifanwendung sichergestellt werden solle, indem man Abgrenzungsprobleme zu den betrieblichen und betriebsverfassungsrechtlichen Normen vermeide und die Arbeitnehmer von der Notwendigkeit entbinde, zum Nachweis ihrer Ansprüche ihre Gewerkschaftsmitgliedschaft offen legen zu müssen.

---

220 BAG, Urteil vom 16.05.1995, 3 AZR 535/94, AP Nr. 15 zu § 4 TVG Ordnungsprinzip, NZA 1995, 1166ff.

221 Buchner, in FS für Kissel, 1994, S. 104.

222 BAG, Urteil vom 26.01.1994, 10 AZR 611/92, AP Nr. 22 zu § 4 TVG Tarifkonkurrenz, NZA 1994, 1038ff.

223 BAG, Urteil vom 05.09.1990, 4 AZR 59/90, AP Nr. 19 zu § 4 TVG Tarifkonkurrenz, NZA 1991, 202ff.

(aa) Fragerecht

Eines der zentralen Argumente für die Tarifeinheit im Betrieb bestand daher in der Überlegung, dass die Anwendung mehrerer konkurrierender Tarifverträge eine rechtlich nicht begründbare und tatsächlich nicht durchzusetzende Pflicht zur Offenbarung der Gewerkschaftsmitgliedschaft voraussetze.[224] Um zu wissen, wer nach welchem Tarifvertrag zu behandeln ist, müsse der Arbeitgeber, wenn Tarifeinheit nicht besteht, nach der Gewerkschaftszugehörigkeit fragen können. Dies sei aber nach ganz h.M. unzulässig. Eine Differenzierung nach der Gewerkschaftszugehörigkeit lasse sich somit nicht realisieren.[225] Zudem seien Änderungen durch Wechsel der Gewerkschaftszugehörigkeit unvermeidlich. Allein der betriebseinheitliche Vorrang des spezielleren Tarifvertrages ermögliche daher eine rechtlich klare und tatsächlich praktikable Lösung.[226]

(bb) Abgrenzung von Inhaltsnormen und Betriebsnormen

Das BAG argumentierte weiter, dass man die Individualnormen nach § 3 Abs. 1 TVG und die Betriebsnormen nach § 3 Abs. 2 TVG schlecht bis gar nicht gegeneinander abgrenzen könne.[227] Rechtsnormen eines Tarifvertrages über betriebliche und betriebsverfassungsrechtliche Fragen gelten gemäß § 3 Abs. 2 TVG für alle Betriebe, deren Arbeitgeber tarifgebunden ist. Sei dieser aber an zwei Tarifverträge gebunden, müsse zumindest insoweit entschieden werden, welchem der Vorrang gewährt werde. Eine Abgrenzung zwischen Betriebsnormen und Inhaltsnormen bereite oft tatsächliche Schwierigkeiten, zumal hier auch Überschneidungen möglich seien. Die aufgezeigten tatsächlichen Schwierigkeiten könnten nur durch die betriebseinheitliche Anwendung eines Tarifvertrages vermieden werden. Dabei gewährleiste ein Anknüpfen an die Tarifbindung des Arbeitgebers eine vom Wechsel der Arbeitnehmer und vom Zufall unabhängige betriebseinheitliche Anwendung desjenigen Tarifvertrages, der den Erfordernissen des Betriebs und der dort beschäftigten Arbeitnehmer am besten entspreche.

(cc) Erhöhte Verwaltungskosten

Insbesondere Teile des Schrifttums verwiesen weiter darauf, dass durch die Geltung unterschiedlicher Tarifverträge im Betrieb die Verwaltungskosten des Arbeitgebers erhöht würden, weil die Effizienzgewinne tariflicher Arbeitsbedingungen

---

224 BAG, Urteil vom 14.06.1989, 4 AZR 200/89, AP Nr. 16 zu § 4 TVG Tarifkonkurrenz.

225 Wendeling-Schröder, in Kempen/Zachert, § 4 TVG, Rn. 162.

226 BAG, Urteil vom 14.06.1989, 4 AZR 200/89, AP Nr. 16 zu § 4 TVG Tarifkonkurrenz.

227 BAG, Urteil vom 20.03.1991, 4 AZR 455/90, AP Nr. 20 zu § 4 TVG Tarifkonkurrenz, NZA 1991, 736.

durch neue Durchführungskosten sowie Informations- und Verhandlungskosten aufgesogen würden. Ein betriebsspezifisches über- und außertarifliches Vergütungsgefüge wäre angesichts unterschiedlicher tariflicher Mindestnormen im Betrieb mit gegebenenfalls divergierenden Laufzeiten kaum noch praktikabel.[228]

(dd) Betriebsfrieden

Darüber hinaus wurde damit argumentiert, dass das Nebeneinander mehrerer Tarifverträge im Betrieb zu praktischen Schwierigkeiten im Hinblick auf die Störung des Betriebsfriedens führe.[229] Zudem könnten die Gerechtigkeitserwartungen der Belegschaft verletzt werden.[230] Des Weiteren wurde angeführt, dass es mit der Abschaffung des Grundsatzes der Tarifeinheit zu sozialpolitischer Ungerechtigkeit komme. Die Gewerkschaften, die für einen Betrieb insgesamt zuständig sind, seien auch um „Strukturverbesserungen der unteren Lohngruppen", also um ein verhältnismäßiges Anwachsen aller Lohngruppen, bemüht. Wohingegen Spartengewerkschaften nur für die eigene Lohnerhöhung kämpften und somit die schwächeren Arbeitnehmer zurückstehen müssten.[231]

(ee) § 87 Abs. 1 BetrVG

Ein weiteres Praktikabilitätsargument bezog sich auf § 87 Abs. 1 BetrVG und betonte unauflösbare Schwierigkeiten, wenn mehrere und damit unterschiedliche Tarifverträge im Betrieb mit mitbestimmungsausschließender Wirkung gelten würden.[232] Zum einen bezog sich die Problematik auf die Inhaltsnormen, die einer Regelung nach § 87 Abs. 1 BetrVG zugrunde liegen können. Die Tarifpluralität habe hier zur Folge, dass unterschiedliche Regelungen in verschiedenen Tarifverträgen nicht in Einklang zu bringen seien. Dem BetrVG liege gerade eine ordnungspolitische Vorstellung einer einheitlichen Betriebspraxis zugrunde. Beispielsweise könne eine Anwendung unterschiedlicher Arbeitszeitkorridore mit der betrieblich regelmäßig gebotenen einheitlichen Gestaltung der Arbeitszeit kollidieren.[233] Darüber hinaus sei auch eine Störung des Betriebsfriedens nicht ausgeschlossen, wenn für vergleichbare Tätigkeiten unterschiedliche Vergütungsmodelle etwa im Rahmen von § 87 Abs. 1 Nr. 10 und 11 BetrVG auf

---

228 Reuter, JuS 1992, 107; Säcker/Oetker, ZfA 1993, 1.

229 Reuter, JuS 1992, 107.

230 Witzig, S. 42.

231 Meyer, NZA 2006, 1389; Bayreuther, BB 2005, 2641.

232 Vgl. Wendeling-Schröder, in Kempen/Zachert, § 4 TVG, Rn. 163.

233 Meyer, NZA 2006, 1391.

Grund unterschiedlicher Tarifvorgaben praktiziert würden.[234] Immerhin sollen nach dem Sinn und Zweck der in § 87 BetrVG normierten Tatbestände, allgemeine Grundsätze über die gleichmäßige Behandlung der Arbeitnehmer sowie über die Angemessenheit und Durchsichtigkeit des innerbetrieblichen Lohngefüges und die innerbetriebliche Lohngerechtigkeit zum Tragen kommen.[235] Zum anderen wurde die Auslösung der Sperrwirkung problematisiert.[236] Im Falle einer Tarifpluralität stelle sich für § 87 Abs. 1 Eingangssatz BetrVG die Frage, welcher der anwendbaren Tarifverträge eine Sperre gegenüber der betrieblichen Mitbestimmung in sozialen Angelegenheiten aktiviert. Würde jeder Tarifvertrag, der die entsprechende Angelegenheit selbst regelt, Sperrwirkung entfalten, könnte dies zu einer Beeinträchtigung der Betätigung der Betriebsparteien führen, indem dadurch möglicherweise größere Teilbereiche der Mitbestimmung entzogen wären als bisher.[237]

(c) Normative Herleitung

Ferner wurden von der Rechtsprechung sowie einigen Befürwortern in der Literatur auch normativ angelegte Gründe für die Tarifeinheit im Betrieb angeführt. Das BAG sah in der Nichtregelung von Tarifkollisionen eine im TVG vorhandene Regelungslücke, die geschlossen werden müsse. Vielfach wurden deshalb vom Bundesarbeitsgericht selbst, aber auch von unterinstanzlichen Gerichten, Analogien zu anderen Normen gezogen.

(aa) Analogie zu § 3 Abs. 2 TVG

Teilweise hat man erwogen, mittels einer Parallele zu § 3 Abs. 2 TVG zu einer Begründung der Tarifeinheit im Betrieb zu gelangen.[238] Die Norm bewirke durch eine Erstreckung der Tarifbindung auch auf „Außenseiter" die unmittelbare und zwingende Geltung der Kollektivnormen eines Tarifvertrages für alle Arbeitsverhältnisse in Betrieben, deren Arbeitgeber tarifgebunden sind. Bei Betriebs- und Betriebsverfassungsnormen, für welche danach die Tarifbindung des Arbeitgebers genügt, sei zwingend nur ein einziger Tarifvertrag im Betrieb anwendbar. Mit Blick auf die Abgrenzungsschwierigkeiten zwischen

234 Meyer, NZA 2006, 1391f.

235 BAG, Beschluss vom 24.02.1987, 1 ABR 18/85, AP Nr. 21 zu § 77 BetrVG 1972, NZA 1987, 639ff.

236 Bepler, FS 25 Jahre ARGE Arbeitsrecht im DAV, 2006, 800.

237 Meyer, NZA 2006, 1391.

238 Hessisches LAG Urteil vom 14.02.1992, 15 Sa 163/89 nicht amtlich veröffentlicht; Heinze/Ricken, ZfA 2001, 159, 173ff.

Individual- und Betriebsnormen müsse dies dann aber auch für Individualnormen gelten.[239] Das BAG und Teile der Instanzrechtsprechung beriefen sich in einigen Entscheidungen, ohne ausdrücklich auf § 3 Abs. 2 TVG zu verweisen, darauf, dass für die Annahme einer Tarifkonkurrenz auch bei Individualnormen die mehrfache Tarifgebundenheit des Arbeitgebers und die bloße Möglichkeit ausreichend sei, dass ein Arbeitnehmer im Betrieb beschäftigt wird, der einer der vertragsschließenden Gewerkschaften angehört.[240]

(bb) Analogie zu § 87 I 1 BetrVG

Ferner sah das BAG den Grundsatz der Tarifeinheit im Betrieb in § 87 Abs. 1 Einleitungssatz BetrVG angelegt. Danach können allein bei Tarifgebundenheit des Arbeitgebers und Bestehen einer tariflichen Regelung, Mitbestimmungsrechte des Betriebsrates nach § 87 Abs. 1 Einleitungssatz BetrVG auch für die nicht tarifgebundenen Arbeitnehmer ausgeschlossen werden. Dies müsse entsprechend auch bei der Anwendung eines an die Tarifbindung des Arbeitgebers anknüpfenden Tarifvertrages gelten. Denn wie beim Tarifvorbehalt komme es auch bei dem Prinzip der Tarifeinheit nur auf die Tarifbindung des Arbeitgebers an.[241] Nach dem Tarifvorbehalt des § 87 Abs. 1 Einleitungssatz BetrVG bestehen die Mitbestimmungsrechte des Betriebsrates nur, soweit eine gesetzliche oder tarifliche Regelung nicht besteht. Ist eine solche jedoch vorhanden, so schütze diese die Interessen der Arbeitnehmer ausreichend. Für einen darüber hinausgehenden Schutz durch Mitbestimmungsrechte bestehe deshalb kein Bedürfnis.[242] Für § 87 Abs. 1 BetrVG sei gem. § 3 Abs. 2 TVG ohnehin die alleinige Tarifbindung des Arbeitgebers ausreichend, da es sich bei den dort aufgeführten mitbestimmungspflichtigen sozialen Angelegenheiten um solche der betrieblichen Ordnung handele.[243] Aber auch unabhängig davon entfalle ein Bedürfnis für das Aufleben der Mitbestimmungsrechte nach Abs. 1 bei Bestehen eines Tarifvertrages im Betrieb, weil jeder Arbeitnehmer sich durch Eintritt in die tarifschließende Gewerkschaft unter den Schutz des Tarifvertrages

239 Heinze/Ricken, ZfA 2001, 159, 173ff.

240 BAG, Urteil vom 20.03.1991, 4 AZR 455/90, AP Nr. 20 zu § 4 TVG Tarifkonkurrenz; Urteil vom 26.01.1994, 10 AZR 611/92, AP Nr. 22 zu § 4 TVG Tarifkonkurrenz; Urteil vom 04.12.2002, 10 AZR 113/02, AP Nr. 28 zu § 4 TVG Tarifkonkurrenz.

241 BAG, Urteil vom 14.06.1989, 4 AZR 200/89, AP Nr. 16 zu § 4 TVG Tarifkonkurrenz; BAG, Urteil vom 05.09.1990, 4 AZR 59/90, AP Nr. 19 zu § 4 TVG Tarifkonkurrenz.

242 ErfK/Kania, § 87 BetrVG, Rn. 10.

243 ErfK/Kania, § 87 BetrVG, Rn. 15.

begeben könne.[244] Das gelte beim Prinzip der Tarifeinheit gleichermaßen für die nicht an den spezielleren Tarifvertrag tarifgebundenen Arbeitnehmer des Betriebs.[245]

(cc) Analogie zu § 613a I 3 BGB

Immer wieder wurde zudem betont, der Grundsatz der Tarifeinheit im Betrieb habe sich in § 613a Abs. 1 S. 3 BGB niedergeschlagen.[246] Dieser sehe vor, dass die Fortgeltung eines Tarifvertrages ausgeschlossen ist, soweit die Rechte und Pflichten beim Erwerber des Betriebs durch Rechtsnormen eines anderen Tarifvertrages geregelt werden.[247] Teilweise ist daraus gefolgert worden, der Gesetzgeber habe mit dieser Vorschrift im Hinblick auf das Interesse des Rechtsnachfolgers an einer Vereinheitlichung der Arbeitsbedingungen in seinem Betrieb und im Interesse der Arbeitnehmer an einer betrieblichen Gleichbehandlung ausdrücklich die Tarifeinheit im Betrieb anerkannt und dieser den Vorrang eingeräumt. Des Weiteren komme darin die Wertung des Gesetzgebers zum Ausdruck, dass ein Arbeitnehmer des Schutzes der bisher für ihn geltenden tariflichen Vorschriften nicht mehr bedürfe, wenn er durch neue, für den Betriebserwerber geltende Tarifvorschriften geschützt sei.[248] Andere gelangen zu diesem Ergebnis, indem sie für die Sperrwirkung des § 613a Abs. 1 S. 3 BGB allein auf die Tarifbindung des Rechtsnachfolgers abstellen.[249]

(d) Verfassungsrechtliche Rechtfertigung

Auf verfassungsrechtlicher Ebene beantwortete das BAG die streitgegenständliche Frage eher mit einer knappen Begründung. Nach Ansicht des Gerichts lag in der Rechtsprechung zur Tarifpluralität kein Verstoß gegen die Koalitionsfreiheit des Art. 9 Abs. 3 GG. Ein möglicher Verstoß wurde durch die betriebseinheitliche Anwendung nur eines Tarifvertrages zwar in Erwägung gezogen, jedoch sogleich abgelehnt. Aus Art. 9 Abs. 3 GG lasse sich zwar eine kollektive

---

244 BAG, Beschluss vom 24.02.1987, 1 ABR 18/85, AP Nr. 21 zu § 77 BetrVG 1972; Fitting, § 87 BetrVG, Rn. 42.

245 BAG, Urteil vom 14.06.1989, 4 AZR 200/89, AP Nr. 16 zu § 4 TVG Tarifkonkurrenz; Urteil vom 05.09.1990, 4 AZR 59/90, AP Nr. 19 zu § 4 TVG Tarifkonkurrenz; Urteil vom 20.03.1991, 4 AZR 455/90, AP Nr. 20 zu § 4 TVG Tarifkonkurrenz.

246 BAG, Urteil vom 19.03.1986, 4 AZR 640/84, AP Nr. 49 zu § 613a BGB.

247 ErfK/Preis, § 613a, Rn. 119.

248 BAG, Urteil vom 19.03.1986, 4 AZR 640/84, AP Nr. 49 zu § 613a BGB.

249 J.-H. Bauer, in FS für Schaub, 1998, 39f.; Henssler, in FS für Schaub, 1998, 319ff; Moll, RdA 1996, 280ff.; Zöllner, DB 1995, 1403ff.

Daseinsgarantie für Koalitionen ableiten, wonach eine koalitionsmäßige Betätigung nach den dort genannten Zwecke geschützt sei. Art. 9 Abs. 3 GG verbürge die gewerkschaftliche Betätigung aber nur insoweit, als diese für die Erhaltung und Sicherung der Existenz der Koalition als unerlässlich betrachtet werden muss. Das Grundrecht räume den geschützten Personen und Vereinigungen keinen inhaltlich unbegrenzten und unbegrenzbaren Handlungsspielraum ein.[250] Den Tarifvertragsparteien bleibe es unbenommen, für ihre Mitglieder Tarifnormen zu schaffen. Das Grundrecht der Koalitionsfreiheit sei dabei nicht tangiert. Denn nach der Rechtsprechung des Bundesverfassungsgerichts schütze dieses ohnehin nur den Kernbereich des Tarifvertragssystems, da Koalitionen anderenfalls keine Möglichkeit hätten, ihre Funktion, das Arbeitsleben im Einzelnen durch Tarifverträge zu ordnen, sinnvoll erfüllen zu können.[251] Wenn im Interesse der Rechtssicherheit ein Tarifvertrag einen anderen Tarifvertrag verdränge, betreffe dies im Allgemeinen ohnehin nur einen geringen Teil des betrieblichen oder persönlichen Geltungsbereichs des Tarifvertrages, nämlich nur soweit Überschneidungen vorliegen. Dies berühre aber nicht den Kernbereich der Koalitionsfreiheit und sei mithin hinzunehmen. Die betroffenen Arbeitnehmer könnten immerhin durch den Beitritt zu der anderen Gewerkschaft tariflichen Schutz erlangen und die betroffene Koalition sei nicht daran gehindert, einen noch spezielleren Tarifvertrag abzuschließen, für diesen zu werben und sich entsprechend zu betätigen.[252] Die Situation unterscheide sich also nicht von der nach § 87 Abs. 1 Einleitungssatz BetrVG, der bei einem tarifgebundenen Arbeitgeber die Mitbestimmungsrechte des Betriebsrates ausschließe und insoweit auch die nicht tarifgebundenen Arbeitnehmer erfasse.[253]

(e) Tarifpolitische Aspekte

Letztlich wurde das Industrieverbandprinzip als tarifpolitisches Argument für den Grundsatz der Tarifeinheit im Betrieb angeführt. Das Postulat „ein Betrieb – eine Gewerkschaft" liegt dem Gedanken des Zusammenschlusses einzelner Gewerkschaften im Deutschen Gewerkschaftsbund (DGB) als ungeschriebene Leitlinie zugrunde und hat in dessen Satzung selbst auch unmittelbar Ausdruck

250 BVerfG, Beschluss vom 19.02.1975, 1 BvR 418/71, AP Nr. 50 zu Art. 9 GG Arbeitskampf.

251 BVerfG, Entscheidung vom 19.10.1966, 1 BvL 24/65, NJW 1966, 2305f.

252 Urteil vom 05.09.1990, 4 AZR 59/90, AP Nr. 19 zu § 4 TVG Tarifkonkurrenz.

253 BAG, Urteil vom 20.03.1991, 4 AZR 455/90, AP Nr. 20 zu § 4 TVG Tarifkonkurrenz.

gefunden.[254] Danach sind die Organisationsbereiche der Einzelgewerkschaften entsprechend bestimmter Branchen nach dem sog. Industrieverbandsprinzip festgelegt. Kompetenzkonflikte werden im Idealfall ausgeschlossen, da der DGB die Zuständigkeitsgebiete seiner Mitgliedsgewerkschaften gegeneinander abgrenzen und ändern kann. Bei Zuständigkeitsstreitigkeiten entscheidet regelmäßig nach den §§ 15, 16 der Satzung des DGB ein Schiedsgericht auf der Basis einer speziellen DGB-Schiedsgerichtsordnung. Das BAG berief sich daher zunächst darauf, dass diese Regelung bei einem Aufeinandertreffen von Tarifverträgen unterschiedlicher DGB-Gewerkschaften als Rechtsgrundlage zur Anwendung des Grundsatzes der Tarifeinheit im Betrieb dienen könne. Die einzelnen DGB- Gewerkschaften hätten durch ihre Zugehörigkeit zum DGB das jeweilige Ergebnis eines Schiedsverfahrens für sich als maßgebend erklärt und seien demnach auch daran gebunden. Aufgrund der Treueverpflichtung ergebe sich für die unterliegende Gewerkschaft zukünftig die Obliegenheit, die umstrittene Zuständigkeit nicht mehr in Anspruch zu nehmen. Damit werde gleichzeitig für den sozialen Gegenspieler erklärt, welche Gewerkschaft für ihn zuständig sei und dass er nicht gleichzeitig von mehreren DGB-Gewerkschaften in Anspruch genommen werde.[255]

bb. Teile der Literatur

Einige Stimmen in der Literatur stimmten der bisherigen Rechtsprechung des BAG zu und favorisierten den Grundsatz der Tarifeinheit im Betrieb zur Auflösung von Tarifpluralität.[256] Zur Begründung wurde unter anderem angeführt, dass es sich hierbei um eine gesetzes- und verfassungskonforme Rechtsfortbildung des Tarifrechts handle. Art. 9 Abs. 3 GG stehe einer Anwendung des Prinzips der Tarifeinheit nicht entgegen, da die Anerkennung einer Tarifpluralität verfassungsrechtlich nicht geboten sei, so dass die mit der Ausdehnung

---

254 BAG, Beschluss vom 12.11.1996, 1 ABR 33/96, AP Nr. 11 zu § 2 TVG Tarifzuständigkeit.

255 BAG, Beschluss vom 22.11.1988, 1 ABR 6/87, AP Nr. 5 zu § 2 TVG Tarifzuständigkeit.

256 Säcker/Oetker, ZfA 1993, 1 ff.; Heinze/Ricken, ZfA 2001, 159 ff.; Buchner, in FS 50 Jahre BAG, 2004, 637ff.: ders., ZfA 2004, 246ff.; ders., BB 2003, 2122 ff.; ders., RdA 1997, 259, 267; Hromadka, in Gedächtnisschrift für Heinze, 2005, S. 383 ff.; Meyer, DB 2006, 1271 ff.; Wallisch, in FS für Löwisch, 2007, S. 429 ff.; Feudner, RdA 2008, 104 ff.; Kempen, in FS für Hromadka, 2008, S. 182 ff.; Giesen, NZA 2009, 11 ff.; Koch, Zusatzversorgungskasse des Baugewerbes, Rn. 203 ff.; Scholz, in FS für Buchner, 2009, S. 827 ff.; Hromadka/Schmitt-Rolfes, NZA 2010, 687 ff.; wohl auch Oetker, NZA Beilage 1/ 2010, S. 26.

des Prinzips der Tarifeinheit auf den Betrieb verbundenen Einschränkungen der Entfaltungschancen einer Koalition zugunsten der Funktionsfähigkeit des Tarifsystems im Ganzen hingenommen werden müsse.[257] Des Weiteren befürchteten die Befürworter des Grundsatzes der Tarifeinheit im Betrieb bei dessen Aufgabe durch das BAG erhebliche tarifpolitische Folgeprobleme. Dabei wurde dem Prinzip der Tarifeinheit teilweise grundlegende Bedeutung für die Erhaltung eines funktionierenden Tarifvertragssystems beigemessen.[258] Nachfolgend sollen die bei Tarifpluralität vorgebrachten Unzuträglichkeiten näher dargestellt werden.

(1) Koalitionspluralismus und Gewerkschaftswettbewerb – Zersplitterung der Gewerkschafts- und Tariflandschaft

Im Hinblick auf die Aufgabe der Rechtsprechung zum Grundsatz der betriebsweiten Tarifeinheit war die Rede von einer Zersplitterung der Gewerkschaften bis hin zu einer „Balkanisierung der Tariflandschaft".[259] Dem wurde entgegen gehalten, dass nicht das Prinzip der Tarifeinheit allein für eine relativ stabile Tarifordnung der letzten Jahrzehnte gesorgt habe.[260] Vielmehr konnte ein für den Arbeitgeber nachteiliges „verwirrendes Gewimmel"[261] maßgeblicher Tarifverträge auch durch den Grundsatz betriebsweiter Tarifeinheit nicht verhindert werden.[262] In deutschen Betrieben herrsche in der Regel ein insgesamt schwacher Organisationsgrad, so dass sich der einzelne Arbeitgeber mit einer Mehrzahl von Nichtorganisierten konfrontiert sehe.[263] In diesen Fällen komme es dann aber allein auf die Auslegung bzw. Ausgestaltung von Bezugnahmeklauseln an.[264] Darüber hinaus werde der Koalitionspluralismus und damit auch der Wettbewerb unter den Gewerkschaften, durch Art. 9 Abs. 3 GG geschützt.[265] Eine Abkehr vom Industrieverbandsprinzip bedeute neue Chancen auch für kleinere Gewerkschaften, beispielsweise Richtungs- oder Spartengewerkschaften, die

257 Vgl. Säcker/Oetker, ZfA 1993, 11.

258 Vgl. Buchner, BB 2003, 2121; Hromadka, in Gedächtnisschrift für Heinze, 2005, S. 383ff.; Meyer, NZA 2006, 1389.

259 Bayreuther, BB 2005, 2641.

260 Thüsing/von Medem, ZIP 2007, 515.

261 Hanau, NZA 2003, 128.

262 Franzen, ZfA 2009, 310.

263 Reichold, Rechtsgutachten zur Verfassungsmäßigkeit eines von BDA und DGB geplanten „Gesetzes zum Erhalt der Tarifeinheit", 2010, S. 12.

264 Franzen, ZfA 2009, 310.

265 Konzen, RdA 1978, 154.

immerhin unter dem gleichen verfassungsrechtlichen Schutz stünden wie die DGB-Gewerkschaften. Nach *Jacobs* sei Wettbewerb auch dazu geeignet, Missstände aufzudecken und dagegen anzugehen, indem wieder mit mehr Attraktivität für die Arbeitnehmer geworben werde.[266] Ferner sei es äußerst fraglich und bislang auch nicht absehbar, ob sich durch eine Aufgabe des Grundsatzes der Tarifeinheit im Betrieb zukünftig viele neue Berufsgruppen gewerkschaftlich organisieren würden. *Bayreuther* befürchtete aber, dass beispielsweise eine Bank dann mit alternierenden Streiks von Schalterangestellten, IT-Betreuern und technischem Hilfspersonal rechnen müsse.[267]

(2) Unter- und Überbietungswettbewerb

Des Weiteren wurde kritisiert, dass die Abkehr von der betriebsweiten Tarifeinheit zu einem „Überbietungswettbewerb" verschiedener miteinander konkurrierender Gewerkschaften führen könne, der die Friedenspflicht des Tarifvertrages entwerte.[268] Teilweise wurde auch ein Funktionsverlust der Tarifautonomie durch einen „Unterbietungswettbewerb" auf kollektiver Ebene als Folge von Tarifpluralität prophezeit.[269] Um einen Unterbietungswettbewerb handelt es sich, wenn einzelne Arbeitgeber oder Arbeitgeberverbände mit mitgliederschwächeren Gewerkschaften Tarifverträge abschließen. Dagegen wurde angeführt, dass auch der Grundsatz der Tarifeinheit im Betrieb nicht verhindern konnte, dass insbesondere die Christlichen Gewerkschaften einen Haustarifvertrag abschlossen, der nach dem Spezialitätsprinzip als Kollisionsregel den maßgebenden Flächentarifvertrag der zuständigen DGB-Gewerkschaft verdrängte, auch wenn sie nur mit einem einzigen Mitglied im Betrieb vertreten waren.[270] Vielmehr ermögliche der Gewerkschaftswettbewerb im tarifpluralen Betrieb für die Arbeitnehmer gerade erst die Auswahl besserer Arbeitsbedingungen. Gewerkschafts- und Tarifwettbewerb würden damit im Umkehrschluss die Unterbietung erschweren.[271] Im Hinblick auf die tarifgebundenen Arbeitnehmer gehe es auch vielmehr um einen „Überbietungswettbewerb".[272] Nach *Meyer* wären hierdurch insbesondere

---

266 Jacobs, NZA 2008, 330.

267 Bayreuther, NZA 2006, 645.

268 Bayreuther, BB 2005, 2641; Giesen, NZA 2009, 15f.; Hromadka in Gedächtnisschrift für Heinze, 2005, 388; ders., NZA 2008, 387; Meyer, NZA 2006, 1390.

269 Kempen, in FS für Hromadka, 2008, 184ff.

270 Dieterich, AuR, 2011, 50.

271 Rieble, Gutachten über die Verfassungsmäßigkeit eines Gesetzes zur Regelung der Tarifeinheit, 2010, S. 76.

272 Dieterich, in Gedächtnisschrift für Zachert, 2010, S. 540.

Unternehmen der Daseinsvorsorge betroffen, weil diese auch noch besonders anfällig für Arbeitskämpfe seien. Die Arbeitskämpfe des Marburger Bundes im Bereich der Kliniken hätten gezeigt, dass dadurch auch die Gefahr einer Spaltung der Belegschaften bestehe.[273] Nach *Giesen* führe die Konkurrenz von Gewerkschaften zudem tendenziell dazu, dass sie sich im Kampf um Mitglieder kurzfristig gegenseitig an Tarifforderungen zu übertreffen versuchen und dabei unter Umständen die Verantwortung für das Unternehmen in den Hintergrund treten könnte.[274]

(3) Doppelmitgliedschaft und „Gewerkschaftshopping"
Als weitere praktische Konsequenz der Abkehr vom Grundsatz der Tarifeinheit im Hinblick auf das Tarifvertragsgeschehen eines Betriebs wurde von den Kritikern die Problematik der Doppelmitgliedschaft sowie des „Gewerkschaftshoppings" angeführt. Daher sollen im Folgenden die befürchteten Auswirkungen dargestellt und entsprechende Lösungsvorschläge der Literatur aufgezeigt werden.

(a) Doppelmitgliedschaft
Die Doppelmitgliedschaft zeichnet sich dadurch aus, dass der Arbeitnehmer gleichzeitig als Mitglied in mehreren tarifschließenden Gewerkschaften vertreten ist. In einem tarifpluralen Betrieb kann es demnach dazu kommen, dass mangels Monopolstellung eines Tarifvertrages, für den einzelnen Arbeitnehmer mehrere Tarifverträge kraft Tarifbindung im Individualarbeitsverhältnis zur Anwendung gelangen. Daran anknüpfend stelle sich aber die Frage, welcher dieser Tarifverträge den Vorzug erhält, da sachlogisch nicht beide gleichzeitig auf das Arbeitsverhältnis einwirken können. Es müssten daher die Grundsätze der Tarifkonkurrenz angewandt werden.

Zunächst einmal ist festzuhalten, dass die Doppelmitgliedschaft eines Arbeitnehmers grundsätzlich zulässig ist.[275] Das Grundrecht der Koalitionsfreiheit aus Art. 9 Abs. 3 GG enthält kein Verbot der Doppelmitgliedschaft. Allerdings gewährleistet Art. 9 Abs. 3 GG auch keinen Anspruch auf gleichzeitige Zugehörigkeit zu mehreren, miteinander konkurrierenden Gewerkschaften. Vielmehr folgt aus der Koalitionsfreiheit das Recht einer Gewerkschaft, sich dagegen zu wehren, dass ihre Mitglieder für eine Vereinigung tätig werden, die mit ihr

---

273 Meyer, NZA 2006, 1389.

274 Giesen, NZA 2009, 15f.

275 Vgl. BAG, Beschluss vom 14.12.2004, 1 ABR 51/03, AP Nr. 1 zu § 2 TVG Tariffähigkeit, NZA 2005, 697ff.

konkurriert. Sie kann deshalb in ihrer Satzung die Unvereinbarkeit der Mitgliedschaft mit der Zugehörigkeit zu einer anderen Gewerkschaft vorsehen. Insoweit besteht ein anerkennenswertes Interesse der Gewerkschaft an der Loyalität ihrer Mitglieder. In der Praxis wird diese Möglichkeit auch von den Gewerkschaften umgesetzt.[276] Im Umkehrschluss bedeutet dies aber nicht, dass Art. 9 Abs. 3 GG die gleichzeitige Mitgliedschaft in zwei Gewerkschaften verbietet, sofern dem nicht durch einen Ausschluss entgegengetreten wird. Im Rahmen der betriebsweiten Tarifeinheit war dieses Ergebnis wenig beachtenswert, da sich letztlich ohnehin nur ein Tarifvertrag durchsetzte. Im Zuge anerkannter Tarifpluralität könnte es jedoch faktisch dazu kommen, dass Arbeitnehmer gleichzeitig mehreren im Betrieb vertretenen Gewerkschaften angehören, deren Tarifverträge nebeneinander Wirkung entfalten. Diese Rechtslage sorge teilweise für Bedenken hinsichtlich der betrieblichen Organisation sowie eventueller Arbeitskämpfe.[277] Zum einen müsse der Arbeitgeber wissen, welchen Tarifvertrag er bei Doppelmitgliedschaft anzuwenden habe und zum anderen sei es dem Arbeitnehmer unbenommen am Arbeitskampf der jeweiligen Gewerkschaft teilzunehmen. Zwar haben die Gewerkschaften in der Praxis regelmäßig eine entsprechende Ausschlussklausel hinsichtlich anderweitiger Mitgliedschaften in ihrer Satzung vereinbart. Dies führt jedoch lediglich zu einer Einschränkung des grundsätzlich zu Gunsten des Arbeitnehmers bestehenden Aufnahmeanspruchs. Allerdings kann hier nicht immer gewährleistet werden, dass die jeweilige Gewerkschaft von der Doppelmitgliedschaft auch rechtzeitig Kenntnis erlangt. Daher sollen die in der Literatur vorgeschlagenen zahlreichen Lösungswege hier aufgezeigt werden.[278] Fest steht, dass es aufgrund der Doppelmitgliedschaft zu einer Normenkollision im Individualarbeitsverhältnis kommt, die zwingend aufgelöst werden muss. Ansonsten könnten sich widersprechende Inhaltsnormen gleichzeitig Geltung beanspruchen.

Nach *Däubler* soll hier insgesamt das Günstigkeitsprinzip zur Anwendung kommen.[279] Dagegen schlägt *Müller* vor, dem Arbeitnehmer müsse bei Doppelmitgliedschaft das Recht zustehen, die für ihn jeweils günstigeren Regelungen aus den Tarifverträgen im Sinne der „Rosinentheorie" in Anspruch nehmen zu

---

276 Siehe Franzen, RdA 2008, 198, Fn. 64.
277 Meyer, NZA 2006, 1389.
278 Siehe hierzu Jacobs, Tarifeinheit und Tarifkonkurrenz, § 17, S. 273f.
279 Däubler, TVR, Rn. 1493.

können.[280] *Jacobs* favorisiert in diesem Fall ein Wahlrecht des Arbeitnehmers.[281] Teilweise wird auch ein Wahlrecht des Arbeitgebers gefordert.[282] Nach anderer Auffassung soll die Entscheidung nach dem Quantitätsprinzip getroffen werden.[283] Es soll also der Tarifvertrag vorgehen, an den mehr Arbeitnehmer tarifgebunden sind. *Witzig* schlägt hingegen vor, die Bestimmung des Vorrangs der Vereinbarung der Arbeitsvertragsparteien zu überlassen.[284] Dagegen will *Waas* bei der Doppelmitgliedschaft das Prioritätsprinzip anwenden.[285] Zum Teil wird auch vertreten, dass auf den für das Arbeitsverhältnis spezielleren Tarifvertrag abzustellen sei.[286] Letztlich schlägt *Franzen* vor, die Grundsätze der Tarifkonkurrenz anzuwenden, wobei der mitgliedschaftlichen Legitimation die ausschlaggebende Bedeutung zukommen soll.[287]

Zu den unterschiedlichen Ansichten werden zahlreiche Vor- und Nachteile angeführt. Zunächst einmal sei jede Form des Günstigkeitsprinzips abzulehnen. Dieses Prinzip greife gerade nicht, wenn es um die Kollision ranggleicher Regelungen gehe.[288] Hier würden jedoch gerade zwei Tarifverträge aufeinandertreffen. Auch die „Rosinentheorie" müsse ausscheiden, da ein solch weitgehendes Arbeitnehmerwahlrecht dem von den Tarifparteien gefundenen ökonomischen Kompromiss zuwider liefe.[289] Ein Tarifvertrag müsse in seiner Gesamtheit betrachtet werden.[290] Im Hinblick auf die Inhaltsnormen könne es einem Arbeitnehmer nicht erlaubt sein, je nach Belieben den einen oder den anderen Tarifvertrag in Anspruch zu nehmen. Diese Möglichkeit wäre auch für den Arbeitgeber nicht zumutbar. Ferner komme auch eine Lösung nach dem Quantitätsprinzip für den vorliegenden Fall nicht in Betracht.[291] Zumindest im Hinblick auf die Individualnormen verfehle das Prinzip seine Wirkung, da es bei der Problematik der Doppelmitgliedschaft maßgeblich um eine Kollisionsauflösung im einzelnen

---

280 Müller, NZA 1989, 452.

281 Jacobs, Tarifeinheit und Tarifkonkurrenz, § 17, S. 275f.; so auch Etzel, NZA Beilage 1/1987, S. 20.

282 Reuter, JuS 1992, 110.

283 Wendeling-Schröder, in Kempen/Zachert, § 4 TVG, Rn. 186; Wiedemann/Wank, TVG, § 4, Rn. 299e.

284 Witzig, S. 93f.

285 Waas, Tarifkonkurrenz, S. 99f.

286 ErfK/Franzen, § 4 TVG, Rn. 69.

287 Franzen, RdA 2008, 198.

288 Wiedemann/Wank, TVG, § 4, Rn. 291.

289 Meyer, NZA 2006, 1389.

290 Jacobs, Tarifeinheit und Tarifkonkurrenz, § 15, S. 247.

291 Jacobs, Tarifeinheit und Tarifkonkurrenz, § 17, S. 274.

Arbeitsverhältnis und nicht auf betrieblicher Ebene gehe. Auf die Mehrheit der tarifgebundenen Arbeitnehmer im Betrieb könne es daher nicht ankommen, da dieser Anhaltspunkt keinen Bezug zum Individualarbeitsverhältnis aufweise. Auch das von *Franzen* favorisierte Legitimationsprinzip sei bei einer durch Doppelmitgliedschaft verursachte Tarifkonkurrenz nicht sinnvoll. Die Doppelmitgliedschaft zeichne sich gerade dadurch aus, dass der Arbeitnehmer Mitglied in zwei Gewerkschaften sei und damit alle konkurrierenden Tarifverträge mitgliedschaftlich legitimiert wären. Es liege gerade kein Fall staatlich veranlasster Tarifkonkurrenz vor. Bei gleichrangiger Normsetzungskompetenz der Normgeber versage dieses Modell daher.[292] Dem Arbeitnehmerwahlrecht müsse hingegen zugstanden werden, dass es sich am nächsten am Individualarbeitsverhältnis orientiere und damit auf die „Natur der Sache" zurückzuführen sei.[293] Zwar sei hier ein Vergleich mit dem Günstigkeitsprinzip nicht zu bestreiten, jedoch müsse bedacht werden, dass der Arbeitnehmer, der seine Mitgliedschaften offenbart, nicht schlechter gestellt werden dürfe.[294] Für das Prioritätsprinzip spreche, dass der vorrangige Tarifvertrag zweifelsfrei zu identifizieren sei und damit eine neutrale Rangordnung geschaffen werden kann.[295] Es versage jedoch, wenn der Arbeitnehmer zeitgleich den beiden konkurrierenden Gewerkschaften beitrete. Hinzu komme, dass es den individuellen Beweggründen des Arbeitnehmers für eine Doppelmitgliedschaft nicht gerecht werden könne, da allein das zeitliche Moment entscheide.[296] Letztlich wird von der Rechtsprechung das zur Auflösung von Tarifkonkurrenzen entwickelte Spezialitätsprinzip bevorzugt, da es sich vorliegend um eine Form der Tarifkonkurrenz handle, wenn die verschiedenen Tarifverträge im einzelnen Arbeitsverhältnis miteinander konkurrieren. Der Grundsatz der Sachnähe habe seine Schwäche jedoch im Anknüpfungspunkt. Grundsätzlich komme hier der Tarifvertrag zur Anwendung, der den Eigenarten und Erfordernissen des Betriebs am besten gerecht werde. Kritisiert wird jedoch, dass die Lösung im konkreten Fall zu keinem sachgerechten Ergebnis führe, da es um den individuellen Arbeitnehmer gehe. Deshalb wird teilweise vorgeschlagen, diesen Grundsatz zu modifizieren und stattdessen hinsichtlich der Individualnormen auf das einzelne Arbeitsverhältnis abzustellen.[297] Damit soll der Fokus

292 Jacobs, Tarifeinheit und Tarifkonkurrenz, § 16, S. 271.
293 Jacobs, Tarifeinheit und Tarifkonkurrenz, § 17, S. 276.
294 Jacobs, Tarifeinheit und Tarifkonkurrenz, § 17, S. 276; Witzig, S. 95.
295 Waas, Tarifkonkurrenz, S. 105.
296 Vgl. Wiedemann/Wank, TVG, § 4, Rn. 292.
297 Franzen, RdA 2008, 197f.

auf dem persönlichen Geltungsbereich des Tarifvertrages liegen.[298] Nur dadurch könne auch die wesentliche Nähe zum Arbeitsverhältnis hergestellt werden.[299]

(b) „Gewerkschaftshopping"

Ein weiterer, viel kritisierter Punkt ist das „Gewerkschaftshopping".[300] Unter diesem Begriff versteht man den ständigen Gewerkschafswechsel eines Arbeitnehmers, um in den Genuss des günstigeren Tarifvertrages zu kommen.[301] Im Gegensatz zur Doppelmitgliedschaft will der Arbeitnehmer nicht Mitglied in zwei Gewerkschaften sein. Vielmehr will er zu seinem Vorteil die Gewerkschaft wechseln. Es wird daher befürchtet, dass durch den Wettbewerb das „Gewerkschaftshopping" zu einem konfliktträchtigen Effekt des gegenseitigen Hochschaukelns führen könne.[302] In diesem Zusammenhang wird teilweise erwartet, dass Arbeitnehmer durch ein häufiges Wechseln der Gewerkschaften deren Konkurrenzverhältnis unterlaufen und so jeweils Optimierungsstrategien verfolgen könnten.[303] Dagegen wird vorgebracht, es sei zwar nicht auszuschließen, dass ein Arbeitgeber zunächst mit einer großen Gewerkschaft einen Tarifvertrag abschließe, in dem ein bestimmtes Entgeltvolumen verteilt wird, anschließend eine kleinere Gewerkschaft aber einen besseren Tarifabschluss für ihre Mitglieder durchsetzen könne, woraufhin Arbeitnehmer in großer Anzahl die Gewerkschaft wechseln, um die günstigeren Bedingungen des später abgeschlossenen Tarifvertrages für sich in Anspruch zu nehmen.[304] Allerdings stehe es auch in der Verantwortung des Arbeitgebers, nur solche Tarifabschlüsse zu akzeptieren, deren wirtschaftliche Folgen er auch tragen könne. Insofern müsse vor Abschluss eines weiteren Tarifvertrages die wirtschaftliche Tragbarkeit der Tarifbindung von vornherein mit einkalkuliert werden.[305] Hinzu komme, dass es bis heute keinen Beleg dafür gebe, dass sich Arbeitnehmer heute so und morgen anders entscheiden.[306] Bereits vor der Aufgabe des Grundsatzes der Tarifeinheit habe es Unternehmen gegeben, in denen mehrere Gewerkschaften vertreten

298 Däubler/Zwanziger, TVG, § 4, Rn. 931.

299 Franzen, RdA 2008, 197f.

300 Bayreuther, BB 2005, 2641f.; Meyer, NZA 2006, 1389; ders. DB 2006, 1271.

301 Thüsing/von Medem, ZIP 2007, 514.

302 Bayreuther, BB 2005, 2641f.; Meyer, NZA 2006, 1389; ders. DB 2006, 1271.

303 Giesen, NZA 2009, 13.

304 Thüsing/von Medem, ZIP 2007, 514.

305 Thüsing/von Medem, ZIP 2007, 514.

306 Rieble, Gutachten über die Verfassungsmäßigkeit eines Gesetzes zur Regelung der Tarifeinheit, 2010, S. 74.

waren. Gerade im Organisationsbereich echter Berufsgruppengewerkschaften, wie etwa den Piloten, den Lokomotivführern oder den Ärzten, sei ein ständiger Gewerkschaftswechsel nicht bekannt.[307] Weiter spreche gegen Begriff des „Gewerkschaftshoppings", dass ein Gewerkschaftswechsel als solcher letztlich nichts anderes sei, als die Ausübung der grundrechtlich garantierten Koalitionsfreiheit jedes einzelnen Arbeitnehmers aus Art. 9 Abs. 3 GG.[308] Aus verfassungsrechtlichen Gründen müsse dieses Verhalten also hingenommen werden. Zudem können bereits tarifgebundene Arbeitnehmer nicht einfach durch einen Wechsel der Gewerkschaft die Bindung des bisher für sie geltenden Tarifvertrages beseitigen. Auch der Arbeitnehmer falle unter die Nachbindung des § 3 Abs. 3 TVG.[309] Danach bliebe die Tarifbindung so lange bestehen, bis der Tarifvertrag endet. Der neue Tarifvertrag entfalte gem. § 3 Abs. 1 TVG Wirkung. Dies führe wiederum nur zu einer auflösungsbedürftigen Tarifkonkurrenz im Arbeitsverhältnis.[310]

Auch hier werden zahlreiche Auflösungsmodelle vorgeschlagen. Das BAG[311] und Teile der Literatur[312] vertreten bei § 3 Abs. 3 TVG den Spezialitätsgrundsatz. Teilweise wird auf das Legitimationsprinzip zurückgegriffen.[313] Im älteren Schrifttum wurde dagegen vorgeschlagen, unabhängig von § 4 Abs. 3 Var. 2 TVG dem für den Arbeitnehmer günstigeren Tarifvertrag Vorrang beizumessen.[314] Andererseits wird eine Lösung nach dem Prioritätsprinzip für sinnvoll gehalten.[315] Danach soll der Tarifvertrag, der als erstes abgeschlossen wurde, vorrangig sein. § 3 Abs. 3 TVG wolle gerade eine „Flucht aus dem Tarifvertrag" verhindern.[316] Würde hier auf einen anderen als den zeitlich früheren Tarifvertrag abgestellt, könnte dieser Normzweck aber ins Leere laufen. Des Weiteren würde dadurch jeder Anreiz für einen Gewerkschaftswechsel eindämmt, da Arbeitnehmer keinen Vorteil davon hätten, von einer Gewerkschaft zur nächsten zu „hoppen", sobald ihnen der bisherige Tarifvertrag „lästig" erscheint.[317]

307 Rieble, Gutachten über die Verfassungsmäßigkeit eines Gesetzes zur Regelung der Tarifeinheit, 2010, S. 76.
308 Lindemann/Simon, BB 2006, 1855.
309 ErfK/Franzen, § 3 TVG, Rn. 23.
310 Thüsing/von Medem, ZIP 2007, 514.
311 BAG, Urteil vom 26.10.1983, 4 AZR 219/81, AP Nr. 3 zu § 3 TVG.
312 HWK/Henssler, § 4 TVG, Rn. 40.
313 Kempen in Kempen/Zachert, § 3 TVG, Rn. 78.
314 Konzen, ZfA 1975, 427ff.
315 Thüsing/von Medem, ZIP 2007, 514; Waas, Tarifkonkurrenz, S. 99ff.
316 Jacobs, Tarifeinheit und Tarifkonkurrenz, § 17, S. 282f.
317 Vgl. Müller, NZA 1989, 452.

cc. Rechtsfolge

Aufgrund der vorstehenden Argumentation und Bedenken wurde nach der bisherigen Rechtsprechung des BAG und einiger Stimmen in der Literatur auch die Tarifpluralität nach dem Grundsatz der Tarifeinheit aufgelöst. Allerdings ergab sich daraus wiederum nicht, welchem Tarifvertrag verdrängende Wirkung zugewiesen war. Das BAG übernahm jedoch den für Tarifkonkurrenzen entwickelten Spezialitätsgrundsatz.[318] Danach war eine Tarifpluralität im Falle der unmittelbaren Tarifgebundenheit des Arbeitgebers an verschiedene Tarifverträge, sei es auf Grund einer Allgemeinverbindlicherklärung oder kraft Organisationszugehörigkeit, in aller Regel dahingehend aufzulösen, dass nach dem Grundsatz der Spezialität der sachnähere Tarifvertrag den anderen Tarifvertrag verdrängte. Letzterer war jedoch nicht nichtig, sondern wurde nur „zeitweilig" ausgesetzt.[319] Zwar hatte das BAG den Spezialitätsgrundsatz zunächst nur für die Auflösung der Tarifkonkurrenz entwickelt, später dann aber auch auf die Fälle der Tarifpluralität übertragen.[320] Entscheidend war für das BAG, dass über die Spezialität des Tarifvertrages „auf betrieblicher Ebene und nicht nur bezogen auf das einzelne Arbeitsverhältnis" zu befinden war. Maßgeblich kam es dabei also auf den betrieblich/fachlichen Geltungsbereich und nicht auf den persönlichen an.[321] Eine wesentliche Rolle spielte hier die Entscheidung aus dem Jahr 1990[322], in der dem Manteltarifvertrag „Buchhandel" für den Betrieb eines Fachverlages Spezialität zugesprochen wurde, weil dieser nach seinem persönlichen Geltungsbereich alle Arbeitnehmer des Betriebs erfasste, darunter auch die dort tätigen Redakteure. Demgegenüber musste ein speziell für die Redakteure bestehender allgemeinverbindlicher Tarifvertrag zurücktreten. Nach Ansicht des BAG kam es also nicht darauf an, dass für die Redakteure ein auf diese bezogener Tarifvertrag spezieller als der Buchhandelstarifvertrag erschien, sondern maßgeblich, dass ein Tarifvertrag geeignet sein muss, eine tarifliche Ordnung für den Betrieb insgesamt zur Verfügung zu stellen.[323]

---

318 BAG, Urteil vom 05.09.1990, 4 AZR 59/90, AP Nr. 19 zu § 4 TVG Tarifkonkurrenz, NZA 1991, 202ff.

319 Buchner, ZfA 2004, 229, 249.

320 BAG, Urteil vom 20.03.1991, 4 AZR 455/90, AP Nr. 20 zu § 4 TVG Tarifkonkurrenz.

321 Buchner, ZfA 2004, 247.

322 BAG, Urteil vom 05.09.1990, 4 AZR 59/90, AP Nr. 19 zu § 4 TVG Tarifkonkurrenz, NZA 1991, 202ff.

323 Buchner, ZfA 2004, 247.

(1) Spezialitätsprinzip

Gleich der Vorgehensweise bei der Tarifeinheit im Arbeitsverhältnis konnte danach nur der Tarifvertrag zur Anwendung gelangen, der dem Betrieb räumlich, betrieblich, fachlich und persönlich am nächsten stand und deshalb den Eigenarten und Erfordernissen des Betriebs und der darin tätigen Arbeitnehmer am besten Rechnung trug. Folge der Spezialität war daher grundsätzlich auch hier, dass alle weiteren, allgemeineren Tarifverträge verdrängt wurden. Dies galt auch für die betroffenen Inhaltsnormen, die ebenfalls ihre Wirkung einbüßten. Tarifrechtlichen Schutz genossen damit nur die Arbeitnehmer, die der Gewerkschaft angehörten, die den spezielleren Tarifvertrag abgeschlossen hatte. Im Konkreten waren dabei Firmentarifverträge stets als die spezielleren gegenüber Verbandstarifverträgen anzusehen.[324]

Wie die Entscheidung des BAG zum Buchhandelstarifvertrag zeigte, konnte dem Sinn und Zweck des Postulats der Tarifeinheit dann keine Rechnung getragen werden, wenn die Spezialität dahingehend verstanden würde, dass ein mit einem engen persönlichen Geltungsbereich ausgestatteter Tarifvertrag Vorrang erlangt.[325] Vielmehr müsse der Tarifvertrag eine für den Betrieb insgesamt geeignete Tarifordnung zur Verfügung stellen. Die erforderliche Sachnähe richte sich daher nach dem überwiegenden Betriebszweck und der Gesamtheit der für diesen Betriebszweck eingesetzten Arbeitnehmer.[326]

(2) Hilfsweise Mehrheitsprinzip

Wie schon bei der Auflösung von Tarifkonkurrenzen festgestellt, führte das Spezialitätsprinzip nicht immer zu sachgerechten Ergebnissen, da sich vielfach nicht genau sagen ließ, welcher Tarifvertrag nun der speziellere war. Hilfsweise wurde daher auch hier auf das Mehrheitsprinzip zurückgegriffen, wonach der Tarifvertrag zur Anwendung gelangte, der die meisten Arbeitnehmer des Betriebs repräsentierte.[327]

dd. Folgen der Tarifeinheit im Betrieb

Der Grundsatz der Tarifeinheit erfasste bei Tarifpluralität alle im Betrieb geltenden Tarifverträge, so dass letztlich nach Ansicht des BAG bis zum 23.06.2010 nur ein Tarifvertrag zur Anwendung gelangen konnte.

---

324 BAG, Urteil vom 15. 4. 2008, 9 AZR 159/07, AP Nr. 38 zu § 1 TVG Altersteilzeit, NZA 2008, 586.

325 Buchner, ZfA 2004, 248.

326 Buchner, ZfA 2004, 248.

327 Franzen, RdA 2008, 197; HWK/Henssler, § 4 TVG, Rn. 48a.

Bei der Bestimmung des dem Betrieb räumlich, betrieblich, fachlich und persönlich am nächsten stehenden Tarifvertrages bezog sich das BAG nicht auf eine bestimmte Gruppe von Arbeitnehmern, sondern bestimmte den spezielleren Tarifvertrag zunächst nach dem Betriebszweck und der Gesamtheit der für diesen Betriebszweck eingesetzten Arbeitnehmer. Für den Betriebszweck stellte die überwiegende Arbeitszeit der Arbeitnehmer einen wesentlichen Faktor dar.[328] Die Spezialität richtete sich damit im Zweifel maßgeblich nach dem betrieblichen bzw. fachlichen und nicht nach dem persönlichen Geltungsbereich.

Hintergrund war, dass ein Tarifvertrag geeignet sein müsse, eine tarifliche Ordnung für den Betrieb insgesamt zur Verfügung zu stellen. Dies führte jedoch zu einer „Zwangssolidarisierung" der Belegschaften, obwohl die Interessen innerhalb der Belegschaft in der Regel nur schwer zu vereinheitlichen waren. Die tarifautonome Selbstorganisation einzelner Berufsgruppen wurde vielmehr erschwert.[329] Konsequenz war quasi eine „Tarifzensur". Folglich konnte es passieren, dass Arbeitnehmer von jeglichem tariflichen Schutz ausgeschlossen wurden, da der eigene Tarifvertrag verdrängt und der Tarifvertrag der anderen Gewerkschaft mangels Gewerkschaftszugehörigkeit nicht auf sie anwendbar war. Interessanterweise entfiel jedoch allein die tarifliche Bindung an den eigenen Tarifvertrag. Hatten Arbeitgeber und Arbeitnehmer hingegen im Arbeitsvertrag vereinbart, dass der Tarifvertrag der Gewerkschaft des Arbeitnehmers in seiner jeweils gültigen Fassung auf das Arbeitsverhältnis Anwendung finden sollte, galt der „verdrängte" Tarifvertrag individualvertraglich weiterhin fort. Mithin führte die Anwendung des Grundsatzes der Tarifeinheit nach dem Spezialitätsprinzip allein zu einem Wegfall der kollektivrechtlichen Geltung.

Diese Vorgehensweise galt gleichermaßen für die gem. §§ 3 Abs. 2 und 4 Abs. 1 TVG in Tarifverträgen enthaltenen Individualnormen und Kollektivnormen.

(1) Individualnormen, § 4 Abs. 1 S. 1 TVG

Das Hauptanliegen der Tarifverträge besteht in der normativen Setzung von Individualnormen, da alleine hierdurch die maßgeblichen Grundlagen des Arbeitsverhältnisses geschaffen werden. Demgegenüber sind kollektive Betriebsnormen deutlich weniger repräsentativ.[330] Wie bereits mehrfach erwähnt bedarf es bei Individualnormen, also tariflichen Regelungen über Inhalt, Abschluss und

328 BAG, Urteil vom 29.03.1957, 1 AZR 208/55, AP Nr. 4 zu § 4 TVG Tarifkonkurrenz.
329 Giesen, NZA 2009, 17.
330 Reichold, RdA 2007, 324.

Beendigung des Arbeitsverhältnisses gem. § 4 Abs. 1 S. 1 TVG i.V.m. § 3 Abs. 1 TVG, der beiderseitigen Tarifbindung. Das bedeutet, dass beide Arbeitsvertragsparteien, Arbeitgeber und Arbeitnehmer, je nach Tariffähigkeit in irgendeiner Form an den gleichen Tarifvertrag gebunden sein müssen. Tarifpluralität lag daher bislang im Falle von Individualnormen vor, wenn im Betrieb unterschiedliche Tarifverträge aufgrund beiderseitiger Tarifbindung Anwendung fanden und demnach für die einen Arbeitnehmer die Individualnormen ihres Tarifvertrages und für die anderen Arbeitnehmer eben die des anderen Tarifvertrages galten. „Außenseiter" konnten sich hingegen nur auf ihren individuellen Arbeitsvertrag berufen. Nach bisheriger Rechtsprechung des BAG bewirkte der Grundsatz der Tarifeinheit in diesem Fall jedoch, dass einer der kollidierenden Tarifverträge zurücktreten musste und damit der Teil der Arbeitnehmer, der diesen ursprünglich für sich hätte in Anspruch nehmen können, tarifvertraglich schutzlos gestellt wurde. Mithin standen sie auf einer Stufe mit den „Außenseiter" und konnten sich folglich nur noch auf ihren Arbeitsvertrag berufen.

(2) Betriebsnormen und betriebsverfassungsrechtliche Normen, § 3 Abs. 2 TVG

Im Gegensatz dazu reicht für eine Tarifpluralität im Hinblick auf Kollektivnormen nach § 4 Abs. 1 TVG i.V.m. § 3 Abs. 2 TVG bereits die alleinige Tarifbindung des Arbeitgebers aus. Ist dieser daher an zwei oder mehr Tarifverträge in seinem Betrieb gebunden, kommt es auf eine Tarifbindung der entsprechenden Arbeitnehmer gar nicht mehr an. Gab es nun mehrere unterschiedliche Tarifverträge in einem Betrieb, welche dieselben Angelegenheiten regelten, wirkten beide unabhängig von der Gewerkschaftszugehörigkeit oder Außenseiterstellung des jeweiligen Arbeitnehmers allein kraft Tarifbindung des Arbeitgebers auf das einzelne Arbeitsverhältnis ein. Diese Sonderrolle gebührt den Kollektivnormen grundsätzlich aufgrund ihrer zwingend betriebseinheitlichen Geltung. Solche Tarifnormen betreffen in aller Regel die technisch-organisatorische Verbundenheit der Arbeitsverhältnisse und begrenzen damit die Organisationsbefugnisse des Arbeitgebers.[331] Betriebsnormen regeln Fragen, wie die tägliche Arbeitszeit innerhalb eines Schichtsystems oder das Ordnungsverhalten in einem Betrieb. Darunter fallen beispielsweise Regelungen des Arbeitsschutzes und der Arbeitsplatzgestaltung sowie qualitative Besetzungsregeln, Sozialauswahlrichtlinien i.S.d. § 1 Abs. 4 KSchG oder Unkündbarkeitsregeln, aber auch Organisationstarife für besondere Betriebsratsstrukturen i.S.d. § 3 BetrVG.[332] Kam es folglich

331 ErfK/Franzen, § 1 TVG, Rn. 47; Löwisch/Rieble, TVG, § 1, Rn. 106.
332 Reichold, RdA 2007, 327.

zu einer Tarifpluralität und setzte sich nach dem Grundsatz der Tarifeinheit im Betrieb bislang der speziellere Tarifvertrag durch, galten allein dessen Kollektivnormen für alle Arbeitnehmer des Betriebs.

ee. Durchbrechung des Prinzips der Tarifeinheit

In einigen Fällen hatte die Rechtsprechung das Prinzip der Tarifeinheit, wonach in einem Betrieb nur ein Tarifvertrag gelten sollte, bereits vor der endgültigen Aufgabe des Grundsatzes durchbrochen und zwar dann, wenn eine gesetzliche Anordnung vorlag, die dem entgegenstand. Darüber hinaus gab es bereits gesetzliche Regelungen, die ein Nebeneinander mehrerer Tarifverträge in einem Betrieb normierten.

(1) Ausnahmen der Rechtsprechung

Das BAG entwickelte Ausnahmen zum Grundsatz der betriebsweiten Tarifeinheit für die Fälle von Bezugnahmeklauseln, der Nachwirkung von Tarifverträgen, den gemeinsamen Betrieb mehrerer Unternehmen sowie bei gewillkürter Tarifpluralität.

(a) Arbeitsvertragliche Bezugnahmeklauseln

Mit seinem Urteil vom 22.10.2008 hat der 4. Senat des BAG unter ausdrücklicher Aufgabe der Rechtsprechung vom 20.03.1991 und 23.03.2005 entschieden, dass eine Tarifpluralität nicht durch arbeitsvertragliche Bezugnahme auf einen Tarifvertrag bei gleichzeitiger normativer Geltung eines anderen Tarifvertrages begründet werden kann.[333] Angedeutet hatte sich diese Wende bereits mit der Entscheidung vom 29.08.2007.[334] Bis dahin hatte der Senat angenommen, dass auch eine vertragliche Inbezugnahme eines Tarifvertrages zu einer Tarifkonkurrenz oder einer Tarifpluralität führen könne, weil sie „eine Geltung des in Bezug genommenen Tarifvertrages" bewirke und der Ursprung der Tarifgeltung ohne Bedeutung sei.[335] Von Seiten des 10. Senats des BAG und Stimmen in der Literatur wurde diese Rechtsprechung zu Recht massiv kritisiert.[336] Der Senat

---

333 BAG, Urteil vom 22.10.2008, 4 AZR 784/07, AP Nr. 66 zu § 1 TVG Bezugnahme auf Tarifvertrag, NZA 2009, 151ff.

334 BAG, Urteil vom 29.08.2007, 4 AZR 767/06, AP Nr. 61 zu § 1 TVG Bezugnahme auf Tarifvertrag, NZA 2008, 364ff.

335 BAG, Urteil vom 23.03.2005, 4 AZR 203/04, AP Nr. 29 zu § 4 TVG Tarifkonkurrenz, NZA 2005, 1003ff.

336 BAG, Urteil vom 22.09.1993, 10 AZR 207/92, AP Nr. 21 zu § 4 TVG Tarifkonkurrenz, NZA 1994, 667ff.; Merten, BB 1993, 577; Wiedemann/Wank, TVG, § 4, Rn. 281;

begründete seine Abkehr damit, dass der Grundsatz der Tarifeinheit prinzipiell in Fällen von Tarifpluralität auf die sich grundsätzlich aus § 3 TVG und § 4 Abs. 1 TVG ergebende Pflicht des Arbeitgebers einwirke, in jedem Arbeitsverhältnis die aufgrund beiderseitiger Tarifgebundenheit jeweils geltenden Tarifverträge anzuwenden. Die Anwendung des Grundsatzes der Tarifeinheit könne aber nicht zu einer Korrektur des im Arbeitsvertrag von den Arbeitsvertragsparteien privatautonom gebildeten, übereinstimmenden Willens führen, im Arbeitsverhältnis einen bestimmten Tarifvertrag maßgebend sein zu lassen.[337] Dies ergebe sich daraus, dass die individualvertragliche Inbezugnahme eines Tarifvertrages nicht zu dessen tarifrechtlicher Geltung führe. Folglich dürften die autonom vereinbarten Bestimmungen auch nicht im Wege der Auflösung einer Tarifpluralität nach dem tarifrechtlichen Spezialitätsprinzip verdrängt werden. Es handele sich vielmehr um eine einzelvertragliche Regelung von Arbeitsbedingungen.[338] Deshalb könne es aufgrund einer arbeitsvertraglichen Inbezugnahme eines Tarifvertrages auch nicht zu einer Tarifkonkurrenz kommen. Es gehe nämlich nicht um die Konkurrenz zweier Normenverträge. Da die Arbeitsvertragsparteien die Geltung des Tarifvertrages durch vertragliche Einigung herbeigeführt haben, müsse es ihnen auch frei stehen, sich der Geltung jederzeit auf gleichem Wege wieder zu entledigen.[339] Eine zwingende Wirkung könne ein in Bezug genommener Tarifvertrag daher nicht entfalten.[340] Ebenso wenig führe daher die Auflösung einer Tarifpluralität dazu, dass die Bestimmungen eines

---

Wank, Anm. zu BAG, Urteil vom 26.01.1994, 10 AZR 611/92 EzA Nr. 9 zu § 4 TVG Tarifkonkurrenz; Jacobs, Tarifeinheit und Tarifkonkurrenz S. 181f.; Fenn, in FS für Kissel, 1994, S. 213, 232 f.; Hanau/Kania, Anm. AP Nr. 20 zu § 4 TVG Tarifkonkurrenz; Reuter, JuS 1992,109.

337 BAG, Urteil vom 22.10.2008, 4 AZR 784/07, AP Nr. 66 zu § 1 TVG Bezugnahme auf Tarifvertrag, NZA 2009, 151ff.

338 So auch BAG, Urteil vom 26.01.1994, 10 AZR 611/92, AP Nr. 22 zu § 4 TVG Tarifkonkurrenz, NZA 1994, 1038ff.; Kraft, RdA 1992, 167; Wiedemann/Arnold, ZTR 1994, 446; Hanau/Kania, Anm. AP Nr. 20 zu § 4 TVG Tarifkonkurrenz; Oetker, Anm. AP Nr. 6 zu § 1 TVG Bezugnahme auf Tarifvertrag; ErfK/Franzen, § 3 TVG, Rn. 31; Stein, in Kempen/Zachert, § 3 TVG, Rn. 155; Wiedemann/Wank, TVG, § 4, Rn. 281; Wiedemann/Oetker, TVG, § 3, Rn. 285.

339 BAG, Urteil vom 22.09.1993, 10 AZR 207/92, AP Nr. 21 zu § 4 TVG Tarifkonkurrenz.

340 Etzel, NZA Beilage 1/1987, S.19, 28, 31; Gaul, NZA 1998, 15; Hromadka, DB 1996, 1873.

individualvertraglich in Bezug genommenen Tarifvertrages verdrängt werden.[341] Das Prinzip der Tarifeinheit sei danach nicht geeignet, wenn es um Fragen der Geltung bei der individualarbeitsvertraglichen Willensbildung gehe. Vielmehr solle bei einer Tarifbindung des Arbeitnehmers an den kollidierenden Tarifvertrag im Verhältnis zu den vertraglich in Bezug genommenen Regelungen das tarifrechtliche Günstigkeitsprinzip gemäß § 4 Abs. 3 TVG und nicht das Ordnungsprinzip gelten.[342]

(b) Nachwirkung, § 4 V TVG

Die Rechtsprechung durchbrach das Prinzip der Tarifeinheit ebenfalls in den Fällen der Nachwirkung. So entschied der 4. Senat bereits mit seinem Urteil vom 28.05.1997, dass eine Tarifpluralität nicht vorliege, wenn ein nach § 4 Abs. 5 TVG nachwirkender Tarifvertrag auf einen Tarifvertrag trifft, an den nur der Arbeitgeber gem. § 3 Abs. 1 TVG gebunden ist.[343] Wirke ein Tarifvertrag nach seinem Ende nach, verliere er seine Gestaltungswirkung nach § 4 Abs. 5 TVG durch eine andere Abmachung. Entscheidend sei daher, ob eine „andere Abmachung" i.S.d § 4 Abs. 5 TVG die Nachwirkung beende. Eine solche könne durch Tarifvertrag, Betriebsvereinbarung oder einzelvertragliche Abrede getroffen werden.[344] Der Sinn der Nachwirkung liege nämlich in der Verhinderung eines inhaltslosen Arbeitsverhältnisses. § 4 Abs. 5 TVG habe eine Überbrückungsfunktion, um einen tariflosen Zustand zu vermeiden. Deshalb könne als eine «andere Abmachung» nur eine rechtlich relevante Vereinbarung angesehen werden. Das sei eine Vereinbarung, die auf das konkrete Arbeitsverhältnis Anwendung finde. Eine andere Abmachung sei danach nur bei einer positiven, das Arbeitsverhältnis erfassenden kollektivrechtlichen oder einzelvertraglichen Regelung gegeben.[345] Ein nach § 4 Abs. 5 TVG nachwirkender Tarifvertrag stehe aber in keiner Konkurrenz zu einem neu vereinbarten Tarifvertrag, der unmittelbar und zwingend auf das Arbeitsverhältnis einwirke, da dieser eine andere Abmachung im Sinne

---

341 BAG, Urteil vom 22.10.2008, 4 AZR 784/07, AP Nr. 66 zu § 1 TVG Bezugnahme auf Tarifvertrag, NZA 2009, 151ff.

342 So auch BAG, Urteil vom 29.08.2007, 4 AZR 767/06, AP Nr. 61 zu § 1 TVG Bezugnahme auf Tarifvertrag, NZA 2008, 364ff.

343 BAG, Urteil vom 28.05.1997, 4 AZR 546/95, AP Nr. 26 zu § 4 TVG Nachwirkung, NZA 1998, 40ff.

344 BAG, Urteil vom 18.03.1992, 4 AZR 339/91, AP Nr. 13 zu § 3 TVG, NZA 1992, 700f.

345 BAG, Urteil vom 27.11.1991, 4 AZR 211/91, AP Nr. 22 zu § 4 TVG Nachwirkung, NZA 1992, 800ff.

der Norm darstelle.[346] Dies setze im Falle eines neuen Tarifvertrages entweder die kongruente Tarifgebundenheit von Arbeitgeber und Arbeitnehmer oder die Allgemeinverbindlicherklärung des neuen Tarifvertrages voraus. In diesem Fall löse der neue Tarifvertrag den alten nach dem Ordnungsprinzip ab. Die Nachwirkung des alten Tarifvertrages werde mithin durch einen neuen Tarifvertrag als „andere Abmachung" beendet.[347] Bei fehlender kongruenter Tarifbindung galt demnach nachwirkendes Tarifrecht bei den nicht an den neuen Tarifvertrag gebundenen Arbeitnehmern weiter, während für die entsprechend organisierten Arbeitnehmer das andere Tarifrecht normativ galt.[348] Die Rechtsprechung des BAG führte dadurch zu dem widersprüchlichen Ergebnis, dass der Arbeitnehmer, dessen Arbeitsverhältnis einem nur nachwirkenden Tarifvertrag unterlag, den tariflichen Schutz behielt, ihn hingegen bei einem in Geltung befindlichen Tarifvertrag verlieren sollte.[349] Darin lag ein Wertungswiderspruch zur Rechtslage bei einer Pluralität von zwei jeweils nach § 3 Abs. 1 TVG geltenden Tarifverträgen. Problematisch war insofern, dass ein nur nachwirkender Tarifvertrag stärkere Wirkung entfalten sollte als ein unmittelbar und zwingend auf das Arbeitsverhältnis einwirkender Tarifvertrag. Grundsätzlich gelten auch nachwirkende Regelungen weiterhin als Rechtsnormen für das Arbeitsverhältnis, da sie lediglich ihre zwingende Wirkung verlieren. Mithin hätte auf der Grundlage der bisherigen Rechtsprechung konsequenterweise eine Tarifpluralität vorliegen müssen. Diese Ansicht wurde auch in der Literatur vertreten.[350]

(c) „Gewillkürte" Tarifpluralität

Der Grundsatz der Tarifeinheit sollte ferner nicht eingreifen, wenn es sich um gewillkürte Tarifpluralitäten handelte. Gemeint waren damit Fälle, in denen die Tarifpartner bewusst eine Tarifpluralität herbeiführten.[351] Diese Kategorisierung war jedoch nicht unumstritten. Vertreten wurde sie insbesondere von Teilen der

346 BAG, Urteil vom 20.04.2005, 4 AZR 288/04, AP Nr. 43 zu § 4 TVG Nachwirkung; Urteil vom 15.11.2006, 10 AZR 665/05, AP Nr. 34 zu § 4 TVG Tarifkonkurrenz; ErfK/ Franzen, § 4 TVG, Rn. 66.

347 BAG, Urteil vom 14.02.1991, 8 AZR 166/90, AP Nr. 10 zu § 3 TVG; Urteil vom 27.11.1991, 4 AZR 211/91, AP Nr. 22 zu § 4 TVG Nachwirkung; Urteil vom 18.03.1992, 4 AZR 339/91, AP Nr. 13 zu § 3 TVG.

348 BAG, Urteil vom 25.10.2000, 4 AZR 212/00, AP Nr. 38 zu § 4 TVG Nachwirkung, NZA 2001, 1146ff.

349 HWK/Henssler, § 4 TVG, Rn. 56; Kania, Anm. zu AP Nr. 26 zu § 4 TVG Nachwirkung.

350 Hromadka/Maschmann/Wallner, Der Tarifwechsel, Rn. 267.

351 HWK/Henssler, § 4 TVG, Rn. 56.

Literatur.[352] Hierzu wurde das Beispiel des Arbeitgebers angeführt, der an einen Verbandtarifvertrag gebunden ist und dann mit einer anderen Gewerkschaft einen Firmentarifvertrag mit ungünstigeren Bedingungen abschließt. Würde dem Firmentarifvertrag ohne Weiteres der Vorrang eingeräumt werden, würde man dem Arbeitgeber faktisch die Flucht aus der eingegangenen Bindung erlauben.[353] So verhielt es sich auch in dem Fall einer Ersatzkasse, die kraft Mitgliedschaft in einem tarifvertragsschließenden Arbeitgeberverband an einen Ersatzkassentarifvertrag gebunden war, jedoch mit drei weiteren Gewerkschaften einen Ergänzungstarifvertrag abschloss, der eine Absenkung der Bezüge auf ein Niveau unterhalb des Ersatzkassentarifvertrages zur Folge hatte. Die herbeigeführte Tarifpluralität sollte bewusst zu einer Auflösung nach dem Grundsatz der Tarifeinheit im Betrieb führen, so dass betriebsweit die neuen Entgeltkonditionen gelten konnten. Im Berufungsverfahren vor dem LAG Niedersachsen war die Ersatzkasse jedoch unterlegen. Die Revision wurde vor Ablauf der Revisionsbegründungsfrist zurückgenommen.[354] Auch der 4. Senat des BAG entschied in seinem Urteil vom 11.02.2004, dass unterschiedliche Arbeitszeiten von verschieden organisierten Arbeitnehmern im Flugbetrieb, Cockpit und Kabinenpersonal, bei der Auslegung von Tarifverträgen unter dem Gesichtspunkt der „gewillkürten Tarifpluralität" hinzunehmen seien.[355]

(2) Abweichende gesetzliche Regelungen

Neben den von der Rechtsprechung vertretenen Ausnahmefällen, gab es noch weitere Durchbrechungen der Tarifeinheit im Betrieb. Diese haben in den §§ 613a Abs. 1 BGB sowie 8 Abs. 2 AEntG eine gesetzliche Normierung erfahren.

(a) § 613a Abs. 1 S. 1–4 BGB

§ 613a BGB ist durch das Arbeitsrechtliche EG-Anpassungsgesetz vom 13.08.1980 hinsichtlich der Auswirkungen des Betriebsübergangs auf Kollektivvereinbarungen geändert und an die gemeinschaftsrechtlichen Vorgaben angepasst worden.[356] Dabei hat sich der Gesetzgeber tarifrechtlich für eine vermittelnde

352 Gamillscheg, Kollektives Arbeitsrecht Bd. I, § 17, S. 753; Schaub, Arbeitsrechts-Handbuch, § 203, Rn. 66; Schaub, Anm. zu BAG, Urteil vom 04.12.2002, 10 AZR 113/02, AP Nr. 28 zu § 4 Tarifkonkurrenz; Schliemann, Sonderbeilage zu NZA 24/2000, S. 24.

353 Thüsing/von Medem, ZIP 2007, 515.

354 Schliemann, Sonderbeilage zu NZA 24/2000, S. 25.

355 BAG, Urteil vom 11.02.1004, 4 AZR 94/03 nicht amtlich veröffentlicht.

356 Schaub, Arbeitsrechts-Handbuch, § 119, Rn. 2.

Lösung entschieden. Aus § 613a Abs. 1 S. 1 BGB sowie aus dem Gesetzeszweck ergibt sich, dass die beim Betriebsveräußerer gültigen Arbeitsbedingungen in möglichst unveränderter Form nach dem Betriebsübergang weiterhin auf das Arbeitsverhältnis anwendbar sein sollen. Darunter fallen auch die bisher normativ, also unmittelbar und zwingend geltenden Kollektivvereinbarungen. Sind diese nach dem Betriebsübergang eigentlich nicht länger auf das Arbeitsverhältnis anzuwenden, greift § 613 Abs. 1 S. 2–4 BGB ein. Danach werden die Rechte und Pflichten, die bislang durch Rechtsnormen eines Tarifvertrags oder durch eine Betriebsvereinbarung geregelt sind, grundsätzlich auch Inhalt des Arbeitsverhältnisses zwischen dem neuen Inhaber und dem Arbeitnehmer. Wichtig ist jedoch, dass der Betriebserwerber nicht automatisch in Folge des Betriebsübergangs in die mitgliedschaftliche Stellung des Veräußerers eintritt. Ein solcher Automatismus wäre weder mit der verfassungsrechtlich verbürgten negativen Koalitionsfreiheit aus Art. 9 Abs. 3 GG noch mit der höchstpersönlichen Natur der Vereinsmitgliedschaft gem. § 38 BGB vereinbar.

Das Gesetz macht die Weitergeltung vielmehr davon abhängig, ob die Regelungsgegenstände beim Betriebserwerber gleichfalls durch Kollektivvereinbarungen geregelt sind, oder nicht. Ist dies der Fall, ist die individualrechtliche Weitergeltung des bisherigen Tarifinhalts ausgeschlossen.[357] Dies kann der Fall sein, wenn der Erwerber aufgrund seiner Mitgliedschaft in demselben Arbeitgeberverband ebenfalls an den beim Veräußerer geltenden Tarifvertrag gebunden ist. Das Bundesarbeitsgericht geht jedoch in ständiger Rechtsprechung davon aus, dass eine solche Ablösung nur dann eintritt, wenn eine kongruente Tarifbindung von erwerbendem Arbeitgeber und übernommenen Arbeitnehmern vorliegt. Das ist gegeben, soweit der Erwerber bzw. sein Arbeitgeberverband einen Tarifvertrag mit der Gewerkschaft abgeschlossen hat, zu deren Mitgliedern auch die übernommenen Arbeitnehmer gehören oder durch Beitritt werden.[358] In diesen Fällen greift das Tarifvertragsrecht des neuen Inhabers ein. Fehlt es hingegen an entsprechenden tarifvertraglichen oder betrieblichen Regelungen beim Erwerber, gilt der Inhalt der beim Veräußerer normativ gültigen Kollektivvereinbarungen gem. § 613a Abs. 2 BGB als Bestandteil des Arbeitsvertrages weiter. § 613a Abs. 1 S. 2 BGB schützt damit das Bestandsschutzinteresse der Arbeitnehmer, indem er die tarifvertraglichen Rechte und Pflichten in das individuelle Arbeitsverhältnis transformiert und eine einjährige Änderungssperre

357 BAG, Urteil vom 20.06.2001, 4 AZR 295/00, AP Nr. 18 zu § 1 TVG Bezugnahme auf Tarifvertrag, NZA 2002, 517.

358 BAG, Urteil vom 21.02.2001, 4 AZR 18/00, AP Nr. 20 zu § 4 TVG, NZA 2001, 1318.

vorsieht, die nur nach S. 4 durchbrochen werden kann. Darin liegt eine besondere gesetzliche Form der Weitergeltung kollektivrechtlicher Vereinbarungen. Die bisherigen Bestimmungen verlieren zwar ihre Rechtsnatur als Tarifvertrag oder Betriebsvereinbarung, werden dafür aber Inhalt des Arbeitsverhältnisses zwischen dem übernommenen Arbeitnehmer und dem neuen Betriebsinhaber.[359]

In diesem Zusammenhang hat der 4. Senat in einer Grundsatzentscheidung klargestellt, dass es beim Erwerber zu einer Mehrheit von Tarifverträgen kommen kann. Der nach § 613a Abs. 1 S. 2 BGB in den Arbeitsvertrag transformierte Veräußerertarif könne nämlich lediglich durch einen Tarifvertrag beim Erwerber, an den die jeweils neuen Arbeitsvertragsparteien beiderseits tarifgebunden sind, beseitigt werden.[360] Des Weiteren tritt der beim Betriebserwerber geltende Tarifvertrag nur dann an die Stelle der transformierten Regelung, wenn er wirklich Geltung entfaltet, also auch die übergegangenen Arbeitsverhältnisse gestaltet. § 613a Abs. 1 S. 3 BGB setzt daher nicht nur die kongruente Tarifbindung an den Tarifvertrag bei dem Erwerber voraus, sondern auch, dass dieselben Regelungsgegenstände betroffen sind. Liegen diese Voraussetzungen vor, kommt hier die Wertung des Gesetzgebers zum Ausdruck, wonach ein Arbeitnehmer des Schutzes der bisher für ihn geltenden tariflichen Vorschriften nicht mehr bedarf, wenn er durch neue, für den Betriebserwerber gültige Tarifvorschriften geschützt ist.[361] Ansonsten gelten die Rechtsnormen des Veräußerertarifvertrages als Inhalt des neuen Arbeitsverhältnisses weiter und dürfen vor Ablauf eines Jahres nach dem Übergang wegen § 613a Abs. 1 S. 4 BGB nicht zum Nachteil des Arbeitnehmers geändert werden. Die Reichweite der individualrechtlichen Weitergeltung ist dabei jedoch umstritten. Das Gesetz selbst lässt nach seinem Wortlaut keine Differenzierung zu. Während in der Literatur Einigkeit darüber besteht, dass Inhaltsnormen ohne Weiteres fortgelten und Normen über gemeinsame Einrichtungen von der Transformation ausgeschlossen sind[362], wird die Anwendung auf betriebliche und betriebsverfassungsrechtliche Normen nicht einheitlich beurteilt[363]. Unabhängig von dieser Frage besteht jedoch die Möglichkeit, dass im Erwerberbetrieb gegebenenfalls sowohl die Normen des

359 ErfK/Preis, § 613a BGB, Rn. 12.

360 BAG, Urteil vom 21.02.2001, 4 AZR 18/00, AP Nr. 20 zu § 4 TVG, NZA 2001, 1318ff.; Urteil vom 11.05.2005, 4 AZR 315/04, AP Nr. 30 zu § 4 TVG Tarifkonkurrenz, NZA 2005, 1362ff.

361 BAG, Urteil vom 19.03.1986, 4 AZR 640/84, AP Nr. 49 zu § 613a BGB, NZA 1986, 687ff.

362 ErfK/Preis, § 613a BGB, Rn. 118.

363 Dafür Schaub, § 119, Rn. 15; ablehnend ErfK/Preis, § 163a BGB, Rn. 118.

Tarifvertrages gelten, an den der Erwerber gem. § 3 Abs. 1 TVG gebunden ist, als auch die Normen des Tarifvertrages, die nach § 613a Abs. 1 S. 2 BGB Inhalt der übernommenen Arbeitsverhältnisse geworden sind. Bei dieser Situation kommt es dann in Folge des Nebeneinanders von kollektivrechtlich fortgeltendem und normativ anwendbarem Tarifvertrag innerhalb eines Betriebs zu einem der Tarifpluralität ähnlichen Regelungszustand.[364]

Hier kann jedoch auch darauf abgestellt werden, dass durch die Transformation der Tarifnormen in das Arbeitsverhältnis eine Kollision zweier Tarifverträge entfällt und vielmehr eine Konkurrenzsituation zwischen arbeitsvertraglichen Normen und einem Tarifvertrag entsteht, die gesetzlich entschieden wurde. Immerhin kommt es hier nach der Intention des Gesetzgebers maßgeblich auf den Bestandsschutz der übernommenen Arbeitnehmer an.

(b) § 8 Abs. 2 AEntG

Eine weitere Ausnahme vom Grundsatz der Tarifeinheit hat die Rechtsprechung im Bereich allgemeinverbindlicher Tarifverträge nach § 1 Abs. 3 AEntG a.F. zugelassen. Mit Urteil vom 18.10.2006 hat der 10. Senat des BAG auf Anfrage des 9. Senats gem. § 45 Abs. 3 S. 3 ArbGG entschieden, dass die Tarifeinheit im Betrieb samt Spezialitätsprinzip, jedenfalls im Ergebnis, für die Kollision zwischen einem allgemeinverbindlichen Urlaubskassentarif der Baubranche und einem Firmentarif nicht anzuwenden sei.[365] Nach Auffassung des 9. Senats des BAG sollte ein Arbeitgeber im Anwendungsbereich des AEntG weder durch Verbandmitgliedschaft noch durch Abschluss eines Haustarifvertrages die Anwendung der allgemeinverbindlichen Bau-Tarifverträge abwenden können.[366] Der 10. Senat war zuvor mit Zustimmung des 4. Senats hingegen davon ausgegangen, dass der nachrangige Tarifvertrag betriebsweit verdrängt werde.[367] Nach Ansicht des BAG war es einem deutschen Arbeitgeber in der Baubranche möglich, durch Abschluss eines Firmentarifvertrages allgemeinverbindliche Tarifverträge im Anwendungsbereich des AEntG aus den tarifgebundenen Arbeitsverhältnissen und sogar aus dem Betrieb zu drängen. Der Senat hielt jedoch fest, dass der Grundsatz der Tarifeinheit im Geltungsbereich des AEntG

364 Preis, Kollektivarbeitsrecht, § 101, S. 229.

365 BAG, Urteil vom 18.10.2006, 10 AZR 576/05, AP Nr. 287 zu § 1 TVG Tarifverträge: Bau, NZA 2007, 1111ff.

366 BAG, Beschluss vom 09.09.2003, 9 AZR 478/02 nicht amtlich veröffentlicht.

367 BAG, Urteil vom 26.01.1994, 10 AZR 611/92, AP Nr. 22 zu § 4 TVG Tarifkonkurrenz, NZA 1994, 1038ff.

durchbrochen werden könne.[368] Dabei ging er im zugrundeliegenden Fall zunächst davon aus, dass nach dem Grundsatz der Spezialität in einem Fall der Tarifkonkurrenz bzw. Tarifpluralität zwar grundsätzlich allein der Tarifvertrag zur Anwendung komme, der dem Betrieb räumlich, betrieblich, fachlich und persönlich am nächsten stehe und deshalb den Erfordernissen und Eigenarten des Betriebs und der darin tätigen Arbeitnehmer am besten gerecht werde. Allerdings schließe sich der 10. Senat der Auffassung des 9. Senats an, wonach gem. § 1 Abs. 3 AEntG a.F. ein inländischer Arbeitgeber, der in den betrieblichen Geltungsbereich eines für allgemeinverbindlich erklärten Urlaubskassentarifvertrages falle, gesetzlich zur Abführung der Urlaubskassenbeiträge verpflichtet sei und diese gesetzliche Bindung durch einen für den Betrieb an sich tarifrechtlich geltenden sachnäheren Tarifvertrag nicht verdrängt werde.[369] Die gesetzliche Verpflichtung des Arbeitgebers zur Abführung von Urlaubskassenbeiträgen nach der Allgemeinverbindlicherklärung bestehe nur dann nicht, wenn seine Arbeitnehmer nach den Regeln eines sachnäheren Tarifvertrages hinsichtlich des Urlaubs besser gestellt würden, als nach Maßgabe der allgemeinverbindlichen Bautarifverträge. Im Geltungsbereich des AEntG konnten danach sowohl Vorschriften der allgemeinverbindlichen Bautarifverträge als auch baufremde tarifliche Regelungen im selben Betrieb Anwendung finden.[370]

Mit der am 24.04.2009 in Kraft getretenen Fassung wurde das AEntG neu geregelt und die bisherige Rechtsprechung aufgegriffen. Primär setzte es jedoch die Europäische Richtlinie 96/71/EG über die Entsendung von Arbeitnehmern im Rahmen der Erbringung von Dienstleistungen vom 16.12.1996 um.[371] Gem. § 1 bezweckt das AEntG die Schaffung und Durchsetzung angemessener Mindestarbeitsbedingungen für grenzüberschreitend entsandte und für regelmäßig im Inland beschäftigte Arbeitnehmer und Arbeitnehmerinnen sowie die Gewährleistung fairer und funktionierender Wettbewerbsbedingungen. Dadurch sollen zugleich sozialversicherungsrechtliche Bedingungen erhalten und die Ordnungs- und Befriedungsfunktion der Tarifautonomie gewahrt werden.

Der Gesetzgeber hat in § 8 Abs. 2 AEntG sowohl die Rechtsprechung des EuGH als auch die oben aufgeführte Rechtsprechung des BAG aufgegriffen und

368 BAG, Urteil vom 18.10.2006, 10 AZR 576/05, AP Nr. 287 zu § 1 TVG Tarifverträge: Bau, NZA 2007, 1111ff.

369 Vgl. BAG, Beschluss vom 13.05.2004, 10 AS 6/04 nicht amtlich veröffentlicht.

370 BAG, Urteil vom 18.10.2006, 10 AZR 576/05, AP Nr. 287 zu § 1 TVG Tarifverträge: Bau, NZA 2007, 1111ff.

371 ABl. EG Nr. L 18 v. 21.01.1997 S. 1.

auf eine rechtliche Grundlage gestellt. Danach genießt der erstreckte Tarifvertrag Vorrang vor konkurrierenden Tarifverträgen. Dies gilt auch im Verhältnis zu allgemeinverbindlichen Tarifverträgen nach § 5 AEntG. Arbeitgeber, die nunmehr von einem nach dem AEntG erstreckten Tarifvertrag erfasst werden, können daher durch Firmentarifvertrag nicht zuungunsten der Arbeitnehmer vom Niveau des AEntG abweichen. Der Vorrang des Tarifvertrages nach dem AEntG gilt allerding nur insoweit, als die konkrete Regelung des konkurrierenden Tarifvertrages ungünstiger ist, als diejenige des nach dem AEntG erstreckten Tarifvertrages.[372]

Des Weiteren regelt § 7 AEntG im Unterschied zum AEntG 1996 nunmehr in Abs. 2 bei Vorliegen mehrerer Tarifverträge in einer Branche, mit zumindest teilweise demselben fachlichen Geltungsbereich, dass der Verordnungsgeber bei seiner Entscheidung für eine Allgemeinverbindlicherklärung eines Tarifvertrages nach Abs. 1 im Rahmen einer Gesamtabwägung ergänzend zu den in § 1 AEntG genannten Gesetzeszielen die Repräsentativität der jeweiligen Tarifverträge zu berücksichtigen hat. Wegen der zunehmenden Differenzierung der Tariflandschaft muss der Verordnungsgeber also für den Fall konkurrierender Tarifverträge berücksichtigen, ob der Tarifvertrag repräsentativ ist. Hierbei ist insbesondere auf die Zahl der jeweils tarifgebundenen Arbeitgeber und der bei ihnen beschäftigten Arbeitnehmer sowie die Zahl der jeweils tarifgebundenen Mitglieder der tarifvertragsschließenden Gewerkschaft abzustellen.

ff. Kritische Stimmen

Während die herrschende Meinung in Literatur und Rechtsprechung Tarifkonkurrenzen nach dem Grundsatz der Tarifeinheit behandelte, gab es mit Blick auf die Problematik der Auflösung von Tarifpluralität seit jeher kritische Gegenstimmen. Insbesondere im Schrifttum formierte sich von Beginn an ein großer Widerstand gegen die Rechtsprechung zur Tarifeinheit im Betrieb. Jüngst konnte jedoch auch beobachtet werden, dass sich immer mehr Entscheidungen der Landesarbeitsgerichte gegen die bisherige Rechtsprechung des BAG stellten. Darüber hinaus äußerten auch vereinzelte Senate des BAG selbst Zweifel am Grundsatz der Tarifeinheit im Betrieb.

372 HWK/Henssler, § 4 TVG, Rn. 52.

(1) Literatur

Der Großteil der Literatur[373] lehnte mit wenigen Ausnahmen[374] die Rechtsprechung des BAG zum Grundsatz der Tarifeinheit im Betrieb bereits über

373 Berg/Platow/Schoof/Unterhinninghofen, § 4 TVG, Rn. 58; Däubler/Zwanziger, TVG, § 4, Rn. 940ff.; ErfK/Dieterich, Art. 9 GG, Rn. 85; ErfK/Franzen, § 4 TVG, Rn. 71; Löwisch/Rieble, TVG, § 4, Rn. 132 ff.; Wiedemann/Wank, TVG, § 4, Rn. 271ff.; Wendeling-Schröder, in Kempen/Zachert, § 4 TVG, Rn. 156ff.; Wiedemann, Anm. AP Nr. 11 zu § 4 TVG Tarifkonkurrenz; Konzen, RdA 1978, 146ff.; Müller, NZA 1989, 449, 451ff.; Reuter, JuS 1992, 105ff.; Kraft, RdA 1992, 161ff.; Hohenstatt, DB 1992, 1678ff.; Hanau/Kania, Anm. AP Nr. 20 zu § 4 TVG Tarifkonkurrenz; Loritz, ZTR 1993, 98; Merten, BB 1993, 572ff.; Wiedemann/Arnold, ZTR 1994, 399, 402 ff.; Fenn, in FS für Kissel, 1994, S. 213ff.; Wank, Anm. zu BAG, Urteil vom 26.01.1994, 10 AZR 611/92, EzA Nr. 9 zu § 4 TVG Tarifkonkurrenz; Däubler, NZA 1996, 225ff.; Gaul, NZA 1998 9ff.; Hanau, RdA 1998, 65ff.; Jacobs, Tarifeinheit und Tarifkonkurrenz, § 19, S. 334ff. m.w.N.; ders., in Jacobs/Krause/Oetker, Tarifvertragsrecht, § 7, Rn. 228ff.; ders., NZA 2008, 325ff.; ders., in FS für Buchner, 2009 S. 343f.; Waas, Tarifkonkurrenz und Tarifpluralität, 1999, S. 133ff.; Wendeling-Schröder, Anm. zu LAG Niedersachsen, vom 12.11.1999, 3 Sa 780/99, LAGE Nr. 3 zu § 4 TVG Tarifpluralität; Franzen, RdA 2001,7f.; Band, Tarifkonkurrenz, Tarifpluralität und der Grundsatz der Tarifeinheit, 2003, S. 119ff.; Bayreuther, Tarifautonomie als kollektiv ausgeübte Privatautonomie, S. 370ff.; ders., BB 2005, 2639f.; ders., NZA 2006, 644f.; Lindemann/Simon, BB 2006, 1855ff.; Reichold, RdA 2007, 324f.; ders., in Lehmann, Tarifverträge der Zukunft, 2008, S. 146ff.; Franzen, ZfA 2009, 305ff.; Nebeling/Gründel, NZA 2009, 1003ff.; Deinert, NZA 2009, 1176ff.; Dieterich, Gedächtnisschrift für Zachert, 2010, S. 535ff.; Brecht-Heitzmann, Gedächtnisschrift für Zachert, 2010, S. 505ff.; Braun, ArbRB 2010, 115ff.; zweifelnd Schaub, BB 1995, 2003, 2005; Friedrich, in FS für Schaub, 1998, S. 203; Richardi, in FS für Buchner, 2009, S. 736; Greiner, Rechtsfragen der Koalitions-, Tarif- und Arbeitskampfpluralität, 2010, S. 337ff.; Bayreuther, NZA 2007, 187ff.; Schubert, in Sozialer Dialog in der Krise, liber amicorum Wendeling-Schröder, 2009, S. 76 f.; Schliemann, Sonderbeilage zu NZA 24/2000, S. 32; ders., in FS für Hromadka, 2008, S. 369ff.; für Tarifverträge zwischen Gewerkschaften, die nicht sämtlich dem DGB angehören auch HWK/Henssler, § 4 TVG, Rn. 58ff.

374 Säcker/Oetker, ZfA 1993, 1ff.; Heinze/Ricken, ZfA 2001, 159ff.; Buchner, in FS 50 Jahre BAG, 2004, 637ff.: ders., ZfA 2004, 246ff.; ders., BB 2003, 2122ff.; ders., RdA 1997, 267; Hromadka, in Gedächtnisschrift für Heinze, 2005, S. 383ff.; Meyer, DB 2006, 1271ff.; Wallisch, in FS für Löwisch, 2007, S. 429ff.; Feudner, RdA 2008, 104ff.; Kempen, in FS für Hromadka, 2008, S. 182ff.; Giesen, NZA 2009, 11ff.; Koch, Zusatzversorgungskasse des Baugewerbes, Rn. 203ff.; Scholz, in FS für Buchner, 2009, S. 827ff.; Hromadka/Schmitt-Rolfes, NZA 2010, 687ff.; wohl auch Oetker, NZA Beilage 1/ 2010, S. 26.

Jahrzehnte hinweg ab. Die umfangreichen Kritikpunkte an der bisherigen Rechtsposition des BAG sollen nachfolgend genauer betrachtet werden.

(a) Fehlende Rechtsgrundlage

Zunächst einmal wurde kritisiert, dass es für die verbindliche Annahme des Grundsatzes der Tarifeinheit im Betrieb an einer Rechtsgrundlage fehle. Das TVG selbst enthalte keinen Hinweis auf eine Tarifeinheit im Betrieb. Daraus könne zwar noch kein negativer Schluss gezogen werden. Auch die Tarifkonkurrenz im Arbeitsverhältnis, deren Auflösung durch das Prinzip der Tarifeinheit auf breite Akzeptanz stoße, finde anders als noch in § 2 Abs. 2 TVVO heute keine Erwähnung mehr.

Andererseits müsse hervorgehoben werden, dass das TVG nach seinem Normgefüge auf die Kollision mehrerer Tarifverträge angelegt sei. Nach § 4 Abs. 1 TVG erfasse die normative Wirkung eines Tarifvertrages die Arbeitsverhältnisse beiderseits tarifgebundener Arbeitsvertragsparteien unmittelbar und zwingend. Danach würden, wenn ein Arbeitgeber oder Arbeitgeberverband mit zwei verschiedenen Gewerkschaften kontrahiert, die Arbeitsverhältnisse der Arbeitnehmer eines Betriebs jeweils durch den von ihrer Gewerkschaft abgeschlossenen Tarifvertrag bestimmt werden und der Arbeitgeber müsste danach unterschiedliche Tarifverträge anwenden. Das sei die klare Vorgabe des Gesetzes.[375] Die §§ 3 Abs. 1 und 4 Abs. 1 TVG ließen nach ihrem Wortlaut darauf schließen, dass Tarifpluralität im System des TVG angelegt sei. Das Gesetz sehe aber keine Auflösung dieser Konkurrenzsituation vor. Des Weiteren könne auch der Hinweis des BAG auf seine ständige Rechtsprechung nicht überzeugen. Daraus lasse sich keine Rechtsgrundlage ableiten. Selbst wenn eine solche angenommen würde, was bereits nach der historischen Entwicklung zu bezweifeln sei, könne sich aus dieser allein der Grundsatz der Tarifeinheit nicht ergeben, da eine ständige Rechtsprechung niemals den Rang einer Rechtsquelle habe und die Angabe einer hinreichenden rechtlichen Grundlage nicht ersetzen könne.[376] Auch das Argument, bei dem Grundsatz der Tarifeinheit handle es sich um Gewohnheitsrecht, müsse in Ermangelung einer einheitlich herrschenden Überzeugung zurückgewiesen werden.[377] Selbst wenn sich der Grundsatz während des Nationalsozialismus unter den Rahmenbedingungen des AOG weiter verfestigt hatte[378], konnte die Tarifeinheit im Betrieb unter dem TVG nicht zu Gewohnheitsrecht

375 Buchner, ZfA 2004, 246.

376 Waas, Tarifkonkurrenz, S. 126.

377 Jacobs, Tarifeinheit und Tarifkonkurrenz, § 20, S. 353.

378 Hueck/Nipperdey/Dietz, AOG, § 32, Rn. 157, 229.

erstarken. Dafür fehle es an einer uneingeschränkten Zustimmung, da eine Vielzahl von Stimmen in der juristischen Literatur sowie in der Rechtsprechung der Instanzgerichte von Beginn an die höchstrichterliche Judikatur zum Prinzip der Tarifeinheit im Betrieb nachdrücklich ablehnten.

(b) Unzulässige Rechtsfortbildung

Bezweifelt wurde ferner, dass es sich bei dem Grundsatz der Tarifeinheit um ein übergeordnetes Rechtsprinzip handele. Zur Begründung wurde angeführt, dass die Rechtsprechung des BAG eine unzulässige Rechtsfortbildung darstelle.[379] Dabei war umstritten, ob das BAG im Hinblick auf die Tarifeinheit im Betrieb überhaupt befugt sei, eine Rechtsfortbildung vorzunehmen. Von der herrschenden Lehre wurde angezweifelt, dass der Grundsatz der Tarifeinheit als Rechtssatz zur Auflösung von Tarifpluralitäten auf betrieblicher Ebene, den dargestellten Zulässigkeitsvoraussetzungen zur Setzung von Richterrecht standhalten könne.[380] Nach dieser Ansicht fehlte es bereits an dem Vorliegen einer schließungsbedürftigen Gesetzeslücke.

(aa) Keine gesetzesimmanente Rechtsfortbildung

Eine Regelungslücke sei wegen der ausdrücklichen Normierung in § 3 Abs. 1 TVG und § 4 Abs. 1 TVG nicht ersichtlich. Danach entfalten Inhalts-, Abschluss- und Beendigungsnormen eines Tarifvertrages für die Mitglieder der tarifschließenden Tarifvertragsparteien unmittelbare und zwingende Wirkung. Der Grundsatz der Tarifeinheit im Betrieb stehe damit dem Wortlaut sowie dem Sinn und Zweck des TVG entgegen. Allein das Einzelarbeitsverhältnis könne danach für die Tarifbindung entscheidend sein, da eine Sonderregelung nach § 3 Abs. 2 TVG nur für Betriebsnormen bestehe.[381] Der Gesetzgeber des TVG unterscheide deutlich zwischen Individualnormen nach § 3 Abs. 1 TVG einerseits, denen Tarifwirkung grundsätzlich nur bei beiderseitiger mitgliedschaftlicher Legitimation zukommt und Betriebsnormen gem. § 3 Abs. 2 TVG andererseits, die betriebsweite Geltung beanspruchen und für deren Wirkung es daher nur auf die Tarifbindung des Arbeitgebers ankommt.[382] Daraus lasse sich schließen, dass der Gesetzgeber zumindest im Hinblick auf die Individualnormen davon ausgegangen ist, dass diese aus verschiedenen Tarifverträgen im Betrieb zur Anwendung gelangen können, während für Betriebsnormen eine notwendige einheitliche Geltung zu fordern sei.

---

379 Fenn, in FS für Kissel, 1994, S. 213ff.; Stein, Tarifvertragsrecht, Rn. 284.

380 Bayreuther, Tarifautonomie als kollektiv ausgeübte Privatautonomie, 2005, 378.

381 Fenn, in FS für Kissel, 1994, S. 229ff.

382 Franzen, ZfA 2/2009, 305.

An dieser Differenzierung hat der Gesetzgeber auch nach zahlreichen Änderungen des TVG festgehalten.[383] Ein etwaiger Wille des Gesetzgebers, die Anwendung verschiedener Tarifverträge in einem Betrieb generell gesetzlich auszuschließen, sei danach nicht zu erkennen. Selbst wenn man die Diskussion im Vorfeld der parlamentarischen Beratungen zum Tarifvertragsgesetz einbeziehe, ergebe sich kein Hinweis darauf, dass der historische Gesetzgeber die Tarifpluralität, anders als die Tarifkonkurrenz, für ein Problem hielt.[384] Aus der Entstehungsgeschichte könne man mithin keine Rechtslücke ableiten, so dass wegen der im Gesetz vorgegebenen Regelung der Tarifbindung und der Allgemeinverbindlicherklärung keine Regelungslücke vorliege, die zu schließen wäre.[385] In diesem Zusammenhang sei insbesondere zu beachten, dass die Deutsche Angestellten Gewerkschaft DAG bereits in der Nachkriegszeit im Jahre 1945 gegründet wurde, also fast zeitgleich mit den DGB-Gewerkschaften, aber auch weit vor Verabschiedung des TVG. Damit waren zumindest Tarifpluralitäten zwischen der DAG und einzelnen Gewerkschaften des 1949 gegründeten DGB, dessen Organisationsstruktur an das Industrieverbandsprinzip angelehnt war, vorgezeichnet.[386] Mithin war das System der Einheitsgewerkschaft bei in Kraft treten des Tarifvertragsgesetzes am 22.04.1949 nicht mehr unantastbar. Für den Gesetzgeber musste es offensichtlich gewesen sein, dass es auch nach Erlass des TVG weiterhin zu Tarifpluralitäten kommen würde und trotzdem wurde auf eine Festschreibung des Industrieverbandsprinzips bzw. einer Kollisionsregel verzichtet. Der Gesetzgeber habe vielleicht die Folgen unterschätzt, diese aber ganz bestimmt nicht gänzlich übersehen. Ersteres vermag jedoch eine planwidrige Unvollständigkeit des Gesetzes nicht zu begründen.[387] Des Weiteren beinhaltete § 8 des sogenannten Stuttgarter Entwurfs vom Juli 1948 das Problem des Zusammentreffens mehrerer Tarifverträge auf ein Arbeitsverhältnis.[388] Dabei handelte es sich jedoch um eine Regelung zur Vermeidung echter Tarifkonkurrenzen. Die bloße Tarifmehrheit hingegen wurde nicht als vermeidungsbedürftig angesehen. In dem nachfolgenden Entwurf eines Tarifvertragsgesetzes des Gewerkschaftsrats der Vereinten Zonen vom September 1948 wurde eine solche Regelung gar nicht erst aufgenommen.[389] Vielmehr nahm man an, dass wegen der faktischen Organisation der Gewerkschaften nach dem Industrieverbandsprinzip

383 Franzen, ZfA 2/2009, 306.
384 Däubler/Zwanziger, TVG, § 4, Rn. 946.
385 Kraft, RdA 1992, 166ff.
386 Jacobs, Tarifeinheit und Tarifkonkurrenz, § 20, S. 377.
387 Waas, Tarifkonkurrenz, S. 124.
388 Nachweis bei Wiedemann/Stumpf, TVG, 1977, S. 15ff.
389 Nachweis bei Wiedemann/Stumpf, TVG, 1977, S. 23ff.

die Tarifkonkurrenz nur eine untergeordnete Rolle spielen werde und wollte den Tarifvertragsparteien selbst die Vermeidung solcher Konkurrenzen überlassen.[390] Als Ausfluss dieser Überzeugung lasse sich auch die satzungsmäßig festgehaltene Abgrenzung der Tarifzuständigkeit der einzelnen DGB-Gewerkschaften untereinander heranziehen. Soweit die Entwurfsbegründung darauf verweist, „dass es Sache der Wissenschaft und Rechtsprechung sei, die Konkurrenzfrage im Sinne des Prinzips der Tarifeinheit zu entscheiden“[391], ergebe sich daraus aber nicht automatisch eine Legitimation zur Rechtsfortbildung hinsichtlich der Auflösung von Tarifpluralitäten. Abgesehen davon, dass es sich hier lediglich um den Entwurf eines nicht zur Legislative berufenen Rates handelte, beziehe sich der an Lehre und Judikatur gerichtete Auftrag zudem ausschließlich auf echte Tarifkonkurrenzen.[392] Dies ergebe sich auch daraus, dass in der Begründung ausdrücklich auf § 8 des Stuttgarter Entwurfs Bezug genommen wurde, welcher sich wiederum an § 2 Abs. 2 TVVO anlehnte. Beide Normen regelten jedoch die Problematik von Tarifkonkurrenzen und behandelten in keinem Fall die der Tarifpluralität. Es sei daher nicht nachvollziehbar, dass der Gesetzgeber diese gesamte Entwicklung bei der Konzeption des TVG übersehen haben soll. Eine Rechtsfortbildung entbehre damit jeglicher Grundlage. Ebenso scheide eine analogiefähige Rechtsnorm aus.[393] Auch die vom BAG angeführten Gründe der Rechtssicherheit und Rechtsklarheit sowie die Praktikabilitätserwägungen seien nicht in der Lage, die Rechtsfortbildung zu begründen. Die befürchteten praktischen Schwierigkeiten könnten allenfalls als gering eingestuft werden.[394] Eine Durchführung echter Tarifpluralität sei in den Betrieben möglich und die entstehenden Schwierigkeiten hinzunehmen.[395] Allein die Tatsache, dass es zu praktischen Unzuträglichkeiten kommen könne, vermag die Verbindlichkeit gesetzlicher Regelungen wie § 3 Abs. 1 TVG nicht zu beseitigen. Soweit auf zusätzliche Verwaltungskosten aufgrund der Handhabung mehrerer Tarifverträge abgestellt wurde, sei dieses Argument wegen der modernen Datenverarbeitung hinfällig.[396] Den Befürwortern könne hier zudem entgegengehalten werden, dass diese Bedenken hinsichtlich der unterschiedlichen

390 Konzen, RdA 1978, 151.

391 Nachweis bei Wiedemann/Stumpf, TVG, 1977, S. 23.

392 Hanau/Kania, Anm. zu BAG, Urteil vom 20.03.1991, AP Nr. 20 zu § 4 TVG Tarifkonkurrenz.

393 Franzen, RdA 2008, 194.

394 Löwisch/Rieble, TVG, § 4, Rn. 136.

395 Preis, Kollektivarbeitsrecht, § 101, S. 227.

396 Kittner, in Kittner/Zwanziger, § 10, Rn. 192.

Tarifverträge von Arbeitern und Angestellten nie geäußert wurden.[397] Außerdem gab es seit jeher, auch unter dem Grundsatz der Tarifeinheit, immer zwei Arbeitnehmergruppen in einem Betrieb. Für die Nichtorganisierten bestimmte sich der Inhalt des Arbeitsverhältnisses nach dem Arbeitsvertrag, für die Organisierten nach ihrem Tarifvertrag. Mithin könne jetzt nicht argumentiert werden, der Arbeitgeber werde dadurch, dass in seinem Betrieb die Arbeitsverhältnisse für Nichtorganisierte, Organisierte und Andersorganisierte unterschiedlich geregelt sind, unverhältnismäßig belastet.[398] Im Gegenteil führe gerade der Grundsatz der Tarifeinheit im Betrieb zu einem erhöhten Maß an Rechtsunsicherheiten. Zum einen sei die Ermittlung des spezielleren Tarifvertrages für den Arbeitgeber mit Unsicherheiten behaftet.[399] Weder der Bezugspunkt des Spezialitätsprinzips – Betrieb oder Unternehmen – ist eindeutig geklärt, noch die Wertung, anhand derer der sachnähere und sich damit durchsetzende Tarifvertrag ermittelt werden kann.[400] Als Beispiel könne hier angeführt werden, dass im Zusammenhang mit dem Tarifkonflikt bei der Deutschen Bahn im Jahr 2007 zuerst nicht klar war, ob der Tarifvertrag von TRANSNET oder der von der Gewerkschaft GDL erstrebte Tarifvertrag für die Lokomotivführer zur Anwendung kommen würde.[401] Zum anderen wäre es auch für den einzelnen Arbeitnehmer ungleich schwieriger herauszufinden, welcher Tarifvertrag nun zur Anwendung kommt oder ob der für ihn geltende Tarifvertrag aus dem Betrieb verdrängt wurde, wohingegen aus der Tarifpluralität folgt, dass auf jedes Arbeitsverhältnis der Tarifvertrag Anwendung findet, der kraft beiderseitiger Tarifbindung der Arbeitsvertragsparteien Geltung entfaltet. Den Prinzipien der Rechtssicherheit und der Rechtsklarheit werde damit entsprochen.

(bb) Keine gesetzesübersteigende Rechtsfortbildung

Darüber hinaus komme auch keine gesetzesübersteigende Rechtsfortbildung in Betracht. Neben der schließungsbedürftigen Regelungslücke, fehle es an zwingenden Bedürfnissen des Rechtsverkehrs. Die zur Begründung des Grundsatzes der Tarifeinheit im Betrieb angeführten Gründe der Praktikabilität[402] sowie die durch die Zulassung von Tarifpluralitäten behaupteten tatsächlichen und

---

397 Däubler/Zwanziger, TVG, § 4, Rn. 944.
398 MünchArbR-Löwisch, Bd. 2, § 186, Rn. 19.
399 Löwisch/Rieble, TVG, § 4, Rn. 132ff.
400 Franzen, ZfA 2009, 306.
401 Franzen, ZfA 2009, 306.
402 BAG, Urteil vom 26.01.1994, 10 AZR 611/92, AP Nr. 22 zu § 4 TVG Tarifkonkurrenz, NZA 1994, 1038ff.

rechtlichen Schwierigkeiten[403], könnten nach herrschender Auffassung eine gesetzesübersteigende Rechtsfortbildung ohnehin nicht rechtfertigen, da sie keine zwingenden Bedürfnisse des Rechtsverkehrs darstellten.[404] Selbst wenn man gewisse Schwierigkeiten bei der Anwendung mehrerer Tarifverträge in einem Betrieb anerkenne, sei nicht verständlich, warum deren Auflösung zu Lasten der Arbeitnehmer gehen solle, da die Konkurrenz der Tarifverträge allein auf der mehrfachen Tarifgebundenheit des Arbeitgebers beruhe.[405] Es könne zudem nicht festgestellt werden, dass die angeführten praktischen Probleme nicht anders lösbar wären. Vielmehr sei die Geltung mehrerer Tarifverträge im Betrieb trotz aller möglichen Schwierigkeiten in der Praxis wegen der ausdrücklichen Normierung in den §§ 3 Abs. 1, 4 Abs. 1 TVG, hinzunehmen.[406]

Zum einen dürfe nicht mit der Frage nach der Gewerkschaftszugehörigkeit argumentiert werden, da es dem Arbeitgeber zustehe bei Unklarheiten den Arbeitnehmer wie einen Nichtorganisierten zu behandeln.[407] Zwar gebe es nach der h.M. keine Pflicht zur Offenbarung der Gewerkschaftszugehörigkeit vor Abschluss des Arbeitsvertrages.[408] Allerdings sei dem Arbeitgeber nach der Einstellung ein Fragerecht zuzugestehen.[409] Dafür spreche, dass das TVG selbst eine Differenzierung zwischen „Außenseitern" und Gewerkschaftsmitgliedern vorsehe.[410] Zwar würden in der Praxis für „Außenseiter" regelmäßig die tariflichen Normen kraft arbeitsvertraglicher Bezugnahme gelten. Dazu bestehe jedoch keine Verpflichtung. Auch hier verlange die richtige Rechtsanwendung demnach, unabhängig von dem Vorliegen einer Tarifpluralität, die Feststellung der Tarifgebundenheit.[411] Allen Bedenken begegne jedoch die Tatsache, dass es für den

403 BAG, Urteil vom 20.03.1991, 4 AZR 455/90, AP Nr. 20 zu § 4 TVG Tarifkonkurrenz, NZA 1991, 736ff.

404 BAG, Urteil vom 12.11.1992, 8 AZR 157/92, AP Nr. 6 Einigungsvertrag Anlage I Kap XIX, NZA 1993, 409ff.; Fenn, in FS für Kissel,1994, S. 229ff.; Jacobs, NZA 2008, 328; Wendeling-Schröder, in Kempen/Zachert, § 4 TVG, 130; Kraft, RdA 1992, 167; Löwisch/Rieble, TVG, § 4, 132ff.; Reuter, JuS 1992, 106f.; Wiedemann/Arnold, ZTR 1994, 445f.; Witzig, S. 40ff.

405 Waas, Tarifkonkurrenz, S. 125.

406 Jacobs, Tarifeinheit und Tarifkonkurrenz, § 20, S. 398.

407 Reuter, JuS 1992, 106f.

408 Franzen, RdA 2008, 195; ErfK/Preis, § 611 BGB, Rn. 280; Wendeling-Schröder in Kempen/Zachert, § 4 TVG, Rn. 162.; Schaub, Arbeitsrechts-Handbuch, § 26, Rn. 24.

409 Ehrich, DB 2000, 421; Fitting, § 94 BetrVG, Rn. 17; Jacobs, NZA, 2007, 512; Reichold, RdA 2007, 327; HWK/Thüsing, § 123 BGB, Rn. 14.

410 Thüsing/von Medem, ZIP 2007, 512.

411 Thüsing/von Medem, ZIP 2007, 512.

Arbeitgeber zunächst keine Rolle spielen müsse, welcher Gewerkschaft der jeweilige Arbeitnehmer angehört. Immerhin sei der Arbeitgeber berechtigt, sofern er keine Kenntnis von der Gewerkschaftszugehörigkeit hat, den Arbeitnehmer wie einen Nichtberechtigten zu behandeln[412], bzw. den Tarifvertrag anzuwenden, der auf Grund arbeitsvertraglicher Bezugnahme gelten würde[413]. Wolle der Arbeitnehmer hingegen die wegen seiner Mitgliedschaft für ihn geltenden Regelungen eines bestimmten Tarifvertrages in Anspruch nehmen, sei er jedenfalls in einem arbeitsgerichtlichen Verfahren gehalten, das Vorliegen „seines" Tarifvertrages darzulegen und zu beweisen.[414] Dazu gehöre sowohl die Tarifbindung als auch die Gewerkschaftszugehörigkeit. Im Umkehrschluss könne die Frage nach der Gewerkschaftszugehörigkeit danach außerhalb eines Prozesses nicht per se unzulässig sein.[415] Dies stehe auch im Einklang mit den Vorgaben des BDSG. Die Verarbeitung sensibler Daten, worunter auch die Zugehörigkeit zu einer Gewerkschaft zu fassen ist, könne für eigene Zwecke nach § 28 Abs. 6 Nr. 3 BDSG gerechtfertigt sein.[416] Um den Arbeitgeber, sofern Ausschlussfristen nicht bestehen, davor zu schützen, später auf Nachzahlung in Anspruch genommen zu werden, wird vorgeschlagen, § 4 Abs. 4 S. 2 TVG teleologisch zu reduzieren, um eine Verwirkung gem. § 242 BGB zu ermöglichen.[417]

Zum anderen könne auch dem Argument nicht gefolgt werden, dass Individualnormen und Betriebsnormen nur schwer voneinander abzugrenzen seien.[418] Zwar sei nicht zu bestreiten, dass mangels abschließender Trennschärfe, eine Abgrenzung zwischen den beiden Normgruppen nicht immer leicht ist. Allerdings gebe das Gesetz gerade eine Differenzierung nach § 3 TVG vor. Überdies habe die Rechtsprechung selbst durch eine extensive Auslegung der Kollektivnormen einige Schwierigkeiten erst ausgelöst.[419] Hinzu komme, dass eine Trennung der Normen auch bei Auflösung von Tarifpluralität nicht zu vernachlässigen war. Immerhin hatte die Herstellung der Tarifeinheit zur Folge, dass die Mitglieder

---

412 Kothe, Anmerkung zu BAG, Urteil vom 26.01.1994, 10 AZR 611/92, AP Nr. 22 zu § 4 TVG Tarifkonkurrenz, SAE 1996, 16.

413 Franzen, RdA 2008, 196.

414 Jacobs, NZA 2008, 328; Wendeling-Schröder, in Kempen/Zachert, § 4 TVG, Rn. 162; Thüsing/von Medem, ZIP 2007, 512.

415 Thüsing/von Medem, ZIP 2007, 512.

416 Franzen, RdA 2008, 196.

417 Bepler, FS 25 Jahre ARGE Arbeitsrecht im DAV, 2006, 801f.

418 So BAG, Urteil vom 20.03.1991, 4 AZR 455/90, AP Nr. 20 zu § 4 TVG Tarifkonkurrenz, NZA 1991, 736ff.

419 Hromadka, AuA 1998, 73f.

des verdrängten Tarifvertrages auf den Status nichtorganisierter „Außenseiter" zurückfielen. Diese verloren ihren tariflichen Schutz jedoch nur in Bezug auf die Individualnormen. Hinsichtlich der Kollektivnormen wurden sie nach dem klaren Wortlaut des TVG aber weiter durch den anwendbaren Tarifvertrag erfasst.[420] Eine Aufspaltung hatte daher auch hier zu erfolgen. Dieses Ergebnis stehe daher im Widerspruch zu der eigentlichen Argumentation. Die Tarifeinheit im Betrieb könne mithin keine Korrektur einer gesetzlich vorgeschriebenen Differenzierung von Normengruppen rechtfertigen.[421] Vielmehr sollten unausweichliche Schwierigkeiten durch eine Verbesserung der Abgrenzungskriterien beseitigt werden.[422] Im Übrigen wurde angemerkt, dass seit jeher im gemeinsamen Betrieb mehrerer Unternehmen solche Gemengelagen bei unterschiedlicher Tarifbindung der verschiedenen Unternehmen gelöst werden mussten, ohne dass hier die Anwendung des Grundsatzes der Tarifeinheit im Betrieb für notwendig erachtet wurde.[423]

Ferner lasse sich der Grundsatz der Tarifeinheit im Betrieb auch nicht auf Effizienzargumente stützen. Dieser Begründungsansatz stamme zwar nicht vom BAG selbst, wurde jedoch immer wieder von Teilen der Literatur angeführt. So rechtfertigten *Säcker/Oetker* das Prinzip der Tarifeinheit mit der Ordnungsfunktion des Tarifvertrages und den damit verbundenen „Effizienzgewinnen".[424] Sie sind der Auffassung, ein betriebliches Nebeneinander verschiedener tariflicher Arbeitsbedingungen stehe einer sinnvollen Ordnung der Arbeits- und Wirtschaftsbedingungen „kontraproduktiv" entgegen. *Reuter* verwies darauf, dass sich aufgrund der Tarifpluralität die Verwaltungskosten des Arbeitgebers erhöhen würden.[425]

Von der überwiegenden Auffassung des Schrifttums wurde diese Kritik jedoch angezweifelt. Das Argument erhöhter Verwaltungskosten könne im Zeitalter elektronischer Datenverarbeitung keine Überzeugungskraft besitzen.[426] Immer mehr Personalabteilungen seien mit computergestützten Personalmanagementsystemen ausgestattet, wodurch sich die genannten Schwierigkeiten reduzieren. Im Übrigen wurde schon 1992/1993 empirisch belegt, dass die Anwendung mehrerer Tarifverträge nebeneinander nur einen relativ geringen organisatorischen

---

420 Thüsing/von Medem, ZIP 2007, 513.
421 Gaul, NZA 1998, 15; Löwisch/Rieble, in FS für Schaub, 1998, 461.
422 Reuter, JuS 1992, 106.
423 Däubler/Deiner, TVG, § 4, Rn. 262f.; Wiedemann/Wank, TVG, § 4, Rn. 159.
424 Säcker/Oetker, ZfA 1993, 12f.
425 Reuter, JuS 1992, 107.
426 Wendeling-Schröder, in Kempen/Zachert, § 4 TVG, Rn. 161.

Aufwand erzeuge.[427] Selbst wenn man bei Tarifpluralität von Anwendungs- und Durchführungsproblemen für den Arbeitgeber sowie erhöhten Verwaltungskosten ausgehen müsse, könnten diese Effizienzerwägungen keine Grundlage für den Grundsatz der Tarifeinheit als gesetzesübersteigende Rechtsfortbildung bilden.[428] Schwierigkeiten bei der Anwendung einer Norm rechtfertigen nicht deren Derogation.[429] Weiter wurde darauf hingewiesen, dass wegen der in der Praxis nach wie vor verbreiteten übertariflichen Entgeltbestandteile sowie in Anbetracht unterschiedlicher Arbeitszeiten ohnehin oft differenzierte Verdienstabrechnungen zu erstellen seien.[430] Danach könne sich eine Rechtfertigung auch nicht aus dem Koordinierungsinteresse des Arbeitgebers ergeben.

(c) Widerspruch zu § 5 Abs. 4 TVG

Ferner wurde angeführt, dass der Grundsatz der Tarifeinheit auch gegen § 5 Abs. 4 TVG verstoße, wenn ein für allgemeinverbindlich erklärter Tarifvertrag stets verdrängt würde.[431] § 5 Abs. 4 TVG statuiere gerade den Schutz der „Außenseiter", die mangels mitgliedschaftlich legitimierter Tarifbindung sonst tariflos gestellt wären.[432] Die h.M. ging daher davon aus, dass die Funktion der Allgemeinverbindlicherklärung durch den Grundsatz der Tarifeinheit im Betrieb unterlaufen werde.[433] Zur Begründung wurde vorgebracht, dass „Außenseiter" zwar nicht um die Früchte ihrer Gewerkschaftsmitgliedschaft gebracht werden, ihnen aber durch die Verdrängung eines gleichermaßen normativ wirkenden allgemeinverbindlichen Tarifvertrages ein Schutzdefizit entstehe, welches zunächst einmal nicht anderweitig kompensiert werden könne.

---

427 Salje, Anm. zu BAG, Urteil vom 20.03.1991, 4 AZR 455/90, AP Nr. 20 zu § 4 TVG Tarifkonkurrenz; NZA 1991, 736ff.

428 Kraft, RdA 1992, 166; Wiedemann/Wank, TVG, § 4, Rn. 277.

429 BAG, Urteil vom 10.03.1987, 8 AZR 146/84, AP Nr. 1 zu § 611 BGB Weiterbeschäftigung, NZA 1987, 373ff.

430 Wendeling-Schröder, in Kempen/Zachert, § 4 TVG, Rn. 161.

431 Fenn, in FS für Kissel, 1994, S. 235ff.; Kraft, AuR 1994, 392; Löwisch/Rieble, TVG, § 4, Rn. 136; Wiedemann/Wank, TVG, § 4, Rn. 287.

432 Wiedemann/Arnold, Anm. zu BAG, Urteil vom 14.06.1989, 4 AZR 200/89, AP Nr. 16 zu § 4 TVG Tarifkonkurrenz.

433 Fenn, in FS für Kissel, 1994, S. 235f.; Wendeling-Schröder, in Kempen/Zachert, § 4 TVG, Rn. 130; Kraft, RdA 1992, 166; Stein, Tarifvertragsrecht, Rn. 284; Wank, Anm. zu BAG, Urteil vom 26.01.1994, 10 AZR 611/92, EzA Nr. 9 zu § 4 TVG Tarifkonkurrenz; Wiedemann/Arnold, Anm. zu BAG, Urteil vom 14.06.1989, 4 AZR 200/89, AP Nr. 16 zu § 4 TVG Tarifkonkurrenz.

(d) Verfassungsrechtliche Unvereinbarkeit mit Art. 9 Abs. 3 GG

Letztlich war das stärkste Argument der Kritiker der Tarifeinheit im Betrieb ein Verstoß gegen die Koalitionsfreiheit des Art. 9 Abs. 3 GG. Nach der ständigen Rechtsprechung des BVerfG und des BAG ist Art. 9 Abs. 3 GG als Doppelgrundrecht ausgestaltet. Die Koalitionsfreiheit schütze als Individualgrundrecht für jedermann, das Recht zur Wahrung und Förderung der Arbeits- und Wirtschaftsbedingungen Vereinigungen zu bilden und sich am Koalitionsleben zu beteiligen oder ihm fern zu bleiben. Des Weiteren sichert sie als Bestands- und Betätigungsgarantie für die Verbände den Bestand der Koalition und deren Rechte zur spezifisch koalitionsmäßigen Betätigung.[434] Art. 9 Abs. 3 GG umfasst daher sowohl die individuelle Koalitionsfreiheit als auch die kollektive Koalitionsfreiheit.

Die BAG Rechtsprechung bedinge zum einen, einen nicht gerechtfertigten Eingriff in die kollektive Koalitionsfreiheit derjenigen Gewerkschaft, deren Tarifvertrag verdrängt werde, da man ihr den Zugang zu einem bestimmten Unternehmen, unter Umständen zu einem ganzen Wirtschaftszweig, versperre.[435] Der Grundsatz der Tarifeinheit im Betrieb beeinträchtige nach der h.M. in der Literatur aber gerade die verfassungsrechtlich garantierte Betätigungsmöglichkeit der Koalitionen.[436] Der Abschluss von Tarifverträgen gehöre immerhin zu den Kernaktivitäten einer Gewerkschaft. Der Grundsatz der Tarifeinheit stehe diesem Erfolg jedoch im Wege. Art. 9 Abs. 3 GG sehe gerade keine Einheitsgewerkschaft vor, sondern gelte nach seinem Schutzbereich für jedermann. Dadurch werde Gewerkschaftsvielfalt und folglich auch Tarifvielfalt gewährleistet. Das Prinzip der betriebsweiten Tarifeinheit führe aber zu einer Chancenminderung für den Tarifabschluss, wenn der angestrebte Tarifvertrag wegen der späteren Anwendung des Spezialitätsgrundsatzes ohnehin nicht zur Anwendung gelangen kann. Dadurch ließe auch die Arbeitskampfbereitschaft nach und die Attraktivität zum Beitritt ginge verloren. Zudem führe die bisherige Rechtsprechung des BAG zu einer „Zugangs- und Geltungssperre".[437] Derjenigen Gewerkschaft, deren Tarifvertrag nachträglich aus dem Betrieb verdrängt wurde, würde damit einhergehend auch jede Möglichkeit genommen, für ihre Mitglieder die ausgehandelten

---

434 BVerfG, Beschluss vom 26.05.1970, 2 BvR 664/65, AP Nr. 16 zu Art 9 GG.

435 Däubler/Zwanziger, TVG, § 4, Rn. 947; Fenn, in FS für Kissel, 1994, S. 234; Wiedemann/Arnold, ZTR 1994, 446.

436 Fenn, FS für Kissel, 1994, 234f.; Konzen, RdA 1978, 153f.; Kraft, RdA 1992, 168f.; Löwisch/ Rieble, TVG, § 4, Rn. 290; Wank, Anm. zu BAG, Urteil vom 26.01.1994, 10 AZR 611/92, EzA Nr. 9 zu § 4 TVG Tarifkonkurrenz.

437 Wiedemann/Arnold, ZTR 1994, 406.

Arbeits- und Wirtschaftsbedingungen gem. § 4 Abs. 1 TVG zu wahren und zu fördern. Durch die Verdrängung eines an sich gültigen Tarifvertrages werde das durch das TVG bereits ausgestaltete Grundrecht der Koalitionsfreiheit dergestalt verletzt, dass die konkrete Rechtsposition nur aufgrund der Koalitionsrechtsausübung einer anderen konkurrierenden Gewerkschaft wieder entzogen werde.[438]

Zum anderen sei auch ein unzulässiger Eingriff in die individuelle Koalitionsfreiheit derjenigen Arbeitnehmer gegeben, die unter den Geltungsbereich des verdrängten Tarifvertrages fielen und damit tariflos gestellt würden.[439] Die positive individuelle Koalitionsfreiheit umfasse aber nicht nur das Recht, sich zu Koalitionen zusammenzuschließen und sich für diese zu betätigen, sondern darüber hinaus als Hauptzweck der Mitgliedschaft auch, den Schutz des Tarifvertrages von der ausgewählten Koalition, in Anspruch nehmen zu können.[440] Der Einzelne könne an den „Früchten der gewerkschaftlichen Aktivitäten" jedoch nur partizipieren, wenn der Tarifvertrag für ihn unmittelbare und zwingende Wirkung entfalte. Nach allgemeiner Ansicht resultiere die Tarifautonomie aus dem Schutzbedürfnis des einzelnen Arbeitnehmers.[441] Mithilfe tariflicher Regelungen solle das strukturelle Ungleichgewicht im Verhältnis von Arbeitgeber und Arbeitnehmer kompensiert werden.[442] Im Hinblick auf die Tarifeinheit bei Tarifpluralität würden jedoch die Arbeitnehmer, die an den allgemeineren Tarifvertrag gebunden waren durch die Verdrängung gerade der „Früchte" ihrer Verbandsmitgliedschaft beraubt. Faktisch stufe man sie damit zu tariflichen „Außenseitern" herab. Durch die Verwehrung der normativen Geltung des Tarifvertrages fielen die betroffenen Arbeitnehmer auf den Status von Nichtorganisierten zurück. Für sie gelte weder der verdrängte Tarifvertrag noch der zur Anwendung gelangte speziellere Tarifvertrag. Mithin verbleibe ihnen nur die Möglichkeit die Organisation zu wechseln oder eben ohne den tariflichen Schutz auszukommen.[443]

---

438 Engels, RdA 2008, 334f.; Franzen, ZFA 2009, 304; Jacobs, Tarifeinheit und Tarifkonkurrenz, § 21, S. 439.

439 Däubler/Zwanziger, TVG, § 4, Rn. 947; Hanau/Kania, Anm. zu BAG AP Nr. 20 zu § 4 TVG Tarifkonkurrenz; Kraft, RdA 1992, 168; Salje, Anm. zu BAG, Urteil vom 20.03.1991, 4 AZR 455/90, AP Nr. 20 zu § 4 TVG Tarifkonkurrenz; NZA 1991, 736ff.; Wendeling-Schröder, AuR 2000, 342.

440 Wendeling-Schröder, in Kempen/Zachert, § 4 TVG, Rn. 167.

441 Wiedemann/Wiedemann, TVG, Einleitung, Rn. 3.

442 Däubler/Däubler, TVG, Einleitung, Rn. 78; ErfK/Franzen, § 1 TVG, Rn. 2; HWK/Henssler, TVG, Einleitung, Rn. 9.

443 ErfK/Franzen, § 4 TVG, Rn. 71.

Dieser Eingriff lasse sich nicht mittels der verfassungsimmanenten Schranken des Grundrechts rechtfertigen.[444] Teilweise wurde zwar angeführt, die Tarifpluralität im Betrieb führe zu einer „Balkanisierung der Unternehmenslandschaft“[445] oder stelle sogar eine Gefahr für die Funktionsfähigkeit der Tarifautonomie[446] dar. Darüber hinaus drohe ein „Überbietungswettbewerb“ um bessere Arbeitsbedingungen[447] und für den Arbeitgeber bestünde schließlich ein erhöhtes Arbeitskampfrisiko[448], da die einzelnen Tarifverträge auch unterschiedliche Laufzeiten aufweisen.[449] Allerdings seien die Prinzipien der Rechtssicherheit und Rechtsklarheit sowie Praktikabilitätserwägungen keine Rechtfertigungsgrundlage, da sie keine mit der Koalitionsfreiheit kollidierenden Rechtsgüter des Arbeitgebers von gleichermaßen verfassungsrechtlichem Rang darstellen. Andere Ordnungsgedanken die der Tarifautonomie zu Grunde lagen und möglicherweise für eine Rechtfertigung hätten herangezogen werden können, seien ebenfalls nicht ersichtlich. Eine ausschließliche „Einheitlichkeit“ zur Wahrung einer funktionsfähigen Ordnung des Arbeitslebens im Sinne eines heutigen Verständnisses von der Tarifautonomie wäre nicht zu erkennen, da diese gerade den Wettbewerb unter den konkurrierenden Gewerkschaften fördern wolle.[450]

Darüber hinaus scheitere der Eingriff ohnehin an dem Verhältnismäßigkeitsgrundsatz, da es eindeutig an dessen Angemessenheit fehle.[451] Das Ziel der Tarifeinheit im Betrieb stehe in keinem angemessenen Verhältnis zu dem Gewicht und der Bedeutung der verletzten Koalitionsfreiheit.[452] Vielmehr sei der Eingriff so einschneidend, dass das wichtigste Recht der Gewerkschaften aus Art. 9 Abs. 3 GG, eigene Tarifverträge zur Geltung zu bringen sowie das Recht ihrer Mitglieder den von ihrer Gewerkschaft ausgehandelten Tarifvertrag in Anspruch zu nehmen, entfiele. Demgegenüber stehe allein das Interesse des Arbeitgebers möglichst nur mit einer Gewerkschaft über Tarifverträge verhandeln und gegebenenfalls Arbeitskämpfe führen zu müssen sowie der etablierten

---

444 Vgl. ErfK/Dieterich, Art. 9 GG, Rn. 68a; Reichold, RdA 2007, 324; Richardi, in FS für Buchner, 2009, S. 740.
445 Bayreuther, NZA 2007, 189.
446 Meyer, NZA 2006, 1389.
447 Bayreuther, BB 2005, 2640.
448 Hromadka, in Gedächtnisschrift für Heinze, 2005, S. 388.
449 Jacobs, NZA 2008, 328f.
450 Reichold, RdA 2007, 324.
451 Jacobs, NZA 2008, 329.
452 Jacobs, NZA 2008, 329.

DGB-Gewerkschaften möglichst konkurrenzlos agieren zu können.[453] Ein intensiverer Eingriff, abgesehen von einem absoluten Gewerkschaftsverbot, sei kaum vorstellbar. Die Rechtsprechung des BAG begünstige in wettbewerbsverzerrender Weise ausschließlich die großen Gewerkschaften und erleichtere es dem Arbeitgeber, Einfluss auf die Frage zu nehmen, welcher Tarifvertrag sich in seinem Betrieb durchsetzen solle.[454]

(e) Bedenken gegen das Spezialitätsprinzip

Die Kritiker des Grundsatzes der Tarifeinheit im Betrieb bemängelten aber nicht nur dessen fehlende Rechtsgrundlage sowie einen Verfassungsverstoß gegen Art. 9 Abs. 3 GG, sondern distanzierten sich ebenfalls von dem angewandten Spezialitätsprinzip als Kollisionsregel. Ihrer Ansicht nach vermochte der Grundsatz der Spezialität zwar einen an den praktischen Bedürfnissen des Betriebs orientierten, einfachen und leicht zu handhabenden Lösungsweg bieten. Eine rechtsdogmatisch überzeugende Begründung konnte er jedoch nicht liefern.[455] Einerseits bestanden gegen den Spezialitätsgrundsatz methodische Bedenken. In Anlehnung an den Grundsatz „lex specialis derogat legi generali“ analog zur Lösung von Gesetzeskonkurrenzen, setze der Spezialitätssatz rechtsdogmatisch bei Anwendbarkeit mehrerer Normen auf denselben Sachverhalt voraus, dass die speziellere Regelung die allgemeinere verdränge und beide in einem übergeordneten Sachzusammenhang stehen.[456] Das sei aber nur der Fall bei identischen Normgebern oder aufgrund einer höherrangigen Ordnung, welche auch unterschiedliche Normgeber bindet.[457] Andererseits sei es bezeichnend, dass das BAG den Grundsatz der Spezialität zunächst nur für den Fall einer Tarifkonkurrenz entwickelt habe. Erst mit Anwendung des Grundsatzes der Tarifeinheit auf die Fälle der Tarifpluralität wurde auch das Spezialitätsprinzip übertragen. Allerdings seien Tarifkonkurrenz und Tarifpluralität nicht miteinander vergleichbar. Erstere wirke nur im individuellen Arbeitsverhältnis. Die Tarifpluralität betreffe hingegen den gesamten Betrieb. Hinzu komme, dass nach allgemeinen Grundsätzen der Normhierarchie das Spezialitätsprinzip nur anwendbar sei, wenn ein

453 Jacobs, NZA 2008, 329.

454 Fenn, in FS für Kissel, 1994, S. 229ff.; Franzen, RdA 2001, 7f.; Jacobs, Tarifeinheit und Tarifkonkurrenz, § 15, S. 246ff.; Löwisch/Rieble, TVG, § 4, Rn. 132ff.; Wiedemann/Wank, TVG, § 4, Rn. 187.

455 Vgl. auch Waas, Tarifkonkurrenz, S. 42ff.

456 Wendeling-Schröder, in Kempen/Zachert, § 4 TVG, Rn. 178;

457 Kempen, NZA 2003, 417.

Regelwerk vom selben Normgeber stamme.[458] Nur dann könne auch davon ausgegangen werden, dass die allgemeinere Regelung hinter einer spezielleren zurücktreten soll. Stammen die Regelwerke jedoch von verschiedenen Normgebern, wie bei der Tarifpluralität, gebe es im Verhältnis zueinander überhaupt keine allgemeinere oder speziellere Regelung. Ein Gesamtzusammenhang sei daher nicht feststellbar.[459] Dem Spezialitätsprinzip könne somit in solchen Fällen keine normative Kraft zugeschrieben werden, die es rechtfertigt, dass die Regelungen eines Normgebers hinter diejenigen eines anderen zurücktreten müssten.[460] Zudem haben die konkurrierenden Tarifverträge in der Regel unterschiedliche Zielsetzungen. Das Spezialitätsprinzip setze aber voraus, dass der Tatbestand der spezielleren Norm alle Merkmale der allgemeineren Norm und darüber hinaus noch mindestens ein zusätzliches Merkmal enthalte. Diese Vorgabe sei aber so gut wie nie erfüllt. Des Weiteren berge das Spezialitätsprinzip auch praktische Gefahren. Die inhaltlichen Einwände laufen darauf hinaus, dass sich oft nicht oder nur schwer feststellen lasse, welcher von beiden zu vergleichenden Tarifverträgen tatsächlich die inhaltlich spezielleren Regelungen enthält.[461] Beispielsweise könne sich ergeben, dass ein Verbandstarifvertrag wesentlich detailliertere Regelungen enthalte als ein etwaiger Firmentarifvertrag.[462] Da das BAG aber stets dem Tarifvertrag Vorrang einräumt, der dem Betrieb räumlich, betrieblich, fachlich und persönlich am nächsten steht, verdränge immer der Firmentarifvertrag den Verbandstarifvertrag als speziellere Regelung.[463] Ein Tarifvertrag mit einem engen betrieblichen Geltungsbereich müsse aber nicht zwangsläufig spezieller sein als derjenige mit einem weitem.[464] Das BAG selbst gehe daher nicht immer nach der Spezialität der konkurrierenden Tarifverträge, sondern lege vielmehr Subsidiaritätsmaßstäbe an.[465] Diese Vorgehensweise stehe aber mit der „besseren Eignung“ für den Betrieb in keinem Zusammenhang. Hier sei insbesondere auch zu beachten, dass der vom BAG bevorzugte pauschale Verdrängungsmechanismus die Gefahr der Manipulation berge. Dem Arbeitgeber stünde es frei, durch Abschluss eines Firmentarifvertrages mit einer devoten

458 Franzen, RdA 2008, 197.
459 Hromadka/Maschmann/Wallner, Der Tarifwechsel, Rn. 141.
460 Franzen, RdA 2008, 197.
461 Kempen, NZA 2003, 416.
462 Jacobs, Tarifeinheit und Tarifkonkurrenz, § 16, 261f.
463 BAG, Urteil vom 20.03.1991, 4 AZR 455/90, AP Nr. 20 zu § 4 TVG Tarifkonkurrenz.
464 Witzig, S. 85.
465 Wiedemann/Wank, TVG, § 4, Rn. 291.

Gewerkschaft, dem Verbandtarif zu entfliehen.[466] Das Spezialitätsprinzip öffne damit die Tür für willkürliche Ergebnisse und trage die Gefahr einer Tarifzensur.[467] Darüber hinaus bleibe das Spezialitätsprinzip eine Antwort auf die Frage schuldig, welcher Tarifvertrag vorgeht, wenn jeder der konkurrierenden Tarifverträge in Teilbereichen speziellere Regelungen enthält.[468] Es versage zudem bei identischen Geltungsbereichen.[469] Letztlich wurde die Benachteiligung von Spezialisten- und Spartengewerkschaften angeführt. Die Auflösung der betriebsweiten Tarifeinheit nach dem Spezialitätsgrundsatz führe insbesondere zu einer Wettbewerbsverzerrung für die Berufsgruppengewerkschaften. Ihnen gegenüber erlange der Tarifvertrag, der für die gesamte Belegschaft gelte, Vorrang. Danach könnten sich ihre Tarifverträge so gut wie nie durchsetzen, da sie meist nur einen kleinen Teil der Gesamtbelegschaft erfassen.[470] Die betriebsbezogene Anwendung des Spezialitätsprinzips führe dazu, dass diese Tarifverträge praktisch immer durch einen konkurrierenden Branchentarifvertrag verdrängt würden.[471] Dies stelle aber eine unzulässige Förderung des Industrieverbandsprinzips dar und habe eine Untergrabung der tatsächlich vorhandenen Durchsetzungskraft vieler Berufsgewerkschaften zur Folge.

(2) Landesarbeitsgerichte

Während die ältere Instanzrechtsprechung[472] der Judikatur des Bundesarbeitsgerichts zum Grundsatz der Tarifeinheit im Betrieb widerspruchlos folgte, war in der jüngeren Rechtsprechung der Landesarbeitsgerichte zunehmend eine Ablehnung zu erkennen. Zur Verdeutlichung sollen einige ausgewählte Urteile im Folgenden dargestellt werden.

(a) Rechtsprechung des LAG Bremen

Die 1. Kammer des LAG Bremen entschied bereits mit Urteil vom 28.08.1990, dass Tarifpluralität und Tarifkonkurrenz rechtlich unterschiedlich zu behandeln

---

466 Stein, Sozialer Dialog in der Krise, liber amicorum Wendeling-Schröder, S. 53.

467 Jacobs, NZA 2008, 326; Löwisch/Rieble, TVG, § 4, Rn. 142.

468 Jacobs, Tarifeinheit und Tarifkonkurrenz, § 16, S. 262.

469 Däubler, TVR, Rn. 1491.

470 Greiner, Anm. zu LAG Sachsen, Urteil vom 02.11.2007, 7 SaGa 19/07, LAGE Nr. 80 zu Art. 9 GG Arbeitskampf, S. 48f.

471 Preis, Kollektivarbeitsrecht, § 101, S. 222.

472 m.w.N. Jacobs, Tarifeinheit und Tarifkonkurrenz, § 5, S. 80.

seien.[473] Das Gericht kam in dem vorliegenden Fall der Kollision eines allgemeinverbindlichen (und zugleich arbeitsvertraglich in Bezug genommenen) Tarifvertrages mit einem Firmentarifvertrag zu einem anderen Ergebnis als das BAG. Nach Ansicht der Kammer sei das Prinzip der Tarifeinheit im Betrieb abzulehnen. Es verletze im Hinblick auf die aus dem Tarifschutz verdrängten Arbeitnehmer Art. 9 Abs. 3 GG sowie Art. 1 und Art. 2 GG. Zudem sei der Bestand der aus dem Betrieb gedrängten Gewerkschaft gefährdet. Für den betroffenen Arbeitnehmer sei es sinnlos, Mitglied einer Gewerkschaft zu sein, wenn deren Tarifvertrag nicht zur Anwendung gelange. Zudem liege ein Verstoß gegen den Zweck der Allgemeinverbindlicherklärung nahe, wenn der für allgemeinverbindlich erklärte Tarifvertrag aus dem Betrieb gedrängt werde.

(b) Rechtsprechung des LAG Brandenburg

Das LAG Brandenburg stellte sich gleich mit zwei Entscheidungen vom 17.03.1995 gegen die Rechtsprechung des Bundesarbeitsgerichts.[474] Die 5. Kammer hatte über die Ansprüche der Kläger aus einem nachwirkenden Tarifvertrag der IG Metall, deren Mitglieder sie waren, zu entscheiden. In dem zugrundeliegenden Sachverhalt war die Beklagte zuvor aus ihrem Arbeitgeberverband, dem Vertragspartner der IG Metall, ausgetreten. Zudem war der Tarifvertrag außerordentlich, hilfsweise ordentlich, gekündigt worden. Im Folgenden wurde die Beklagte Mitglied in einem anderen Arbeitgeberverband, welcher mit der Christlichen Gewerkschaft Metall (CGM) einen neuen Tarifvertrag abschloss, der nunmehr auch den Betrieb der Beklagten erfasste.

Das LAG Brandenburg stellte zunächst fest, dass nach ständiger Rechtsprechung des BAG für eine Tarifpluralität die bloße Möglichkeit ausreiche, dass ein im Betrieb beschäftigter Arbeitnehmer Mitglied in der CGM sei. Danach könne es im Betrieb der Beklagten grundsätzlich zur Anwendung mehrerer Tarifverträge nebeneinander kommen. Vorliegend werde der nachwirkende Tarifvertrag auch nicht durch den Tarifvertrag der CGM verdrängt. Das LAG ging vielmehr davon aus, dass der Grundsatz der Tarifeinheit im Betrieb abzulehnen sei, weil er einen nicht gerechtfertigten Eingriff in die Koalitionsfreiheit darstelle. Mit der Verdrängung des allgemeineren Tarifvertrages aus dem Betrieb entstehe ein „tariffreier Raum“ für die Arbeitnehmer, die nicht an den speziellen Tarifvertrag gebunden seien. Der Verweis des BAG, den betroffenen Arbeitnehmern sei

473 LAG Bremen, Urteil vom 28.08.1990, 1 Sa 67–79/90, LAGE Nr. 2 zu § 4 TVG Tarifpluralität.

474 LAG Brandenburg, Urteil vom 17.03.1995, 5 Sa 671/94, LAGE Nr. 3 zu § 4 TVG Nachwirkung; Urteil vom 17.03.1995, 5 (4) Sa 711/94 nicht amtlich veröffentlicht.

es unbenommen, tariflichen Schutz zu erwerben, indem sie der Gewerkschaft beitreten, die den spezielleren Tarifvertrag abgeschlossen hat, könne nicht überzeugen, da Art. 9 Abs. 3 GG gerade auch die Zugehörigkeit zu einer bestimmten Gewerkschaft schütze. Eine Rechtfertigung des Grundsatzes der Tarifeinheit im Betrieb könne nur durch schwerwiegende Erfordernisse und übergeordnete Gesichtspunkte gegeben sein. Reine Praktikabilitätserwägungen seien dazu jedoch nicht ausreichend. Dies müsse insbesondere für den Entgeltbereich berücksichtigt werden, da die betriebseinheitliche Anwendung nur eines Tarifvertrages in der Praxis nicht üblich sei. Vielmehr würden gerade dort angesichts über- und außertariflicher Entgelte unter Berücksichtigung persönlicher Verhältnisse der Beschäftigten individuelle Verdienstabrechnungen erstellt. Schließlich könne dieser Umstand auch nicht aus Gründen der Rechtssicherheit anders beurteilt werden. Darüber hinaus sei eine Regelungslücke im TVG ohnehin nicht erkennbar.

(c) Rechtsprechung des LAG Niedersachsen

Mit Urteil vom 12.11.1999 entschied die 3. Kammer des LAG Niedersachsen, dass in den Fällen der Tarifpluralität bei Inhaltsnormen jeweils nur der Tarifvertrag anzuwenden sei, der mit der Gewerkschaft abgeschlossen wurde, der die betroffenen Arbeitnehmer angehören. Das Prinzip der Tarifeinheit, wonach entsprechend dem Grundsatz der Spezialität dem sachnäheren Tarifvertrag der Vorzug zu geben wäre, greife hingegen nicht ein.[475]

Der Entscheidung der 3. Kammer des Landesarbeitsgerichts lag folgender Sachverhalt zugrunde. Die Klägerin wendete sich mit ihrer Klage gegen eine von der Beklagten vorgenommene Entgeltkürzung. Die Klägerin, Mitglied einer im Betrieb der Beklagten vertretenen Gewerkschaft, arbeitete in der Zeit vom 01.05.1995 bis zum 12.09.1998 als Bürokraft. Am 17.03.1998 schloss die Beklagte mit drei weiteren Gewerkschaften, darunter jedoch nicht die Gewerkschaft der Klägerin, einen am 01.02.1998 in Kraft tretenden Ergänzungstarifvertrag. Dieser Tarifvertrag regelte eine Gehaltsreduzierung für die Mitarbeiter auf letztlich 85 %. Die Beklagte nahm daraufhin für die Monate Februar bis Juli 1998 aufgrund der tariflichen Regelungen Entgeltkürzungen vor. Diesen Differenzbetrag verlangte die Klägerin nunmehr von der Beklagten. Nach ihrer Ansicht seien die Ergänzungstarifverträge auf sie nicht anwendbar, da insoweit keine Tarifbindung vorliege. Die Beklagte behauptete hingegen, dass die Firmentarifverträge vom

475 LAG Niedersachsen, Urteil vom 12.11.1999, 3 Sa 780/99, LAGE Nr. 3 zu § 4 TVG Tarifpluralität.

17.03.1998 nach dem Grundsatz der Tarifeinheit aufgrund der Tarifpluralität als die speziellere Regelung vorgingen.[476]

Das LAG Niedersachsen hat die Berufung der Beklagten als unbegründet zurückgewiesen. Die 3. Kammer schloss sich damit der Auffassung der 14. Kammer des LAG Niedersachsen an, wonach im Falle der Tarifpluralität mehrere Tarifverträge im Beschäftigungsbetrieb Anwendung finden können.[477] Zur Begründung führte das Gericht an, dass das vom Bundesarbeitsgericht postulierte Erfordernis der Tarifeinheit im TVG für den Bereich der Inhaltsnormen keine hinreichende Grundlage finde. Das Gesetz stelle vielmehr in den Bestimmungen der §§ 3 Abs. 1, 4 Abs. 1 S. 1 TVG auf die Tarifgebundenheit der Arbeitsvertragsparteien ab. Weiter wies die Kammer darauf hin, dass durch gleichzeitig für verschiedene Arbeitnehmer eines Betriebs nebeneinander geltende, unterschiedliche tarifvertragliche Inhaltsnormen nicht gegen den vom BAG angeführten Gesichtspunkt der Rechtssicherheit verstoßen werde. Dies wäre allenfalls dann denkbar, wenn nicht mit hinreichender Sicherheit vorhersehbar festgestellt werden könnte, welche Tarifnormen anwendbar seien. Dazu brauche es aber nicht zu kommen. Zudem könnten sich Abgrenzungsschwierigkeiten bei der Ermittlung der anwendbaren Tarifnormen sowohl unter dem Postulat einer einheitlichen Tarifgeltung als auch bei dem gleichzeitigen Nebeneinanderbestehen mehrerer Tarifregelungen ergeben. Auch Praktikabilitätserwägungen könnten eine Abweichung von der klaren gesetzlichen Regelung in den §§ 3, 4 TVG nicht rechtfertigen. Ferner sei eine Lückenschließung überhaupt nicht notwendig, da ein etwaiger Wille des Gesetzgebers, generell die Anwendung mehrerer verschiedener Tarifverträge in einem Betrieb nebeneinander auszuschließen, gar nicht erkennbar sei. Dies ergebe sich auch aus den Regelungen des § 613a Abs. 1 S. 2 bis 4 BGB, die eine Tarifpluralität im Betrieb des Betriebserwerbers zuließen.

Offen gelassen hat das Gericht, inwieweit hinreichende Anknüpfungspunkte für einen gesetzlich geregelten Grundsatz der Tarifeinheit für die Fälle des § 3 Abs. 2 TVG, also für Rechtsnormen über betriebliche und betriebsverfassungsrechtliche Fragen bestehen, da es auf diese im zugrundeliegenden Fall nicht ankam.

476 Wendeling-Schröder, Anm. zu LAG Niedersachsen, Urteil vom 12.11.1999, 3 Sa 780/99, LAGE Nr. 3 zu § 4 TVG Tarifpluralität.

477 LAG Niedersachsen, Urteil vom 14.06.1990, 14 Sa 1783/89, LAGE Nr. 1 zu § 4 TVG Tarifpluralität.

(d) Rechtsprechung des LAG Baden-Württemberg

Das LAG Baden-Württemberg folgte in seiner Entscheidung aus dem Jahre 2006 trotz angedeuteter Zweifel im Ergebnis noch der Auffassung des Bundesarbeitsgerichts zum Grundsatz der Tarifeinheit im Betrieb. Mit Urteil vom 01.02.2006[478] bestätigte das Landesarbeitsgerichts Baden-Württemberg nochmals seine bisherige Rechtsprechung, wonach die bestehende Tarifpluralität nach dem Prinzip der Tarifeinheit dahingehend aufzulösen sei, dass nur der abgeschlossene speziellere Tarifvertrag Anwendung finde.[479] Zweifel äußerte das Gericht allerdings dahingehend, dass Praktikabilitätsüberlegungen für sich allein nicht ausreichten, um den Eingriff in die Koalitionsfreiheit derjenigen Arbeitnehmer zu rechtfertigen, die als Mitglied des verdrängten Tarifvertrages ihren tariflichen Schutz einbüßten.

(e) Rechtsprechung des LAG Hessen

Verfassungsrechtliche Bedenken äußerte auch das LAG Hessen in seinen Entscheidungen vom 02.05.2003[480] und 22.07.2004[481]. Die Urteile befassten sich beide mit Arbeitskämpfen von Spartengewerkschaften. Bei der Auseinandersetzung im Jahre 2003 ging es um den Abschluss eines Spartentarifvertrages zwischen der Lokführergewerkschaft GDL und der Deutschen Bahn. Nachdem das Arbeitsgericht Frankfurt a.M. durch einstweilige Verfügung jegliche Arbeitskampfmaßnahmen seitens der GDL unter Hinweis auf das Prinzip der Tarifeinheit gestoppt hatte, entschied das LAG Hessen in zweiter Instanz, dass der GDL ein Streikrecht zustehe.

Im Jahre 2004 sah sich das Gericht ebenfalls mit einer einstweiligen Verfügung konfrontiert. Diesmal handelte es sich bei der streikenden Gewerkschaft jedoch um die Gewerkschaft der Fluglotsen (GdF). Das Arbeitsgericht Offenbach hatte erstinstanzlich den beabsichtigten Streik nicht als rechtswidrig angesehen. Auch die Berufung vor dem LAG Hessen hatte keinen Erfolg.

Allerdings war das Gericht in beiden Fällen noch etwas zögerlich den Grundsatz der Tarifeinheit im Betrieb als solchen abzulehnen. Zwar teilte die Kammer

---

478 LAG Baden-Württemberg, Beschluss vom 01.02.2006, 2 TaBV 6/04.

479 So auch LAG Baden-Württemberg, Beschlüsse vom 25.02.2005, 1 TaBV 1/04; vom 23.02.2005, 4 TaBV 2/04; vom 23.09.2005, 7 TaBV 3/05; vom 01.03.2005, 8 TaBV 3/04; vom 20.12.2004, 15 TaBV 6/04; vom 23.03.2005, 17 TaBV 5/04; vom 31.05.2005, 20 TaBV 3/04.

480 LAG Hessen, Urteil vom 02.05.2003, 9 SaGa 636/03, NZA 2003, 679.

481 LAG Hessen, Urteil vom 22.07.2004, 9 SaGa 593/04, AP Nr. 168 zu Art 9 GG Arbeitskampf.

die im Schrifttum geäußerten Bedenken im Hinblick auf einen Verstoß gegen die Koalitionsfreiheit aus Art. 9 Abs. 3 GG. Jedoch begründete sie ihre Entscheidung letztendlich damit, dass der Grundsatz der Tarifeinheit keine Aussage dazu enthalte, ob Streiks zur Erzwingung von Spartentarifverträgen zulässig seien. Vielmehr setze die Tarifeinheit ja gerade die Existenz mehrerer kollidierender Tarifverträge voraus. Selbst wenn man das Prinzip der Tarifeinheit anerkenne, könne dieses nur zur Verdrängung des unterliegenden Tarifvertrages führen, nicht aber zu dem Verbot eines Arbeitskampfes. Immerhin sei erst nach dem Arbeitskampf und nach dem Tarifabschluss feststellbar, ob der erstreikte Tarifvertrag auch wirklich spezieller ist. Eine gerichtliche Tarifzensur schon vor dem Abschluss von Tarifverträgen sei mit Art. 9 Abs. 3 GG nicht vereinbar. Eine Unverhältnismäßigkeit liege per se also nicht vor.

(f) Rechtsprechung des LAG Rheinland-Pfalz

Das LAG Rheinland-Pfalz gab im Juni 2007 seine bisherige Auffassung zum Grundsatz der Tarifeinheit im Hinblick auf die Verhältnismäßigkeit von Arbeitskämpfen auf.[482] Eine generelle Abkehr von dem Prinzip wurde jedoch nicht ausgesprochen. Vielmehr basierte das Urteil auf arbeitskampfrechtlichen Erwägungen, auf die auch das LAG Hessen zurückgegriffen hatte. Zuvor hatte das LAG 2004 und 2006 zwei Entscheidungen getroffen, in denen es feststellte, dass der Arbeitskampf um einen Tarifvertrag, der auf Grund des Grundsatzes der Tarifeinheit zukünftig ohnehin nicht zur Anwendung komme, unverhältnismäßig und damit rechtswidrig sei.[483] Zur Begründung der Rechtsprechungsänderung führte das Gericht aus, dass das vorangegangene Verständnis vom Grundsatz der Spezialität unter Berücksichtigung der Rechtsprechung des BAG zu Minderheits- und Spartengewerkschaften nicht mehr haltbar sei. In seinen Entscheidungsgründen trug das LAG vor, dass eine nicht zu rechtfertigende Vorverlagerung der Prüfung des Tarifvorrangs stattfände. Damit würde im Rahmen der Prüfung der Verhältnismäßigkeit eines Streiks allein auf diese Kollisionsregeln abgestellt. Allerdings bestehe weiter die Möglichkeit, dass der bei Anwendung des Grundsatzes der Tarifeinheit zunächst verdrängte Tarifvertrag wieder zur Geltung komme, wenn der zunächst vorrangige Tarifvertrag später wegfalle. Dies zeige, dass die Verhinderung eines Tarifabschlusses durch eine gerichtliche Untersagung von Streikmaßnahmen, also die Verhinderung seiner Existenz, einen Eingriff in die

482 LAG Rheinland-Pfalz, Urteil vom 14.06.2007, 11 Sa 208/07, LAGE Nr. 78 zu Art 9 GG Arbeitskampf.

483 LAG Rheinland-Pfalz, Urteil vom 22.06.2004, 11 Sa 2096/03, AP Nr. 169 zu Art 9 GG Arbeitskampf; Urteil vom 23.02.2006, 11 Sa 841/05.

Tarifautonomie darstelle. Zudem stehe die in den Entscheidungen des BAG vom 14.12.2004[484] zur Tariffähigkeit der UFO und vom 28.03.2006[485] zur Tariffähigkeit der CGM festgestellte grundsätzliche Anerkennung von Minderheits- und Spartengewerkschaften der Verdrängung eines Spartentarifvertrages durch einen die gesamte Belegschaft umfassenden Tarifvertrag entgegen.

(g) Rechtsprechung des LAG Sachsen

Hinsichtlich der Rechtsprechung des LAG Sachsen waren thematisch die Entscheidungen von 2001 und 2007 von besonderem Interesse. Im Jahre 2001 sah sich das sächsische Landesarbeitsgericht mit dem Grundsatz der Tarifeinheit im Betrieb konfrontiert.[486] Dabei ging es um die Kollision eines Verbandstarifvertrages mit einem Firmentarifvertrag. Die Klägerin, eine im Betrieb der Beklagten vertretene Gewerkschaft, hatte mit dem sächsischen Arbeitgeberverband Tarifverträge abgeschlossen. Die Beklagte hatte zugleich aber auch mit einer anderen Gewerkschaft einen Haustarifvertrag vereinbart, der teilweise gleiche Regelungen traf. Die einzelnen Bestimmungen standen daher in einem Konkurrenzverhältnis.

In seiner Entscheidung vom 13.11.2001 stellte sich das Gericht gegen die Rechtsprechung des BAG. Nach Auffassung der Kammer lasse sich das Prinzip der Tarifeinheit nicht auf die Fälle der Tarifpluralität übertragen. Es fehle dafür an einer entsprechenden gesetzlichen Grundlage. Die Koalitionsfreiheit sei ausdrücklich in Art. 9 Abs. 3 GG gewährleistet. Danach könne ein Arbeitgeber sich jederzeit einem Verband anschließen, der Tarifverträge für seine Mitglieder abschließen will. Andererseits sei der Arbeitgeber auch selbst Tarifvertragspartei nach § 3 Abs. 1 TVG. Warum dann eine Lösung nach Praktikabilitätsgesichtspunkten angezeigt sein soll, erschließe sich der Kammer nicht. Die doppelte Tarifbindung sei immerhin letztlich von Seiten des Arbeitgebers gewollt. Auch wenn diese Fallgestaltung eher hypothetischer Natur sei, gelte entsprechendes für den weitaus häufigeren Fall, dass ein Verbandsaustritt mit dem Abschluss eines Haustarifvertrages einhergehe. Mit § 3 Abs. 3 TVG habe der Gesetzgeber eine sog. Flucht aus dem Verbandstarifvertrag verhindern wollen. Anders als bei § 4 Abs. 5 TVG sei gerade nicht geregelt, dass der Tarifvertrag lediglich solange weitergelten solle, bis er durch eine andere Abmachung ersetzt würde. Der

---

484 BAG, Beschluss vom 14.12.2004, 1 ABR 51/03, AP Nr. 1 zu § 2 TVG Tariffähigkeit, NZA 2005, 697ff.

485 BAG, Beschluss vom 28.03.2006, 1 ABR 58/04, AP Nr. 4 zu § 2 TVG Tariffähigkeit, NZA 2006, 1112ff.

486 Sächsisches LAG, Urteil vom 13.11.2001, 7 Sa 118/01.

Bindung an den Tarifvertrag wurde daher ein hoher Stellenwert beigemessen. Danach sei es aber nicht gerechtfertigt, im Falle eines Verbandsaustritts dem Firmentarifvertrag stets den Vorrang einzuräumen und die gesetzlich gewollte Bindung des Arbeitgebers an den Verbandstarifvertrag zu beenden. Schließlich werde dadurch die in Art. 9 Abs. 3 GG geschützte Koalitionsfreiheit beeinträchtigt, da die Arbeitnehmer die an den Verbandstarifvertrag gebunden waren, ihren tariflichen Schutz einbüßen würden. Nach Meinung der Kammer seien daher die zur Auflösung einer Tarifkonkurrenz entwickelten Grundsätze auf eine Tarifpluralität nicht anwendbar. In seiner Begründung verwies das LAG auf einen gleichgelagerten Fall, in dem die Kammer ausgeführt hatte, dass ein Haustarifvertrag, der im Gegensatz zum Verbandstarifvertrag lediglich einen geringen Ausschnitt der Arbeits- und Lohnbedingungen regelte, nicht per se als der speziellere und sachnähere Tarifvertrag anzusehen sei. Nach den Grundsätzen der Spezialität stelle der Haustarifvertrag zwar formell den räumlich und persönlich engeren Tarifvertrag dar. Das bedeute aber nach Auffassung der erkennenden Kammer nicht ohne Weiteres, dass er den Erfordernissen und Eigenarten des Betriebs und der darin tätigen Arbeitnehmer am besten Rechnung trage.[487]

Im Jahr 2007 vollzog das LAG Sachsen dann den entscheidenden Schritt zur Abkehr von der Tarifeinheit.[488] In einem gleichgelagerten Fall wie er den Entscheidungen des LAG Hessen und des LAG Rheinland-Pfalz zugrunde gelegen hatte, erwähnte die Kammer das angesprochene arbeitskampfrechtliche Argument nur als reine Hilfserwägung. Vielmehr stützte das Gericht seine Entscheidung darauf, dass der Grundsatz der Tarifeinheit dann nicht als Kollisionsregel herangezogen werden könne, wenn sich der Arbeitgeber privatautonom an mehrere Tarifverträge gebunden habe. Die „Freiwilligkeit“ werde auch nicht dadurch ausgehebelt, dass einer der konkurrierenden Tarifverträge durch einen Streik erzwungen wurde. Das LAG untermauerte seine Argumentation mit den in der Literatur geäußerten Bedenken. Insbesondere wies es darauf hin, dass sich die strikte Anwendung der Tarifeinheit übermäßig gegen Spezialisten- und Spartentarifverträge richte. Dies lasse sich aber nicht mit dem grundgesetzlich geschützten Recht der Koalitionen aus Art. 9 Abs. 3 GG vereinbaren. Eine solche Anwendung des Begriffs der Tarifeinheit würde damit in bedenklicher Weise in die Koalitionsfreiheit als solche eingreifen. Ferner gehe das Prinzip der Tarifeinheit an der Realität vorbei. Nach Meinung der Kammer müsse es prinzipiell

487 LAG Sachsen-Anhalt, Urteil vom 08.05.2001, 9 (5) Sa 723/00.

488 LAG Sachsen, Urteil vom 02.11.2007, 7 SaGa 19/07, LAGE Nr. 80 zu Art 9 GG Arbeitskampf, NZA 2008, 59ff.

möglich sein, dass in einem Betrieb Tarifverträge von konkurrierender Gewerkschaft, für ihre jeweiligen Mitglieder zur Anwendung kommen. Wenn selbst die Rechtsprechung das Nebeneinander mehrerer konkurrierender Gewerkschaften in einem Betrieb als Realität ansehe, dann müsse sie konsequenterweise auch die gewerkschaftliche Betätigung in Form des Abschlusses von Tarifverträgen für ihre Mitglieder akzeptieren und dürfe die Anwendbarkeit der Tarifverträge nicht am Prinzip der Tarifeinheit scheitern lassen. In diesem Zusammenhang könne auch nicht davon ausgegangen werden, dass die Tarifpluralität als solche eine Gefahr für die Funktionsfähigkeit der Tarifautonomie darstelle.

(3) Rechtsprechung des BAG

In jüngerer Zeit zeichnete sich zudem auch in der Rechtsprechung des BAG eine Trendwende ab. Die bisherige Rechtsprechung des 4. Senats des Bundesarbeitsgerichts zur Tarifeinheit geriet dabei nicht nur aufgrund der langanhaltenden Kritik aus dem Schrifttum und der Instanzrechtsprechung unter erheblichen Druck, sondern musste letztlich auch dem strukturellen Wandel der Gewerkschaftslandschaft Rechnung tragen. Im Zuge der kontrovers geführten Diskussion wurde der Grundsatz der Tarifeinheit nach und nach in Teilbereichen aufgegeben. Das Ende der Ära Tarifeinheit im Betrieb zeichnete sich zu diesem Zeitpunkt bereits ab.

(a) Entscheidung des 1. Senats

Eine wesentliche Rolle für das neue Bewusstsein einer sich stetig fortentwickelnden Gewerkschaftslandschaft spielten die Entscheidungen des 1. Senats des BAG über die Anerkennung der Tariffähigkeit der Gewerkschaften UFO[489] und CGM[490]. Die Beschlüsse ebneten den Weg zu einer Tarifpluralität im Betrieb und kündigten die schleichende Abkehr von der Tarifeinheit an.

(aa) Tariffähigkeit der UFO

Mit Beschluss vom 14.12.2004 bestätigte das BAG zunächst die Gewerkschaftsstellung der UFO.[491] Die Unabhängige Flugbegleiter Organisation ist die Interessenvertretung der Stewardessen und Stewards in Deutschland. Nach Ansicht

---

489 BAG, Beschluss vom 14.12.2004, 1 ABR 51/03, AP Nr. 1 zu § 2 TVG Tariffähigkeit NZA 2005, 697ff.

490 BAG, Beschluss vom 28.3.2006, 1 ABR 58/04, AP Nr. 4 zu § 2 TVG Tariffähigkeit, NZA 2006, 1112ff.

491 BAG, Beschluss vom 14.12.2004, 1 ABR 51/03, AP Nr. 1 zu § 2 TVG Tariffähigkeit, NZA 2005, 697ff.

des Gerichts erfüllt die UFO alle Voraussetzungen einer tariffähigen Arbeitnehmervereinigung. Nach der Rechtsprechung des Senats müsse eine Arbeitnehmervereinigung bestimmte Mindestvoraussetzungen vorweisen, um tariffähig und damit eine Gewerkschaft im arbeitsrechtlichen Sinne zu sein. Dazu gehöre, dass sich die Vereinigung als satzungsgemäße Aufgabe die Wahrnehmung der Interessen ihrer Mitglieder in deren Eigenschaft als Arbeitnehmer gesetzt habe und willens sei, Tarifverträge abzuschließen. Weiter sei es erforderlich, dass sie frei gebildet, gegnerfrei, unabhängig und auf überbetrieblicher Grundlage organisiert ist und das geltende Tarifrecht als verbindlich anerkennt. Zudem müsse die Arbeitnehmervereinigung ihre Aufgabe als Tarifpartnerin sinnvoll erfüllen können. Darunter falle einmal die Durchsetzungskraft gegenüber dem sozialen Gegenspieler, zum anderen aber auch eine gewisse Leistungsfähigkeit der Organisation.[492]

Im Kern der Entscheidung drehte sich alles um die „soziale Mächtigkeit" der UFO. Für die Beurteilung der Durchsetzungskraft komme es im Einzelfall grundsätzlich auf die Mitgliederzahl an. Die Organisationsstärke sei dabei im Verhältnis zu dem von der Arbeitnehmerkoalition selbst gewählten räumlichen und fachlichen Organisationsbereich zu bewerten. In diesem müsse sie sich gegenüber der Arbeitgeberseite durchsetzen.[493] Es könne jedoch auch eine Ausnahmesituation vorliegen. Das BAG führte hierzu im Konkreten aus, dass im Hinblick auf die Durchsetzungskraft einer Minderheits- oder Spartengewerkschaft, selbst bei einer nur kleinen Zahl von Mitgliedern, die Möglichkeit bestehe, empfindlichen Druck auf den sozialen Gegenspieler auszuüben. Dies könne sich daraus ergeben, dass es sich bei den organisierten Arbeitnehmern um Spezialisten in Schlüsselstellungen handelte die von der Arbeitgeberseite im Falle eines Arbeitskampfs kurzfristig überhaupt nicht oder nur schwer zu ersetzen seien. Dem könne auch nicht entgegen gehalten werden, durch die Anerkennung „kleiner" Gewerkschaften sei die den Tarifpartnern obliegende sinnvolle Ordnung des Arbeitslebens gefährdet. Vielmehr sei auf Grund der durch Art. 9 Abs. 3 GG gewährleisteten Koalitionsfreiheit jede Gewerkschaft berechtigt, selbst zu entscheiden, für welche Arbeitnehmer und in welchem Wirtschaftsbereich sie tätig werden wolle. Der von der Rechtsprechung entwickelte Grundsatz der Tarifeinheit stehe dem Nebeneinander mehrerer konkurrierender Gewerkschaften

---

492 BAG, Beschluss vom 25.11.1986, 1 ABR 22/85, AP Nr. 36 zu § 2 TVG; Beschluss vom 16.1.1990, 1 ABR 10/89, AP Nr. 39 zu § 2 TVG; Beschluss vom 16.01.1990, 1 ABR 93/88, AP Nr. 38 zu § 2 TVG; Beschluss vom 06. 06.2000, 1 ABR 10/99, AP Nr. 55 zu § 2 TVG.

493 BAG, Beschluss vom 06.06.2000, 1 ABR 10/99, AP Nr. 55 zu § 2 TVG.

nicht entgegen. Vielmehr setze er Tarifpluralität, also den Abschluss mehrerer Tarifverträge über denselben Regelungsgegenstand, gerade voraus. Dementsprechend sei es einer Koalition unbenommen, sich um den Abschluss eines spezielleren Tarifvertrages zu bemühen. Tarifpluralität könne dagegen nicht dadurch vermieden werden, dass einer konkurrierenden Arbeitnehmervereinigung die Gewerkschaftseigenschaft abgesprochen werde. Dies wäre mit der durch Art. 9 Abs. 3 GG gewährleisteten Koalitionsfreiheit unvereinbart.

(bb) Tariffähigkeit der CGM

Mit seinem CGM-Beschluss vom 28.03.2006 bestätigte der 1. Senat des BAG seine bisherige Rechtsprechung zu den Anforderungen an eine tariffähige Vereinigung, ging dann aber noch einen Schritt weiter.[494] Die „allgemeinen" Merkmale konnten bei der CGM ohne größere Schwierigkeiten bejaht werden. Auch hier stand als zentrales Merkmal die soziale Mächtigkeit der CGM im Vordergrund. Fraglich war, ob die Christliche Gewerkschaft Metall in der Lage wäre ihre Aufgabe als Tarifpartner sinnvoll zu erfüllen. Dazu gehören, wie bereits erwähnt, die Durchsetzungskraft gegenüber dem sozialen Gegenspieler und eine gewisse Leistungsfähigkeit der Organisation. Das richterrechtliche Erfordernis der sozialen Mächtigkeit greife zwar in die Betätigungsfreiheit einer Arbeitnehmervereinigung ein. Der Eingriff sei jedoch im Interesse einer funktionsfähigen Tarifautonomie gerechtfertigt. Diese Auffassung habe auch das BVerfG ausdrücklich anerkannt.[495] Ob eine Arbeitnehmervereinigung eine solche Durchsetzungskraft besitze, müsse aufgrund aller Umstände im Einzelfall festgestellt werden.[496]

Der Beschluss beinhaltete zudem im Hinblick auf die Mächtigkeitslehre ein Regel/Ausnahme-Verhältnis zur Tariffähigkeit einer Arbeitnehmervereinigung. Maßgeblich bei der Beantwortung der Frage nach der geforderten Mächtigkeit sei nunmehr, ob die Koalition bereits aktiv am Tarifgeschehen teilnehme. Habe sie schon in nennenswertem Umfang Tarifverträge geschlossen, könne dies regelmäßig ihre Durchsetzungskraft und Leistungsfähigkeit belegen. Dabei sei es unerheblich, ob dies durch den Abschluss von originären Tarifverträgen oder durch Anschlusstarifverträge geschehe. Die Indizwirkung entfalle nur ausnahmsweise, wenn es sich um Schein- oder Gefälligkeitstarifverträge oder um Tarifverträge handle, die auf einem einseitigen Diktat der Arbeitgeberseite beruhen. Habe die

494 BAG, Beschluss vom 28.3.2006, 1 ABR 58/04, AP Nr. 4 zu § 2 TVG Tariffähigkeit, NZA 2006, 1112ff.

495 BVerfG, Beschluss vom 20.10.1981, 1 BvR 404/78, AP Nr. 31 zu § 2 TVG.

496 BAG, Beschluss vom 28.3.2006, 1 ABR 58/04, AP Nr. 4 zu § 2 TVG Tariffähigkeit, NZA 2006, 1112ff.

Arbeitnehmervereinigung dagegen noch nicht aktiv am Tarifgeschehen teilgenommen, müsse sie Tatsachen darlegen und im Streitfall eben auch beweisen, die den Schluss zuließen, dass die Arbeitgeberseite die Arbeitnehmervereinigung voraussichtlich nicht ignorieren könne. Als geeignete Indiztatsachen kämen beispielsweise die Organisationsstärke bzw. bei einer nur kleinen Zahl von Mitgliedern die Fähigkeit, durch Arbeitnehmer in Schlüsselpositionen Druck auszuüben, in Betracht. Dies gelte insbesondere für junge Arbeitnehmervereinigungen, die in der Regel noch nicht aktiv in den Prozess tariflicher Arbeitsbedingungen eingegriffen, sondern die sich den Abschluss von Tarifverträgen erst zum Ziel gesetzt hätten. Bei einer etablierten kleineren Gewerkschaft, die bereits in nennenswertem Umfang Tarifverträge geschlossen habe, kehre sich dieses Regel-Ausnahme-Verhältnis allerdings um. Zwar belege der Abschluss von Tarifverträgen allein noch nicht zwingend eine Verhandlungsstärke, die ausreichend wäre, einen Tarifvertrag auch gegen den Willen der Gegenseite, notfalls durch Androhung oder Durchführung eines Arbeitskampfes, durchzusetzen. Dokumentiert sei damit aber, dass die Arbeitnehmervereinigung vom sozialen Gegenspieler wahrgenommen und zumindest für so gewichtig erachtet werde, dass es „die Mühe lohne", mit ihr Vereinbarungen über Arbeitsbedingungen zu schließen. Ausschlagegebend sei dafür nicht die Chance des vollständigen Sieges, sondern nach der Rechtsprechung des BVerfG vielmehr, dass die Regelung der Arbeitsbedingungen nicht allein dem Diktat der anderen Seite entspringe.[497]

Als Schlussfolgerung lässt sich der Entscheidung somit entnehmen, dass das gewandelte gewerkschaftliche Druckpotential durch Spezialisten- und auch Minderheitsgewerkschaften mit dazu geführt hat, dass der Mitgliederzahl, die nach der früheren Rechtsprechung des BAG immer ein gewichtiges Indiz für die Durchsetzungskraft darstellte, nicht mehr das Gewicht beigemessen wurde, das vorher als unerlässliche Voraussetzung galt. Der Senat stellte damit auch aufstrebende Spartengewerkschaften unter den Schutz des Art. 9 Abs. 3 GG indem er, selbst wenn diese noch nicht aktiv in das Tarifgeschehen eingegriffen hatten, darauf abstellte, ob sie von ihrem sozialen Gegenspieler ernst genommen werden. Hierin lag die Besonderheit des CGM-Beschlusses. Das BAG eröffnete unter Wahrung des Schutzbereichs des Art. 9 Abs. 3 GG jungen, aufstrebenden Koalitionen die Möglichkeit, durch nicht allzu hohe Anforderungen, in den Status einer tariffähigen Vereinigung hereinzuwachsen.

Wer damals zwischen den Zeilen gelesen hat, konnte bereits eine Distanzierung vom Grundsatz der Tarifeinheit im Betrieb erkennen und wohl auch eine

---

497 BVerfG, Beschluss vom 20.10.1981, 1 BvR 404/78, AP Nr. 31 zu § 2 TVG.

unterschwellige Kritik in Richtung des 4. Senats. So betitelte der 1. Senat den Grundsatz der Tarifeinheit als „bislang vertretenes und verfassungsrechtlich umstrittenes Prinzip“[498]. Weiter förderte das Gericht mit seiner Entscheidung den Wettbewerb unter den Gewerkschaften und folglich auch die Wahrscheinlichkeit betrieblicher Tarifpluralitäten.

(b) Entscheidung des 7. Senats

Eine der letzten Entscheidungen, vor der endgültigen Aufgabe des Grundsatzes der Tarifeinheit, stammte von dem 7. Senat des BAG.[499] Der Beschluss vom 29.07.2009 war letztlich ebenfalls als Ankündigung einer immer wahrscheinlicheren Richtungsänderung zu verstehen.

In dem zugrunde liegenden Fall hatte ein Einzelhandelsunternehmen im Jahr 2002 zunächst mit der Gewerkschaft Ver.di einen Tarifvertrag über die Bildung eines unternehmenseinheitlichen Betriebsrats abgeschlossen. Daraufhin erfolgten die Betriebsratswahlen auch auf Grundlage dieses Tarifvertrages. 2006 schloss das Unternehmen jedoch einen fast inhaltlich identischen Tarifvertrag mit der Christlichen Gewerkschaft DHV ab. Bei den Betriebsratswahlen 2006 wurde der unternehmenseinheitliche Betriebsrat sodann auf Basis des mit der DHV abgeschlossenen Tarifvertrages gewählt. Die Gewerkschaft Ver.di, die sich erfolglos um den Abschluss eines Tarifvertrages für diese Betriebsratswahlen bemüht hatte, war der Ansicht dass der Tarifvertrag nach § 3 BetrVG nur unter ihrer Beteiligung hätte abgeschlossen werden dürfen und focht daraufhin die Wahl an. Ver.di argumentierte, dass der allein mit der Gewerkschaft DHV abgeschlossene Tarifvertrag keine taugliche Grundlage zur Bildung eines unternehmenseinheitlichen Betriebsrats biete.

Das LAG Nürnberg hatte in zweiter Instanz dem Wahlanfechtungsantrag stattgegeben. Es vertrat die Auffassung, ein Tarifvertrag über die Bildung eines unternehmenseinheitlichen Betriebsrats dürfe zur Vermeidung einer möglichen Tarifkonkurrenz nur gemeinsam von allen für den Betrieb zuständigen Gewerkschaften abgeschlossen werden.

Das BAG hat dem jedoch eine Absage erteilt und das Verfahren zur erneuten Anhörung und Entscheidung an das Landesarbeitsgericht zurückverwiesen. Im Ergebnis ging der 7. Senat davon aus, dass ein Tarifvertrag über die Bildung eines unternehmenseinheitlichen Betriebsrats auch unter Ausschluss einer im Betrieb

---

498 BAG, Beschluss vom 28.3.2006, 1 ABR 58/04, AP Nr. 4 zu § 2 TVG Tariffähigkeit, NZA 2006, 1112ff., Rn. 70.

499 BAG, Beschluss vom 29.07.2009, 7 ABR 27/08, AP Nr. 7 zu § 3 BetrVG 1972, NZA 2009, 1424ff.

vertretenen DGB-Gewerkschaft mit einer konkurrierenden, deutlich kleineren, christlichen Gewerkschaft abgeschlossen werden könne, sofern die allgemeinen tariflichen Voraussetzungen vorlägen. Das Erfordernis einer „Zwangsgemeinschaft“ lehnte das Gericht entschieden ab. Die Forderung nach einer zwingenden Beteiligung anderer tarifzuständiger Gewerkschaften stelle vielmehr einen Eingriff in die durch Art. 9 Abs. 3 GG gewährleistete Abschlussfreiheit der Tarifvertragsparteien dar, da es die Gegnerschaft von konkurrierenden Gewerkschaften nur unzureichend berücksichtige und könne auch nicht mit einer möglichen Tarifkonkurrenz gerechtfertigt werden. Allerdings erfordere ein Tarifvertrag nach § 3 Abs. 1 Nr. 1 bis 3 BetrVG wegen der betriebseinheitlichen Geltung von betriebsverfassungsrechtlichen Normen die satzungsmäßige Tarifzuständigkeit der vertragsschließenden Gewerkschaft für alle bei dem Arbeitgeber beschäftigten Arbeitnehmer haben. Des Weiteren müsse mindestens ein Mitglied im Betrieb des Arbeitgebers beschäftigt sein. Im Ergebnis sei es daher möglich, dass bei Vorliegen aller Voraussetzungen ein Tarifvertrag über die Bildung eines unternehmenseinheitlichen Betriebsrats auch mit einer nach Zahl der Mitglieder kleinen Gewerkschaft geschlossen wird. Eine ebenfalls tarifzuständige und im Betrieb vertretene Gewerkschaft, die über erheblich mehr Mitglieder verfügt, brauche dagegen nicht zwingend beteiligt zu werden. Seien demnach mehrere Gewerkschaften tarifzuständig, habe der Arbeitgeber die Wahl, mit welcher von ihnen er den Tarifvertrag abschließen wolle.[500]

Eine abschließende Stellungnahme, welche Lösung im Falle einer tatsächlich gegebenen Konkurrenz mehrere Tarifverträge angebracht sei, musste der 7 Senat vorliegend nicht abgeben, da es in dem Rechtsstreit ohnehin nur einen Tarifvertrag gab. Das Gericht ging zwar davon aus, § 3 Abs. 1 Nr. 1 bis 3 BetrVG sei gerade nicht dahingehend auszulegen, dass es einer nach Zahl der Mitglieder kleinen Gewerkschaft durch die Anwendung eines Repräsentations- oder Mehrheitsprinzips von vornherein verwehrt sei, einen Tarifvertrag abzuschließen. Es deutete jedoch an, dass ein derartiges Prinzip grundsätzlich das geeignete Mittel sein könnte, eine nach Abschluss von zwei oder mehr Tarifverträgen entstandene Tarifkonkurrenz zugunsten der mehrheitlich im Unternehmen vertretenen Gewerkschaft aufzulösen. Dies könne aber nicht dazu führen, dass bereits der Abschluss eines Tarifvertrages durch Annahme eines Anfechtungsgrundes de facto verhindert werden könne.

500 So auch ErfK/Koch, § 3 BetrVG, Rn. 2.

(c) *Entscheidung des 4. Senats*

Der 4. Senat des BAG war vor der Rechtsprechungsänderung zur Tarifeinheit im Betrieb noch mit einem Rechtsstreit befasst, dem eine ähnliche Problemstellung wie bei § 3 BetrVG zugrunde lag. In dieser Entscheidung vom 09.12.2009 kündigte der Senat die Aufgabe des Grundsatzes der Tarifeinheit im Betrieb jedoch bereits indirekt an.

Es ging um Tarifverträge über eine gemeinsame Einrichtung, an der eine im Betrieb des betroffenen Arbeitgebers nicht unwesentlich vertretene Gewerkschaft nicht mitgewirkt hatte und auch nicht zur Mitwirkung aufgefordert worden war.[501] Diese klagte nunmehr auf Feststellung der Unwirksamkeit der von den Beklagten geschlossenen Tarifverträge. Das BAG lehnte jedoch die Feststellung einer Unwirksamkeit der streitgegenständlichen Tarifverträge ab. Das Gericht begründete seine Entscheidung wiederum damit, dass eine nicht an dem Tarifvertrag beteiligte Gewerkschaft von der Frage der Wirksamkeit des Tarifvertrages der vorliegenden Art nicht betroffen sein könne. Die Auffassung der Klägerin, ein solcher Tarifvertrag über eine gemeinsame Einrichtung sei nur dann wirksam, wenn er gemeinsam von allen im Betrieb oder Unternehmen vertretenen Gewerkschaften abgeschlossen werde, sei unrichtig. Dies könne, wenn überhaupt, nur dann der Fall sein, wenn der Abschluss eines solchen Tarifvertrages die dort genannten Regelungsbereiche einer identischen, ähnlichen oder abweichenden Tarifregelung durch eine nicht an dem Tarifvertrag beteiligte Gewerkschaft rechtlich entziehen würde. Diese Rechtsfolge könne ein Tarifvertrag über eine gemeinsame Einrichtung jedoch nicht entfalten. Daran würden auch die in der Revisionsbegründung enthaltenen ausführlichen Erörterungen von Fragen der Tarifeinheit und Tarifpluralität nichts ändern. Zur Frage des Stellenwertes von Kollektivnormen hat das BAG ausgeführt, dass, selbst wenn es sich im vorliegenden Fall um Betriebsnormen handele, was jedoch nicht zwingend sei, diese nicht bewirken könnten, dass eine Gewerkschaft aus Rechtsgründen daran gehindert werde, Tarifverträge zu schließen, in der identische oder abweichende Betriebsnormen vereinbart werden. Zutreffend sei zwar, dass ein solcher Tarifvertrag unter Umständen zu einer Tarifkonkurrenz führe, weil der Arbeitgeber dann hinsichtlich derselben Regelungsobjekte an zwei Tarifverträge gebunden wäre.

Der 4. Senat kam im Folgenden zwar zu dem Ergebnis, dass eine solche Konkurrenzsituation zwingend auflösungsbedürftig sei. Kritisch bewertete das Gericht jedoch eine pauschale Anwendung des Spezialitätsprinzips. Im Hinblick

501 BAG, Urteil vom 09.12.2009, 4 AZR 190/08, AP Nr. 48 zu § 3 TVG, NZA 2010, 712ff.

auf das Vorliegen tariflicher Betriebsnormen sei fraglich, ob davon noch ohne Weiteres ausgegangen werden könne. In der Literatur gebe es immerhin eine zunehmende Anzahl an Stimmen, die sich dem Repräsentativitätsprinzip anschließen und sich insoweit für den Vorrang desjenigen Tarifvertrages aussprechen, an den die höchste Anzahl von Arbeitsverhältnissen im Betrieb normativ gebunden sei. So habe es der Gesetzgeber nunmehr ja auch für den Bereich des Arbeitnehmerentsendegesetzes in § 7 Abs. 2 AEntG geregelt. Darauf komme es aber nicht entscheidungserheblich an. Denn eine antizipierte Auflösung einer antizipierten Tarifkonkurrenz könne nicht dazu führen, dass der Abschluss des die Tarifkonkurrenz begründenden Tarifvertrages unwirksam sei.

Weiter lehnte der 4. Senat des BAG, in Anlehnung an die Rechtsprechung des 7. Senats[502], die Bildung von Tarifgemeinschaften als Wirksamkeitsvoraussetzung ab. Eine solche „Zwangstarifgemeinschaft" stelle einen Eingriff in das Grundrecht der den Tarifvertrag abschließenden Gewerkschaft sowie der hieran beteiligten Arbeitgeberseite dar. Art. 9 Abs. 3 GG gewährleiste gerade die Abschlussfreiheit der Tarifvertragsparteien. Diese schütze auch die Auswahl des Vertragspartners und gelte gleichermaßen für Arbeitnehmerkoalitionen, Arbeitgeberverbände und den einzelnen Arbeitgeber. Die Pflicht zur Einbeziehung einer weiteren Tarifvertragspartei wäre damit nicht zu vereinbaren und berücksichtige die Gegnerschaft von konkurrierenden Gewerkschaften nur unzureichend. Ein solcher Eingriff sei gegebenenfalls nur damit zu rechtfertigen, dass die ausgeschlossene Gewerkschaft nicht nur vorübergehend, sondern dauerhaft an einer Normsetzung für ihre Mitglieder gehindert wird. Da eine tarifzuständige Gewerkschaft aber mit den ihr zur Verfügung stehenden Mitteln, z.B. durch Arbeitskampf, den Arbeitgeber zur Beendigung eines bestehenden und zum Abschluss eines neuen Tarifvertrages anhalten könne, scheide eine solche Rechtfertigung aus.

502 BAG, Beschluss vom 29.07.2009, 7 ABR 27/08, AP Nr. 7 zu § 3 BetrVG 1972, NZA 2009, 1424ff.

C. Die Aufgabe des Grundsatzes der Tarifeinheit bei Tarifpluralität

Im Januar 2010 beabsichtigte der 4. Senat des BAG dann, seine Rechtsprechung zum Grundsatz der Tarifeinheit im Betrieb zu ändern. In dem zugrundeliegenden Rechtsstreit konnte jedoch keine abschließende Entscheidung getroffen werden, da der 4. Senat bei der entscheidungserheblichen Rechtsfrage von der Rechtsprechung des 10. Senats abweichen wollte. Daher richtete er mit Beschluss vom 27.01.2010 eine Divergenzanfrage nach § 45 Abs. 3 S. 1 ArbGG an den 10. Senat, mit der Frage, ob dieser an seiner bisherigen Rechtsauffassung festhalte.[503] Der 10. Senat stimmte der Rechtsprechungsänderung mit Beschluss vom 23.06.2010 zu.[504] Die endgültige Aufgabe des Grundsatzes der Tarifeinheit erfolgte dann mit dem Urteil des 4. Senats vom 07.07.2010.[505]

I. Entscheidung des 4. Senats

Den entscheidenden Schritt zur Aufgabe des jahrzehntelang praktizierten Prinzips der Tarifeinheit im Betrieb machte der 4. Senat des BAG mit seinem Beschluss vom 27.01.2010[506] und dem ausschlaggebenden Urteil vom 07.07.2010.[507] Der Entscheidung lag der nachfolgende Sachverhalt zugrunde.

Der Kläger, ein Oberarzt und Mitglied des Marburger Bundes, begehrte von der Beklagten die Zahlung eines Aufschlags zur Urlaubsvergütung aus dem inzwischen abgelösten Bundesangestellten-Tarifvertrag. Die beklagte Klinik war Mitglied im kommunalen Arbeitgeberverband (KAV), welcher wiederum Mitglied in der Vereinigung der kommunalen Arbeitgeberverbände (VKA) war. Bis

---

503 BAG, Beschluss vom 27.1.2010 – 4 AZR 549/08 (A), AP Nr. 46 zu § 3 TVG, NZA 2010, 645ff.

504 BAG, Beschluss vom 23.06.2010, 10 AS 2/10 nicht amtlich veröffentlicht, AP Nr. 47 zu § 3 TVG, NZA 2010, 778.

505 BAG, Urteil vom 07.07.2010, 4 AZR 549/08, AP Nr. 140 zu Art 9 GG, NZA 2010, 1068ff.

506 BAG, Beschluss vom 27.1.2010 – 4 AZR 549/08 (A), AP Nr. 46 zu § 3 TVG, NZA 2010, 645ff.

507 BAG, Urteil vom 07.07.2010, 4 AZR 549/08, AP Nr. 140 zu Art 9 GG, NZA 2010, 1068ff.

zum 30.09.2005 galt für die Parteien aufgrund ihrer jeweiligen Mitgliedschaften der Bundesangestellten-Tarifvertrag (BAT) nach den Bestimmungen des Tarifgesetzes unmittelbar und zwingend. Der Marburger Bund hatte sich zwar in der Vergangenheit an den Tarifabschlüssen für den öffentlichen Dienst beteiligt, war aber im September 2005 aus dem Verbund mit der Gewerkschaft Ver.di ausgeschert, die über die Ablösung des BAT durch den TVöD verhandelte. Der kurz darauf am 1.10.2005 in Kraft getretene TVöD kam mithin ohne Mitwirkung des Marburger Bundes, dafür aber zwischen der Gewerkschaft Ver.di und der VKA zustande. Das beklagte Krankenhaus war daher ab dem 01.10.2005 sowohl an den zwischen dem Marburger Bund und der VKA noch weiter geltenden BAT als auch an den TVöD unmittelbar tarifgebunden. Der zwischen dem Marburger Bund und der VKA geschlossene Tarifvertrag für Ärztinnen und Ärzte an kommunalen Krankenhäusern (TV-Ärzte) sollte hingegen erst am 01.08.2006 in Kraft treten. Als Mitglied des Marburger Bundes galt für den Kläger damit nicht der TVöD, sondern weiterhin der erst zum 31.12.2005 gekündigte BAT aus dem sich gem. § 47 Abs. 2 BAT ein Anspruch auf einen Aufschlag zur Urlaubsvergütung ergab. Die beklagte Klinik verweigerte dem Kläger jedoch die Zahlung des Urlaubsaufschlags mit der Begründung, der TVöD sehe einen Urlaubsaufschlag nicht vor und der BAT sei nach dessen Ablösung durch den TVöD nach dem Grundsatz der Tarifeinheit nicht mehr anwendbar. Aufgrund des Spezialitätsprinzips werde der BAT als der allgemeinere Tarifvertrag vom spezielleren TVöD verdrängt. Demgegenüber vertrat der Kläger die Auffassung, dass seine Gewerkschaft dem neuen Tarifvertrag für den öffentlichen Dienst nicht zugestimmt, sondern später einen gesonderten Tarifvertrag für Ärzte vereinbart habe. Aus diesem Grund müsse in der Übergangszeit weiterhin der BAT auf ihn anwendbar sein. In dem Krankenhaus der Beklagten müssten daher zwei Tarifverträge gleichzeitig gelten.

Das BAG hat mit Urteil vom 07.07.2010 der Klage des Arztes stattgegeben. Damit gab der Senat seine bisherige Rechtsprechung zur Auflösung einer Tarifpluralität nach dem Grundsatz der Tarifeinheit zu Gunsten des spezielleren Tarifvertrages im Falle einer unmittelbaren Tarifgebundenheit des Arbeitgebers nach § 3 Abs. 1 TVG auf. In Anbetracht der vorangegangenen Entwicklungen kam diese Entscheidung auch nicht übermäßig überraschend. Während die Spartengewerkschaften die Entscheidung des BAG begrüßten, führte das Urteil bei DGB und BDA zu erheblicher Kritik. Im Detail hat das BAG die Abkehr vom Grundsatz der Tarifeinheit im Betrieb damit begründet, dass es weder eine gesetzliche Vorschrift gebe, die den alten BAT verdränge, noch eine schließungsbedürftige Regelungslücke, die die Richter füllen müssten. Das Gericht stellte zunächst fest, dass die Rechtsnormen eines Tarifvertrages, die den Inhalt, den Abschluss und die Beendigung von Arbeitsverhältnissen ordnen, nach § 3 Abs. 1 und § 4 Abs. 1 TVG in den jeweiligen Arbeitsverhältnissen eines Betriebs zwingend und unmittelbar gelten. Diese durch das Tarifvertragsgesetz vorgesehene Geltung werde nicht dadurch verdrängt, dass für den Betrieb kraft Tarifgebundenheit des Arbeitgebers nach § 3 Abs. 1 TVG mehr als ein Tarifvertrag anwendbar sei, obwohl für die jeweiligen Arbeitsverhältnisse derselben Art im Falle der Tarifbindung eines oder mehrerer Arbeitnehmer allerdings jeweils nur ein Tarifvertrag zur Anwendung komme. Eine solche, aufgrund unmittelbarer Tarifgebundenheit nach § 3 Abs. 1 TVG eingetretene Tarifpluralität könne für die genannten Rechtsnormen nicht nach dem Grundsatz der Tarifeinheit dahingehend aufgelöst werden, dass hinsichtlich dieser Normen nur ein Tarifvertrag „für den Betrieb“ gelte. Ein solcher Rechtsgrundsatz existiere gar nicht. Der 4. Senat ging nunmehr davon aus, dass es nach dem eindeutigen Wortlaut des Tarifvertragsgesetzes möglich ist, dass für verschiedene Arbeitnehmer im Betrieb unterschiedliche Tarifverträge gelten. Tarifpluralität sei im Sinne der §§ 3 Abs. 1 und 4 Abs. 1 im System des TVG angelegt. Es gelte zu berücksichtigen, dass die Bindung eines Arbeitsverhältnisses an einen Tarifvertrag auf privatautonomen Entscheidungen beruhe. Die Tarifvertragsparteien und ihre Mitglieder würden nur ihr Grundrecht aus Art. 9 Abs. 3 GG wahrnehmen und seien dadurch legitimiert, bestimmte Regelungen zu Arbeits- und Wirtschaftsbedingungen zu schaffen. Dieser Schutzgedanke werde aber entkräftet, wenn die Mitglieder der unterlegenen Gewerkschaft im Nachhinein nicht an den vereinbarten Mindestbedingungen teilhaben könnten. Eine Verdrängung der in den jeweiligen Arbeitsverhältnissen geltenden tariflichen Normen könne auch nicht auf die vormals herangezogenen übergeordneten Rechtsprinzipien der Rechtssicherheit und Rechtsklarheit gestützt werden. Rechtsprinzipien seien lediglich leitende Gedanken einer möglichen oder bestehenden rechtlichen Regelung. Sie vermögen jedoch nicht die positive Regelung selbst zu ersetzen. Ihnen fehle eine für die Anwendung auf den vorliegenden Fall fähige Norm mit bestimmtem Tatbestand und bestimmter Rechtsfolge. Des Weiteren mangele es an den Voraussetzungen einer wie auch immer gearteten richterlichen Rechtsfortbildung, da das TVG keine planwidrige Gesetzeslücke enthalte. Auch eine gesetzesübersteigende Rechtsfortbildung sei hier nicht möglich. Daran könnten auch Fragen der Zweckmäßigkeit oder die bislang vorgebrachten Praktikabilitätserwägungen grundsätzlich nichts ändern. Ferner sei die Verdrängung eines von der Gewerkschaft geschlossenen Tarifvertrages nach dem Grundsatz der Tarifeinheit auch nicht mit dem Grundrecht der Koalitionsfreiheit nach Art. 9 Abs. 3 GG zu vereinbaren. Darin liege sowohl ein nicht gerechtfertigter Eingriff in die kollektive Koalitionsfreiheit der unterliegenden tarifschließenden Gewerkschaft, als auch in die individuelle positive Koalitionsfreiheit der Mitglieder dieser Gewerkschaft. Eine Rechtfertigung über die Schranken des Grundrechts sei zudem nicht ersichtlich. Einschränkungen wären mit der verfassungsrechtlich garantierten Betätigungsfreiheit der Koalitionen nämlich nur dann vereinbar, wenn sie entweder dem Schutz des jeweiligen Koalitionspartners und damit gerade der Erhaltung der Funktionsfähigkeit der Tarifautonomie oder dem Schutz der Grundrechte Dritter dienen oder durch die Rücksicht auf andere Rechte mit Verfassungsrang gerechtfertigt seien. Nach Ansicht des Senats seien derzeit jedoch keine Anzeichen dafür erkennbar, dass ein solcher Eingriff in die Koalitionsfreiheit der Gewerkschaften und ihrer Mitglieder zur Wahrung der Funktionsfähigkeit der Tarifautonomie erforderlich wäre. Eine Bedrohung des Bestandes der Tarifverträge der Mehrheitsgewerkschaften sei rechtstatsächlich nicht ersichtlich. Auch lägen keine schwer überwindbaren Schwierigkeiten für die Gestaltung des Tarifrechts in Richtung auf Tarifklarheit und Rechtssicherheit vor. Ebenso seien Beeinträchtigungen grundrechtlich geschützter Gemeinwohlbelange durch eine Pluralität tariflicher Regelungen im Betrieb nicht gegeben. In seinen Entscheidungsgründen stellte das Gericht damit seine gesamte bisherige Rechtsprechung zur Frage nach der Zulässigkeit von Tarifpluralitäten im Betrieb auf den Kopf und widerlegte alle bislang eigens vorgebrachten Argumente.

Vor der endgültigen Urteilsfindung stellte der 4. Senat jedoch aufgrund der beabsichtigten Rechtsprechungsänderung mit Beschluss vom 27.01.2010 eine Divergenzanfrage an den 10. Senat des BAG, da er sich zunächst an einer abschließenden Entscheidung gehindert sah. Immerhin wollte er in dieser entscheidungserheblichen Rechtsfrage nicht nur von seiner eigenen Rechtsauffassung, sondern auch von der bisherigen Ansicht des 10. Senats abweichen. Die Einleitung eines Vorlageverfahrens an den Großen Senat des BAG nach § 45 Abs. 4 ArbGG verneinte der 4. Senat hingegen.[508]

II. Entscheidung des 10. Senats

Der 10. Senat des BAG hat sich der im Anfragebeschluss dargestellten Rechtsauffassung des 4. Senats zur Tarifeinheit im Betrieb mit Beschluss vom 23.06.2010

508 BAG, Urteil vom 07.07.2010, 4 AZR 549/08, AP Nr. 140 zu Art 9 GG, NZA 2010, 1068ff.

angeschlossen.[509] Der 10. Senat hatte bisher angenommen, dass nach dem Grundsatz der Spezialität in den Fällen der Tarifpluralität allein der Tarifvertrag zur Anwendung komme, der dem Betrieb räumlich, betrieblich, fachlich und persönlich am nächsten stehe und deshalb den Erfordernissen und Eigenarten des Betriebs und der darin tätigen Arbeitnehmer am besten gerecht werde. Nunmehr bestätigte der Senat jedoch, dass er die Rechtsansicht der Divergenzanfrage teile, wonach Rechtsnormen eines Tarifvertrages, die den Inhalt, den Abschluss und die Beendigung von Arbeitsverhältnissen ordnen, für Beschäftigte kraft beiderseitiger Koalitionsmitgliedschaft zwingend und unmittelbar gelten. Dies werde auch nicht dadurch ausgeschlossen, dass für den Betrieb kraft Tarifbindung des Arbeitgebers mehr als ein Tarifvertrag Anwendung finde, wenn für den einzelnen Arbeitnehmer allerdings jeweils nur ein Tarifvertrag gelte. Es sei kein hinreichender Grund ersichtlich, warum die im Gesetz angelegte Möglichkeit für das Nebeneinander mehrerer Tarifverträge ausgeschlossen werden müsse. Zudem gebe es keinen übergeordneten Grundsatz, dass auf verschiedene Arbeitsverhältnisse derselben Art in einem Betrieb nur einheitliche Tarifregelungen zu Anwendung kommen könnten. Nachdem feststand, dass der 10. Senat die Aufgabe der bisherigen Rechtsprechung zur Tarifeinheit im Betrieb gemeinsam mit dem 4. Senat tragen würde, konnte letzterer sein endgültiges Urteil abfassen. Der klagende Arzt hatte demnach Anspruch auf einen Urlaubsaufschlag nach den Bestimmungen des für ihn geltenden BAT.

509 BAG, Beschluss vom 23.06.2010, 10 AS 2/10 nicht amtlich veröffentlicht, AP Nr. 47 zu § 3 TVG, NZA 2010, 778.

D. Stellungnahme zu der aktuellen Bewertung von Tarifkonkurrenz und Tarifpluralität heute

Die vorangegangenen Ausführungen zu Tarifkonkurrenz und Tarifpluralität sollen nachfolgend bewertet werden. Ziel der Arbeit ist es, nach der Aufgabe des Grundsatzes der Tarifeinheit im Betrieb insbesondere mögliche Probleme für das Betriebsverfassungsrecht zu lösen, die nunmehr aufgrund der Zulassung von Tarifpluralität durch das BAG entstehen können. Dazu ist es jedoch erforderlich, die aktuellen Gegebenheiten mit Blick auf die Zukunft auszuwerten.

I. Tarifkonkurrenz

Das BAG löst Tarifkonkurrenzen zu Recht weiter nach dem Grundsatz der Tarifeinheit auf. Bereits seit der Weimarer Zeit gilt nach der herrschenden allgemeinen Überzeugung das Prinzip der Tarifeinheit im Betrieb. Die Rechtsprechungsaufgabe bezog sich allein auf die Tarifpluralität. Tarifkollisionen im Individualarbeitsverhältnis sind aber, wie bislang auch, dahingehend aufzulösen, dass nur ein Tarifvertrag zur Anwendung gelangen kann. Bei einer Tarifkonkurrenz geht es nämlich um kollidierende Tarifverträge, die sowohl auf Arbeitgeber- als auch auf Arbeitnehmerseite von jeweils denselben Tarifvertragsparteien abgeschlossen worden sind. Damit beanspruchen zwei oder mehr Tarifverträge normative Geltung im einzelnen individuellen Arbeitsverhältnis, d.h. Arbeitgeber und Arbeitnehmer sind je zweifach tarifgebunden. Die Auflösung von Tarifkonkurrenzen ist in diesem Fall zwingend, da die konkurrierenden Tarifverträge unterschiedliche Rechtsfolgenanordnungen für dasselbe Arbeitsverhältnis setzen können, welche in der Regel nicht kompatibel sind. Dieser Widerspruch kann so aber nicht hingenommen werden. Aus Gründen der Rechtssicherheit und der Rechtsklarheit gewährleistet in diesem Fall allein die Geltung eines Tarifwerkes eine praktisch handhabbare und durschaubare Regelung der Arbeitsbedingungen im einzelnen Arbeitsverhältnis. Ansonsten wäre stets unklar, welche Vorschrift maßgebend ist. Entscheidend für die Auflösung ist daher, dass es hier um Normierungen auf gleicher rechtlicher Ebene geht und nach dem Gestaltungswillen der Tarifvertragsparteien jeweils eine in sich geschlossene

Regelung vorliegt.[510] Die Gesamtregelung eines Tarifwerkes ist abschließend gemeint. In Bezug auf das Individualarbeitsverhältnis würde eine Mischung von Arbeitsbedingungen zweier oder mehrerer Tarifverträge den von den Tarifvertragsparteien gefundenen Kompromiss zerstören. Aus diesem Grund kann nur ein Tarifvertrag unmittelbare und zwingende Wirkung entfalten. In solchen Fallkonstellationen ist es tatsächlich und rechtlich ausgeschlossen, dass dasselbe Arbeitsverhältnis mehreren unterschiedlichen, von den Tarifvertragsparteien geschaffenen, Normbefehlen untersteht. Ein und derselbe Arbeitnehmer kann nicht aufgrund der mehrfachen Tarifbindung unterschiedlichen tariflichen Regelungen ausgesetzt sein. Sieht der eine Tarifvertrag beispielsweise eine regelmäßige Arbeitszeit von 37,5 Stunden, der andere aber 39 Stunden vor, muss im Rahmen des Individualarbeitsverhältnisses einem Tarifvertrag der Vorrang eingeräumt werden, damit letztlich klar ist, welche Stundenanzahl der Arbeitnehmer tatsächlich abzuleisten hat.

Zwar wird teilweise, ausgehend von dem Schutzzweck des Tarifvertrages, welcher bei der Festlegung von Arbeitsbedingungen die strukturelle Unterlegenheit des Arbeitnehmers durch kollektives Handeln auszugleichen versucht[511], gefolgert, dass bei einem Aufeinandertreffen kollidierender Tarifnormen für den Arbeitnehmer das Günstigkeitsprinzip gelten soll, nach wonach der in seiner Gesamtheit für den Arbeitnehmer günstigere Tarifvertrag vorrangig ist.[512] Dies ist aber abzulehnen. Dem Arbeitnehmer kann nicht gestattet werden, sich die jeweils für ihn günstigere Bestimmung aus den kollidierenden Tarifverträgen herauszusuchen. Andernfalls würde der von den Tarifvertragsparteien gefundene Kompromiss, der nach der Konzeption der Koalitionsfreiheit des Art. 9 Abs. 3 GG ein ausgewogenes Kräfteverhältnis widerspiegelt, ausgehöhlt.[513] Zudem gilt das Günstigkeitsprinzip generell nur im Verhältnis einer Kollektivnorm zum rangniedrigeren Arbeitsvertrag. Mittels des Tarifvertrages setzen die Tarifparteien Mindestarbeitsbedingungen fest, ohne Arbeitnehmern und Arbeitgebern die Möglichkeit zu nehmen, individuell bessere Arbeitsbedingungen zu vereinbaren.[514] Das Günstigkeitsprinzip stellt somit auf die Kollision von kollektivem und individuellem Arbeitsvertragsrecht ab, läuft aber bei der Kollision zweier kollektiver Vereinbarungen ins Leere.[515] Des Weiteren erfordert der Schutzzweck des

510 Vgl. Gamillscheg, Kollektives Arbeitsrecht, Bd. I, § 17, S. 755.
511 Löwisch/ Rieble, TVG, Grundlagen, Rn. 4.
512 Däubler, TVR, Rn. 1493f.
513 Jacobs, in Jacobs/Krause/Oetker, Tarifvertragsrecht, § 7, Rn. 210.
514 Witzig, S. 23.
515 Jacobs, Tarifeinheit und Tarifkonkurrenz, § 15, S. 243.

Tarifvertrages nicht die Kombination der angenehmsten Regelungen verschiedener Tarifwerke. Bereits der Abschluss eines Tarifvertrages gleicht die strukturelle Unterlegenheit des Arbeitnehmers wieder aus. Dies gilt auch für eine Kombination von Kollektivnormen konkurrierender Tarifverträge. § 3 Abs. 2 TVG normiert eine Besonderheit bei Rechtsnormen des Tarifvertrages über betriebliche und betriebsverfassungsrechtliche Fragen für alle Betriebe, da es hier auf eine Tarifbindung der Arbeitnehmer nicht ankommt, sofern deren Arbeitgeber tarifgebunden ist.[516] Dies trägt dem Umstand Rechnung, dass Normen, die das betriebliche Miteinander ordnen, nur einheitlich im Betrieb gelten können und daher nicht von der Mitgliedschaft des einzelnen Arbeitnehmers im tarifschließenden Verband abhängig gemacht werden dürfen.[517] Kollektivnormen stellen daher ebenfalls eine von den Tarifparteien gewollte abschließende Regelung der betrieblichen Ordnung dar. Diese ist weder einer Ergänzung durch einzelvertragliche Vereinbarungen, noch durch andere Tarifverträge zugänglich.[518] Es bleibt mithin auch hier bei dem Grundsatz der Tarifeinheit.

Demnach muss eine Tarifkonkurrenz zugunsten einer der in Rede stehenden Regelungen aufgelöst werden. Diese Kollisionsauflösung erfolgt dann nach dem von der Rechtsprechung und der überwiegenden Literatur favorisierten Spezialitätsprinzip. Hilfsweise wird auf das Mehrheitsprinzip abgestellt.

II. Tarifpluralität

1. Tarifpolitische und grundrechtliche Aspekte

Im Gegensatz zu der Tarifkonkurrenz ist die Tarifeinheit im Betrieb bei Tarifpluralität zu Recht von der Rechtsprechung aufgegeben worden. Wie gezeigt, fehlt es bereits an einer entsprechenden Rechtsgrundlage. Darüber hinaus verstößt der Grundsatz gegen Art. 9 Abs. 3 GG. Tarifpluralitäten sind vielmehr in der heutigen Tarifpraxis hinzunehmen. Dafür streitet nicht nur der Wandel in der Gewerkschaftslandschaft und die Abkehr von dem lang praktizierten Industrieverbandsprinzip der DGB-Gewerkschaften, sondern auch die Systematik des Gesetzes sowie der Wille des Gesetzgebers. Zudem gilt Art. 9 Abs. 3 GG für jedermann und erfasst damit nicht nur die Einheitsgewerkschaft, sondern geht

516 Däubler/Lorenz, TVG, § 3, Rn. 60.

517 ErfK/Franzen, § 3 TVG, Rn. 16.

518 Vgl. Witzig, S. 57.

vielmehr von Gewerkschaftsvielfalt und damit auch von Tarifvielfalt aus.[519] Tarifpluralität ist der Tarifpraxis nicht fremd. Vielmehr ist es eine längst gelebte Wirklichkeit und nicht erst eine Erscheinung der letzten Jahre. Es gibt zahlreiche Beispiele dafür, dass in einem Betrieb mehrere Tarifverträge unterschiedlicher Gewerkschaften nebeneinander bestehen können. Zu nennen sind in diesem Zusammenhang etwa das Gesundheitswesen, die Luftfahrtbranche, der Bahnverkehr oder die Chemieindustrie. Hier haben sich besondere Berufsgruppen in Schlüsselfunktionen, sog. Funktionseliten, herausgebildet. In der Luftfahrtbranche etwa gibt es verschiedene Tarifverträge für das Cockpitpersonal und das Kabinenpersonal.[520] Weiter gibt es in der Chemiebranche Tarifverträge für Führungskräfte, die vom BAVC und dem VAA (Verband angestellter Akademiker und leitender Angestellter der chemischen Industrie) abgeschlossen werden und zu den anderen Tarifverträgen in der chemischen Industrie hinzutreten.[521] In diesem Zusammenhang kann auch auf die Tarifverträge von Marburger Bund und Ver.di für den Gesundheitsbereich verwiesen werden. So hat der Marburger Bund mit fast allen privaten und öffentlichen Klinikarbeitgebern Tarifverträge abgeschlossen, ohne dass die Anwendung dieser Tarifverträge jemals zu Abgrenzungsproblemen oder zu einer Überforderung eines Krankenhauses geführt hätte.[522] Darüber hinaus gab es bereits früher ein Nebeneinander verschiedener, sich nicht ergänzender, Tarifverträge im Fall der DAG-Tarife gegenüber den ÖTV/HBV-Tarifen sowie im Bereich der öffentlich-rechtlich verfassten Bühnen mit der Anwendung des BAT/TVöD neben dem NV Bühne für das künstlerische Personal oder bei Zeitungs- und Zeitschriftenverlagen mit unterschiedlichen Journalisten- und Druckertarifen in ein und demselben Betrieb.[523] Ferner existieren im Bereich des Bahnverkehrs neben einem Basistarifvertrag, der etwa 80% aller Tarifbestimmungen einheitlich für alle Beschäftigungsgruppen regelt, sechs funktionsspezifische Tarifverträge, welche berufsgruppenbezogene Regelungen enthalten.[524] Bezogen auf die Berufsgruppe der Lokführer besitzt die

519 So auch Däubler/Zwanziger, TVG, § 4, Rn. 943ff.; ErfK/Dieterich, Art. 9 GG, Rn. 85, ErfK/Franzen, § 4 TVG, Rn. 71, Hanau, RdA 2008, 98; Jacobs, in Jacobs, in Jacobs/Krause/Oetker, Tarifvertragsrecht, § 7, Rn. 231ff.; Reichold, RdA 2007, 324; Wiedemann/Wank, TVG, § 4, Rn. 287.

520 BAG, Urteil vom 11.02.2004, 4 AZR 94/03 nicht amtlich veröffentlicht, NZA 2005, 655.

521 Franzen, RdA 2008, 195.

522 Hammerschlag, DB 2010, Standpunkte, 79.

523 Reichold, Rechtsgutachten Tarifeinheit, 2010, S. 7.

524 Fritz/Meyer, NZA Beilage 3/2010, 112.

GDL die formelle Tarifführerschaft in den Tarifverhandlungen. Für die anderen fünf funktionsspezifischen Tarifverträge gilt dies für die Tarifgemeinschaft (TG) aus TRANSNET und GDBA. Die Forderungen für alle sechs Tarifverträge sollen indessen alle Gewerkschaften untereinander abstimmen und letztlich die in jeweiliger Verhandlungsführerschaft erreichten Tarifabschlüsse als eigenen Tarifvertrag übernehmen.[525] Die Deutsche Bahn schloss den eigenständigen, auf Entgelt und Arbeitszeit bezogenen „funktionsspezifischen" Tarifvertrag mit der GDL im Zuge des Tarifkonflikts und der in diesem Zusammenhang prognostizierten und tatsächlichen Auswirkungen widersprüchlicher Tarifabschlüsse ab. Zwar sollte primär durch ein „widerspruchs- und konfliktfreies" Tarifvertragswerk eine Tarifkonkurrenz für mehr als 30.000 Mitarbeiter vermieden werden. Allerdings wurde im Gegenzug eine „entschärfte" Tarifpluralität hingenommen. Die Deutsche Bahn verfolgte damit das Ziel, zwischen TG und GDL die Abgrenzung des tarifpolitischen Betätigungsfeldes über die persönlichen Geltungsbereiche der Regelungen, sowie Widerspruchsfreiheit in Form einer Verpflichtung zur wechselseitigen Übernahme der jeweils anderen Regelung zu sichern.[526]

All diesen Konstellationen ist jedoch immanent, dass sich die persönlichen bzw. fachlichen Geltungsbereiche der Tarifwerke nicht überschneiden. Die Abstimmung der Geltungsbereiche von Tarifverträgen unterschiedlicher Gewerkschaften setzt aber voraus, dass die jeweiligen Arbeitnehmerkoalitionen miteinander kooperieren und ihre jeweiligen Zuständigkeitsbereiche respektieren.[527] Das ist zwar nicht immer der Fall, allerdings auch nicht völlig abwegig, wie die zahlreichen Beispiele beweisen. Der Wandel in der Gewerkschaftslandschaft streitet aber gerade für die Zulassung von Tarifpluralität. Aufgrund der immer bedeutungsvolleren Stellung von Sparten- und Spezialistengewerkschaften in vielen Unternehmen, war deren Anerkennung als gleichberechtigte Tarifvertragsparteien nur eine Frage der Zeit.[528] In den letzten Jahren haben sich auf Koalitionsebene die Kräfteverhältnisse verschoben. Während das Industrieverbandsprinzip weiter ins Abseits gerückt ist, haben sich immer mehr Gewerkschaften berufsspezifisch organisiert. So hatten sich beispielsweise die Gewerkschaften Marburger Bund, UFO, Vereinigung Cockpit oder GdF in der Vergangenheit von Ver.di abgespalten, um eigenständig ihre Interessen vertreten

525 Bayreuther, in FS für Hromadka, 2008, S. 1ff.

526 Bayreuther, in FS für Hromadka, 2008, S. 1ff.

527 Franzen, RdA 2008, 195.

528 Siehe BAG, Beschluss vom 28.03.2006, 1 ABR 58/04, AP Nr. 4 zu § 2 TVG Tariffähigkeit; NZA 2006, 1120ff.; BAG, Beschluss vom 14.12.2004, 1 ABR 51/03, AP Nr. 1 zu § 2 TVG Tariffähigkeit, NZA 2005, 697ff.

und selbständig Verhandlungen führen zu können. Durch diese Verlagerung wurde es diesen und anderen Gewerkschaften erst möglich, als gleichberechtigte Gegenspieler aufzutreten. Wird daher einer Gewerkschaft die Tariffähigkeit zugesprochen, ist auch davon auszugehen, dass ihre Teilnahme am Tarifgeschehen keine Gefahr für die Tarifautonomie darstellt. Mithin kann der aus der Liberalisierung folgende Wettbewerb unter den Gewerkschaften kein Argument dafür bieten, dass jegliche Konkurrenz umgehend zu eliminieren ist. Vielmehr lässt sich daraus schließen, dass ein Nebeneinander zweier Tarifverträge im Betrieb nicht die Tarifautonomie funktionsuntüchtig machen kann.[529] Jede andere Annahme würde zu einem unauflösbaren Widerspruch führen. Denn wenn eine Gewerkschaft bereits die Hürde der Tariffähigkeit genommen hat und ihr damit zugestanden wird, für ihre Mitglieder aktiv in Tarifverhandlungen einzugreifen und Resultate in Form von Tarifabschlüssen zu erbringen, dann können ihr diese Rechte nicht nachträglich wieder mit dem Argument genommen werden, das Ergebnis ihres Handelns stelle eine Gefahr für die Tarifautonomie dar. Der Grundsatz der Tarifeinheit führte mithin dazu, dass die Zuerkennung der Tariffähigkeit an kleinere Gewerkschaften im Ergebnis oft nutzlos blieb.[530] Denn durch die Anwendung des Spezialitätsprinzips als Kollisionsregel sind Sparten- oder Spezialistentarifverträge in den meisten Fällen von Tarifverträgen, die den Betrieb als Ganzes erfassten, verdrängt worden.[531] Damit wurde jedoch die zunächst zugestandene eigenständige Tarifpolitik durch ein Hintertürchen wieder beschränkt. Ein solches Verständnis ist aber mit der freiheitlichen Ausrichtung des Grundgesetzes, das einen Koalitionspluralismus ermöglicht, nicht zu vereinbaren, worauf auch die Beschlüsse des BAG zur Tariffähigkeit der UFO und der CGM hinweisen.[532] Der insbesondere von den DGB-Gewerkschaften und den meisten Arbeitgebern verpönte „Gruppenegoismus"[533] bestimmter Berufsgruppen kann daher nicht als Argument für eine Sanktionierung der Tarifpluralität durch Versagung der Tarifgeltung herangezogen werden. Das gilt auch für die bisherige Rechtsprechung des BAG. Erfüllt eine Vereinigung von Arbeitnehmern oder Arbeitgebern die von der Rechtsprechung vorausgesetzten Kriterien der Tariffähigkeit, dann muss es ihr auch möglich sein, die ihr zustehenden Rechte und Pflichten auszuüben und umzusetzen.

529 Bayreuther, NZA 2007, 188.
530 Bayreuther, NZA 2007, 188.
531 Buchner, ZfA 2004, 248f.
532 Thüsing/von Medem, ZIP 2007, 511.
533 Jacobs, NZA 2008, 329.

Hierzu kann angemerkt werden, dass die Bereitschaft zum Streik oder anderen Arbeitskampfmaßnahmen in Deutschland ohnehin deutlich weniger ausgeprägt ist, als in vielen vergleichbaren Ländern. Die neuesten Berechnungen des Wirtschafts- und Sozialwissenschaftlichen Instituts der Hans-Böckler-Stiftung (WSI) zeigen, dass die Zahl der durchschnittlichen Streiktage pro Tausend Beschäftigte in den Jahren 2004 bis 2007 nach der offiziellen Statistik der Bundesagentur für Arbeit in Deutschland bei 6 lag, während sie in Großbritannien 27, in Norwegen 34 und in Italien 41 betrug. An der Spitze lagen Belgien mit 74, Finnland mit 93, Spanien mit 101 und Kanada mit 182 Tagen.[534]

Danach stellt sich natürlich die Frage, ob dieses zurückhaltende Streikverhalten allein der Tarifeinheit im Betrieb zuzuschreiben war und zukünftig mit mehr Aktivität zu rechnen ist. Nach dem Projektbericht[535] des Rheinisch-Westfälisches Instituts für Wirtschaftsforschung (RWI) im Auftrag des Bundesministeriums für Wirtschaft und Technologie (BMWi) zu den Auswirkungen der Tarifpluralität auf das deutsche Tarifvertragssystem und auf die Häufigkeit von Arbeitskämpfen können diese Befürchtungen zumindest aktuell nicht geteilt werden. Zum einen konnte nicht festgestellt werden, dass es seit dem besagten Urteil des BAG zu einem starken Anstieg der Neugründungen von Gewerkschaften oder deren tarifpolitischer Verselbständigung gekommen ist. Vielmehr sind allein Gewerkschaften oder Verbände aus Wirtschaftszweigen, wie dem Gesundheits- und Verkehrsbereich, aktiver geworden, in denen Berufsgruppengewerkschaften aber schon seit einiger Zeit bestehen.[536] Der Verweis auf die „englischen Verhältnisse“ der 70er Jahre scheint insoweit verfehlt, als ein rasanter Anstieg an Berufsgruppengewerkschaften bislang ausgeblieben und in dem prophezeiten Maße auch nicht zu erwarten ist.[537] Im Hinblick auf die Berufsfeuerwehren kann im Übrigen festgehalten werden, dass es sich hier zwar um eine Berufsgruppe handelt, die Ähnlichkeiten mit den etablierten Spartengewerkschaften aufweist, die aber in einem bisher nicht von Berufsgruppengewerkschaften geprägten

---

534 Bispinck, WSI-Tarifhandbuch 2010, S. 150.

535 Bachmann, Henssler, Schmidt, Talmann, Empirische Analyse der Auswirkungen der Tarifpluralität auf das deutsche Tarifvertragssystem und auf die Häufigkeit von Arbeitskämpfen, abrufbar unter http://www.rwi-essen.de/media/content/pages/publikationen/rwi-projektberichte/PB_Tarifpluralitaet.pdf.

536 Empirische Analyse der Auswirkungen der Tarifpluralität auf das deutsche Tarifvertragssystem und auf die Häufigkeit von Arbeitskämpfen, S. 30.

537 So auch Bayreuther, DB 2010, 2226.

Bereich tätig ist.[538] Sollte die aktuelle Entwicklung jedoch dazu beitragen, dass sich eine neue Spartengewerkschaft bildet, kann dies keinesfalls für die Begründung einer gesetzlichen Einheitsregelung ausreichen. Immerhin muss sich auch diese Berufsgruppe vorab an ihrer Tariffähigkeit messen lassen. Mit Blick auf die Streikaktivität der etablierten Funktionseliten nach der Rechtsprechungsänderung kommt der Projektbericht zu dem Ergebnis, dass kein unmittelbar kausaler Zusammenhangs zwischen dem Urteil des 4. Senats und Arbeitskampfmaßnahmen festzustellen ist. Insgesamt sind die Arbeitskampfmaßahmen eher als niedrig einzustufen. Gesteigerte Gewerkschaftsaktivitäten im Bereich der Daseinsvorsorge gab es zudem bereits vor der Aufgabe des Grundsatzes der Tarifeinheit im Betrieb. Daher kann festgehalten werden, dass das BAG-Urteil bisher keine messbaren Spuren bei den Streikaktivitäten hinterlassen hat. Nach Ansicht des Projektteams kann somit von einem starken Handlungsdruck seitens des Gesetzgebers in dem Sinne, dass nur eine rasche gesetzliche Regelung zur Tarifeinheit einen starken Anstieg der Arbeitskampfaktivitäten würde verhindern können, eigentlich kaum die Rede sein.[539] Das Fazit der empirischen Untersuchung lautet daher, dass das von den Verfechtern der Tarifeinheit im Betrieb heraufbeschworene „Negativszenario“ aktuell nicht zu erkennen ist und somit auch nicht ohne weitere empirische Belege als gesetzt angenommen werden darf. Im Übrigen ist darauf zu verweisen, dass vornehmlich Restriktionen im Bereich des Arbeitskampfrechts ein milderes Mittel darstellen würden.[540] Darauf hat auch das BAG in seiner rechtsprechungsändernden Entscheidung verwiesen. Danach seien die aus einer Tarifpluralität möglicherweise erwachsenden Folgen für Arbeitskämpfe im Bereich des Arbeitskampfrechts zu lösen. Genauso verhalte es sich auch für das Betriebsverfassungsrecht.[541]

2. Unterschiedliche Bewertung bei Individual- und Kollektivnormen

Infolge der Anerkennung von Tarifpluralität, muss nunmehr auch eine Unterscheidung nach den verschiedenen Normgruppen eines Tarifwerkes erfolgen. Das BAG hat die Aufgabe der Tarifeinheit im Betrieb ausdrücklich für die

538 Empirische Analyse der Auswirkungen der Tarifpluralität auf das deutsche Tarifvertragssystem und auf die Häufigkeit von Arbeitskämpfen, S. 31.

539 Empirische Analyse der Auswirkungen der Tarifpluralität auf das deutsche Tarifvertragssystem und auf die Häufigkeit von Arbeitskämpfen, S. 33.

540 So auch Rieble, Verfassungsmäßigkeit eines Gesetzes zur Regelung der Tarifeinheit, S. 145.

541 BAG, Urteil vom 07.07.2010, 4 AZR 549/08, AP Nr. 140 zu Art 9 GG, NZA 2010, 1068ff.

Rechtsnormen eines Tarifvertrages, die den Inhalt, den Abschluss und die Beendigung von Arbeitsverhältnissen ordnen, statuiert. Nachstehend soll daher insbesondere die Behandlung von Kollektivnormen genauer erörtert werden.

a. Individualnormen

Zumindest im Hinblick auf die Individualnormen konkurrierender Tarifverträge muss zukünftig gelten, dass für den einzelnen Arbeitnehmer allein der Tarifvertrag seiner Arbeitnehmerorganisation Anwendung findet, sofern er nur an diesen einen gebunden ist. Eine Verdrängung findet danach nicht mehr statt. Die Verletzung der individuellen und kollektiven Koalitionsfreiheit aus Art. 9 Abs. 3 GG lässt sich vorliegend dadurch vermeiden, dass je nach Gewerkschaftszugehörigkeit der eine oder der andere Tarifvertrag zur Anwendung kommt. Folglich kann keinem tarifgebundenen Arbeitnehmer mehr ohne Weiteres sein tariflicher Schutz entzogen werden kann. Darüber hinaus müssen auch einzelne Gewerkschaften nicht länger befürchten, nachträglich um die Früchte ihrer verfassungsrechtlich garantierten Koalitionsbetätigung gebracht zu werden. Vielmehr können sie jetzt auch die von ihnen getroffenen Regelungen für ihre Mitglieder durchsetzen. Dies kann nur zu einem gesunden Wettbewerb der Gewerkschaften untereinander führen. Ob mit kleiner oder großer Mitgliederstärke, die Kräfteverhältnisse sind wieder ausgeglichen. Der Grundsatz „ein Betrieb – eine Gewerkschaft" ist damit nicht länger allgemeingültig.

b. Kollektivnormen

Etwas anderes muss jedoch für die Kollektivnormen der kollidierenden Tarifverträge gelten. Denklogisch liegt hier aber auch keine Tarifpluralität, sondern eine „betriebsweite Tarifkonkurrenz" vor.[542]

Da Kollektivnormen allein bei Tarifbindung des Arbeitgebers nach § 3 Abs. 2 TVG für alle Arbeitnehmer des Betriebs, also auch für die „Außenseiter", gelten, kollidieren diese zwar im Arbeitsverhältnis, aber betriebsweit. Letztlich findet die entscheidende Überschneidung aber im Individualarbeitsverhältnis statt. Danach liegt keine typische Situation einer Tarifpluralität vor, da es nicht nur zu einer Kollision auf betrieblicher Ebene kommt.[543] Vielmehr ist von einer „betriebsweiten Konkurrenz" der Tarifverträge auszugehen. Diese ist zwingend

---

542 Vgl. dazu Jacobs, in Jacobs/Krause/Oetker, Tarifvertragsrecht, § 7, Rn. 229.

543 Däubler/Zwanziger, TVG, § 4, Rn. 924; Jacobs, Tarifeinheit und Tarifkonkurrenz, § 15, S. 248; Lindemann/Simon, BB 2006, 1857; Löwisch/Rieble, TVG, § 4, Rn. 151; Thüsing/von Medem, ZIP 2007, 512; Wiedemann/Wank, TVG, § 4, Rn. 271.

auflösungsbedürftig. Als Kollisionsregel ist der Grundsatz der Tarifeinheit im Arbeitsverhältnis heranzuziehen. Dies ergibt sich auch aus dem Sinn und Zweck der Kollektivnormen.

Normen über betriebliche oder betriebsverfassungsrechtliche Fragen regeln Sachverhalte, die wegen der gesetzlichen Wertung aus § 3 Abs. 2 TVG notwendigerweise zu einer einheitlichen Anwendung für alle Arbeitnehmer gelangen müssen, da es sich um Angelegenheiten handelt, die über das einzelne Individualarbeitsverhältnis hinausgehen und damit ausnahmslos alle Arbeitnehmer im Kollektiv betreffen. Sie zeichnen sich gerade dadurch aus, dass sie dem einzelnen Arbeitnehmer nicht unmittelbar, sondern nur als Mitglied der Belegschaft zu Gute kommen.[544] Dadurch besteht aber die Möglichkeit, dass unter Umständen unterschiedliche Rechtsfolgenanordnungen für ein und dasselbe Arbeitsverhältnis getroffen werden. Das steht jedoch in Widerspruch zu dem verfolgten Kollektivziel. Beispielhaft sei hier § 87 Abs. 1 Nr. 1 BetrVG angeführt. Regelungen über das Rauchen oder den Alkoholgenuss am Arbeitsplatz können zwangsläufig nur einheitlich getroffen werden. Schließt der eine Tarifvertrag diese Verhaltensweisen aus, kann sie der andere nicht zulassen oder umgekehrt. Einer Regelung muss damit der Vorrang gebühren, auch um der Ordnungsfunktion des Tarifvertrages gerecht zu werden. Folglich kann nur ein Tarifvertrag maßgeblich sein, dessen Kollektivnormen betriebseinheitlich für alle Arbeitsverhältnisse gelten.

Das Argument, bei Individual- und Kollektivnormen komme es regelmäßig zu erheblichen Abgrenzungsschwierigkeiten[545], kann einer getrennten Behandlung der verschiedenen Normgruppen nicht entgegenstehen. Eine Trennung ist weder unmöglich, noch führt sie zu den prophezeiten praktischen Schwierigkeiten. Vielmehr müssen die Normgruppen selbst in problematischen Fällen kraft Gesetzes voneinander abgegrenzt werden, weil sie unterschiedlichen Geltungsvoraussetzungen unterliegen.[546] Einer Differenzierung kann demnach schon wegen der Vorgabe des Gesetzgebers nicht aus dem Weg gegangen werden.

Nach Ansicht des BAG und auch der herrschenden Meinung in der Literatur liegt eine kollektive Regelung dann vor, wenn eine individualvertragliche Regelung wegen „evident sachlogischer Unzweckmäßigkeit" ausgeschlossen ist.[547] Anders formuliert bedeutet dies, dass eine Anordnung durch betriebliche Normen nur dann in Betracht kommt, wenn aus „rechtlichen oder tatsächlichen

---

544 Brecht, Die Umsetzung von Tarifverträgen auf Betriebsebene, 2003, S. 173.

545 Vgl. Brocker, NZA Beilage 3/2010, 124; Meyer, NA 2006, 1390.

546 Jacobs, NZA 2008, 328.

547 BAG, Beschluss vom 26.4.1990, 1 ABR 84/87, AP Nr. 57 zu Art 9 GG, NZA 1990, 850ff.

Gründen lediglich eine einheitliche Gestaltung möglich ist".[548] Durch Betriebsnormen sollen daher auch nur solche Arbeitsbedingungen geregelt werden, die nicht individuell durch Arbeitgeber und Arbeitnehmer zu vereinbaren sind, weil diese Arbeitsbedingungen in einer Wechselbeziehung zu den Arbeitsbedingungen der anderen Arbeitnehmer stehen und daher nur in dieser Wechselbezüglichkeit geregelt werden können.[549]

Kritiker befürchten, dass bei einer Aufspaltung der Kompromisscharakter von Tarifverträgen entwertet wird, da sowohl die Betriebs- als auch die Individualnormen als einheitliches Tarifwerk anzusehen seien.[550]

Erkennt man Tarifpluralität hinsichtlich der Individualnormen an und löst lediglich die Kollision von Kollektivnormen nach dem Grundsatz der Tarifeinheit im Arbeitsverhältnis auf, besteht die Möglichkeit, dass es für manche Arbeitnehmer zu einer Kombination von Tarifverträgen kommt. Das bedeutet, dass die betrieblichen und betriebsverfassungsrechtlichen Regelungen des einen und die Individualnormen des anderen Tarifvertrages im Individualarbeitsverhältnis zur Anwendung gelangen können. Individual- und Kollektivnormen stehen aber nicht zwangsläufig in einem unauflösbaren Verhältnis, so dass eine unterschiedliche Behandlung nicht ungebührend den Sinnzusammenhang eines Tarifwerks zerstört.[551] Grundsätzlich werden die Normgruppen auch unabhängig voneinander vereinbart. Des Weiteren ist auch nicht ausschlaggebend, dass Betriebsnormen evtl. in einem unmittelbaren sachlichen Zusammenhang mit Inhaltsnormen stehen. Die Zulassung von Tarifpluralität für Individualnormen vermag es nicht, das Äquivalenzverhältnis des tarifvertraglichen Kompromisses zu stören.[552] Dafür spricht, dass der Interessenzusammenhang zwischen Individualnormen und Betriebsnormen weniger ausgeprägt ist, als innerhalb der Individualnormen.[553] Hinzu kommt, dass ein einheitlicher Regelungszusammenhang der beiden Normgruppen im Hinblick auf die „Außenseiter" immer zu Schwierigkeiten führen wird, da auf diese ohnehin nur die Kollektivnormen Anwendung finden. Die prinzipielle Möglichkeit derartiger Interessenverknüpfungen kann einer Aufspaltung des teilweise verdrängten Tarifvertrages jedoch

548 BAG, Urteil vom 21.1.1987, 4 AZR 486/86, AP Nr. 46 zu Art 9 GG; Däubler, TVR, Rn. 804; Kempen, in Kempen/Zachert, § 3 TVG, Rn. 13.
549 Löwisch/Rieble, TVG, § 1, Rn 106; H. Hanau, RdA 1996, 158ff.
550 Meyer, NZA 2006, 1391.
551 Jacobs, Tarifeinheit und Tarifkonkurrenz, § 15, S. 250.
552 Thüsing/von Medem, ZIP 2007, 513.
553 Jacobs, NZA 2008, 328.

nicht entgegenstehen.[554] Dies hat *Waas* überzeugend mit Blick auf die Teilnichtigkeit von Tarifverträgen nachgewiesen.[555] § 139 BGB sei auf Tarifverträge nicht anwendbar, so dass in erster Linie nicht von einer Gesamtnichtigkeit auszugehen ist.[556] Sofern eine Aufspaltung in Individual- und Kollektivnorm wegen des Interessenzusammenhangs abwegig erscheint, müsse eben die Inhaltsnorm gemeinsam mit der betrieblichen Norm weichen.[557] An dem Umgang mit den verbleibenden Regelungen kann dies aber nichts ändern.

Für diese Problematik besteht keine einheitliche Lösung. Allerdings entstehen die Schwierigkeiten nicht nur im Kontext der Tarifpluralität. Daher ist es sinnvoll, um potentielle Abgrenzungsprobleme einzudämmen und ihre jeweilige Anwendung zu erleichtern, die Annahme von Betriebsnormen auf das unabdingbar Notwendige zu beschränken. Das bedeutet, dass zukünftig § 3 Abs. 2 TVG eher restriktiv zu handhaben ist. Soweit angeführt wird, dass beispielsweise Regelungen zur Kurzarbeit individualrechtliche und betriebsverfassungsrechtliche Aspekte einschließen[558], kann nur darauf verwiesen werden, immer genau zu untersuchen, ob im zugrunde liegenden Fall auch wirklich eine einheitliche Behandlung notwendig ist, also ob bei Arbeitszeitnormen nicht doch eine Inhaltsnorm statt einer Betriebsnorm und damit Tarifpluralität vorliegt.[559] Eine Abgrenzung hat daher in jedem Fall zu erfolgen.

c. *Auflösung „betriebsweiter Tarifkonkurrenzen"*

Nach hier vertretener Auffassung, setzt sich in Bezug auf die Kollektivnormen derjenige Tarifvertrag durch, der die meisten mitgliedschaftlich legitimierten Tarifbindungen im Betrieb aufweist.[560] Dies gilt sowohl für betriebliche als auch für betriebsverfassungsrechtliche Normen. Im Vergleich zu den unterschiedlichen Lösungsmodellen der Literatur oder der Rechtsprechung, kann nur

554 Thüsing/von Medem, ZIP 2007, 514.
555 Waas, Tarifkonkurrenz, S. 119.
556 Däubler/Reim, TVG, § 1, Rn. 168.
557 Thüsing/von Medem, ZIP 2007, 514.
558 Vgl. Brocker, NZA Beilage 3/2010, 124.
559 Vgl. Jacobs, NZA 2008, 327.
560 So auch Bayreuther, Tarifautonomie als kollektiv ausgeübte Privatautonomie, S. 396f.; Däubler/Zwanziger, TVG, § 4, Rn. 935; Franzen, RdA 2008, 199; Hanau, RdA 2008, 102; Jacobs, Tarifeinheit und Tarifkonkurrenz, § 17, S. 309; ders. NZA, 2008, 327; Jacobs, in Jacobs/Krause/Oetker, Tarifvertragsrecht, § 7, Rn. 225; Löwisch/Rieble, TVG, § 4, Rn. 151; Reichold, RdA 2007, 327; Wendeling-Schröder, in Kempen/Zachert, § 4 TVG, Rn. 186; Witzig, S. 107.

das Mehrheitsprinzip überzeugen. Diese Kollisionsregel basiert auf demokratischen Grundgedanken. Durch das Anknüpfen an die Mitgliederzahl wird zudem Rechtssicherheit geschaffen, weil es im Unterschied zum Spezialitätsprinzip keine unsicheren Anknüpfungspunkte gibt, sofern die Mitgliederzahl feststeht. Darüber hinaus bietet die Lösung einen Wettbewerbsanreiz für die beteiligten Gewerkschaften, sich um ihre Mitglieder zu bemühen und neue Mitglieder zu werben. Ferner ist das Mehrheitsprinzip dem kollektiven Arbeitsrecht keineswegs fremd, wie etwa § 21a Abs. 2 BetrVG belegt. Danach nimmt im Falle der Aufspaltung eines Betriebs der Betriebsrat des größeren Betriebs bzw. Betriebsteils das Übergangsmandat wahr. Der Unterschied liegt jedoch darin, dass der Schwellenwert in diesem Fall offen erkennbar ist. Das Repräsentationsprinzip hat ebenfalls in § 7 Abs. 2 AEntG seinen Niederschlag gefunden.

Problematisch ist jedoch, dass sich in der Praxis oft nur schwer feststellen lässt, welche Gewerkschaft über mehr Mitglieder im Betrieb verfügt. In der Regel verfügen weder der Arbeitgeber noch die Arbeitnehmer über gesicherte Informationen zu den Mehrheitsverhältnissen im Betrieb. Allerdings sind die innerhalb des Betriebs konkurrierenden Gewerkschaften in der Lage diese Frage zu klären. Danach sollte es zunächst deren Aufgabe sein, zu einer Einigung zu gelangen. Diese „Zusammenarbeit" erscheint auch erstrebenswert, da zum einen die Gewerkschaftszugehörigkeit des einzelnen Arbeitnehmers nicht offenbart werden muss, zum anderen weil es der Gewerkschaft, die weniger Mitglieder vorweisen kann, trotz allem weiter möglich bleibt die Individualnormen ihres Tarifvertrages für ihre tarifgebundenen Arbeitnehmer durchzusetzen und keine vollständige Verdrängung mehr stattfindet. Daher gibt es eigentlich keinen Grund, eine Aufklärung der Sachlage von Seiten der beteiligten Gewerkschaften mutwillig zu blockieren. Können die Gewerkschaften nicht untereinander klären, welche von ihnen über die größere Mitgliederanzahl verfügt, muss letztlich ein Beschlussverfahren vor dem Arbeitsgericht über die Tarifzuständigkeit herbeigeführt werden, §§ 2a, 80ff. ArbGG. Das Arbeitsgericht wird dann die Ermittlung der tarifgebundenen Arbeitnehmer übernehmen, da im Beschlussverfahren der Amtsermittlungsgrundsatz gem. § 83 ArbGG gilt. So lässt sich letztendlich Klarheit schaffen, auch wenn das Verfahren von gewisser Dauer sein kann.

Diese Vorgehensweise führt jedoch nicht zu erheblichen Komplikationen innerhalb des Betriebsgefüges. Auch vor der Rechtsprechungsänderung war es so, dass bei Streitigkeiten über den spezielleren Tarifvertrag die Arbeitsgerichte im Urteilsverfahren bemüht wurden. Eine dogmatisch fundierte Lösung ohne eventuelle Rechtsstreitigkeiten gibt es in solchen Konkurrenzsituationen kaum. Hinzu kommt, dass im Falle einer unklaren Sachlage bei Tarifpluralität der Arbeitgeber berechtigt ist, zunächst auf alle Arbeitsverhältnisse des Betriebs nur einen Tarifvertrag anzuwenden.[561] Will ein Arbeitnehmer die Geltung eines anderen Tarifvertrages für sich beanspruchen, muss er seine Gewerkschaftszugehörigkeit offen legen. Macht der Arbeitnehmer einen bestimmten tariflichen Anspruch geltend, trifft ihn die Darlegungs- und Beweislast für Anspruchsvoraussetzungen. Dazu zählt auch die Gewerkschaftszugehörigkeit. Dies ist insbesondere für die Anwendung der jeweiligen Individualnormen wichtig. Der Arbeitgeber ist danach so lange auf der „sicheren Seite", bis entweder ein Arbeitnehmer seine Mitgliedschaft preisgibt bzw. die Mehrheitsverhältnisse einer Gewerkschaft bindend festgestellt sind.

Weiter stellt sich die Frage, wie zu verfahren ist, wenn die Mehrheitsverhältnisse wechseln, etwa weil beide Gewerkschaften annähernd gleich stark im Betrieb vertreten sind. Ein Hin und Her zwischen den konkurrierenden Tarifverträgen könnte die betriebliche Ordnung ins Chaos stürzen. Hier ist keinesfalls geklärt, ob die zunächst für den Betrieb gültigen betrieblichen und betriebsverfassungsrechtlichen Regelungen sich gegebenenfalls nach einer vereinbarten Zeitspanne auch wieder umkehren können, oder ob ausschließlich die einmal zur Anwendung gelangten Kollektivnormen zumindest bis zum Ende der Laufzeit des entsprechenden Tarifvertrages gelten. Um unnötige Machtkämpfte um die Mitgliedermehrheit im Betrieb zwischen den vertretenen Gewerkschaften zu vermeiden sowie Rechtsklarheit für den Arbeitgeber und insbesondere für die Belegschaft zu schaffen, ist für diesen Fall eine Einschränkung vorzunehmen. Im Hinblick auf die Betriebsnormen eines Tarifvertrages muss deshalb gelten, dass veränderte Mehrheitsverhältnisse den ursprünglich mitgliedschaftlich legitimierten Tarifvertrag bis zu dessen Laufzeitende nicht verdrängen können, sofern keine abweichende zeitliche Regelung getroffen wurde. Es gelten damit die Betriebsnormen des Tarifvertrages weiter, der sich bei Bestehen einer Konkurrenzsituation zunächst durchgesetzt hat. Dies ist insbesondere durch den Sinn und Zweck des § 3 Abs. 2 TVG gerechtfertigt, der eine einheitliche Ordnung innerhalb des Betriebs fordert. Soweit es um Betriebsverfassungsnormen geht, die die Organisation einer Arbeitnehmervertretung zum Inhalt haben, wie §§ 3, 47 Abs. 4, 55 Abs. 4, 117Abs. 2 BetrVG, kann ebenfalls nur richtig sein, dass eine einmal rechtsgültig installierte Arbeitnehmervertretung nicht durch den Abschluss eines späteren Tarifvertrages wieder verdrängt wird.[562] Gleiches

561 Jacobs, NZA 2008, 328.

562 Vgl. Franzen, RdA 2008, 199, allerdings mit der Folge, dass ein modifiziertes Prioritätsprinzip zur Lösung führt.

muss gelten, wenn sich die Mehrheitsverhältnisse im Betrieb verschieben. Mithin gilt auch hier bis zum Ablauf der regelmäßigen Amtszeit der Arbeitnehmervertretung der Tarifvertrag, der durch die Mehrheit der gewerkschaftlich organisierten Arbeitnehmer im Betrieb legitimiert ist. Nachfolgende Tarifverträge können daran nichts ändern. Diese Lösung vermag auf demokratischer Basis den Ordnungsgedanken der Kollektivnormen aufrechtzuerhalten, ohne eine Gewerkschaft ungerechtfertigt ins Abseits zu drängen.

3. Fazit

Nach der Rechtsprechungsänderung ist im Hinblick auf die Individualnormen unterschiedlicher Tarifverträge bei Tarifpluralität von einem Nebeneinander der Regelungen je nach Tarifbindung auszugehen.

Für Kollektivnormen kann dieses Verständnis allerdings nicht gelten, da Tarifpluralität in diesem Zusammenhang eigentlich zu einer Kollision im Individualarbeitsverhältnis führt und somit eine „betriebsweite Tarifkonkurrenz“ vorliegt, die nach hier vertretener Ansicht zwingend nach dem Mehrheitsprinzip aufzulösen ist.

E. Neue Gesetzesentwürfe

Nach der Abkehr des BAG vom Grundsatz der Tarifeinheit im Betrieb wurden jüngst mehrere Entwürfe für eine Neuregelung des Tarifvertragsgesetzes unterbreitet. Sowohl eine Initiative von BDA und DGB[563] als auch das Projekt einer Professorengruppe[564] sowie ein Entschließungsantrag des Landes Rheinland-Pfalz „zur Sicherung der Funktionsfähigkeit der Tarifautonomie" vom 06.07.2010 an den Bundesrat[565], fordern aufgrund der prophezeiten Schwierigkeiten bei Tarifpluralität eine Kodifikation der betrieblichen Tarifeinheit. Lediglich die Ausgestaltung der Gesetzesentwürfe variiert. BDA und DGB haben zur Untermauerung ihrer Argumentation ein Verfassungsgutachten von *Scholz* erstellen lassen, welches im Ergebnis eine Gesetzesänderung befürwortet. Es mangelt aber auch nicht an entsprechenden Gegengutachten[566] der Spartengewerkschaften. Zudem hat das Bundesministerium für Wirtschaft und Technologie Anfang 2011, wie bereits dargestellt, das Rheinisch-Westfälische Institut für Wirtschaftsforschung (RWI) damit beauftragt, eine empirische Analyse der möglichen Auswirkungen des Zulassens von Tarifpluralität auf das deutsche Tarifvertragssystem und auf die Häufigkeit von Arbeitskämpfen durchzuführen.[567]

---

563 Gesetzesentwurf von BDA und DGB, abrufbar unter www.bda-online.de.

564 Bayreuther, Franzen, Greiner, Krause, Oetker, Preis, Rebhahn, Thüsing, Waltermann, vorgestellt auf dem Kolloquium des BMAS „Tarifeinheit und Koalitionsfreiheit" vom 07.09.2010 in Berlin, abrufbar unter http://www.cfvw.org/stiftung/images/stories/ downloads/Thuesing_BMAS-Tarifeinheit.pdf.

565 BR-Drucks 417/10.

566 *Reichold*, Rechtsgutachten zur Verfassungsmäßigkeit eines von BDA und DGB geplanten „Gesetzes zum Erhalt der Tarifeinheit", abrufbar unter http://www.dbb.de/dbb-beamtenbund-2006/dbb-pdf/Gutachten_Tarifeinheit.pdf; *Däubler*, Die gemeinsame Initiative von DGB und BDA zur Schaffung einer neuen Form von „Tarifeinheit" – Verfassungsrechtliche und völkerrechtliche Probleme, abrufbar unter http://www.arbrb.de/media/Gutachten_Tarifeinheit_Prof_Daeubler.pdf; *Rieble*, Verfassungsmäßigkeit eines Gesetzes zur Regelung der Tarifeinheit, abrufbar unter http://mbintern.info/intern/wp-content/downloads/gatarifeinheitrieble830154 temporaer.pdf.

567 Bachmann, Henssler, Schmidt, Talmann, Empirische Analyse der Auswirkungen der Tarifpluralität auf das deutsche Tarifvertragssystem und auf die Häufigkeit von

Nachfolgend sollen die unterschiedlichen Standpunkte dargestellt und deren Kritikpunkte aufgezeigt werden.

I. Vorschlag von BDA und DGB

Keine Akzeptanz findet die Rechtsprechungsänderung bei den beiden Spitzenverbänden BDA und DGB. Der gemeinsame Konsens beruht auf der Befürchtung, ohne Tarifeinheit drohe die Zersplitterung des Tarifvertragssystems, eine Spaltung der Belegschaft sowie eine Vervielfältigung kollektiver Konflikte.[568] Gewarnt wird zudem vor einer Ausbreitung der Spartengewerkschaften und einer damit einhergehenden Herbeiführung „englischer Verhältnissen".[569] Zur Sicherung der Funktionsfähigkeit der Tarifautonomie schlagen BDA und DGB daher vor, den Grundsatz der Tarifeinheit zu normieren und damit den Leitsatz „ein Betrieb – ein Tarifvertrag" gesetzlich festzuschreiben.[570] Im Unterschied zu der bisherigen Rechtsprechung soll die Tarifeinheit aber nicht nach dem Spezialitätsprinzip, sondern anhand der Mitgliedergröße der Gewerkschaften bestimmt werden.

Die Durchsetzungskraft des Gesetzesvorschlags wird jedoch dadurch gehemmt, dass sich die Dienstleistungsgewerkschaft Ver.di gegen eine gesetzliche Regelung der Tarifeinheit ausgesprochen hat.[571] Verdi-Chef *Bsirske* begründete die ablehnende Haltung insbesondere mit der Normierung der Friedenspflicht, die bei der Mehrheit der Mitglieder auf Widerstand gestoßen war. Ob die Initiative von BDA und DGB daher aufrecht erhalten bleibt ist fraglich, da Beschlüsse in der Regel einstimmig fallen müssen. Trotz allem sollen die Eckpunkte, die dem gemeinsamen Gesetzesvorschlag von DGB und BDA zu Grunde liegen nachfolgend begutachtet werden.

1. Inhalt des Gesetzesvorschlags

Der Entwurf von DGB und BDA besteht im Kern aus zwei elementaren Teilaspekten. Der erste Teil bezieht sich auf die Gewerkschaftskonkurrenz. Danach soll zukünftig gesetzlich festgeschrieben werden, dass bei einer Überschneidung

Arbeitskämpfen, abrufbar unter http://www.rwi-essen.de/media/content/pages/publikationen/rwi-projektberichte/PB_Tarifpluralitaet.pdf.

568 Schaub, PersV 2011, 44.

569 Konzen, JZ 2010, 1040.

570 Gesetzesentwurf von BDA und DGB, S. 1, abrufbar unter www.bda-online.de.

571 Abrufbar unter http://publik.verdi.de/2011/ausgabe-06/gewerkschaft/inside/seite-2/A3.

der Geltungsbereiche mehrerer Tarifverträge in einem Betrieb, die von unterschiedlichen Gewerkschaften geschlossen wurden, nur der Tarifvertrag zur Anwendung gelangen soll, an den die Mehrzahl der Gewerkschaftsmitglieder im Betrieb gebunden ist. Maßgeblich ist folglich, welche der konkurrierenden Gewerkschaften mehr Mitglieder im Betrieb auf sich vereinen kann.

Die Modifikation der Rechtsprechung besteht hier also in der Auflösung von Tarifkonkurrenz und Tarifpluralität nach dem Grundsatz der Repräsentativität und nicht mehr nach dem Spezialitätsprinzip. Der nach dem Mehrheitsprinzip ermittelte Tarifvertrag verdrängt danach alle anderen Tarifverträge. Treffen zum Beispiel zwei Entgelt-Tarifverträge aufeinander, die das Entgelt zumindest teilweise gleicher Arbeitnehmergruppen regeln, soll im Betrieb der Tarifvertrag gelten, an den die größere Anzahl von Gewerkschaftsmitgliedern gebunden ist. Ein Nebeneinander von Tarifverträgen mit unterschiedlichen persönlichen Geltungsbereichen wird durch die vorgeschlagene Regelung nicht angetastet. Damit besteht eine Ausnahme, wenn die für den gesamten Betrieb tarifzuständige Gewerkschaft freiwillig auf den Abschluss von Tarifverträgen für einzelne Berufsgruppen verzichtet und so eine Überschneidung der Geltungsbereiche verhindert wird.

In einem zweiten Absatz soll sich mit Blick auf das Arbeitskampfrecht zudem die Friedenspflicht des repräsentativeren Tarifvertrages während dessen Laufzeit auf erstrebte konkurrierende Tarifverträge erstrecken. Mitgliedsschwächere Gewerkschaften dürfen also keinen Arbeitskampf mit eigenen Zielen führen. Verlangt beispielsweise eine Gewerkschaft für eine Berufsgruppe einen Entgelt-Tarifvertrag, obwohl für diese Arbeitnehmer der Tarifvertrag der repräsentativeren Gewerkschaft gilt, so besteht auch gegenüber der Spartengewerkschaft die Friedenspflicht bis zum Ende des bestehenden Tarifvertrages.

2. Rechtspolitische Motive

Die rechtspolitischen Motive des Entwurfs von DGB und BDA werden teilweise angezweifelt.[572] Kritisiert wird, dass die Regelungen zwar vordergründig auf die Erhaltung der Funktionsfähigkeit der Tarifautonomie abzielen, sich jedoch schnell der Eindruck aufdränge, als würde hier mit allen Mitteln versucht, die ursprüngliche „Monopolstellung“[573] der Spitzenverbände zu retten. Die Regelung führe ganz klar weg von der Anerkennung eines tarifpluralen Betriebs. Stattdessen ebne sie den Weg zurück zur Einheitsgewerkschaft. Ohne nähere

572 Vgl. Greiner, NZA 2010, 743.
573 Greiner, NZA 2010, 743.

Begründung würden hier Berufs- und Spartengewerkschaften für das mutmaßlich kommende Unheil in der Tariflandschaft verantwortlich gemacht. Einen Beleg für das tatsächliche Eintreten der vorgebrachten Konsequenzen gebe es aber nicht.[574] Mit der Gesetzesinitiative wollten DGB und BDA indes vorzugsweise erreichen, dass die konkurrierenden Spezialistengewerkschaften ausgebremst würden. Der Konsens richte sich daher ersichtlich nur auf die Abwehr von kleinen Gewerkschaften außerhalb des DGB.[575] Gegen dieses Vorhaben wendet sich daher auch das Positionspapier einiger namhafter Berufsgruppengewerkschaften.[576]

3. Verfassungsrechtliche Bedenken

Im Hinblick auf die von DGB und BDA vorgeschlagene gesetzliche Regelung werden in der Literatur teilweise Zweifel geäußert, ob der Vorschlag auch mit der verfassungsrechtlich garantierten Koalitionsfreiheit aus Art. 9 Abs. 3 GG zu vereinbaren ist.[577] Grundsätzlich ist der Spielraum für die Ausgestaltung der Tarifautonomie durch den Gesetzgeber wesentlich größer als für die Rechtsprechung, da der Gesetzgeber auch rechtspolitische Prioritäten verfolgen kann.[578] Die Rechtsprechung ist an ein rationales Abwägungsprogramm gebunden. Die kollidierenden Grundrechtspositionen der verschiedenen Grundrechtsträger müssen hier im Wege praktischer Konkordanz in einen angemessenen Ausgleich gebracht werden.[579] Dem Gesetzgeber hingegen steht es an sich frei, ein Gesamtkonzept umzusetzen und etwa durch eine Novelle des TVG der Ordnungsfunktion des Tarifvertrages und der Funktionsfähigkeit des Tarifvertragssystems größeres Gewicht beizumessen.[580] Ein solches Vorhaben birgt aber nicht unerhebliche verfassungsrechtliche Risiken. Ein Eingriff in die Betätigungsfreiheit der Koalitionen kann nur dann gerechtfertigt sein, wenn dem Grundrechte Dritter oder andere Rechtsgüter von Verfassungsrang entgegenstehen und der Verhältnismäßigkeitsgrundsatz gewahrt bleibt.[581] Des Weiteren ist der Staat zwar nicht gehindert, mittels Ausgestaltung, Arbeits- und Wirtschaftsbedingungen zur Verwirklichung

574 Vgl. Konzen, JZ 2010, 1037.
575 Vgl. Konzen, JZ 2010, 1038.
576 Abrufbar unter http://www.marburger-bund.de/sachsen/Beitraege/2011/ Positions papier_Tarifpluralitaet.pdf.
577 Vgl. Greiner, NZA 2010, 743ff.
578 Siehe Franzen, ZfA 2009, 312f.
579 Dieterich, RdA 2007, 113.
580 Hromadka, NZA 2008, 389.
581 HWK/Hergenröder, Art. 9 GG, Rn. 81ff.

von Gemeinwohlinteressen durch Gesetz zu regeln. Allerdings hat der Gesetzgeber auch hier das Verhältnismäßigkeitsprinzip zu beachten.[582]

Im Kern geht es bei der Frage der Verfassungsmäßigkeit einer gesetzlichen Regelung zur Herstellung von Tarifeinheit also primär um das Verhältnis von Koalitionsfreiheit und Tarifautonomie. Das BAG selbst hat in seinem rechtsprechungsändernden Urteil zur Tarifeinheit offen gelassen, ob der einfache Gesetzgeber eine Regelung überhaupt schaffen könnte, die in einer derart weitreichenden Weise in die verfassungsrechtlich geschützte Koalitionsfreiheit eingreift.[583] Immerhin enthalte das TVG, anders als für Kollektivnormen durch § 3 Abs. 2 und 3 TVG vorgesehen, keine gesetzlichen Vorgaben, die auf eine bestimmte inhaltliche Ordnung des Tarifvertragssystems im Sinne einer tarifeinheitlichen Regelung der Inhalts-, Abschluss- und Beendigungsnormen im jeweiligen Betrieb ausgerichtet sind oder eine solche gar rechtlich vorschreiben.

a. Verdrängung der Minderheitsgewerkschaft

Die frühere Rechtsprechung zur Tarifeinheit im Betrieb tangierte sowohl die positive individuelle Koalitionsfreiheit der andersorganisierten Arbeitnehmer, als auch die kollektive Koalitionsfreiheit der unterliegenden Gewerkschaft in unzulässiger Weise. Eine Rechtfertigung für diesen Eingriff war nicht ersichtlich, da nicht allein auf Zweckmäßigkeitsargumente abgestellt werden durfte. Auch bei der Gesetzesinitiative seien vor allem Berufs- und Spartengewerkschaften betroffen, da diese strukturbedingt im Normalfall nur eine Minderheit der Arbeitnehmer im Betrieb vertreten.[584]

Inwieweit eine gesetzliche Regelung in dem zu Grunde liegenden Umfang den Anforderungen an den Grundrechtsschutz genügen kann, ist daher streitig. Im Vordergrund der Diskussion steht zunächst die Unterscheidung zwischen Eingriff und Ausgestaltung, die die Weichen für eine etwaige Rechtfertigung stellt. Die Ausgestaltungsbefugnis des Gesetzgebers sei bei Art. 9 Abs. 3 GG unstreitig. Erst die Ausgestaltung der Koalitionsmittel mache das Grundrecht handhabbar. Insbesondere die kollektive Koalitionsfreiheit als normgeprägtes Grundrecht bedürfe daher einer umfassenden Ausgestaltung durch die einfache Rechtsordnung.[585] Die Grenzen zwischen Ausgestaltung und Eingriff seien aber nicht

582 Brox/Rüthers/Henssler, Arbeitsrecht, Rn. 647.

583 BAG, Urteil vom 07.07.2010, 4 AZR 549/08, AP Nr. 140 zu Art 9 GG, NZA 2010, 1068ff.

584 Vgl. Greiner, NZA 2010, 743.

585 BVerfG, Beschluss vom 26.05.1970, 2 BvR 664/65, AP Nr. 16 zu Art 9 GG.

immer einfach zu bestimmen.[586] Teilweise wird deshalb vorgeschlagen, auf den Eingriff als Kategorie im Rahmen der Koalitionsbetätigung gänzlich zu verzichten.[587] Vielmehr stehe das Grundrecht der kollektiven Koalitionsfreiheit unter dem Vorbehalt einer funktionierenden Tarifautonomie insgesamt, wonach die hier zu Grunde liegende Problematik im Rahmen der Ausgestaltung zu behandeln sei. Dem wird jedoch entgegen gehalten, dass gerade die Differenzierung dazu diene, dieses schrankenlose Grundrecht handhabbar zu machen. Die Unterscheidung zwischen Ausgestaltung und Eingriff auf einer vorgelagerten Ebene entspreche dem aktuellen Standard der allgemeinen Grundrechtsdogmatik. Dies müsse auch für Art. 9 Abs. 3 GG gelten.[588]

Die Unterscheidung zwischen den beiden Maßnahmen sei wichtig, um anschließend die Anforderungen an die Rechtfertigung der Beschränkung festlegen zu können. Zunächst einmal könnten die beiden Regelungsformen nicht einfach nach ihrer freiheitsbeschränkenden Wirkung abgegrenzt werden. Vielmehr müsse zwischen Ausgestaltung und Eingriff nach ihrem Regelungsziel differenziert werden.[589] Die überwiegende Meinung geht bislang von einem Exklusivitätsverhältnis aus.[590] Ein Eingriff sei daher nur zu bejahen, wenn keine Ausgestaltung vorliege, die zwar auf grundrechtsrelevantes Staatshandeln zurückzuführen sei, aber dabei keinen negatorischen Grundrechtsschutz auslöse, weil es sich um Funktionsbedingungen der Grundrechtsausübung handele.[591] Der Gesetzgeber müsse die Tarifautonomie zugunsten eines anderen Rechtsgutes „opfern". Dieser Ansatz lasse sich verdeutlichen, wenn man zusätzlich noch auf die Wirkung des gesetzgeberischen Handelns abstelle. Wirke die Regelung vorrangig freiheitsverkürzend, sei sie als Eingriff zu qualifizieren. Maßnahmen, die Freiheitsräume und somit die Koalitionsbetätigung erst ermöglichen, seien hingegen als Ausgestaltung einzuordnen.[592]

Um die Reichweite der vorgeschlagenen Normierung zu erfassen, müssten zunächst deren Konsequenzen aufgezeigt werden. Der Arbeitgeber sei weiterhin frei, ob er Tarifverträge von Minderheitsgewerkschaften in seinem Betrieb akzeptiere. Er könne jedoch auch durch den Abschluss „betriebsdeckender"

586 Vgl. Maschmann, Tarifautonomie im Zugriff des Gesetzgebers, 2006, S. 65ff.

587 Scholz, Rechtsgutachten zur Problematik von Tarifpluralität und Tarifeinheit – Verfassungsfragen zu einer gesetzlichen Reformlösung, S. 21ff.

588 ErfK/Dieterich, Art. 9 GG, Rn. 80ff.; Franzen, ZfA 2009, 304.

589 Dieterich, AuR 2011, 48.

590 Jarass, in Jarass/Pieroth, Vorbemerkung vor Art. 1 GG, Rn. 34.

591 Maschmann, Tarifautonomie im Zugriff des Gesetzgebers, 2006, S. 65ff.

592 Jacobs, Tarifeinheit und Tarifkonkurrenz, 1999, § 21, S. 439; Engels, RdA 2008, 333.

Tarifverträge mit Mehrheitsgewerkschaften darüber entscheiden, ob er eine Berufsgruppengewerkschaft für sich als Verhandlungspartner anerkennen wolle. In diesem Fall käme die Minderheitsgewerkschaft nur zum Zuge, wenn sie mit der Mehrheitsgewerkschaft eine Tarifgemeinschaft bilde. Ihr originäres Vertretungs- und Streikmandat liefe jedoch ins Leere. Als äußerste Folge könne dies zu einer Bestandsgefährdung führen, da zweifelhaft sei, ob Arbeitnehmer sich in einer Koalition organisieren, deren Durchsetzungskraft vom Wohlwollen der Arbeitgeberseite oder der betrieblichen Mehrheitsgewerkschaft abhängt.[593] Vieles spreche daher dafür, dass diese gesetzliche Regelung, wie auch schon die Rechtsprechung des BAG zur Tarifeinheit im Betrieb, als Eingriff und nicht als Ausgestaltung zu werten sei. Abstrakt betrachtet werde auch hier ein bereits bestehender Tarifvertrag, der alle Voraussetzungen erfüllt, nachträglich wieder beseitigt und damit der unterliegenden Gewerkschaft das Recht genommen, ihren Tarifvertrag zur Geltung zu bringen.[594] Den betroffenen Arbeitnehmern wiederum würden die Früchte ihrer Mitgliedschaft vorenthalten. In der verfassungsrechtlichen Diskussion sei anerkannt, dass staatliche Maßnahmen Eingriffsqualität aufweisen, wenn ausgestaltete gesetzliche Regelungen bereits einen Freiheitsraum mit subjektiven Rechten Einzelner eröffnet haben und diese durch staatliches Handeln beeinträchtigt werden sollen.[595] Hinzu komme, dass eine solche Regelung geeignet sei, längst etablierte Minderheitsgewerkschaften wie beispielsweise den Marburger Bund für den Kliniksektor oder die GDL für den Bahnverkehr zu benachteiligen. Dabei verfügten diese Berufsgruppengewerkschaften in ihrer Sparte über beachtliche Organisationsquoten.[596]

Würde man die Eingriffsqualität des Gesetzesvorschlags von DGB und BDA bejahen, dann könnte die Regelung nur gerechtfertigt sein, wenn sie dem Schutz von Grundrechten Dritter oder anderer mit Verfassungsrang ausgestatteter Rechte dient und ihrerseits verhältnismäßig ist. Selbst wenn hier nicht von einem Eingriff sondern nur von einer Ausgestaltung ausgegangen werden würde, müsste sich diese letztlich aber auch an dem Verhältnismäßigkeitsgrundsatz messen lassen.

---

593 Vgl. Bayreuther, DB 2010, 2223.

594 Engels, RdA 2008, 334f.; Franzen, ZfA 2009, 304; Jacobs, NZA 2008, 329.

595 Franzen, ZfA 2009, 304.

596 Bayreuther, DB 2010, 2223.

b. Friedenspflicht

Der zweite Eckpunkt der vorgeschlagenen Gesetzesänderung betrifft die Erstreckung der Friedenspflicht. Während der Laufzeit des Mehrheitstarifvertrages sollen alle verdrängten Gewerkschaften an die aus diesem Tarifvertrag resultierende Friedenspflicht gebunden sein. Danach dürfen sie keinen Arbeitskampf um eigene Ziele führen. Die gesetzlich angeordnete Ausdehnung der Friedenspflicht des repräsentativeren Tarifvertrages auf die konkurrierenden Tarifverträge folge konsequenterweise aus der gesetzlich hergestellten Tarifeinheit, um so „Streikkaskaden" zu verhindern.[597]

Allerdings begegnet auch dieser Teil der von DGB und BDA vorgeschlagenen Regelung verfassungsrechtlichen Bedenken. Zum einen sei schon an der Legitimität des verfolgten Ziels zu zweifeln. Durch die Erstreckung der Friedenspflicht mutiere der Tarifvertrag zu einem schuldrechtlichen Vertrag zu Lasten Dritter.[598] Danach werde die negatorisch geschützte Arbeitskampffreiheit konkurrierender Gewerkschaften im Kern getroffen.[599] Dies führe dahin, dass die Koalitionsbetätigung der einen Gewerkschaft von der anderen Gewerkschaft abhänge. Staatlich angeordnete Zwangstarifgemeinschaften seien jedoch als unzulässig zu betrachten.[600] Eine andere Möglichkeit verbleibe den verdrängten Gewerkschaften aber für den Zeitraum bis zum Ende des Mehrheitstarifvertrages nicht. Zudem könne die „Tarifsperre" ohne Weiteres auch missbräuchlich eingesetzt werden.

Hinzu komme, dass auch die Erforderlichkeit der Regelung zu verneinen sei. Wie auch bei der Festschreibung der Tarifeinheit wären hier ebenfalls keine gesicherten Erkenntnisse über die tatsächliche Gewerkschaftskonkurrenz auf Basis der Tarifpluralität gegeben.[601] Insoweit könne dann aber eine Regelung, die Minderheitsgewerkschaften an ihrer verfassungsrechtlich garantierten Koalitionsbetätigung hindert und deren Mitgliedern jeglichen tariflichen Schutz verwehrt, nicht als erforderlich eingestuft werden.

---

597 Reichold, Rechtsgutachten zur Verfassungsmäßigkeit eines von BDA und DGB geplanten „Gesetzes zum Erhalt der Tarifeinheit", S. 9; Jacobs, in FS für Buchner, 2009, S. 343ff.; Giesen, NZA 2009, 15f.; Göhner, in FS für Bauer, 2010, S. 358; Hromadka, NZA 2008, 387; Meyer, NZA 2006, 1389; Kamanabrou, ZfA 2008, 260ff.

598 Rieble, Verfassungsmäßigkeit eines Gesetzes zur Regelung der Tarifeinheit, S. 129; Jacobs, in FS für Buchner, 2009, S. 350; Franzen, RdA 2008, 204; Greiner, NZA 2010, 744.

599 Greiner, NZA 2010, 744.

600 Rieble, Verfassungsmäßigkeit eines Gesetzes zur Regelung der Tarifeinheit, S. 129.

601 Konzen, JZ 2010, 1043.

II. Vorschlag einer Bundesratsentschließung

Der Entschließungsantrag des Landes Rheinland-Pfalz unterstützt die Gesetzesinitiative von DGB und BDA. Zustimmend wird daher ein gesetzlicher Handlungsbedarf als notwendig betrachtet, um die Tarifeinheit zu wahren. Daher wurde die Bundesregierung in Übereinstimmung mit DGB und BDA aufgefordert, im bestehenden Tarifvertragsgesetz den Grundsatz der Tarifeinheit, wie in der Gesetzesinitiative der Spitzenverbände ausgearbeitet, zu normieren.

III. Vorschlag einer Professorengruppe

Ein weiterer Vorschlag zur Kodifikation der Tarifeinheit stammt von einer Professorengruppe.[602] Ziel der Initiative ist, dass der Gesetzgeber Regelungen schafft, die verfassungskonform sind und Anreize für eine Kooperation der Gewerkschaften setzen, die es aber gleichzeitig allen Gewerkschaften ermöglichen, für ihre Mitglieder effektiv zu handeln.

Nach diesem Vorschlag soll ebenfalls nur derjenige Tarifvertrag gelten, der sich im Kollisionsfall auf die Mehrheit der Mitglieder stützen kann. Anders als von DGB und BDA vorgesehen, sei die Mehrheit aber nicht im Betrieb zu ermitteln, sondern vielmehr im jeweiligen Überschneidungsbereich der konkurrierenden Tarifverträge. Insbesondere betreffe dies Bereiche von Berufsgruppen und Sparten. Durch ein auf die spezifische Arbeitnehmergruppe bezogenes Mehrheitsprinzip, soll ein angemessener Interessenausgleich auf tarifrechtlicher Ebene geschaffen werden. Soweit sich die Geltungsbereiche von Tarifverträgen, die von verschiedenen Gewerkschaften abgeschlossen wurden, überschneiden, setze sich jener Tarifvertrag durch, der von der relativen Mehrheit der Gewerkschaftsmitglieder im Überschneidungsbereich legitimiert werde. Eine Spaltung der Belegschaft werde vermieden, wenn der Arbeitgeber, der an mehrere Tarifverträge verschiedener Gewerkschaften gebunden ist, die für Arbeitsverhältnisse derselben Art Geltung beanspruchen, nur den Tarifvertrag anzuwenden habe, der von der Gewerkschaft geschlossen wurde, die mehr Mitglieder unter den betreffenden Arbeitnehmern hat.[603]

---

602 Bayreuther, Franzen, Greiner, Krause, Oetker, Preis, Rebhahn, Thüsing, Waltermann, vorgestellt auf dem Kolloquium des BMAS „Tarifeinheit und Koalitionsfreiheit" vom 07.09.2010 in Berlin.

603 Siehe Bayreuther, Franzen, Greiner, Krause, Oetker, Preis, Rebhahn, Thüsing, Waltermann, vorgestellt auf dem Kolloquium des BMAS „Tarifeinheit und Koalitionsfreiheit" vom 07.09.2010 in Berlin.

Der Mehrheitstarifvertrag, der sich nach dieser Kollisionsregel durchsetze, bilde dann auch die Ausschlussgrundlage für Arbeitskämpfe von Konkurrenzgewerkschaften. Eine Lockerung finde sich jedoch insoweit, als den Minderheitsgewerkschaften Arbeitskämpfe erlaubt blieben, sofern die Mehrheitsgewerkschaft selber streikt oder untätig bleibt. Ist diese aber noch mitten in den Tarifverhandlungen, gelte das Streikverbot. Zur Feststellung der Mehrheitsverhältnisse solle ein Notar eingeschaltet werden. Die Pflicht zum Gleichlauf würde erst dann entfallen, wenn die Mehrheitsgewerkschaft bereits einen Tarifvertrag alleine mit der Arbeitgeberseite abgeschlossen habe und damit eine gemeinsame Interessenwahrnehmung nicht mehr möglich sei. Ebenso solle keine Grenze des Arbeitskampfes für die Minderheitsgewerkschaft bestehen, wenn die Mehrheitsgewerkschaft gar keinen Tarifvertrag anstrebt.[604]

Teile der Literatur befürworten den Verzicht auf einen starren Betriebsbegriff.[605] Da es sich bei diesem eben um einen unbestimmten Rechtsbegriff handele, sei eine klare Abgrenzung in Einzelfällen ohnehin schwierig. Die Professorengruppe habe erkannt, dass gerade eine starre Anknüpfung der Tarifeinheit an den Bezugspunkt Betrieb in Kombination mit dem Mehrheitsprinzip eine strukturelle und von DGB und BDA wohl auch intendierte Benachteiligung von Gewerkschaften mit „unterbetrieblicher“ Tarifzuständigkeit beinhalte.[606] Immerhin schütze Art. 9 Abs. 3 GG die Koalitionsbildung für jedermann und für alle Berufe. Darunter falle auch die Organisation nach dem Berufsverbandsprinzip. Eine Diskriminierung von Berufs- und Spartengewerkschaften sei hier demnach nicht zu erwarten.

Allerdings wird auch kritisiert, dass bei der dynamischen Ermittlung der Mehrheit im Überschneidungsbereich[607] gewisse Risiken bestünden. Entgegen der geforderten Rechtssicherheit, könnten bei jedem Tarifabschluss die Mehrheitsverhältnisse je nach dessen Geltungsbereich und Regelungsgegenstand variieren.[608] Hinzu komme, dass auch außerhalb der Sparte eine Tarifpluralität im Betrieb bestehen könne.[609]

---

604 Siehe Bayreuther, Franzen, Greiner, Krause, Oetker, Preis, Rebhahn, Thüsing, Waltermann, vorgestellt auf dem Kolloquium des BMAS „Tarifeinheit und Koalitionsfreiheit“ vom 07.09.2010 in Berlin.

605 Greiner, NZA 2010, 744.

606 Greiner, NZA 2010, 744.

607 Vgl. Greiner, Rechtsfragen der Koalitions-, Tarif- und Arbeitskampfpluralität, 2010, S. 348ff.

608 Dieterich, AuR 2011, 47.

609 Konzen, JZ 2010, 1044.

IV. Fazit

Bislang ist eine gesetzliche Regelung der betrieblichen Tarifeinheit im TVG nach den vorgestellten Gesetzesentwürfen nicht absehbar. Aus politischer Sicht ist wohl auch in nächster Zeit nicht mit einer entsprechenden Gesetzesinitiative zu rechnen. Für die Arbeit bedeutet diese Erkenntnis, dass mit Blick auf die Folgen, insbesondere auch für das Betriebsverfassungsrecht, davon ausgegangen werden muss, dass eine gesetzliche Normierung nicht zu erwarten ist und damit die Konsequenzen der Tarifpluralität anderweitig zu lösen sind.

F. Folgeprobleme bei Tarifpluralität

Nach der hier dargestellten Rechtslage muss Tarifpluralität nunmehr auch in der Praxis umgesetzt werden. Teilweise wird dies, wie gezeigt, in gewissem Umfang bereits erfolgreich praktiziert. Es gibt jedoch auch viele Kritikpunkte, die immer wieder im Kontext mit der Forderung einer gesetzlichen Festschreibung der Tarifeinheit im Betrieb genannt werden. Nachfolgend soll daher in der gebotenen Kürze herausgearbeitet werden, welche Fragen sich bei der Umsetzung der Tarifpluralität für die tarifvertragliche Praxis ergeben. Dies ist auch mit Blick auf die anschließende Prüfung des Betriebsverfassungsrechts interessant. Insbesondere die Ermittlung der Gewerkschaftszugehörigkeit spielt hier eine wichtige Rolle. In diesem Zusammenhang hat auch der Umgang mit arbeitsvertraglichen Bezugnahmeklauseln Bedeutung. Im tarifpluralen Betrieb wird sich zukünftig sowohl die Sachlage für die gewerkschaftlich organisierten Arbeitnehmer als auch für den jeweiligen Arbeitgeber verändern, da jetzt mehrere Tarifverträge nebeneinander zur Geltung gelangen können. Der Arbeitgeber eines tarifpluralen Betriebs sei nach Ansicht einiger kritischer Stimmen in der Literatur[610] nunmehr erheblichen organisatorischen Schwierigkeiten ausgesetzt, die allein durch die Herstellung von Tarifeinheit vermieden werden könnten. Anhand der nachfolgenden Begutachtung der arbeitsvertragsrechtlichen Folgen bei Tarifpluralität, insbesondere mit Blick auf die Frage nach der Gewerkschaftszugehörigkeit sowie die arbeitsvertraglichen Bezugnahmeklauseln, soll jedoch gezeigt werden, dass die vorgeschobenen Probleme zum einen nicht neu und zum anderen auch nicht unlösbar sind. Die größten Bedenken nach der Aufgabe des Grundsatzes der Tarifeinheit im Betrieb gelten in der arbeitsrechtlichen Literatur aber wohl dem Arbeitskampfrecht.[611] Diese umfassende Problematik soll in dieser Arbeit jedoch nicht behandelt werden. Dazu kann auf die ausführliche Darstellung im Schrifttum verwiesen werden.[612]

610 Vgl. dazu nur Meyer, NZA 2006, 1387ff.

611 Siehe nur Bayreuther, NZA 2008, 12ff.; Buchner, ZfA 2004, 249ff.; Franzen, RdA 2008, 200ff.; Giesen, NZA 2009, 13ff.; Jacobs, NZA 2008, 330ff.; Meyer, NZA 2006, 1390; Wallisch, in FS für Löwisch, 2007, S. 445.

612 Vgl. dazu nur Bayreuther, NZA 2008, 12ff., Deinert, NZA 2009, 1182f.; Franzen, RdA 2008, 200ff.; Giesen, NZA 2009, 13ff.; Greiner, Rechtsfragen der Koalitions-,

I. Feststellung der Gewerkschaftszugehörigkeit

Nach der Aufgabe des Grundsatzes der Tarifeinheit im Betrieb muss der Arbeitgeber hinsichtlich der Anwendung der unterschiedlichen tariflichen Individualnormen wissen, welcher Arbeitnehmer welcher Gewerkschaft angehört. Das praktische Problem ist schnell klar. Wie soll ein Arbeitgeber den richtigen Tarifvertrag anwenden, wenn er nicht weiß, an welchen Tarifvertrag er gemeinsam mit seinem Arbeitnehmer gebunden ist?[613] Aus diesem Grund wurde nach der bisherigen Rechtsprechung des BAG für die praktische Undurchführbarkeit von Tarifpluralität unter anderem angeführt, dass die Anwendung mehrerer konkurrierender Tarifverträge eine rechtlich nicht begründbare und tatsächlich nicht durchsetzbare Pflicht zur Offenbarung der Gewerkschaftsmitgliedschaft voraussetze.[614]

Insbesondere birgt die Unkenntnis von der Gewerkschaftszugehörigkeit für den Arbeitgeber die Gefahr, dass er die nach dem einschlägigen Tarifvertrag geschuldeten Leistungen nicht erbringt bzw. erbringen kann und der jeweilige Arbeitnehmer ihn später auf Nachzahlung in Anspruch nimmt. Dieser vakante Faktor mindert jedoch die Planungssicherheit des betroffenen Arbeitgebers. Die Probleme wären allerdings handhabbar, wenn dem Arbeitgeber ein Fragerecht oder sogar ein Auskunftsanspruch eingeräumt werden könnte. Dagegen spricht grundsätzlich, dass es sich bei Fragen nach der Gewerkschaftsmitgliedschaft um eine höchstpersönliche Angelegenheit handelt. Die nachfolgende Prüfung soll sich diesem Thema annehmen.

1. Fragerecht bei der Einstellung

Allgemein steht dem Arbeitgeber ein Fragerecht nur dann zu, wenn er ein berechtigtes, billigenswertes und schutzwürdiges Interesse an der Beantwortung der gestellten Frage für das Arbeitsverhältnis hat.[615] Die Lösung liegt immer in einer Abwägung der unterschiedlichen Positionen. Dabei muss für die

---

Tarif- und Arbeitskampfpluralität, 2010, 428ff.; Greiner, NZA 2007, 1026f.; Jacobs, NZA 2008, 330ff.; Meyer, NZA 2006, 1390; Steinau-Steinrück/Glanz, NZA 2009, 114f.; Thüsing/von Medem, ZIP 2007, 515.

613 Bepler, FS 25 Jahre ARGE Arbeitsrecht DAV, 2006, S. 801.

614 BAG, Urteil vom 05.09.1990, 4 AZR 59/90, AP Nr. 19 zu § 4 TVG Tarifkonkurrenz, NZA 1991, 202ff.

615 BAG, Urteil vom 05.10.1995, 2 AZR 923/94, AP Nr. 40 zu § 123 BGB, NZA 1996, 371ff.; ErfK/Preis, § 611 BGB, Rn. 271; Hohenstatt/Stamer/Hinrichs, NZA 2006, 1065.

Zulässigkeit der Frage das Interesse des Arbeitgebers objektiv so stark sein, dass das Interesse des Arbeitnehmers am Schutz seines Persönlichkeitsrechts und der Wahrung seiner Intimsphäre dahinter zurücktritt.

Nach der ganz herrschenden Meinung ist die Frage nach der Gewerkschaftszugehörigkeit danach vor Abschluss des Arbeitsvertrags auch unzulässig.[616] Dem Arbeitgeber steht hier kein berechtigtes Interesse zu, weil er wegen der Drittwirkung von Art. 9 Abs. 3 S. 2 GG die Einstellung nicht von der Gewerkschaftsmitgliedschaft abhängig machen darf. Es besteht damit keine Pflicht des Bewerbers, seine Gewerkschaftszugehörigkeit von sich aus mitzuteilen oder eine entsprechende Frage wahrheitsgemäß zu beantworten. Art. 9 Abs. 3 S. 2 GG soll gerade davor schützen, aufgrund der Mitgliedschaft in einer Gewerkschaft benachteiligt zu werden, weil dadurch auch das Recht jedes einzelnen Arbeitnehmers, einer Koalition beizutreten, gefährdet wäre. Deshalb sind auch alle privatrechtlichen Abreden und Maßnahmen, wonach die positive oder negative Koalitionsfreiheit objektiv eingeschränkt wird, gem. § 134 BGB unwirksam.[617]

Dieser Schutz kann auch nicht durch ein berechtigtes Interesse des Arbeitgebers an der Beantwortung der Frage beschränkt werden, da der Arbeitgeber selbst nicht schutzwürdig ist, wenn es darum geht, aus der Einstellung resultierende Tarifbindungen zu vermeiden. Ein solches Verständnis würde der Schutzrichtung des Art. 9 Abs. 3 GG gerade zuwider laufen. Etwas anderes kann sich auch nicht daraus ergeben, dass der Arbeitgeber eines tarifpluralen Betriebs nunmehr ein schützenswertes Interesse daran hat, vor der Einstellung zu erfahren, ob oder welcher Gewerkschaft der Bewerber angehört, um entsprechend planen zu können. Das Arbeitgeberinteresse an Planungssicherheit kann das verfassungsrechtlich gewährte Recht des Arbeitnehmers aus Art. 9 Abs. 3 GG nicht überwiegen. Würde man hier eine Ausnahme im Hinblick auf die Unzulässigkeit der Frage erwägen, könnte der Schutz aus Art. 9 Abs. 3 GG umgangen werden, der aber gerade für den tarifpluralen Betrieb beizubehalten ist. Ansonsten hätte der Arbeitgeber hier die Möglichkeit, sich einen gewerkschaftlich organisierten oder sogar tariffreien Betrieb zusammenzustellen. Das kann jedoch mit der Aufgabe der Rechtsprechung zur Tarifeinheit im Betrieb nicht gewollt

---

616 BAG, Beschluss vom 28.03.2000, 1 ABR 16/99, AP Nr. 27 zu § 99 BetrVG 1972 Einstellung, NZA 2000, 1294ff.; ErfK/Preis, § 611 BGB, Rn. 278; ErfK/Wank, § 28 BDSG, Rn. 7; Fitting, § 94 BetrVG, Rn. 17; HWK/Thüsing, § 611 BGB, Rn. 49; Schaub, Arbeitsrechts-Handbuch, § 26, Rn. 24; Franzen, RDA 2008, 195; Reichold, RdA 2007 327.

617 BAG, Beschluss vom 19.09.2006, 1 ABR 2/06, AP Nr. 22 zu § 3 TVG Verbandszugehörigkeit, NZA 2007, 277f.

sein und lässt sich auch verfassungsrechtlich nicht vertreten. Vielmehr muss es dem Arbeitgeber zugemutet werden, mit Eventualitäten zu planen. Die Frage nach der Gewerkschaftszugehörigkeit vor der Einstellung bleibt daher auch im tarifpluralen Betrieb unzulässig.

2. Fragerecht während des laufenden Arbeitsverhältnisses

Inwieweit dem Arbeitgeber nach der Einstellung des Arbeitnehmers ein Fragerecht nach dessen Gewerkschaftsmitgliedschaft zusteht, ist umstritten.

Bislang spielte diese Frage wegen des Grundsatzes der Tarifeinheit im Betrieb in der Praxis keine große Rolle, da insbesondere tarifgebundene Arbeitgeber in der Regel alle Arbeitnehmer unabhängig von ihrer Gewerkschaftszugehörigkeit gleichbehandeln wollten.[618] Nach dem Spezialitätsprinzip kam früher nur ein Tarifvertrag zur Anwendung. Für die „Außenseiter" bzw. die Andersorganisierten wurde regelmäßig durch eine Bezugnahmeklausel im Individualarbeitsvertrag eine Gleichstellung erreicht. Demnach bestand für den Arbeitgeber auch kein besonderes Interesse, die Gewerkschaftsmitgliedschaft seiner Arbeitnehmer zu kennen.

Im Falle einer Tarifpluralität im Betrieb ist es jedoch nachvollziehbar, dass der Arbeitgeber ein erhöhtes Interesse daran hat, zu wissen, welcher Arbeitnehmer welcher Gewerkschaft angehört, um diesen entsprechend nach den Regelungen des für ihn gültigen Tarifvertrages behandeln zu können. Ist der Arbeitgeber daher aus Rechtsgründen gehalten, Tarifverträge unterschiedlicher Gewerkschaften anzuwenden, muss er natürlich auch die Gewerkschaftszugehörigkeit der Arbeitnehmer kennen, um sich tarifkonform verhalten zu können.[619] Die richtige Rechtsanwendung erfordert in diesen Fällen also grundsätzlich die Feststellung der Tarifgebundenheit.[620]

Das BAG hat sich zwar zu dieser konkreten Fragestellung bislang nicht geäußert. Eine generelle Unzulässigkeit des Fragerechts nach Abschluss des Arbeitsvertrags kann aus den Entscheidungen des Gerichts aber auch nicht entnommen werden. Zum einen lässt sich ein solches Verbot nicht aus der Entscheidung vom 05.09.1990[621] ableiten. Der 4. Senat hat vielmehr lediglich darauf hingewiesen, dass eine Pflicht zur Offenbarung der Gewerkschaftszugehörigkeit rechtlich nicht

618 Franzen, RdA 2008, 195f.

619 Franzen, RdA 2008, 196.

620 Thüsing/von Medem, ZIP 2007, 512.

621 BAG, Urteil vom 05.09.1990, 4 AZR 59/90, AP Nr. 19 zu § 4 TVG Tarifkonkurrenz, NZA 1991, 202ff.

begründbar und tatsächlich nicht durchsetzbar sei. Damit wurde aber nicht ausgesprochen, dass es dem Arbeitgeber nicht gestattet wäre, nach der Mitgliedschaft zu fragen. Die Zulässigkeit einer Frage nach Einstellung impliziert nämlich nicht automatisch auch eine Offenbarungspflicht.[622] Des Weiteren kann auch nicht pauschal auf ein Urteil des BAG vom 19.03.2003[623] zurückgegriffen werden. Hier spricht das Gericht zwar ausdrücklich aus, dass die Frage nach der Gewerkschaftszugehörigkeit unzulässig sei. Allerdings gibt es keine Begründung ab, sondern verweist auf die herrschende Meinung in der Literatur, insbesondere auf *Däubler/Kittner/Klebe*[624]. Diese befasst sich jedoch allein mit der Unzulässigkeit der Frage nach der Gewerkschaftszugehörigkeit vor der Einstellung. Im zugrunde liegenden Fall ging es aber um ein Fragerecht nach Abschluss des Arbeitsvertrages. Ob sich hieraus also eine Tendenz des Bundesarbeitsgerichts ableiten lässt, ist fraglich. Hinzu kommt, dass es zu diesem Zeitpunkt noch nicht von der Möglichkeit eines tarifpluralen Betriebs ausgehen musste.

Allerdings hat das BAG in einer aktuellen Entscheidung festgehalten, dass die Frage des Arbeitgebers nach der Schwerbehinderung bzw. einem diesbezüglich gestellten Antrag, im bestehenden Arbeitsverhältnis jedenfalls nach sechs Monaten, d.h. ggf. nach Erwerb des Behindertenschutzes gem. §§ 85 ff. SGB IX, zulässig sei.[625] Aus einem Schuldverhältnis erwachse einer Vertragspartei auch die Pflicht zur Rücksichtnahme auf die Rechte, Rechtsgüter und Interessen des anderen Vertragsteils. Dies diene dem Schutz und der Förderung des Vertragszwecks. Die Vertragspartner seien gehalten, ihre Pflichten aus dem Arbeitsverhältnis so zu erfüllen, ihre Rechte so auszuüben und die im Zusammenhang mit dem Arbeitsverhältnis stehenden Interessen des Vertragspartners so zu wahren, wie dies unter Berücksichtigung der wechselseitigen Belange verlangt werden könne. Welche konkreten Folgen sich aus der Rücksichtnahmepflicht ergeben, hänge von der Art des Schuldverhältnisses und den Umständen des Einzelfalls ab. Die Frage nach der Schwerbehinderung im Vorfeld einer vom Arbeitgeber beabsichtigten Kündigung stehe aber gerade im Zusammenhang mit der Pflichtenbindung des Arbeitgebers durch die Anforderungen des § 1 Abs. 3 KSchG, der die Berücksichtigung der Schwerbehinderung bei der Sozialauswahl verlange, sowie durch den Sonderkündigungsschutz nach § 85 SGB IX, wonach eine Kündigung der vorherigen Zustimmung des Integrationsamtes bedarf. Sie solle

---

622 MünchArbR-Buchner, Bd. 1, § 41, Rn. 174.

623 BAG, Urteil vom 19.3.2003, 4 AZR 271/02, AP Nr. 41 zu § 253 ZPO, NZA 2003, 1221ff.

624 DKK/Klebe, § 94 BetrVG, Rn. 20.

625 BAG, Urteil vom 16.2.2012, 6 AZR 553/10, NZA 2012, 555ff.

es dem Arbeitgeber ermöglichen, sich rechtstreu zu verhalten. Andere, gleich geeignete und gleich zuverlässige Möglichkeiten des Arbeitgebers, sich die zur Erfüllung dieser Pflichten erforderliche Kenntnis von der Schwerbehinderteneigenschaft rechtssicher zu verschaffen, gebe es nicht. Die Frage diskriminiere behinderte Arbeitnehmer auch nicht gegenüber solchen ohne Behinderung. Zudem stünden datenschutzrechtliche Belange der Zulässigkeit der Frage nicht entgegen.[626]

Auch das Schrifttum ist im Hinblick auf die Frage nach der Gewerkschaftszugehörigkeit geteilter Meinung. Teile der Literatur sprechen sich gegen ein Fragerecht des Arbeitgebers während des laufenden Arbeitsverhältnisses aus.[627] Zur Begründung wird angeführt, dass es sich bei der Frage nach der Mitgliedschaft in einer Gewerkschaft um „eine höchstpersönliche und sehr sensible Angelegenheit" handle.[628] Zu berücksichtigen sei insbesondere, dass dem Interesse des Arbeitgebers an der Kenntnis der Gewerkschaftszugehörigkeit auch das Geheimhaltungsinteresse jedes einzelnen Arbeitnehmers gegenüberstehe. Immerhin kann der Arbeitnehmer nicht absehen, was der Arbeitgeber nach Preisgabe der Mitgliedschaft mit dieser Information anfängt. Er muss sich blind darauf verlassen, dass der Arbeitgeber ordnungsgemäß mit diesem Wissen umgeht. Nicht ganz abwegig ist daher die Befürchtung des organisierten Arbeitnehmers, wegen seiner Gewerkschaftszugehörigkeit nachträglich benachteiligt zu werden. Der Arbeitgeber könnte die Gewerkschaftsmitgliedschaft zum Anlass nehmen, zwischen Gewerkschaftsmitgliedern und Nichtorganisierten zu differenzieren, was beispielsweise bei Höhergruppierungen, betrieblichem Aufstieg, Teilnahme an Qualifizierungsmöglichkeiten oder Versetzungen und Entlassungen für den organisierten Arbeitnehmer negative Folgen haben könnte.[629]

Entgegen dieser Bedenken bejaht jedoch die überwiegende Meinung in der Literatur ein Fragerecht des Arbeitgebers nach der Einstellung.[630] Zur Begründung wird angeführt, dass der Arbeitgeber ein berechtigtes Interesse daran habe, zu

---

626 BAG, Urteil vom 16.2.2012, 6 AZR 553/10, NZA 2012, 555ff.

627 Michel/Möller/Peter, AuR 2008, 36 ff.; Wendeling-Schröder, AuR 2000, 339 ff.

628 Michel/Möller/Peter, AuR 2008, 37.

629 Michel/Möller/Peter, AuR, 2008, 37.

630 Franzen, RdA 2008, 195; Jacobs, NZA 2008, 328; Löwisch/Rieble, TVG, § 3, Rn. 140; Greiner, Rechtsfragen der Koalitions-, Tarif- und Arbeitskampfpluralität, 481ff.; Reichold, RdA 2007, 327; Rieble, in Gedächtnisschrift für Heinze, 2005, S. 707; MünchArbR-Buchner, Bd. 1, § 41, Rn. 121; MünchArbR-Reichold, Bd. 1, § 49, Rn. 7; Fitting, § 94 BetrVG, Rn. 17; Thüsing/von Medem, ZIP 2007, 512; Ehrich, DB 2000, 426; Lindemann/Simon, BB 2006, 1856.

wissen, welcher Gewerkschaft der jeweilige Arbeitnehmer angehört, damit er auch den richtigen Tarifvertrag anwenden kann.[631] Hinzu kommt, dass der Arbeitnehmer im Prozess die volle Darlegungs- und Beweislast trägt, sofern er Rechte aus dem für ihn gültigen Tarifvertrag einfordert. Er müsse also seine Gewerkschaftszugehörigkeit ohnehin offen legen, um seine Tarifgebundenheit und die des Arbeitgebers darlegen und beweisen zu können.[632] Außerhalb eines Prozesses könne die Frage nach der Verbandsmitgliedschaft dann aber nicht unzulässig sein.[633] Nach *Jacobs* gehört die Geltendmachung eigener Rechte zum „allgemeinen Lebensrisiko".[634] Der einzelne Arbeitnehmer sei zudem nach Abschluss des Arbeitsvertrages durch Art. 9 Abs. 3 GG und § 612 a BGB hinreichend vor Diskriminierungen wegen seiner Gewerkschaftszugehörigkeit durch den Arbeitgeber geschützt.[635] Dem Arbeitgeber hingegen könne hier einfach nicht zugemutet werden abzuwarten, bis der Arbeitnehmer von sich aus die Tarifgebundenheit offenbart.[636]

Nach alledem ist der herrschenden Meinung zuzustimmen und damit ein Fragerecht nach der Gewerkschaftszugehörigkeit nach erfolgter Einstellung zu bejahen. Eine Abwägung der widerstreitenden Interessen muss hier zu Gunsten des Arbeitgebers ausfallen. Zwar darf nicht übersehen werden, dass die Offenlegung der Gewerkschaftsmitgliedschaft für den einzelnen Arbeitnehmer eine Überwindung darstellt und gegebenenfalls auch mit Konsequenzen behaftet sein kann. Dieses Risiko ist dem Arbeitnehmer aber zuzumuten. Immerhin wird er durch das Grundrecht der Koalitionsfreiheit und das im BGB verankerte Maßregelungsverbot vor Diskriminierungen geschützt. Hinzu kommt, dass der Arbeitnehmer dieses Risiko ohnehin immer trägt, wenn er seine tariflichen Rechte in Anspruch nehmen will. In einem tarifpluralen Betrieb überwiegt daher das berechtigte Interesse des Arbeitgebers an der Kenntnis der Gewerkschaftsmitgliedschaft seiner Arbeitnehmer, damit er sich den unterschiedlichen Tarifverträgen entsprechend verhalten und seinen Verpflichtungen hieraus nachkommen kann, weil gerade die Geltung der Individualnormen des Tarifvertrags von

631 Lindemann/Simon, BB 2006, 1856.

632 BAG, Urteil vom 18.08.1999, 4 AZR 247/98, AP Nr. 22 zu § 3 TVG, NZA 2000, 432ff.

633 Thüsing/von Medem, ZIP 2007, 512.

634 Jacobs, NZA 2008, 328.

635 Rieble, in Gedächtnisschrift für Heinze, 2005, S. 693; ders., Gutachten über die Verfassungsmäßigkeit eines Gesetzes zur Regelung der Tarifeinheit, 2010, S. 87f.

636 Rieble, Gutachten über die Verfassungsmäßigkeit eines Gesetzes zur Regelung der Tarifeinheit, 2010, S. 88.

der Tarifgebundenheit des Arbeitnehmers und damit grundsätzlich von seiner Mitgliedschaft in der tarifschließenden Gewerkschaft abhängt.

Dem steht auch nicht das Bundesdatenschutzgesetz (BDSG) entgegen. Dieses soll nicht die Frage nach der Gewerkschaftszugehörigkeit verhindern, sondern schützt den Arbeitnehmer gem. §§ 3 Abs. 9, 28 Abs. 6, 32 Abs. 1 S. 1 BDSG vor der sachwidrigen Verwendung „sensibler" Daten.[637] Danach ist die Datenverarbeitung sensibler Daten wie der Gewerkschaftsmitgliedschaft aber ohne Einwilligung zulässig, wenn dies zur Geltendmachung, Ausübung oder Verteidigung rechtlicher Ansprüche erforderlich ist und kein Grund zu der Annahme besteht, dass das schutzwürdige Interesse des Betroffenen am Ausschluss der Erhebung, Verarbeitung oder Nutzung überwiegt.[638]

Tarifverträge beinhalten regelmäßig auch Pflichten, die den einzelnen Arbeitnehmer betreffen und dem Arbeitgeber einen Anspruch auf Leistung zuweisen. Ein generell überwiegendes Interesse des Arbeitnehmers am Ausschluss der Datenverarbeitung besteht daher nicht. Ein Schutz vor etwaigen Nachteilen, wie Kündigung oder anderen Diskriminierungen wird zudem durch die jeweiligen Regelungen des GG oder des BGB auch außerhalb des KSchG sichergestellt.[639]

Somit kann abschließend festgehalten werden, dass gegen ein Fragerecht des Arbeitgebers nach der Gewerkschaftszugehörigkeit des Arbeitnehmers nach Abschluss des Arbeitsvertrages keine Einwände bestehen.

3. Auskunftsanspruch

Aus der zulässigen Frage nach der Gewerkschaftszugehörigkeit kann allerdings nicht ohne Weiteres auf einen Auskunftsanspruch des Arbeitgebers bzw. eine Offenbarungspflicht des Arbeitnehmers geschlossen werden. Allein die Zulässigkeit der Frage nach der Gewerkschaftsmitgliedschaft bietet für den Arbeitgeber keine Sicherheit, dass der Arbeitnehmer diese auch beantworten wird. Auch die Antwort auf eine zulässige Frage kann vom Arbeitnehmer verweigert werden.[640] Nur wenn der Arbeitnehmer von sich aus zur Beantwortung der Frage bereit ist, muss er wahrheitsgemäße Angaben machen.[641] Etwas anderes könnte sich nur aus einem Auskunftsanspruch des Arbeitgebers ergeben, der den Arbeitnehmer

637 Rieble, Gutachten über die Verfassungsmäßigkeit eines Gesetzes zur Regelung der Tarifeinheit, 2010, S. 88.
638 Franzen, RdA 2008, 196.
639 Franzen, RdA 2008, 196.
640 MünchArbR-Buchner, Bd. 1, § 41, Rn. 174.
641 MünchArbR-Buchner, Bd. 1, § 41, Rn. 174.

verpflichtet seine Mitgliedschaft zu offenbaren und der auch gerichtlich erzwingbar ist. Teilweise wird deshalb ein Auskunftsanspruch als vertragliche Nebenpflicht aus § 242 BGB hergeleitet.[642] Begründet wird diese Ansicht damit, dass die Tarifgebundenheit des Arbeitnehmers sonst nicht zu ermitteln sei.

Dem ist jedoch nicht zu folgen. Ein durchsetzbarer und einklagbarer Auskunftsanspruch setzt nach der Rechtsprechung des BAG voraus, dass der Anspruchsberechtigte in entschuldbarer Weise über Bestehen und Umfang seines Rechts im Ungewissen ist, während der Verpflichtete unschwer Auskunft geben kann.[643] Dies trifft jedoch im vorliegenden Fall nicht zu, da es dem Arbeitgeber unbenommen bleibt, bei Unkenntnis über die Gewerkschaftszugehörigkeit des Arbeitnehmers, diesen zunächst wie einen „Außenseiter" zu behandeln.[644] Dem Arbeitgeber entsteht daher kein direkter Rechtsverlust, wenn der Arbeitnehmer auf seine Frage hin nicht antwortet. Hinzu kommt, dass eine solche Offenbarungspflicht nicht mit der verfassungsrechtlich garantierten Koalitionsfreiheit aus Art. 9 Abs. 3 GG zu vereinbaren ist. Der Arbeitnehmer darf danach zwar nicht gezwungen werden seine Gewerkschaftsmitgliedschaft preiszugeben. In der Regel wird er aber wohl zumindest auf die Frage seines Arbeitgebers hin wahrheitsgemäß antworten, da auch ihm daran gelegen sein wird, seine Rechte aus dem Tarifvertrag in Anspruch zu nehmen. Rechtlich gesehen ist eine echte Offenbarungspflicht des Arbeitnehmers jedoch zu verneinen. Folglich muss der jeweilige Arbeitnehmer auch nicht auf die Frage seines Arbeitgebers nach seiner Gewerkschaftszugehörigkeit antworten.

Auch wenn der Arbeitgeber dadurch abgesichert ist, dass er den Arbeitnehmer bis zur Klärung der Sachlage wie einen Nichtorganisierten behandeln darf, besteht das Problem, dass sich der Arbeitgeber mit eventuellen Nachzahlungspflichten konfrontiert sieht, wenn die Gewerkschaftszugehörigkeit offengelegt wird. Der Arbeitnehmer könnte im Extremfall die Antwort über längere Zeit hinauszögern, so dass es für den Arbeitgeber zu erheblichen Planungsunsicherheiten kommt. Wegen § 4 Abs. 4 S. 2 TVG ist die Verwirkung von tariflichen Rechten gesetzlich ausgeschlossen. Um den Arbeitgeber vor einer verspäteten Geltendmachung von Ansprüchen zu schützen, müsse § 4 Abs. 4 S. 2 TVG daher vorzugswürdig teleologisch reduziert werden, um eine Verwirkung nach

642 Rieble, in Gedächtnisschrift für Heinze, 2005, S. 702; Reichold, RdA 2007, 327.

643 BAG, Urteil vom 18.01.1996, 6 AZR 314/95, AP Nr. 25 zu § 242 BGB Auskunftspflicht, NZA 1997, 41ff.

644 So auch Jacobs, NZA 2008, 328.

§ 242 BGB zu ermöglichen.[645] Fehlen tarifliche Ausschlussfristen, sei der Verwirkungsausschluss bei extrem verspäteter Geltendmachung der tariflichen Ansprüche durch den Arbeitnehmer dahingehend restriktiv auszulegen, dass dem Arbeitgeber die Einrede unzulässiger Rechtausübung weiter zustehe.[646] Zudem solle es die Möglichkeit geben, dem Arbeitnehmer den Arglisteinwand entgegenzuhalten, wenn dieser auf die Frage nach seiner Gewerkschaftszugehörigkeit wahrheitswidrig antwortet.[647] Muss der Arbeitgeber trotz allem Nachforderungen aufgrund seiner Unkenntnis begleichen, habe er dies hinzunehmen. Letztlich zahle er ja nur das, wozu er ohnehin nach objektiver Rechtslage verpflichtet gewesen wäre.[648]

Danach ist nicht von einem Auskunftsanspruch des Arbeitgebers auszugehen. Es bleibt dem Arbeitnehmer deshalb unbenommen zu entscheiden, wann er seine Gewerkschaftsmitgliedschaft offenbaren will.

II. Arbeitsvertragliche Bezugnahmeklauseln

Unklarheiten ergeben sich auch im Zusammenhang mit arbeitsvertraglichen Bezugnahmeklauseln. Bislang ist nicht abschließend geklärt, welche Auswirkungen die Tarifpluralität hat, wenn im Individualarbeitsvertrag auf einen Tarifvertrag Bezug genommen wird.[649] Fest steht allein, dass wegen der in der Praxis vorkommenden Vielzahl von Arbeitsverträgen, die eine solche Bezugnahmeklausel aufweisen, auch im tarifpluralen Betrieb eine akzeptable Lösung geschaffen werden muss. Bei Tarifpluralität stellt sich daher die Frage, wie mit bereits bestehenden Klausel umzugehen ist und wie zukünftige Klauseln ausgestaltet werden müssen.

Bislang konnte die Formulierung von Bezugnahmeklauseln auf „den" einschlägigen Tarifvertrag verweisen und dabei auf das „objektive" Prinzip der Gleichstellung vertrauen.[650] Im Wege der „Gleichstellungsabrede" bei Tarifeinheit im Betrieb wurde daher ohne Weiteres auf den jeweils spezielleren Tarifvertrag verwiesen, da letztlich nur von einem anwendbaren Tarifvertrag auszugehen war.

---

645 Bepler in FS 25. Jahre ARGE Arbeitsrecht im DAV, 2006, S. 801f.; Jacobs, NZA 2008, 328.

646 Thüsing/von Medem, ZIP 2007, 512.

647 Wiedemann/Wank, TVG, § 4, Rn. 707.

648 Thüsing/von Medem, ZIP 2007, 512.

649 Siehe dazu nur Bayreuther, NZA 2007, 190f.; ErfK/Franzen, § 4 TVG, Rn. 73; Franzen, RdA 2008, 196; Jacobs, NZA 2008, 332f.; Lindemann/Simon, BB 2005, 1856f.; Preis/Greiner, NZA 2007, 1076f.; Reichold, RdA 2007, 327; Däubler/Zwanziger, TVG, § 4, Rn. 950.

650 Reichold, RdA 2007, 327.

Diese Grundsätze gelten nun in zweierlei Hinsicht nicht mehr. Zunächst hat der 4. Senat des Bundesarbeitsgerichts seine Rechtsprechung zur Auslegung arbeitsvertraglicher Klauseln, die auf Tarifverträge Bezug nehmen, mit Urteil vom 14.12.2005 geändert und den Auslegungsgrundsatz der Gleichstellungsabrede für nach dem 01.01.2002 abgeschlossene Bezugnahmeklauseln aufgegeben.[651] Zuvor war das Gericht davon ausgegangen, dass die Vermutung grundsätzlich dafür spreche, dass eine kleine dynamische Bezugnahmeklausel in aller Regel die Gleichstellung der „Außenseiter" mit den tarifgebundenen Arbeitnehmern im Betrieb bezwecke. Die Konzeption der Gleichstellungsabrede ging gerade davon aus, dass es nur einen Tarifvertrag im Betrieb geben kann, zu dem dann Gleichstellung verlangt wird.[652] Der Senat hat seine Rechtsprechungsänderung insbesondere mit der Einführung von § 305c Abs. 2 BGB sowie der Ungleichbehandlung tarifgebundener und ungebundener Arbeitnehmer bei Verwendung derselben Klausel und mit einem zu extensiven Verständnis des Wortlauts entsprechender Klauseln begründet.[653] Zukünftig solle es maßgeblich auf die Auslegung solcher Klauseln ankommen.

Das BAG forderte damit zu einer sachgerechten und möglichst klaren Gestaltung von Bezugnahmeklauseln auf.[654] Teilweise wurde bereits in dieser Entscheidung eine Abwendung vom Postulat der Tarifeinheit im Betrieb erblickt.[655] Das BAG brauchte jedoch noch einige Zeit, bis es 2010 endgültig von seiner bisherigen Rechtsprechung zur Tarifeinheit bei Tarifpluralität Abschied nahm. Diese Rechtsprechungsänderung hat nunmehr dazu geführt, dass im tarifpluralen Betrieb eine gemeinhin anerkannte allgemeine Verweisung mangels Bestimmtheit ins Leere läuft, da es möglicherweise nicht mehr nur noch einen einschlägigen Tarifvertrag gibt. Verweist der Arbeitsvertrag beispielsweise im Wege einer kleinen dynamischen Bezugnahmeklausel auf den Tarifvertrag einer bestimmten Berufsgruppe, stellt sich bei mehreren im Betrieb vertretenen Gewerkschaften, die alle Mitglieder dieser Berufsgruppe vorweisen können, die Frage, welcher Tarifvertrag nunmehr maßgeblich ist. Das gleiche Problem ergibt sich bei einer großen dynamischen Verweisung. Fraglich ist hier, was man nunmehr im

---

651 BAG, Urteil vom 14.12.2005, 4 AZR 536/04, AP Nr. 39 zu § 1 TVG Bezugnahme auf Tarifvertrag, NZA 2006, 607ff.; Urteil vom 18.04.2007, 4 AZR 652/05, AP Nr. 53 zu § 1 TVG Bezugnahme auf Tarifvertrag, NZA 2007, 965ff.; Franzen, RdA 2008, 196.

652 Thüsing/von Medem, ZIP 2007, 511.

653 BAG, Urteil vom 14.12.2005, 4 AZR 536/04, AP Nr. 39 zu § 1 TVG Bezugnahme auf Tarifvertrag, NZA 2006, 607ff.

654 Franzen, RdA 2008, 196.

655 Thüsing/von Medem, ZIP 2007, 511.

tarifpluralen Betrieb unter dem „jeweils einschlägigen Tarifvertrag" versteht, wenn mehrere Tarifverträge im Betrieb Anwendung finden.[656]

Aus diesem Grund muss geklärt werden, wie mit bereits bestehenden Klauseln umzugehen ist, die verständlicherweise noch nach der alten Rechtsprechung formuliert wurden. Zudem ist zwischen statischen und dynamischen sowie bei letzteren zwischen kleinen und großen Verweisungen zu unterscheiden. Der Arbeitgeber ist zunächst einmal frei in der Entscheidung, welche Form der Verweisung er auf seine Mitarbeiter anwenden will. Sieht der Arbeitsvertrag eine statische Bezugnahmeklausel vor, dann gilt für die Arbeitsvertragsparteien ein ganz bestimmter Tarifvertrag in einer konkret bezeichneten Fassung. Verständigen sich die Arbeitsvertragsparteien hingegen auf eine kleine dynamische Verweisungsklausel, wird ein bestimmter Tarifvertrag, der mit einer bestimmten Gewerkschaft abgeschlossen wurde, in seiner jeweils geltenden Fassung in Bezug genommen. Demgegenüber enthält der Arbeitsvertrag bei der großen dynamischen Verweisung die Bezugnahme auf den jeweils im Betrieb einschlägigen bzw. für den Arbeitgeber bindenden Tarifvertrag in seiner zeitlich aktuellen Fassung.[657] Früher hat sich der Arbeitgeber in der Regel für letztere Formulierung entschieden, weil er sich für die Zukunft Flexibilisierungsmöglichkeiten offen halten wollte.[658]

Nach der Aufgabe des Grundsatzes der Tarifeinheit stellt sich aber nunmehr die Frage, wie mit diesen Altklauseln umzugehen ist, da jetzt mehrere Tarifverträge im Betrieb zur Anwendung gelangen können. Zu unterschieden ist dabei zwischen Gewerkschaftsmitgliedern und „Außenseitern". Bei den gewerkschaftlich organisierten Arbeitnehmern kann es zukünftig nämlich zu einem Auseinanderfallen von Bezugnahmeklausel und Tarifbindung kommen.[659]

1. Nichtorganisierte Arbeitnehmer

Für die nichtorganisierten Arbeitnehmer kommt es zunächst allein auf die Vereinbarungen im Arbeitsvertrag an. Soweit es um tarifliche Ansprüche geht, kann es nur über eine vertraglich vereinbarte Verweisungsklausel zu deren Einbeziehung auf arbeitsvertraglicher Ebene kommen. Enthält der Arbeitsvertrag eine statische Verweisung, wird auch nach neuer Rechtslage nur der bestimmte Tarifvertrag in seiner konkreten Fassung in Bezug genommen. Hier ändert sich

656 Jacobs, NZA 2008, 332.
657 Brox/Rüthers/Henssler, Arbeitsrecht, Rn. 717.
658 Franzen, RdA 2008, 196.
659 Franzen, RdA 2008, 197.

insofern nichts. Auch wenn mehrere Tarifverträge im Betrieb nebeneinander bestehen, kann wegen des klaren Wortlauts der Klausel kein anderes Ergebnis einschlägig sein. Statische Klauseln sind daher im tarifpluralen Betrieb bei Arbeitnehmern ohne Gewerkschaftsmitgliedschaft bzw. ohne Geltung eines Tarifvertrages nach § 5 Abs. 4 TVG unproblematisch.

Liegt eine große dynamische Verweisungsklausel vor, sieht es anders aus. Wegen deren abstrakter Formulierung kann nicht eindeutig bestimmt werden, auf welchen Tarifvertrag im Betrieb bei Tarifpluralität verwiesen wird.[660] Lässt sich daher nicht aufgrund weiterer Umstände durch Auslegung ermitteln, welchen konkreten Tarifvertrag die Parteien des Arbeitsvertrags in Bezug nehmen wollten, könnte die Bezugnahme mangels Bestimmtheit ins Leere laufen.[661] Dies hätte grundsätzlich zur Folge, dass für den nicht tarifgebundenen Arbeitnehmer weiter allein die Regelungen seines Arbeitsvertrags maßgeblich sind, obwohl an sich auch tarifliche Rechte zur Einbeziehung gelangt wären.

Um eine Lösung dieses Problems bemüht, wird teilweise in der Literatur die Ansicht vertreten, es sei im Wege ergänzender Vertragsauslegung gem. §§ 133, 157 BGB zu ermitteln, auf welchen Tarifvertrag die Parteien verwiesen hätten, wenn sie bedacht hätten, dass im Betrieb mehrere Tarifverträge gelten.[662] Für eine Lücke in den bestehenden Verträgen könnte sprechen, dass nach der bisherigen Rechtsprechung des BAG Tarifpluralität nicht möglich war und damit außerhalb des Vorstellungsvermögens der Vertragspartner lag.[663] Gehe man danach von einer Lücke aus, stelle sich natürlich die Frage, wie diese zu schließen ist. Nach der ergänzenden Vertragsauslegung müsse ermittelt werden, welche Regelung nach dem Willen der Parteien des Arbeitsvertrags getroffen worden wäre, hätten diese den damals nicht berücksichtigten Umstand der Tarifpluralität gekannt.

Auch hier werden verschiedene Lösungswege aufgezeigt. *Jacobs* geht davon aus, dass die Parteien auf den Tarifvertrag verwiesen hätten, der auf das Arbeitsverhältnis am besten zugeschnitten ist. Das sei der für den Betrieb repräsentativste Tarifvertrag, also derjenige, der kraft Tarifbindung für die relative Mehrheit der im Betrieb tätigen Arbeitnehmer gelte.[664] Nach Ansicht von *Giesen* soll hingegen der Tarifvertrag maßgeblich sein, der einschlägig wäre, läge eine

---

660 Vgl. Annuß, ZfA 2005, 405ff.; Wallisch, in FS für Löwisch zum 70. Geburtstag, 2007, S. 440.

661 Lindemann/Simon, BB 2006, 1856.

662 Vgl. Jacobs, NZA 2008, 332; Lindemann/Simon, BB 2006, 1856f.

663 Jacobs, NZA 2008, 332f.

664 Jacobs, NZA 2008, 333.

Tarifkonkurrenz vor.[665] In diese Richtung gehen auch *Lindemann/Simon* und plädieren für die Anwendung des sachnäheren bzw. spezielleren Tarifvertrages.[666]

Teilweise wird hierzu aber angemerkt, dass eine Vertragslücke in der Praxis nur schwer festzustellen sein könnte. Sei demnach eine ergänzende Vertragsauslegung hinfällig, müsse eine andere Lösung gefunden werden. Könne also sowohl der eine als auch der andere Tarifvertrag gemeint sein, solle für den Fall einer formularvertraglichen Klausel § 305c Abs. 2 BGB greifen.[667] Anzuwenden sei dann der für den Arbeitnehmer insgesamt günstigere Tarifvertrag.[668] Dagegen spreche aber, dass die Frage der Günstigkeit für den Arbeitnehmer nicht immer abstrakt und unabhängig von der individuellen Fallkonstellation beantwortet werden kann. Es sei beispielsweise nicht zwingend, dass eine Vergütung nach dem einen Tarifvertrag für die gesamte Dauer des Arbeitsverhältnisses günstiger ist als eine nach dem anderen Tarifvertrag. Die Frage, welcher Tarifvertrag in Bezug genommen werde, könne aber nicht jeweils abhängig vom Zeitpunkt der Geltendmachung unterschiedlich bestimmt werden. Je nachdem, welcher Tarifvertrag gerade eine für den Arbeitnehmer günstigere (also höhere) Vergütung vorsehe, käme es zu unterschiedlichen Auslegungsergebnissen und einem in der Praxis nur schwer handhabbaren „Hin und Her" der Tarifanwendung.[669] Hinzu komme, dass sich Tarifverträge ändern können. Auch das kann zu unterschiedlichen Ergebnissen führen. Zudem trete die Unklarheit hinsichtlich der Bezugnahme erst im Nachhinein aufgrund der bei Vertragsschluss nicht vorhersehbaren Tarifpluralität auf. § 305c Abs. 2 BGB sei daher auf Bezugnahmeklauseln nicht anzuwenden. Eine Lösung der nach Vertragsschluss eingetretenen Regelungspluralität müsse vielmehr im Wege ergänzender Vertragsauslegung gesucht werden.

Weist der Arbeitsvertrag hingegen eine kleine dynamische Verweisungsklausel auf, gilt bei Tarifpluralität nichts anderes. Ist auf einen konkret bezeichneten Tarifvertrag verwiesen worden, kommt dieser auch zur Anwendung.[670] Dies solle auch für Verträge gelten, die vor dem 01.01.2002 abgeschlossen worden sind.[671] Fehlt es allerdings an einer präzisen Formulierung, beispielsweise weil der Arbeitsvertrag auf „die jeweils gültigen Tarifverträge für die Lokführer" verweist

---

665 Giesen, NZA 2006, 630.

666 Lindemann/Simon, BB 2006, 1857.

667 ErfK/Franzen, § 4 TVG, Rn. 73; Jacobs, NZA 2008, 333.

668 ErfK/Franzen, § 4 TVG, Rn. 73; Jacobs, NZA 2008, 333.

669 BAG, Urteil vom 24.09.2008, 6 AZR 76/07, AP Nr. 11 zu § 305c BGB.

670 Vgl. Jacobs, NZA 2008, 333.

671 Lindemann/Simon, BB 2006, 1856.

und danach sowohl der Lokführertarif von TRANSNET oder derjenige der GDL gemeint sein kann, sei erneut eine Auslegung vorzunehmen.[672] Es gelte dann zu ermitteln, was die Vertragsparteien gewollt hätten, wenn die Tarifpluralität berücksichtigt worden wäre.[673] Die Unklarheitenregel des § 305c Abs. 2 BGB sei auch hier aus den oben genannten Gründen nicht einschlägig.

2. Gewerkschaftsmitglieder

Grundsätzlich kommt nach der neuen Rechtsprechung für die Gewerkschaftsmitglieder der kraft ihrer Tarifbindung einschlägige Tarifvertrag im Betrieb zur Anwendung. Fraglich ist jedoch, wie es sich auswirkt, wenn der organisierte Arbeitnehmer gleichzeitig in seinem Arbeitsvertrag eine Bezugnahmeklausel auf einen Tarifvertrag vereinbart hat.

Teilweise wird hier vertreten, dass es im Hinblick auf eine große dynamische Verweisungsklausel bei dem kraft Mitgliedschaft in der tarifvertragsschließenden Gewerkschaft anwendbaren Tarifvertrag verbleibe, da die Verweisungsklausel mangels Bestimmtheit ins Leere laufe.[674] Andererseits wird vorgeschlagen bei einem Gewerkschaftsmitglied, dessen Arbeitsvertrag zusätzlich eine große dynamische Bezugnahmeklausel enthalte, genauso vorzugehen wie bei den „Außenseitern".[675]

Die herrschende Meinung[676] geht richtigerweise davon aus, dass der Bezugnahme konstitutive Wirkung zukommt. Damit fallen hier der normativ geltende und der kraft Bezugnahme wirkende Tarifvertrag auseinander. Wegen der unmittelbaren und zwingenden Wirkung des Tarifvertrags gem. § 4 I TVG muss in diesen Fällen dann aber gem. § 4 Abs. 3 Var. 2 TVG das Günstigkeitsprinzip gelten.[677] Genauso verhält es sich nach der Rechtsprechung des BAG[678] und Teilen der Literatur[679] auch bei der kleinen dynamischen Bezugnahmeklausel. Auch hier soll das Günstigkeitsprinzip nach § 4 Abs. 3 TVG zur Anwendung gelangen.

---

672 Jacobs, NZA 2008, 333.

673 Vgl. BAG, Urteil vom 09.06.2010, 5 AZR 637/09, AP Nr. 80 zu § 1 TVG Bezugnahme auf Tarifvertrag.

674 Lindemann/Simon, BB 2006, 1856.

675 Jacobs, NZA 2008, 333.

676 Wiedemann/Oetker, TVG, § 3, Rn. 348 m.w.N.

677 So auch ErfK/Franzen, § 3 TVG, Rn. 41; Jacobs, NZA 2008, 333.

678 BAG, Urteil vom 29.08.2007, 4 AZR 767/06, AP Nr. 61 zu § 1 TVG Bezugnahme auf Tarifvertrag, NZA 2008, 364ff.

679 Löwisch/Rieble, TVG, § 4, Rn. 123; Wendeling-Schröder, in Kempen/Zachert, § 4 TVG, 173; Thüsing, NZA 2005, 1281.

III. Fazit

Nach diesen Ausführungen kann festgehalten werden, dass die Ermittlung der Gewerkschaftszugehörigkeit für den Arbeitgeber zumindest nach der Einstellung des Arbeitsnehmers, aufgrund eines entsprechenden Fragerechts erlaubt ist. Ein Auskunftsanspruch ist jedoch nicht gegeben.

Des Weiteren führt die Aufgabe des Grundsatzes der Tarifeinheit bei Tarifpluralität auch nicht zu unüberwindbaren Problemen bei der Auslegung bereits bestehender Verweisungsklauseln.

G. Auswirkungen der Tarifpluralität auf das Betriebsverfassungsrecht

Nachdem festgestellt werden konnte, dass ein Zurück zur Tarifeinheit im Betrieb zum jetzigen Zeitpunkt aus verschiedenen Gesichtspunkten nicht absehbar ist, stellt sich nunmehr die Frage welche Auswirkungen dieser Paradigmenwechsel auf das Betriebsverfassungsrecht hat.

In erster Linie steht hier die betriebliche Mitbestimmung nach den §§ 77 Abs. 3 und 87 Abs. 1 Eingangssatz BetrVG unter Begutachtung. Des Weiteren sollen aber auch die Konsequenzen im Hinblick auf die Organisation der Betriebsverfassung gem. § 3 Abs. 1 BetrVG sowie die gemeinsamen Einrichtungen herausgearbeitet werden. All diese Regelungen bedürfen besonderer Beachtung, da hier das Betriebsverfassungsrecht und das Tarifvertragsrecht eng miteinander verknüpft sind. Der Umfang der betrieblichen Mitbestimmungsrechte hängt daher maßgeblich von der Reichweite der tariflichen Regelungen ab.

Für den Betriebsrat sind die Auswirkungen von wesentlicher Bedeutung, da gem. § 80 Abs. 1 Nr. 1 BetrVG eine seiner allgemeinen Aufgaben darin besteht, darüber zu wachen, dass die zugunsten der Arbeitnehmer geltenden Gesetze, Verordnungen, Unfallverhütungsvorschriften, Tarifverträge und Betriebsvereinbarungen durchgeführt werden. Dazu ist es jedoch erforderlich zu wissen, welcher Tarifvertrag sich im Betrieb letztlich durchsetzen kann und damit Sperrwirkung gem. § 77 Abs. 3 BetrVG für entgegenstehende Betriebsvereinbarungen entfaltet bzw. nach § 87 Abs. 1 Einleitungssatz BetrVG die Mitbestimmungsrechte des Betriebsrats ausschließt. Diese Frage soll nachfolgend ausführlich begutachtet werden.

I. Folgen für die betriebliche Mitbestimmung

1. Tarifvorbehalt gem. § 77 Abs. 3 BetrVG – Auswirkungen der Tarifpluralität auf die Wirkung von Betriebsvereinbarungen

§ 77 Abs. 3 S. 1 BetrVG normiert das Verhältnis von Betriebsvereinbarung zu Tarifvertrag und begründet einen grundsätzlichen Vorrang tariflicher Regelungen.[680] Nach der Aufgabe des Grundsatzes der Tarifeinheit und der Anerkennung

---

680 ErfK/Kania, § 77 BetrVG, Rn. 40.

von Tarifpluralität stellt sich nunmehr die Frage, wie dieser Vorrang bei einer Vielzahl anwendbarer Tarifverträge in einem Betrieb einzuordnen ist. Insbesondere muss geklärt werden, welcher Tarifvertrag im tarifpluralen Betrieb die Sperrwirkung des § 77 Abs. 3 BetrVG auszulösen vermag.

Im Konkreten gilt es daher zu untersuchen, ob jeder Tarifvertrag Tarifvorrang genießt, oder zu Gunsten der Betriebsautonomie lediglich einem der konkurrierenden Tarifverträge die Sperrwirkung zugeschrieben werden kann. In erster Linie muss sich das Ergebnis dabei an den ordnungspolitischen Zielen messen lassen sowie an dem Schutzweck der Regelung orientieren.

a. Regelungsinhalt

aa. Begriff des Tarifvorbehalts

Nach § 77 Abs. 3 S. 1 BetrVG können Arbeitsentgelte und sonstige Arbeitsbedingungen, die durch Tarifvertrag geregelt sind oder üblicherweise geregelt werden, nicht Gegenstand einer Betriebsvereinbarung sein. Entsprechende Betriebsvereinbarungen sind daher zunächst unwirksam[681], können allerdings nachträglich noch genehmigt werden[682]. Das Günstigkeitsprinzip findet hier keine Anwendung.[683] Die Norm räumt den Tarifvertragsparteien vielmehr den Vorrang zur Regelung von betrieblichen Arbeitsbedingungen ein. Dabei ist unter Arbeitsentgelt jede vermögenswerte Arbeitgeberleistung zu verstehen.[684] Neben Geldleistungen des Arbeitgebers zählen hierzu auch Sachleistungen.[685] Mit den sonstigen Arbeitsbedingungen sind alle Regelungen gemeint, die als tarifvertragliche Inhaltsnormen nach § 1 Abs. 1 TVG den Inhalt von Arbeitsverhältnissen ordnen.[686] Dabei werden sowohl formelle als auch materielle Arbeitsbedingungen erfasst.[687] Für beide Begriffe gilt daher ein weites Verständnis.

---

681 BAG, Beschluss vom 22.03.2005, 1 ABR 64/03, AP Nr. 26 zu § 4 TVG Geltungsbereich, NZA 2006, 383ff.; Beschluss vom 21.01.2003, 1 ABR 9/02 nicht amtlich veröffentlicht, AP Nr. 1 zu § 21a BetrVG 1972, NZA 2003, 1097ff.; Urteil vom 20.04.1999, 1 AZR 631/98, AP Nr. 12 zu § 77 BetrVG 1972 Tarifvorbehalt, NZA 1999, 1059ff.; Urteil vom 20.04.1999, 1 AZR 631/98, AP Nr. 12 zu § 77 BetrVG 1972 Tarifvorbehalt, NZA 1999, 1059ff.

682 BAG, Urteil vom 20.04.1999, 1 AZR 631/98, AP Nr. 12 zu § 77 BetrVG 1972 Tarifvorbehalt, NZA 1999, 1059ff.

683 HWK/Gaul, § 77 BetrVG, Rn. 48.

684 Richardi/Richardi, § 77 BetrVG, Rn. 253.

685 Düwell/Lorenz, § 77 BetrVG, Rn. 49.

686 Preis, Kollektivarbeitsrecht, § 152, S. 588.

687 Fitting, § 77 BetrVG, Rn. 71.

Im Falle der Nichtbeachtung der Sperrwirkung durch den Arbeitgeber steht den Tarifvertragsparteien ein eigenständiger Unterlassungsanspruch analog §§ 1004, 823 BGB i.V.m. Art. 9 GG wegen Beeinträchtigung der Koalitionsfreiheit gegen tarifwidrige Betriebsvereinbarungen zu.[688] Der Unterlassungsanspruch ist im Beschlussverfahren geltend zu machen.[689]

Aufgrund der angespannten Situation auf dem Arbeitsmarkt ist jüngst eine rechtspolitische Diskussion über die Reichweite der Sperrwirkung des § 77 Abs. 3 BetrVG entfacht.[690] Dabei ging es insbesondere um Vorschläge zur Aufhebung bzw. Einschränkung des Tarifvorrangs, um die Arbeitsbedingungen in stärkerem Umfang auf betrieblicher Ebene regeln zu können. Alle bislang vorgetragenen Reformvorschläge zur Stärkung betrieblicher Regelungsmöglichkeiten sind jedoch erfolglos geblieben. So forderte beispielsweise die Freie Demokratische Partei (FDP) eine Stärkung der Betriebsautonomie im Verhältnis zu Tarifverträgen.[691] § 77 Abs. 3 BetrVG sollte in der Weise geändert werden, dass alle Vereinbarungen auf betrieblicher Ebene zwischen Unternehmen und Belegschaftsvertretung möglich sind, die freiwillig geschlossen werden und denen 75% der abstimmenden Mitarbeiter des Unternehmens zugestimmt haben.[692]

Auch der Entwurf der CDU/CSU-Bundestagsfraktion für ein „Gesetz zur Modernisierung des Arbeitsrechts“ zielte in diese Richtung und sah die Einführung eines neuen § 88a BetrVG mit dem Titel „betriebliche Bündnisse für Arbeit“ vor.[693] Dieser beinhaltete unter bestimmten Voraussetzungen eine Ausnahme von dem grundsätzlichen Tarifvorrang. Um den Arbeitnehmern in den Betrieben vor Ort die Möglichkeit zu eröffnen, selbst über die Annahme oder Ablehnung einer Beschäftigungsgarantie entscheiden zu können, sollten die betrieblichen Bündnisse für Arbeit gesetzlich abgesichert werden, indem die kollektivrechtliche Sperrwirkung im Tarifvertragsgesetz beseitigt wird.[694] Hiergegen bestanden jedoch erhebliche verfassungsrechtliche Bedenken im Hinblick auf Art. 9 Abs. 3 GG und die in der Regelung vorgesehene Verdrängung geltender

688 BAG, Beschluss vom 20.04.1999, 1 ABR 72/98, AP Nr. 89 zu Art 9 GG, NZA 1999, 887ff.

689 Schaub, Arbeitsrechts-Handbuch, § 231, Rn. 29.

690 Preis, Kollektivarbeitsrecht, § 152, S. 587f.

691 Vgl. BT-Drs. 14/5764, S. 1ff.

692 Vgl. BT-Drs. 14/2612, S. 2.

693 Vgl. BT-Drs. 15/1182, S. 6.

694 BT-Drs. 15/1587, S. 3.

Tarifverträge durch vorrangige Betriebsvereinbarungen oder Mehrheitsabstimmungen auf Belegschaftsversammlungen.[695]

Die Anträge konnten sich letztlich auch nicht durchsetzen und wurden so nicht weiter verfolgt.[696] Im Übrigen verzichtete auch der Koalitionsvertrag vom 26.10.2009 zwischen CDU, CSU und FDP trotz entsprechender Forderungen von Seiten der FDP auf eine weitere Initiative zur Stärkung der Betriebsautonomie.[697]

bb. Schutzzweck

Der Schutzzweck des § 77 Abs. 3 BetrVG besteht nach h.M. in der Sicherung der verfassungsrechtlich gewährleisteten, ausgeübten und aktualisierten Tarifautonomie vor Regelungskonkurrenz durch den Betriebsrat als „beitragsfreie Ersatzgewerkschaft" sowie der Erhaltung der Funktionsfähigkeit der Koalitionen.[698]

Den Tarifvertragsparteien soll durch die Vorschrift ein Monopol zur einheitlichen Gestaltung der Arbeitsbedingungen eingeräumt und ein Nebeneinander von Tarifvertrag und Betriebsvereinbarung verhindert werden.[699] Die Vorrangstellung folgt somit aus der in Art. 9 Abs. 3 GG verbürgten Tarifautonomie. Diese soll nicht dadurch ausgehöhlt werden, dass Arbeitgeber und Betriebsrat ergänzende oder abweichende Regelungen vereinbaren.[700] Vielmehr gilt es zu vermeiden, dass die Betriebsvereinbarung die Funktion eines „Ersatztarifvertrages" für die nicht organisierten Arbeitnehmer des Betriebs übernimmt, durch den die tariflichen Arbeitsbedingungen auf alle Betriebsangehörigen unabhängig von

---

695 Düwell/Lorenz, § 77 BetrVG, Rn. 40; ErfK/Dieterich, Art. 9 GG, Rn. 60.

696 Vgl. BT-Drs. 15/1587, 15/2245.

697 HWK/Gaul, § 77 BetrVG, Rn. 48, Fn. 7; Koalitionsvertrag abrufbar unter http://www.cdu.de/doc/pdfc/091026-koalitionsvertrag-cducsu-fdp.pdf.

698 BAG, Beschluss vom 22.05.1979, 1 ABR 100/77, AP Nr. 13 zu § 118 BetrVG 1972, Beschluss vom 22.01.1980, 1 ABR 48/77, AP Nr. 3 zu § 87 BetrVG 1972 Lohngestaltung, Beschluss vom 27.01.1987, 1 ABR 66/85, AP Nr. 42 zu § 99 BetrVG 1972; Beschluss vom 24.02.1987, 1 ABR 18/85, AP Nr. 21 zu § 77 BetrVG 1972, NZA 1987, 639ff.; Beschluss vom 03.12.1991, GS 2/90, AP Nr. 51 zu § 87 BetrVG 1972 Lohngestaltung, NZA 1992, 749ff.; Urteil vom 24.01.1996, 1 AZR 597/95, AP Nr. 8 zu § 77 BetrVG 1972 Tarifvorbehalt, NZA 1996, 948ff.; Beschluss vom 29.04.2004, 1 ABR 30/02, AP Nr. 3 zu § 77 BetrVG 1972 Durchführung, NZA 2004, 670ff.; ErfK/Kania, § 77 BetrVG, Rn. 41; HWK/Gaul, § 77 BetrVG, Rn. 48; Preis, Kollektivarbeitsrecht, § 152, S. 587; Schaub, Arbeitsrechts-Handbuch, § 231, Rn. 21.

699 Schaub, Arbeitsrechts-Handbuch, § 231, Rn. 21.

700 BAG, Urteil vom 24.01.1996, 1 AZR 597/95, AP Nr. 8 zu § 77 BetrVG 1972 Tarifvorbehalt, NZA 1996, 948ff.

ihrer Gewerkschaftszugehörigkeit erstreckt würden.[701] Dabei geht es auch darum, den Nichteintritt bzw. den Austritt aus der Koalition weniger attraktiv zu machen, indem die Regelung tariflicher Arbeitsbedingungen durch Betriebsvereinbarung ausgeschlossen wird.[702] Betriebsräte sollen sich nicht als „die besseren Gewerkschaften" profilieren können, indem sie kollektiv bessere Bedingungen aushandeln, als es den Gewerkschaften gelungen ist.[703] § 77 Abs. 3 BetrVG stellt daher die Tarifautonomie über die Betriebsautonomie und regelt das Konkurrenzverhältnis zu Gunsten bzw. zu Lasten der Tarif- und Betriebsparteien.[704]

cc. Voraussetzungen für die Sperrwirkung

Die Sperrwirkung des § 77 Abs. 3 BetrVG tritt ein, wenn die entsprechenden Arbeitsbedingungen entweder durch einen Tarifvertrag geregelt sind oder üblicherweise tariflich geregelt werden.

Arbeitsbedingungen sind dann durch Tarifvertrag geregelt, wenn über sie ein Tarifvertrag abgeschlossen wurde und der Betrieb in den räumlichen, betrieblichen, fachlichen und persönlichen Geltungsbereich des Tarifvertrages fällt.[705] Eine Zurückdrängung der betrieblichen Regelungszuständigkeit ist allerdings dann nicht anzunehmen, wenn der Tarifvertrag nur noch kraft Nachwirkung gem. § 4 Abs. 5 TVG gilt, da er mangels zwingender Wirkung durch andere Regelungen ersetzt werden kann.[706]

Ausgehend von dem genannten Normzweck des § 77 Abs. 3 BetrVG kommt es nach Rspr. und h.L. richtigerweise für die Sperrwirkung nicht darauf an, ob der Arbeitgeber tarifgebunden ist oder nicht.[707] Ansonsten würde die Tarifautonomie ausgehöhlt, z.B. wenn der Arbeitgeber aus dem Arbeitgeberverband

701 Vgl. BT-Drs. 6/2729, S. 11.

702 ErfK/Kania, § 77 BetrVG, Rn. 41.

703 Richardi/Richardi, BetrVG, § 77, Rn. 240.

704 BAG, Beschluss vom 24.02.1987, 1 ABR 18/85, AP Nr. 21 zu § 77 BetrVG 1972, NZA 1987, 639ff.

705 BAG, Beschluss vom 27.01.1987, 1 ABR 66/85, AP Nr. 42 zu § 99 BetrVG 1972, NZA 1987, 489ff.; Urteil vom 23.05.2007, 10 AZR 295/06 nicht amtlich veröffentlicht, NZA 2007, 940ff.

706 Preis, Kollektivarbeitsrecht, § 152, S. 588.

707 BAG, Urteil vom 05.03.1997, 4 AZR 532/95, AP Nr. 10 zu § 77 BetrVG 1972 Tarifvorbehalt, NZA 1997 951ff.; Beschluss vom 22.03.2005, 1 ABR 64/03, AP Nr. 26 zu § 4 TVG Geltungsbereich, NZA 2006, 383ff.; DKK/Berg, § 77 BetrVG, Rn. 69a; ErfK/Kania, § 77 BetrVG, Rn. 40; Fitting, § 77 BetrVG, Rn. 78; HWK/Gaul, § 77 BetrVG, Rn. 49.

austritt.[708] Zudem kann dem Tarifvorrang auch nicht durch OT-Mitgliedschaft im Arbeitgeberverband ausgewichen werden.[709] Nicht tarifgebundenen Arbeitgebern soll es nicht möglich sein, kollektivrechtliche „Konkurrenzregelungen" in Form von Betriebsvereinbarungen zu erreichen.[710] Vielmehr haben vorrangig die Tarifpartner die Aufgabe, Arbeitsbedingungen kollektivrechtlich zu regeln.

Demnach tritt die Sperrwirkung auch dann ein, wenn eine Regelung des Sachgegenstandes üblicherweise in Tarifverträgen vorgenommen wird. Maßgeblich hierfür ist die Tarifpraxis.[711] Das BAG legt den Begriff der Tarifüblichkeit allerdings weit aus.[712] Auch hier muss der Betrieb zunächst in den einschlägigen räumlichen, betrieblichen, fachlichen und persönlichen Geltungsbereich des Tarifvertrages fallen. Sodann ist Tarifüblichkeit anzunehmen, wenn der Gegenstand für einen Wirtschaftszweig sowie für den räumlichen und fachlichen Bereich des Betriebs schon mindestens einmal durch Tarifvertrag geregelt war und davon ausgegangen werden kann, dass eine tarifliche Regelung auch zukünftig zu erwarten ist.[713] Dies ist in der Regel dann der Fall, wenn nach Ablauf eines Tarifvertrages Verhandlungen über einen, den Gegenstand betreffenden Tarifvertrag geführt werden und sich die Parteien ernsthaft um eine Neuregelung bemühen. Auch der Begriff der „Üblichkeit" spricht dafür, die Sperrwirkung des § 77 Abs. 3 BetrVG unabhängig von der Tarifbindung des Arbeitgebers oder Arbeitnehmers eintreten zu lassen.

In sachlicher Hinsicht reicht die Regelungssperre so weit wie der Regelungsgegenstand des Tarifvertrages.[714] Keine Sperrwirkung besteht daher, wenn der Tarifvertrag keine Regelung zum Gegenstand der Betriebsvereinbarung enthält und diese auch nicht tarifüblich ist.

Des Weiteren erfasst § 77 Abs. 3 BetrVG nach seinem Wortlaut nur Betriebsvereinbarungen i.S.v. § 77 Abs. 4 BetrVG. Eine Ausweitung der Vorschrift auf Regelungsabreden oder andere individualrechtliche Vereinbarungen ist nach

---

708 Schaub, Arbeitsrechts-Handbuch, § 231, Rn. 25.

709 Kania, BB 2001, 1092; Thon, NZA 2005, 859.

710 BAG, Urteil vom 24.01.1996, 1 AZR 597/95, AP Nr. 8 zu § 77 BetrVG 1972 Tarifvorbehalt, NZA 1996, 948ff.

711 Beschluss vom 22.03.2005, 1 ABR 64/03, AP Nr. 26 zu § 4 TVG Geltungsbereich, NZA 2006, 383ff.

712 BAG, Beschluss vom 16.09.1960, 1 ABR 5/59, AP Nr. 1 zu § 2 ArbGG 1953 Betriebsvereinbarung.

713 BAG, Beschluss vom 24.02.1987, 1 ABR 18/85, AP Nr. 21 zu § 77 BetrVG 1972, NZA 1987, 639ff.; Preis, Kollektivarbeitsrecht, § 152, S. 588.

714 Düwell/Lorenz, § 77 BetrVG, Rn. 47.

h.M. ausgeschlossen, da diese gerade nicht normativ auf den Inhalt der Arbeitsverhältnisse einwirken, sondern vielmehr rein schuldrechtliche Wirkung entfalten.[715] Es entsteht daher mit Blick auf den Tarifvertrag unmittelbar keine Konkurrenzsituation.

dd. Verhältnis zu § 87 Abs. 1 Einleitungssatz BetrVG

Für die Reichweite der Sperrwirkung ist ferner das Verhältnis zum Tarifvorrang des § 87 Abs. 1 Einleitungssatz BetrVG von wesentlicher Bedeutung. Dieses ist seit jeher umstritten.[716] § 87 Abs. 1 BetrVG gilt nur für mitbestimmungspflichtige Angelegenheiten. § 77 Abs. 3 BetrVG hingegen trifft keine Unterscheidung zwischen mitbestimmungspflichtigen und mitbestimmungsfreien Tatbeständen. Fraglich ist daher, ob eine lediglich tarifübliche Regelung auch das Mitbestimmungsrecht des Betriebsrats nach § 87 BetrVG ausschließen kann.

Nach der teilweise vertretenen Zwei-Schranken-Theorie ist dies der Fall, da die Sperrwirkung des § 77 Abs. 3 BetrVG auch im Rahmen des § 87 Abs. 1 BetrVG zur Anwendung gelangen soll.[717] Begründet wird diese Annahme damit, dass das BetrVG der Zuständigkeit der Koalitionen bei der Festsetzung der formellen und materiellen Arbeitsbedingungen den unbedingten Vorrang einräumen wolle. Da sich Tarifvorbehalt und Tarifvorrang teilweise in ihren Voraussetzungen und ihren Wirkungen überschneiden, müssten beide Vorschriften nebeneinander gelten. Danach soll das Mitbestimmungsrecht des § 87 BetrVG außer durch den in Abs. 1 Einleitungssatz geregelten Tarifvorrang auch bei Vorliegen aller Voraussetzungen des § 77 Abs. 3 BetrVG ausgeschlossen sein.

Nach der heute h.M. wird jedoch auf die Vorrangtheorie abgestellt. Deren Vertreter gehen davon aus, dass § 77 Abs. 3 BetrVG einem Mitbestimmungsrecht nach § 87 Abs. 1 BetrVG nicht entgegensteht und die betriebliche Mitbestimmung in sozialen Angelegenheiten auch durch Abschluss einer Betriebsvereinbarung wahrgenommen werden kann, selbst wenn in Bezug auf den Gegenstand ein Tarifvertrag besteht oder üblich ist.[718] Dieser Ansicht hat sich letztlich auch

715 BAG, Beschluss vom 21.01.2003, 1 ABR 9/02 nicht amtlich veröffentlicht, AP Nr. 1 zu § 21a BetrVG 1972, NZA 2003, 1097ff.; Beschluss vom 20.04.1999, 1 ABR 72/98, AP Nr. 89 zu Art 9 GG, NZA 1999, 887ff.; ErfK/Kania, § 77 BetrVG, Rn. 56; Fitting, § 77 BetrVG, Rn. 102.

716 HWK/Clemenz, § 87 BetrVG, Rn. 15 m.w.N.

717 Fitting, § 77 BetrVG, Rn. 110ff.

718 Vgl. Säcker, ZfA Sonderheft 1972, 64 ff.

der Große Senat des BAG angeschlossen.[719] Hiervon ausgehend entfaltet die Regelungssperre des § 77 Abs. 3 BetrVG mithin keine Wirkung bei Betriebsvereinbarungen, die nach § 87 Abs. 2 BetrVG im Streitfall durch die Einigungsstelle erzwungen werden können. Das bedeutet, dass der Tarifvorbehalt lediglich für Angelegenheiten der freiwilligen Mitbestimmung Anwendung findet. § 87 Abs. 1 Einleitungssatz BetrVG ist damit gegenüber § 77 Abs. 3 BetrVG die speziellere Vorschrift im Bereich der Mitbestimmung in sozialen Angelegenheiten.

Nach hier vertretener Ansicht ist der Vorrangtheorie zu folgen.[720] Dafür spricht zum einen die Betrachtung nach den unterschiedlichen Schutzrichtungen der Vorschriften. Während § 77 Abs. 3 BetrVG allein die Funktionsfähigkeit der Tarifautonomie, also den vorrangigen Schutz der Tarifvertragsparteien, gewährleisten soll, bezweckt § 87 Abs. 1 Einleitungssatz BetrVG, dass das Mitbestimmungsrecht des Betriebsrats nur dann gesperrt ist, wenn die Interessen der Arbeitnehmer im Betrieb hinreichend durch tarifliche oder gesetzliche Regelungen gesichert sind. Würde man hier jedoch mit der Zwei-Schranken-Theorie davon ausgehen, dass es bereits bei Tarifüblichkeit oder bei fehlender Tarifbindung des Arbeitgebers zu einem Ausschluss der Mitbestimmung in sozialen Angelegenheiten kommt, wäre dieser Normzweck vereitelt.[721] Der Schutz der Arbeitnehmer durch die Mitbestimmungsrechte des Betriebsrats kann daher nicht schon ausgeschlossen sein, wenn die betreffende Angelegenheit nur üblicherweise durch Tarifvertrag geregelt wird, da eine die Arbeitnehmer schützende tarifliche Regelung tatsächlich für den Betrieb gar nicht gilt.[722] Andernfalls würde der Anwendungsbereich von § 87 Abs. 1 BetrVG weitestgehend leer laufen. Zum anderen kommt hinzu, dass als einzige Alternative die Regelungsabrede verbleiben würde, welche aber weder unmittelbare noch zwingende Wirkung für die einzelnen Arbeitsverhältnisse entfaltet.[723] Dies kann mit Blick auf die Schutzrichtung so aber nicht gewollt sein. Aus diesem Grund ist daher der Abschluss von Betriebsvereinbarungen im Rahmen des § 87 BetrVG weiter zulässig, wenn

---

719 BAG, Beschluss vom 03.12.1991, GS 1/90, AP Nr. 52 zu § 87 BetrVG 1972 Lohngestaltung; Beschluss vom 03.12.1991, GS 2/90, AP Nr. 51 zu § 87 BetrVG 1972 Lohngestaltung, NZA 1992, 749ff.

720 So auch ErfK/Kania, § 77 BetrVG, Rn. 44; HWK/Clemenz, § 87 BetrVG, Rn. 15; Preis, Kollektivarbeitsrecht, § 153, S. 619.

721 So auch BAG, Beschluss vom 03.12.1991, GS 1/90, AP Nr. 52 zu § 87 BetrVG 1972 Lohngestaltung; Beschluss vom 03.12.1991, GS 2/90, AP Nr. 51 zu § 87 BetrVG 1972 Lohngestaltung, NZA 1992, 749ff.

722 HWK/Clemenz, § 87 BetrVG, Rn. 15.

723 Vgl. HWK/Gaul, § 77 BetrVG, Rn. 51.

eine tarifliche Regelung nicht besteht. Folglich verbleibt für § 77 Abs. 3 BetrVG nur noch ein geringer Anwendungsbereich.

ee. Ausnahmen

Neben § 87 Abs. 1 Einleitungssatz BetrVG ist der Tarifvorrang des § 77 Abs. 3 S. 1 BetrVG auch in anderen Konstellationen ausgeschlossen.

Zum einen nennt § 77 Abs. 3 S. 2 BetrVG selbst eine Ausnahmesituation. Den Tarifparteien steht es frei im Tarifvertrag abweichende oder ergänzende Betriebsvereinbarungen ausdrücklich zuzulassen. Diese sog. Öffnungsklauseln lassen dann die Sperrwirkung des S. 1 entfallen. Nach Ansicht des BAG ist hier jedoch eine enge Auslegung geboten.[724] Danach muss die entsprechende Erklärung klar und eindeutig im Tarifvertrag zum Ausdruck kommen. Maßgeblich ist also der konkrete Wortlaut des einschlägigen Tarifvertrages. Eine ergänzende Vertragsauslegung kann nicht vorgenommen werden. Es besteht jedoch weiter die Möglichkeit, dass die Tarifparteien nachträglich eine Öffnungsklausel genehmigen und damit eine bis dahin unwirksame Betriebsvereinbarung zulassen.[725] Gegebenenfalls kann dies auch rückwirkend geschehen, sofern die allgemeinen Grenzen der Verhältnismäßigkeit und des Vertrauensschutzes beachtet werden.[726]

Zum anderen bildet § 112 Abs. 1 S. 4 BetrVG eine weitere Ausnahme. Danach ist § 77 Abs. 3 BetrVG auf Sozialpläne nicht anzuwenden. Diese können mithin ohne Rücksicht auf bestehende oder übliche Tarifverträge zusätzliche günstigere Regelungen für die Arbeitnehmer im Betrieb treffen.[727]

b. Bisherige Lösung

Nach der bisherigen Rechtsprechung des BAG zur Tarifeinheit im Betrieb, konnte nach dem Spezialitätsprinzip immer nur ein Tarifvertrag zur Anwendung gelangen. An diesem orientierte sich demnach auch allein die Reichweite der Sperrwirkung des § 77 Abs. 3 BetrVG. Konkurrierende Tarifverträge entfalteten keine Wirkung, sondern wurden vielmehr durch den spezielleren Tarifvertrag verdrängt.

---

724 BAG, Urteil vom 06.03.1958, 2 AZR 230/57, AP Nr. 1 zu § 59 BetrVG.

725 BAG, Urteil vom 29.01.2002, 1 AZR 267/01 nicht amtlich veröffentlicht, NZA 2002, 927.

726 BAG, Urteil vom 20.04.1999, 1 AZR 631/98, AP Nr. 12 zu § 77 BetrVG 1972 Tarifvorbehalt, NZA 1999, 1059ff.

727 Thon, in Gross/Thon/Ahmad/Woitaschek, § 77 BetrVG, Rn. 21.

Beinhaltete der für den Betrieb gültige Tarifvertrag danach Regelungen zu Arbeitsentgelten oder sonstigen Arbeitsbedingungen i.S.v. § 77 Abs. 3 BetrVG bzw. fielen diese unter den Begriff der Tarifüblichkeit, so waren jegliche abweichende oder ergänzende Betriebsvereinbarungen ausgeschlossen.

c. Reichweite der Sperrwirkung des § 77 III BetrVG bei Tarifpluralität

Nach Aufgabe des Grundsatzes der Tarifeinheit stellt sich nunmehr die Frage, wie § 77 Abs. 3 BetrVG in den tarifpluralen Betrieb einzupassen ist. Da es jetzt zu einem Nebeneinander mehrerer Tarifverträge im betrieblichen Gefüge kommen kann, muss geklärt werden, welcher der konkurrierenden Tarifverträge die Sperrwirkung auszulösen vermag. Hier ist zudem zwischen bestehenden Tarifverträgen und tarifüblichen Regelungen zu unterscheiden.

In Betracht kommen dabei verschiedene Lösungswege. Zum einen könnte man vertreten, dass jeder einschlägige Tarifvertrag entgegenstehende Betriebsvereinbarungen sperrt. Andererseits kann es mit Blick auf die neuen tarifpluralen Gegebenheiten auch geboten sein, nur einem Tarifvertrag Tarifvorrang einzuräumen. Maßgeblich ist somit, wie die Reichweite des § 77 Abs. 3 BetrVG bei Tarifpluralität zu definieren ist.

aa. Auslösung der Sperrwirkung bei Regelung durch einen der bestehenden Tarifverträge

Zunächst stellt sich im tarifpluralen Betrieb danach mit Blick auf § 77 Abs. 3 S. 1 Alt. 1 BetrVG die Frage, ob Betriebsvereinbarungen schlechthin ausgeschlossen sind, wenn nur einer der bestehenden konkurrierenden Tarifverträge entsprechende Regelungen enthält, oder ob der Tarifvorbehalt allein durch einen bestimmten Tarifvertrag ausgelöst werden kann. Strittig ist somit, ob jeder im Betrieb anwendbare Tarifvertrag sperrende Wirkung entfaltet, oder eben nur einem der konkurrierenden Tarifverträge Vorrang eingeräumt wird.

(1) Sperrwirkung durch einen bestimmten bestehenden Tarifvertrag

Teilweise wird in der Literatur die Auffassung vertreten, nur einer der im tarifpluralen Betrieb konkurrierenden Tarifverträge könnte sich hinsichtlich der Sperrwirkung des § 77 Abs. 3 S. 1 BetrVG durchsetzen.[728] Nach Ansicht von *Meyer* führt die Zulassung der Tarifpluralität infolge einer „zweifelhaften Extension" zu einer Beeinträchtigung der Betätigung der Betriebsparteien, die

728 DKK/Berg, § 77 BetrVG, Rn. 69c; so wohl auch Meyer, NZA 2006, 1391.

mit dem Regelungsziel des § 77 Abs. 3 BetrVG nicht zu vereinbaren sei.[729] Die Annahme basiert auf dem Verständnis, dass gerade bei Inhaltsnormen durch die Rechtsprechungsaufgabe zum Grundsatz der Tarifeinheit die Betätigungsfreiheit der Betriebsparteien noch weiter zurückgedrängt würde.[730] Da aber bei Kollektivnormen nur eine betriebseinheitliche Sichtweise in Betracht komme, müsse entsprechendes auch für Individualnormen gelten. Eine Aufspaltung dieser Normgruppen sei wenig interessengerecht. Hinzu komme, dass das BetrVG auch eine ordnungspolitische Vorstellung einer einheitlichen Betriebspraxis verfolge.[731] Daraus lässt sich entnehmen, dass *Meyer* hier offenbar dafür plädiert, nur einem der konkurrierenden Tarifverträge Sperrwirkung zukommen zu lassen. Diese Ansicht wird auch von *Berg* geteilt und darüber hinaus noch konkretisiert.[732] Für das Eingreifen der Sperrwirkung gem. § 77 Abs. 3 S. 1 Alt. 1 BetrVG müsse einem der anwendbaren Tarifverträge zwingend Vorrang eingeräumt werden. Es spreche viel dafür, dass nur der mit der mitgliedsstärksten Gewerkschaft im Betrieb, hilfsweise in der Branche, abgeschlossene Tarifvertrag in diesem Kontext maßgeblich sei und den Tarifvorrang auslöse.[733] Dieser sei ohnehin wirkungsvoller und auch mitgliedschaftlich stärker legitimiert. Sofern man davon ausgehe, dass die Aufgabe des Grundsatzes der Tarifeinheit im Betrieb rechtlich geboten ist, so müsse man aber auch die Auswirkungen einer realisierten Tarifpluralität auf die mit ihr notwendig in einem Sachzusammenhang stehenden gesetzlichen Regelungen der betrieblichen Mitbestimmung berücksichtigen und mit deren jeweiligen Schutzzweck in Einklang bringen.[734] Allerdings sei die konkurrierende Auslösung des Tarifvorbehalts nach § 77 Abs. 3 BetrVG mit der in der Regel notwendigen einheitlichen Geltung von Inhalts- und Betriebsnormen eines Tarifvertrages bzw. mehrerer aufeinander bezogener Tarifverträge und der Funktion des Betriebsrats als Interessenvertretungsorgan für die gesamte Belegschaft nicht vereinbar.[735] Dem Mehrheitserfordernis stimmt wohl auch *Schaub* zu.[736] Dieser führt an, dass der Tarifvertrag einer Splittergewerkschaft kaum geeignet sein könne, die Tätigkeit von Betriebs- und Personalräten zu beseitigen.

---

729 Meyer, NZA 2006, 1391.
730 Meyer, in FS für Buchner, 2009, S. 634.
731 Meyer, NZA 2006, 1391.
732 DKK/Berg, § 77 BetrVG, Rn. 69c.
733 DKK/Berg, § 77 BetrVG, Rn. 69c.
734 Berg/Platow/Schoof/Unterhinninghofen, § 4 TVG, Rn. 58a.
735 DKK/Berg, § 77 BetrVG, Rn. 69c.
736 Schaub, PersV 2011, 45.

(2) Sperrwirkung durch jeden der bestehenden Tarifverträge

Nach anderer Ansicht in der Literatur soll im tarifpluralen Betrieb die Sperrwirkung des § 77 Abs. 3 S. 1 Alt. 1 BetrVG durch jeden dort bestehenden Tarifvertrag ausgelöst werden.[737] Danach seien Betriebsvereinbarungen ausgeschlossen, wenn nur einer der kollidierenden Tarifverträge Regelungen enthalte die durch den Tarifvorbehalt erfasst würden, solange der Betrieb in den Anwendungsbereich dieses Tarifvertrages falle.

Begründet wird die Sichtweise mit dem Normzweck des § 77 Abs. 3 BetrVG. Nach der Intention des Gesetzes gehe es, anders als bei § 87 Abs. 1 BetrVG, nicht um den Schutz durch erzwingbare betriebliche Mitbestimmung, sondern allein um den Schutz des Vorranges der Tarif- vor der Betriebsautonomie.[738] Letzterer sei aber schon dann tangiert, wenn nur einer von mehreren Tarifverträgen den entsprechenden Sachbereich regele.[739] Dazu passe, dass es für die Sperrwirkung gerade nicht auf die Tarifgebundenheit der Arbeitsvertragsparteien ankomme.[740]

(3) Stellungnahme

Der zweiten Ansicht ist hier zuzustimmen. Aus der Aufgabe des Grundsatzes der Tarifeinheit ergibt sich kein nachvollziehbares Erfordernis einer Anpassung des § 77 Abs. 3 S. 1 Alt. 1 BetrVG. Deshalb muss es auch im Falle der Tarifpluralität dabei bleiben, dass jeder Tarifvertrag, der den Betrieb räumlich, persönlich, betrieblich und fachlich erfasst, die Sperrwirkung für Betriebsvereinbarungen aktiviert.

Dies rechtfertigt sich bereits aus dem Schutzzweck der Norm. Der Tarifvorbehalt dient nach einhelliger Überzeugung der Sicherung der ausgeübten und aktualisierten Tarifautonomie vor einer Aushöhlung durch betriebliche Rechtsetzung sowie dem Erhalt und der Stärkung der Funktionsfähigkeit der Koalitionen.[741] Aus diesem Grund spielt weder die Tarifbindung des Arbeitgebers noch der einzelnen Arbeitnehmer eine Rolle. Anders kann dem Schutzweck

---

737 Bayreuther, NZA 2007, 189; Bepler, FS ARGE Arbeitsrecht im DAV, S. 800; Brecht-Heitzmann, in Gedächtnisschrift für Zachert, 2010, 517; Fitting, § 77 BetrVG, Rn. 81; Franzen, RdA 2008, 200; Jacobs, NZA 2008, 332; Reichold, RdA 2007, 327; Thüsing/von Medem, ZIP 2007, 513.

738 Vgl. Thüsing/von Medem, ZIP 2007, 513.

739 Vgl. Franzen, RdA 2008, 200.

740 Vgl. Jacobs, NZA 2008, 332.

741 Vgl. BAG, Beschluss vom 03.12.1991, GS 1/90, AP Nr. 52 zu § 87 BetrVG 1972 Lohngestaltung; Beschluss vom 03.12.1991, GS 2/90, AP Nr. 51 zu § 87 BetrVG 1972 Lohngestaltung, NZA 1992, 749ff.

auch nicht Rechnung getragen werden. Aus der Gesetzesbegründung geht hervor, dass den Tarifvertragsparteien ein klarer Vorrang vor den Betriebsparteien zugewiesen ist. Daran hat sich auch nach der Rechtsprechungsänderung zur Tarifeinheit im Betrieb nichts geändert.

Ginge man aber davon aus, dass nur einer der konkurrierenden Tarifverträge die Sperrwirkung auszulösen vermag, würde diesem Privileg nicht mehr Rechnung getragen. Vielmehr stünde diese Lösung in einem Wiederspruch zu dem genannten Normzweck. Löst nämlich einer der Tarifverträge keine Sperrwirkung nach § 77 Abs. 3 S. 1 Alt. 1 BetrVG aus, bliebe es den Betriebsparteien unbenommen, für die Arbeitsbedingungen, die von dem Tarifvorbehalt des anderen Tarifvertrages nicht erfasst werden, weiter Betriebsvereinbarungen zu treffen. Damit würden entsprechende Regelungen des nachrangigen Tarifvertrages doch wieder zur Disposition der Betriebsparteien gestellt. Abweichende Betriebsvereinbarungen könnten aber die getroffenen tariflichen Regelungen untergraben, was letztlich zu dem nicht gewollten Ergebnis führt, dass sich der Betriebsrat am Ende doch gegenüber der mit Blick auf § 77 Abs. 3 BetrVG „unterlegenen" Gewerkschaft als beitragsfreie Ersatzgewerkschaft in Konkurrenz setzt. Dabei soll durch den Tarifvorbehalt gerade verhindert werden, dass die Tarifautonomie durch Regelungskompetenzen des Betriebsrats konterkariert wird. Dieser Schutz wäre aber nivelliert, wenn nicht jeder Tarifvertrag die Sperrwirkung gegenüber abweichenden oder ergänzenden Betriebsvereinbarungen auslöst.

Darüber hinaus ist die aufgezeigte Konsequenz auch verfassungsrechtlich nicht mit Art. 9 Abs. 3 GG in Einklang zu bringen. § 77 Abs. 3 S. 1 BetrVG schränkt die Zuständigkeit des Betriebsrats im Interesse des Schutzes der ausgeübten und aktualisierten Tarifautonomie sowie der Funktionsfähigkeit der Koalitionen ein. Die Regelung ist damit Ausfluss der verfassungsrechtlich garantierten institutionellen Koalitionsfreiheit. Danach schützt Art. 9 Abs. 3 GG die Freiheit einer Koalition in ihrem Bestand, ihrer organisatorischen Ausgestaltung und ihrer koalitionsspezifischen Betätigung.[742] Die koalitionsspezifische Betätigungsfreiheit als funktionelle Garantie soll es den Koalitionen ermöglichen, durch den Abschluss von Tarifverträgen die Arbeitsbedingungen ihrer Mitglieder in eigener Verantwortung zu ordnen.[743] Allerdings ist der Schutz nicht auf den Abschluss von Tarifverträgen begrenzt, sondern erfasst jede Tätigkeit zur Erfüllung der in Art. 9 Abs. 3 GG gestellten Aufgaben. Unter anderem wird

742 Vgl. BVerfG, Beschluss vom 10.09.2004, 1 BvR 1191/03, AP Nr. 167 zu Art 9 GG Arbeitskampf, NZA 2004, 1338ff.

743 Vgl. BVerfG, Beschluss vom 24.05.1977, 2 BvL 11/74, AP Nr. 15 zu § 5 TVG.

damit auch die Tarifautonomie garantiert, die im Zentrum der den Koalitionen eingeräumten Möglichkeiten zur Verfolgung ihrer Zwecke steht. Dieser Grundrechtsschutz wäre aber demontiert, würde man hier zulassen, dass trotz entsprechender Regelungen in einem Tarifvertrag abweichende Betriebsvereinbarungen für die Arbeitsbedingungen getroffen werden könnten, die von dem Tarifvorbehalt des konkurrierenden Tarifvertrages nicht erfasst werden.

Daran kann auch der Hinweis von *Berg* nichts ändern, wonach Inhalts- und Betriebsnormen im Zuge der Tarifpluralität mit Blick auf § 77 Abs. 3 BetrVG einer notwendig einheitlichen Geltung zugeführt werden müssten. Diese Aussage ist so nicht zutreffend. Wie bereits ausgeführt, ist eine notwendig einheitliche Geltung nicht erforderlich, da eine Trennung von Individual- und Kollektivnormen sehr wohl vorgenommen werden kann. Zwar führt der hier bevorzugte differenzierte Lösungsansatz dazu, dass es für einen Teil der Belegschaft zu einer Kombination von Tarifverträgen kommen kann. Mit Blick auf die Kollektivnormen bedeutet dies, dass für manche Arbeitnehmer die Betriebs- und Betriebsverfassungsnormen des repräsentativeren Tarifvertrages sowie die Inhaltsnormen ihres eigenen Tarifvertrages gelten. Allerdings wird dadurch nicht der von den Tarifparteien gefundene „Kompromiss" zerstört.[744] Dafür spricht zum einen die von Gesetzes wegen vorgesehene Unterscheidung in § 3 Abs. 1 und Abs. 2 TVG sowie die unterschiedlichen Voraussetzungen an die Tarifbindung. Zum anderen kann hier auch auf die verschiedenen Interessenlagen verwiesen werden. Bei Kollektivnormen geht es in erster Linie darum, eine den gemeinsamen Ordnungsvorstellungen von Arbeitgeber und Arbeitnehmern entsprechende betriebliche Ordnung zu etablieren. Dabei ist zu berücksichtigen, dass Inhaltsnormen, anders als Betriebs- und Betriebsverfassungsnormen, nicht auf „Außenseiter" erstreckt werden. Diese stellen vielmehr einen Kompromiss aus den gegensätzlichen Interessen der Arbeitsvertragsparteien dar. Mithin ist eine Aufspaltung der einzelnen Normgruppen anzuerkennen.

Bei der Kollision von Betriebs- und Betriebsverfassungsnormen liegt daher keine Tarifpluralität vor, sondern vielmehr eine „betriebsweite Tarifkonkurrenz", die weiterhin nach den Grundsätzen der Tarifeinheit im Arbeitsverhältnis aufzulösen ist. Hingegen ist bei Individualnormen nach hier vertretener Meinung eine Tarifpluralität hinzunehmen. Hinsichtlich der Kollektivnormen kann denklogisch nur ein Tarifvertrag zur Anwendung gelangen, wohingegen bei Individualnormen je nach Tarifbindung der einzelnen Arbeitnehmer zu unterscheiden ist und damit gleichzeitig mehrere Tarifverträge im Betrieb Wirkung entfalten.

744 Anders Meyer, NZA 2006, 1391.

Eine zwingende einheitliche Anwendung der Individualnormen widerspricht der Intention des Gesetzes. Daran vermag auch die Einordnung der Normgruppen in das Betriebsverfassungsrecht nichts ändern. Konsequenterweise muss es dann eben zu differenzieren Mitbestimmungsregelungen kommen.[745]

Des Weiteren kann hier auch nicht auf den Gedanken der Repräsentativität zurückgegriffen werden. So wird zwar von *Gamillscheg* betont, dass § 77 Abs. 3 BetrVG dort seine Rechtfertigung verliere, wo ein Tarifvertrag mit einer nicht repräsentativen Gewerkschaft ohne Rückhalt in der Belegschaft geschlossen werde.[746] Auch *Berg* fordert, dass die Auswahl des den Tarifvorbehalt auslösenden Tarifvertrages anhand der gewerkschaftlichen Mehrheitsverhältnisse im Betrieb, hilfsweise in der Branche, getroffen werden solle, da nur der repräsentativere Tarifvertrag das betriebliche Geschehen wirkungsvoll präge und obendrein noch mitgliedschaftlich stärker legitimiert sei.[747] Allerdings wiederspricht das Repräsentativitätserfordernis in diesem Zusammenhang ebenfalls dem Normzweck des § 77 Abs. 3 BetrVG.[748] Der Schutz der Tarifvertragsparteien vor konkurrierenden Regelungen auf betrieblicher Ebene kann nicht davon abhängig gemacht werden, ob die tarifliche Regelung repräsentativ ist.[749] Da der Tarifvorbehalt jegliche tarifliche Rechtsetzung betrifft, kann es nicht darauf ankommen, wie viele Mitglieder eine Gewerkschaft hat. § 77 Abs. 3 S. 1 BetrVG unterscheidet bei seinem Normzweck nicht nach der Mitgliederstärke. Vielmehr werden alle Gewerkschaften in gleichem Maße erfasst. Eine andersgeartete Differenzierung nach den Mehrheitsverhältnissen im Betrieb ist mit dem Normzweck nicht in Einklang zu bringen. Dafür streitet zum einen, dass sich die Zahl der Mitglieder ändern kann. Auch bestünde das Problem des Bezugspunktes im Hinblick auf Betrieb, Unternehmen und Konzern, wenn Regelungen des Betriebsrats, des Gesamtbetriebsrats oder des Konzernbetriebsrats in Rede stehen. Zum anderen spricht gegen das Mehrheitsprinzip, dass kleine Gewerkschaften ohnehin ungemein härter von konkurrierenden betrieblichen Vereinbarungen getroffen werden, als mitgliedsstarke Koalitionen. Dadurch würde der Schutz also gerade denjenigen Gewerkschaften versagt, die am meisten auf ihn angewiesen sind. Im

---

745 Vgl. auch Reichold, RdA 2007, 327.

746 Gamillscheg, kollektives Arbeitsrecht, Bd. I, § 7, S. 327, § 9, S. 438, § 15, S. 564.

747 DKK/Berg, § 77, Rn. 69c.

748 So auch Brecht-Heitzmann, in Gedächtnisschrift für Zachert, 2010, S. 517; Franzen, RdA 2008, 200; WPK/Preis, § 77 BetrVG, Rn. 74.

749 Vgl. BAG, Urteil vom 20.11.2001, 1 AZR 12/01 nicht amtlich veröffentlicht, EzA Nr. 70 zu § 77 BetrVG 1972; Franzen, RdA 2008, 200; GK-BetrVG/Kreutz, § 77 BetrVG, Rn. 102.

Ergebnis darf der Schutz der Tarifautonomie gegenüber der Betriebsautonomie aber gerade nicht von dem Erfolg der jeweiligen im Betrieb vertretenen Koalitionen abhängig gemacht werden. Alles andere wäre mit der Vorgabe des Gesetzes nicht zu vereinbaren.

Letztlich kann daher festgehalten werden, dass aufgrund des Schutzzwecks des § 77 Abs. 3 S. 1 Alt. 1 BetrVG im Falle der Tarifpluralität jeder der im Betrieb anwendbaren Tarifverträge die Sperrwirkung gegenüber Betriebsvereinbarungen auslöst. Von der Auswahl eines konkurrierenden Tarifvertrages, insbesondere auch des repräsentativen, ist aus den genannten Gründen Abstand zu nehmen. Da § 77 Abs. 3 BetrVG allein den Vorrang der Tarif- vor der Betriebsautonomie regelt, ist es für die Aktivierung der Sperrwirkung ausreichend, wenn einer der bestehenden kollidierenden Tarifverträge entsprechende Regelungen trifft.

bb. Auslösung der Sperrwirkung bei Regelung durch unterschiedliche bestehende Tarifverträge

Als problematisch wird auch die Konstellation angesehen, in der die konkurrierenden Tarifverträge ihrerseits jeweils selbstständige Regelungen enthalten, die die Sperrwirkung auslösen, ohne dabei vollkommen deckungsgleich zu sein.

Ginge man davon aus, dass es zu einer kumulativen Sperrwirkung kommt, da der Tarifvorrang durch jeden der im tarifpluralen Betrieb anwendbaren Tarifverträge ausgelöst wird, hätte dies zur Folge, dass nunmehr im Ergebnis noch weniger Raum für Betriebsvereinbarungen verbleibt. Jede tarifliche Regelung die unter § 77 Abs. 3 S. 1 Alt. 1 BetrVG fällt, verhindert, dass die Betriebsparteien auf diesem Gebiet noch Einfluss nehmen können, unabhängig davon in welchem der konkurrierenden Tarifverträge sie geregelt ist.

Nach dem Grundsatz der Tarifeinheit im Betrieb konnte die Sperrwirkung allein durch den spezielleren Tarifvertrag aktiviert werden. Bei Zulassung von Tarifpluralität besteht hingegen die potentielle Möglichkeit, dass wesentlich mehr Regelungen in der Gesamtheit der im Betrieb anwendbaren Tarifverträge durch die Tarifvertragsparteien getroffen werden und somit betriebliche Vereinbarungen in weiterem Umfang gesperrt sind als bisher. Diese Konsequenz nimmt *Meyer* zum Anlass für die Forderung, die Aktivierung der Sperrwirkung nur für einen auserwählten Tarifvertrag anzuerkennen. Ansonsten, so befürchtet er, würde die Betätigungsfreiheit der Betriebsparteien noch mehr zurückgedrängt, was mit dem Regelungsziel des § 77 Abs. 3 BetrVG unvereinbar erscheine.[750]

750 Meyer, NZA 2006, 1391.

Allerdings wird dabei nicht berücksichtigt, dass § 77 Abs. 3 BetrVG gerade nicht dem Schutz der Betriebsparteien dienen soll. Es wäre vielmehr normzweckwidrig, wenn der Tarifvorrang im Lichte der Tarifpluralität zu einem Schutzinstrument für betriebliche Vereinbarungen ausgestaltet würde, indem man einem der anwendbaren Tarifverträge den Vorzug gewährt. Auch nach der Aufgabe des Grundsatzes der Tarifeinheit hat sich an der Tatsache nichts geändert, dass § 77 Abs. 3 S. 1 BetrVG die Betätigungsfreiheit der Tarifvertragsparteien im Lichte von Art. 9 Abs. 3 GG schützen soll. Eine andere Interpretation dieses Regelungsziels im tarifpluralen Betrieb würde die Intention des Gesetzes verfehlen. Immerhin soll die Regelung gerade der Sicherung der Tarifautonomie dienen. Es wäre widersprüchlich, wenn sie nun als Rechtfertigung für die Verdrängung autonom vereinbarter Tarifverträge vorgebracht würde.

Vielmehr bewahrheitet sich hier die Aussage, dass sich nicht das Tarifrecht am Betriebsverfassungsrecht zu orientieren habe, sondern umgekehrt das Betriebsverfassungsrecht am Tarifrecht. Daher müsse die Betriebsverfassung auch Kollisionslagen, die sich aus dem Tarifwettbewerb ergeben, hinnehmen.[751] Ansonsten wäre der Betriebsrat als staatlich installierte Instanz zur Tarifaufsicht und als Ersatzgewerkschaft berufen.[752] Da dies ist aber gerade nicht gewollt ist, muss die Betriebsverfassung Rücksicht auf das Tarifsystem nehmen und nicht umgekehrt.

In diesem Zusammenhang hat *Bepler* vorgeschlagen, dass die konkurrierenden Gewerkschaften ihr Regelungsverhalten im Verhältnis zueinander wohl zumindest in Grundzügen abstimmen müssen, damit den Betriebspartnern nicht größere Teilbereiche möglicher betrieblicher Regelungen genommen werden.[753] Ein solches Verhalten kann zwar auf freiwilliger Basis erfolgen, ist jedoch wegen Art. 9 Abs. 3 GG nicht zu erzwingen. Vielmehr fällt jede Gewerkschaft unter den Schutz von § 77 Abs. 3 BetrVG, da sie gerade als Träger der Tarifautonomie vorrangig behandelt werden soll. Eine Anpassung zugunsten der Betriebsparteien ist hier also ebenfalls nicht vorzunehmen.

cc. Sperrwirkung bei Tarifüblichkeit

Etwas anderes kann bei konsequenter Betrachtung auch nicht für den Bereich der Tarifüblichkeit angenommen werden. Setzt man voraus, dass jeder nach seinem Geltungsbereich einschlägige Tarifvertrag die Sperrwirkung gegenüber

---

751 Bayreuther, Tarifautonomie als kollektiv ausgeübte Privatautonomie, S. 380f.

752 GK-BetrVG/Kreutz, Bd. 2, § 77 BetrVG, Rn. 80.

753 Bepler, FS ARGE Arbeitsrecht im DAV, S. 800.

Betriebsvereinbarungen nach § 77 Abs. 3 S. 1 Alt. 1 BetrVG auslöst, muss dies gleichermaßen auch für § 77 Abs. 3 S. 1 Alt. 2 BetrVG gelten. Der Tarifvorrang macht keine qualitativen Unterschiede zwischen konkret getroffenen tariflichen Regelungen und solchen, die üblicherweise in Tarifverträgen geregelt werden. Beide Formen dienen dem Schutz der Tarifautonomie und stehen daher auf einer Stufe.

Bei Tarifüblichkeit beginnt die Sperrwirkung, wenn die entsprechenden materiellen Arbeitsbedingungen üblicherweise durch Tarifvertrag geregelt werden. Maßgeblich hierfür soll die Tarifpraxis sein. Zu bejahen ist Tarifüblichkeit beispielsweise, wenn der Gegenstand in der Vergangenheit tariflich geregelt worden ist und man davon ausgehen muss, dass dies auch in der Zukunft geschehen wird.[754] Zeitliche Lücken zwischen einem abgelaufenen Tarifvertrag und der Neuaufnahme von Verhandlungen sind unbeachtlich, wenn die Wideraufnahme wahrscheinlich ist.[755] Entscheidend ist allein, ob der konkrete Betrieb bei Tarifgebundenheit des Arbeitgebers in den räumlichen, fachlichen und sachlichen Geltungsbereich des Tarifvertrages fallen würde. § 77 Abs. 3 BetrVG begrenzt die Regelungsmacht der Betriebspartner zugunsten der Tarifvertragsparteien. Eine solche Zuständigkeitsabgrenzung ist aber nur dort erforderlich und sinnvoll, wo sich Regelungsbefugnisse sonst überschneiden würden. Das ist gerade nicht der Fall, wenn die Tarifvertragsparteien lediglich für einen anderen, den eigenen Betrieb nicht umfassenden Geltungsbereich Regelungen getroffen haben oder üblicherweise treffen.[756] Keine Tarifüblichkeit liegt daher vor, wenn es in der Vergangenheit noch keinen einschlägigen Tarifvertrag für den Betrieb oder das Unternehmen bzw. die Branche gab und die Tarifvertragsparteien lediglich beabsichtigen, die Angelegenheit künftig tariflich zu regeln, selbst wenn bereits Tarifverhandlungen geführt wurden.[757] Galt daher bislang nur ein Tarifvertrag und wird nun erstmals eine neue Gewerkschaft im Betrieb, Unternehmen oder der Branche aktiv, ist Tarifüblichkeit anzunehmen, wenn bereits zuvor die entsprechenden materiellen Arbeitsbedingungen im räumlichen, betrieblichen und fachlichen Geltungsbereich durch Tarifvertrag geregelt wurden und deshalb davon auszugehen ist, dass dies auch in Zukunft geschehen wird.

---

754 BAG, Beschluss vom 24.02.1987, 1 ABR 18/85, AP Nr. 21 zu § 77 BetrVG 1972, NZA 1987, 639ff.

755 BAG, Beschluss vom 22.03.2005, 1 ABR 64/03, Nr. 26 zu § 4 TVG Geltungsbereich, NZA 2006, 383ff.

756 Vgl. BAG, Beschluss vom 21.12.1982, 1 ABR 20/81.

757 Vgl. BAG, Urteil vom 26.08.2008, 1 AZR 354/07, AP Nr. 15 zu § 87 BetrVG 1972, NZA 2008, 1426ff.

Nach anderer Auffassung von *Kittner/Deinert* soll für den Fall, dass nur einer der Tarifverträge als üblich in Betracht kommt, wiederum auf den Gesichtspunkt der Repräsentativität abgestellt werden, da von diesem die größte, die jeweilige Branche prägende Wirkung ausgehe.[758]

Dem kann jedoch nicht gefolgt werden. Wie bereits bei § 77 Abs. 3 S. 1 Alt. 1 BetrVG ausgeführt, geht es bei der Tarifüblichkeit um nichts anderes als den Schutz der Tarifvertragsparteien vor einer Regelungskonkurrenz durch Betriebsvereinbarungen und damit um die Sicherung der Tarifautonomie sowie die Erhaltung der Funktionsfähigkeit der Koalitionen. Gerade hier manifestiert sich dieser Normzweck, da es nach der Intention des Gesetzes nicht auf eine bestehende Regelung ankommen kann, sondern die Tarifautonomie auch dann schutzwürdig ist, wenn entsprechende Regelungen lediglich üblicherweise in Tarifverträgen getroffen werden. Zweck des § 77 Abs. 3 S. 1 BetrVG ist nicht die Erhaltung einer in allen Einzelheiten überbetrieblichen Ordnung, sondern die Sicherung des Vorrangs der aktualisierten Tarifautonomie. Danach ist es mit dem Schutzzweck nicht zu vereinbaren, wenn bei einer Konkurrenz mehrerer üblicher Tarifverträge, einem Tarifvertrag der Schutz des § 77 Abs. 3 BetrVG versagt würde, weil auf das Erfordernis der Repräsentativität abgestellt wird. Somit muss auch bei Tarifüblichkeit gelten, dass jeder der tarifüblichen Tarifverträge die Sperrwirkung des § 77 Abs. 3 BetrVG zum Schutze der Tarif- vor der Betriebsautonomie auslöst.

dd. Öffnungsklausel nach § 77 Abs. 3 S. 2 BetrVG

Etwas schwieriger gestaltet sich die Frage, wie zu verfahren ist, wenn nur ein Tarifvertrag eine Öffnungsklausel zugunsten abweichender oder ergänzender Betriebsvereinbarungen i.S.v. § 77 Abs. 3 S. 2 BetrVG enthält bzw. die konkurrierenden Tarifverträge unterschiedliche Öffnungsklauseln vorsehen. Das Problem besteht darin, dass Betriebsvereinbarungen grundsätzlich für alle Arbeitnehmer des Betriebs gelten und entsprechende tarifliche Öffnungsklausel nach h.M. als betriebsverfassungsrechtliche Normen gem. § 3 Abs. 2 TVG qualifiziert werden.[759] In diesem Zusammenhang wird teilweise befürchtet, dass eine überzeugende Antwort bei Tarifpluralität nicht gefunden werden kann, weil die

---

758 Kittner/Deinert, in Kittner/Zwanziger, § 18, Rn. 34.

759 Fitting, § 77 BetrVG, Rn. 123; Franzen, RdA 2008, 200; Jacobs, NZA 2008, 332; GK-BetrVG/Kreutz, Bd. 2, § 77 BetrVG, Rn. 148; Richardi/Richardi, § 77 BetrVG, Rn. 303; Wiedemann/Wank, TVG, § 4, Rn. 600.

tariflichen Gestaltungszusammenhänge nicht hinreichend berücksichtigt, sondern verwischt würden.[760]

(1) Mehrere Tarifverträge enthalten Öffnungsklauseln
Zunächst soll die Problematik behandelt werden, wenn die konkurrierenden Tarifverträge in dem Umfang des gemeinsamen Regelungsinhalts identische bzw. unterschiedlich ausgestaltete Öffnungsklauseln aufweisen. Hier ist zu klären, ob es einer Anpassung bedarf, da grundsätzlich jeder Tarifvertrag, der in den Geltungsbereich des Betriebs fällt, zunächst einmal die Sperrwirkung für den ganzen Betrieb auslöst.

Keine Schwierigkeiten sind gegeben, wenn die Tarifverträge dieselbe Öffnungsklausel zu einer bestimmten Arbeitsbedingung enthalten. In diesem Fall sind die Betriebsparteien legitimiert Betriebsvereinbarungen abzuschließen, ohne, dass der Tarifvorbehalt gem. § 77 Abs.3 S. 1 BetrVG seine Sperrwirkung entfaltet.[761]

Enthalten aber mehrere Tarifverträge teilidentische bzw. völlig verschiedene Öffnungsklauseln und löst jeder Tarifvertrag für sich genommen die Sperrwirkung gegenüber abweichenden Betriebsvereinbarungen für alle Arbeitsverhältnisse aus, besteht grundsätzlich die Möglichkeit, dass jede der Öffnungsklauseln teilweise oder ganz für eine bestimmte Arbeitsbedingung wegen § 77 Abs. 3 S. 1 BetrVG ins Leere läuft.

Zum Teil wird daher vertreten, dass hier einer Regelung der Vorrang zukommen müsse.[762] Begründet wird diese Ansicht damit, dass es sich bei tarifvertraglichen Öffnungsklauseln um betriebsverfassungsrechtliche Normen handele, weil sie die Sperrwirkung des § 77 Abs. 3 S. 1 BetrVG beseitigen.[763] Daher seien sie auch als Kollektivnormen i.S.v. § 3 Abs. 2 TVG zu qualifizieren.[764] Folglich würden sie unabhängig vom Organisationsstatus der Arbeitnehmer für jeden Betrieb und die dortigen Arbeitsverhältnisse gelten, sofern allein der Arbeitgeber tarifgebunden ist.

In diesem Fall liege eine „betriebsweite Tarifkonkurrenz“ vor, die zwingend nach dem Prinzip der Tarifeinheit im Arbeitsverhältnis aufzulösen sei. Danach

---

760 Brocker, NZA Beilage 3/2010, 124.
761 So auch Fitting, § 77 BetrVG, Rn. 81.
762 Siehe Franzen, RdA 2008, 200; Jacobs, NZA 2008, 332; GK-BetrVG/Kreutz, Bd. 2, § 77 BetrVG, Rn. 148.
763 Vgl. Jacobs, NZA 2008, 332.
764 Greiner, Rechtsfragen der Koalitions-, Tarif- und Arbeitskampfpluralität 2010, S. 379.

komme als Kollisionsregel das Repräsentativitätsprinzip zur Anwendung.[765] Treffen daher unterschiedliche Öffnungsklauseln aufeinander, sollen diese nicht gleichermaßen durch die Sperrwirkung des jeweils anderen Tarifvertrages ausgeschaltet werden, sondern einer Regelung sei Vorrang einzuräumen, um die Kollision zu beseitigen.

Eine solche Lösung erscheint jedoch im Hinblick auf den dargestellten Normzweck von § 77 Abs. 3 BetrVG nicht sachgerecht. Unabhängig von der Einordnung einer Öffnungsklausel als Kollektivnorm, muss vorrangig auf den Normzweck des Tarifvorbehalts abgestellt werden. Würde der Öffnungsklausel des repräsentativeren Tarifvertrags der Vorrang eingeräumt werden und bestünde für die Betriebsparteien daher die Möglichkeit, in dem jeweiligen Umfang, Regelungen durch Betriebsvereinbarungen für alle Arbeitnehmer des Betriebs zu treffen, ohne dass die Sperrwirkung des anderen Tarifvertrages dies verhindert, wäre die Auslösung des Tarifvorbehalts durch jeden Tarifvertrag konterkariert. Der Schutz des § 77 Abs. 3 BetrVG würde für die nicht repräsentative Gewerkschaft verfehlt, da trotz entsprechender tariflicher Regelungen im Zweifel abweichende betriebliche Vereinbarungen im Rahmen der vorrangigen Öffnungsklausel getroffen werden könnten. Dieser Vorgehensweise wiederspricht aber auch der Wortlaut der Norm. Dort ist geregelt, dass der Tarifvorbehalt dann nicht greifen soll, wenn ein Tarifvertrag den Abschluss ergänzender Betriebsvereinbarungen ausdrücklich zulässt. Im Umkehrschluss bedeutet dies, dass bei Fehlen einer entsprechenden Öffnungsklausel gerade keine betrieblichen Regelungen zulässig sein sollen. Bei Tarifpluralität besteht aber gerade die Besonderheit, dass nicht nur ein Tarifvertrag im Betrieb Wirkung entfaltet. Damit müssen diese Grundsätze auf die konkurrierenden Tarifverträge übertragen werden. Lässt im Falle teilidentischer bzw. völlig unterschiedlicher Öffnungsklauseln im tarifpluralen Betrieb ein Tarifvertrag abweichende Vereinbarungen für bestimmte Arbeitsbedingungen zu, der andere aber nicht, kann diese Sperrwirkung nicht aufgehoben werden. Auch der Normzweck gebietet es hier, die Ausnahmeregelung nach § 77 Abs. 3 S. 2 BetrVG im tarifpluralen Betrieb dementsprechend zu handhaben. Dem steht auch Art. 9 Abs. 3 GG nicht entgegen. Zwar haben sich die Tarifvertragsparteien grundsätzlich für eine Beteiligung auf betrieblicher Ebene entschieden. Den Betriebspartnern würden also durch die bevorzugte Lösung gewisse Teilbereiche im Hinblick auf mögliche betriebliche Regelungen genommen, obwohl ihnen mittels der jeweiligen Öffnungsklausel

---

765 Franzen, RdA 2008, 200; Jacobs, NZA 2008, 332, Richardi/Richardi, § 77 BetrVG, Rn. 303.

eigentlich Mitbestimmungsrechte eingeräumt werden sollten. Allerdings wird vorrangig die Tarifautonomie der Gewerkschaften insgesamt verfassungsrechtlich geschützt. Dem soll § 77 Abs. 3 S. 1 BetrVG gerade Rechnung tragen. Dieser Schutz muss aber jeder Gewerkschaft zuteilwerden. Den Gewerkschaften bleibt es unbenommen sich untereinander zu verständigen, sofern sie beabsichtigen eine Öffnungsklausel zu vereinbaren. Darin liegt auch keine Verpflichtung.

Daher entfaltet bei konkurrierenden Öffnungsklauseln, jede für sich genommen keine Wirkung, da sie durch den jeweils anderen Tarifvertrag und dessen Sperrwirkung nach § 77 Abs. 3 BetrVG außer Kraft gesetzt werden. Dies gilt sowohl für völlig verschiedene Öffnungsklauseln als auch für die unterschiedlichen Regelungen teilidentischer Öffnungsklauseln. Demnach können die Betriebsparteien im tarifpluralen Betrieb nur dann Betriebsvereinbarungen abschließen, wenn alle Tarifverträge dieselbe Öffnungsklausel zu einer bestimmten Arbeitsbedingung enthalten, weil nur dann die Sperrwirkung des § 77 Abs. 3 S. 1 BetrVG nicht greift.

(2) Ein Tarifvertrag enthält eine Öffnungsklausel

Problematischer ist der Fall, wenn nur einer der einschlägigen Tarifverträge eine Öffnungsklausel gem. § 77 Abs. 3 S. 2 BetrVG enthält, während der andere die Sperrwirkung auslösen würde. Hierzu werden in der Literatur unterschiedliche Ansätze vertreten.

Nach der Ansicht von *Greiner* soll die Nichtregelung einer Öffnungsklausel in konkurrierenden Tarifverträgen als Negation der Öffnung, also als ein Festhalten an der gesetzlich vorgesehenen Regelungssperre des § 77 Abs. 3 S. 1 BetrVG zu deuten sein.[766] Die „negative Öffnungsklausel" stehe somit im vorliegenden Fall in einem Konkurrenzverhältnis zu der positiven Öffnungsklausel. Dadurch sei wiederum eine „betriebsweite Tarifkonkurrenz" gegeben, die nach den Regeln der Repräsentativität aufgelöst werden müsse. Der von einer relativen Mehrheit der Betriebsbelegschaft mitgliedschaftlich legitimierte Tarifvertrag setze sich daher gegenüber konkurrierenden Minderheitstarifverträgen durch. Sehe der Mehrheitstarifvertrag eine Öffnungsklausel vor, sei aufgrund ihrer Rechtsnatur als Kollektivnorm auch für Arbeitsverhältnisse nicht und anders tarifgebundener Arbeitnehmer eine betriebliche Regelungsmöglichkeit eröffnet. *Greiner* begründet diese Vorgehensweise damit, dass trotz Gewerkschafts- und Tarifpluralität notwendige Unternehmenssanierungen ermöglicht werden müssen

766 Greiner, Rechtsfragen der Koalitions-, Tarif- und Arbeitskampfpluralität, S. 379.

und der Sanierungsprozess nicht von einer Minderheitsgewerkschaft blockiert werden dürfe.[767]

Einer solchen Auslegung ist allerdings nicht zuzustimmen. Nach hier vertretener Auffassung kommt eine Lösung nach den Grundsätzen der „betriebsweiten Tarifkonkurrenz" nur dann in Betracht, wenn eine Kollisionslage von Kollektivnormen tatsächlich gegeben ist. Das ist aber nur dann der Fall, wenn sich mehrere Tarifverträge mit unterschiedlichen „echten" Öffnungsklauseln gegenüberstehen. Die Nichtregelung einer Öffnungsklausel, kann auch nicht durch Auslegung zu einer solchen Konkurrenzlage führen. Eine fiktive Öffnungsklausel ist dogmatisch nicht zu begründen und auch im Zuge der Zulassung von Tarifpluralität nicht zu rechtfertigen. Zwar mag es sinnvoll erscheinen, mit Blick auf etwaige Unternehmenssanierungen eine solche Lösung herbeiführen zu wollen, jedoch nicht mit dieser Begründung.

Franzen dagegen ist der Auffassung, dass es in diesen Fällen diametral entgegengesetzter Rechtsfolgenanordnungen einer Kollisionsregel bedarf, die diese Anordnung auflöst. Dazu sollte auf den entwickelten Grundgedanken der mitgliedschaftlichen Legitimation abgestellt werden. Mithin sei der Tarifvertrag als vorrangig anzusehen, der autonomienäher ist. Maßgeblich soll es daher hier auf die Tarifbindung des Arbeitgebers ankommen.[768]

Dem kann so jedoch ebenfalls nicht gefolgt werden. Würde man für den vorliegenden Fall als ausschlaggebendes Kriterium auf die Tarifbindung des Arbeitgebers abstellen, wäre der Normzweck von § 77 Abs. 3 BetrVG ad absurdum geführt. Nach zutreffender h.M. kommt es für die Aktivierung der Sperrwirkung des § 77 Abs. 3 S. 1 BetrVG gerade nicht auf die Tarifbindung des Arbeitgebers an. Dies rechtfertigt sich daraus, dass der Tarifvorbehalt die Tarifautonomie vor abweichenden oder ergänzenden Betriebsvereinbarungen schützen soll. Eine schutzwürdige Konkurrenzsituation entsteht aber auch dann, wenn die konkurrierenden Tarifverträge in den Geltungsbereich des Betriebs fallen und der Arbeitgeber nicht tarifgebunden ist. Demnach kann für die Beseitigung der Sperrwirkung durch eine Öffnungsklausel nach § 77 Abs. 3 S. 2 BetrVG nichts anderes gelten. Auch hier wird richtigerweise nach h.M. davon ausgegangen, dass eine Öffnungsklausel nach § 77 Abs. 3 S. 2 BetrVG die Sperrwirkung unabhängig von der Tarifbindung des Arbeitgebers beseitigt.[769] Es wäre auch ein Widerspruch in sich, wenn für die Auslösung der Sperrwirkung generell die

767 Greiner, Rechtsfragen der Koalitions-, Tarif- und Arbeitskampfpluralität, S. 379f.

768 Franzen, RdA 2008, 200.

769 DKK/Berg, § 77 BetrVG, Rn. 73; Fitting, § 77 BetrVG, Rn. 120, Richardi/Richardi, § 77 BetrVG, Rn. 303.

Tarifgebundenheit des Arbeitgebers unbeachtlich ist, im Falle der Konkurrenz mehrerer Tarifverträge und nur einer Öffnungsklausel, aber derjenige Tarifvertrag bevorzugt werden soll, der mitgliedschaftlich legitimiert ist. Unbeachtet bleibt dabei auch ein weiterer wesentlicher Kritikpunkt. Führt die Auflösung, wie von *Franzen* vorgeschlagen, nämlich dazu, dass der Tarifvertrag mit der Öffnungsklausel kraft Tarifbindung des Arbeitgebers vorzugswürdig ist, vereitelt die Möglichkeit der Betriebsparteien für diesen Bereich abweichende oder ergänzende Betriebsvereinbarungen abzuschließen den Schutzzweck des anderen Tarifvertrages, sofern dieser ebenfalls die entsprechenden Arbeitsbedingungen regelt. Die von dem nicht mitgliedschaftlichen Tarifvertrag eigentlich ausgehende Sperrwirkung liefe leer, obwohl es auf die Tarifbindung des Arbeitgebers nach der ratio von § 77 Abs. 3 S. 1 BetrVG gar nicht ankommt. Dies ist mit dem Sinn und Zweck des Tarifvorbehalts nicht zu vereinbaren. Hinzu kommt, dass diese Ansicht zu keinem Ergebnis führt, sollte der Arbeitgeber an beide Tarifverträge mitgliedschaftlich gebunden sein.

Ein weiterer Lösungsvorschlag wurde von *Schmidt* entwickelt.[770] Danach soll die Öffnungsklausel des einen Tarifvertrages dort uneingeschränkte Wirkung entfalten, wo sie Inhalte dem regelnden Zugriff der Betriebsvereinbarungsparteien öffnet, die in dem anderen Tarifvertrag keine Entsprechung finden. Im Überschneidungsbereich hingegen sollen nur solche Betriebsvereinbarungen zugelassen werden, die sich ausschließlich auf diejenigen Arbeitnehmer des Betriebs beziehen, die an den Tarifvertrag mit der Öffnungsklausel gebunden sind. Die Öffnungsklausel bewirke damit, dass die Tarifsperre allein für die Arbeitsverhältnisse derjenigen Arbeitnehmer beseitigt wird und nur für diese eine ergänzende Betriebsvereinbarung zulässt, die Mitglied in der Gewerkschaft sind, die den Tarifvertrag mit der Öffnungsklausel geschlossen hat. Dagegen sollen die Betriebsparteien die anders organisierten sowie die nicht organisierten Arbeitnehmer nicht in ihre Betriebsvereinbarungen einbeziehen dürfen. Da die Betriebsparteien trotz der Öffnungsklausel für diese Arbeitnehmergruppen keine Regelungen mit normativer Wirkung schaffen können, ist es ihnen nicht möglich, den Parteien anderer Tarifverträge für tariflich geregelte Arbeitsbedingungen Konkurrenz zu machen. Dies müsse nach der ratio des § 77 Abs. 3 BetrVG auch für die nicht tarifgebundenen Arbeitnehmer gelten.[771]

Gegen diesen Ansatz spricht jedoch der Einwand, dass die Zulassung von Betriebsvereinbarungen durch eine Öffnungsklausel nicht nur für diejenigen

770 Schmidt, Tarifpluralität im System der Arbeitsrechtsordnung, 2011, S. 502f.
771 Schmidt, Tarifpluralität im System der Arbeitsrechtsordnung, 2011, S. 503.

Arbeitnehmer gelten kann, die dem entsprechenden Tarifvertrag unterfallen. Eine solche Differenzierung steht dem Grundgedanken der Betriebsvereinbarung gem. § 77 Abs. 4 BetrVG entgegen, wonach eine solche immer unmittelbar und zwingend für alle Arbeitnehmer des Betriebs gilt, unabhängig von deren Gewerkschaftszugehörigkeit.[772] Daran vermag auch eine Konkurrenz mehrerer Tarifverträge im tarifpluralen Betrieb nichts ändern. Eine unterschiedliche Betrachtung je nach tariflicher Bindung der Arbeitnehmer ist von Gesetzes wegen nicht gewollt. Vielmehr spiegelt die Betriebsvereinbarung die einheitliche Vertretung der Belegschaft durch den Betriebsrat wieder, sofern eine tarifliche Regelung nicht gegeben ist. Im Überschneidungsbereich liegt eine solche tarifliche Sperre aber gerade vor. Die Wirkung der Öffnungsklausel nunmehr allein auf diejenigen Arbeitnehmer anzuwenden, die an den „öffnenden" Tarifvertrag gebunden sind, entspricht damit auch nach Anpassung bei Tarifpluralität nicht den Vorgaben des Gesetzes. Vielmehr muss hier auch der Charakter einer Betriebsvereinbarung berücksichtigt werden.

Hinzu kommt, dass durch diese Lösung der Schutzzweck des § 77 Abs. 3 BetrVG durchkreuzt wird. Wie *Schmidt* selbst erkennt, stößt eine nach Arbeitnehmergruppen differenzierte Betrachtungsweise an ihre Grenzen, soweit es um betriebliche Fragen i.S.d. §§ 1 Abs. 1, 3 Abs. 2, 4 Abs. 1 S. 2 TVG geht.[773] Nach h. M. können Betriebsvereinbarungen sowohl Regelungen der betrieblichen und betriebsverfassungsrechtlichen Ordnung als auch solche über Inhalt, Abschluss und Beendigung von Arbeitsverhältnissen treffen.[774] Zwar ist es richtig, dass eine Unterscheidung von Individual- und Kollektivnormen im tarifpluralen Betrieb möglich und auch geboten ist. Allerdings kann dies nicht innerhalb einer Betriebsvereinbarung erfolgen. Ansonsten könnte deren kollektiver Charakter beliebig auseinander gerissen werden. Würde man den Betriebsparteien zugestehen, Betriebsvereinbarungen für diejenigen Arbeitnehmer abzuschließen, die an den Tarifvertrag mit der Öffnungsklausel gebunden sind, könnte dies dazu führen, dass es zu unterschiedlichen Regelungen auf tariflicher und betrieblicher Ebene kommt, was wiederum mit dem Zweck von § 3 Abs. 2 BetrVG nicht zu vereinbaren ist, wonach gerade für solche Arbeitsbedingungen, die in einer Wechselbeziehung zu den Arbeitsbedingungen anderer Arbeitnehmer stehen, eine einheitliche Regelung zu erfolgen hat. *Schmidt* überlegt daher die Öffnungsklausel, nur auf den Fall betrieblicher Fragen bezogen, nicht zur Anwendung

---

772 Brox/Rüthers/Henssler, Arbeitsrecht, Rn. 129.

773 Schmidt, Tarifpluralität im System der Arbeitsrechtsordnung, 2011, S. 504f.

774 Vgl. GK-BetrVG/Kreutz, Bd. 2, § 77 BetrVG, Rn. 35ff.

gelangen zu lassen, bzw. die Regelungskompetenz der Betriebsparteien derart zu beschränken, dass sie mit dem Postulat der Einheitlichkeit der Regelung zu vereinbaren ist.[775] Allerdings wird hier nicht berücksichtigt, dass dieser Lösungsweg dem Schutzzweck des § 77 Abs. 3 BetrVG entgegensteht. Lässt man es zu, dass zumindest im Hinblick auf Individualnormen abweichende oder ergänzende Regelungen für diejenigen Arbeitnehmer durch Betriebsvereinbarung möglich bleiben, die an den Tarifvertrag mit der Öffnungsklausel gebunden sind, entsteht auch hier eine Konkurrenzsituation, die mit dem Schutz der Tarifautonomie und der Erhaltung der Funktionsfähigkeit der Koalitionen nicht zu vereinbaren ist. Immerhin tritt die betriebliche Vereinbarung neben die tarifliche Regelung. Je nach Inhalt kann dies dazu führen, dass erstere zu Lasten des Tarifvertrages wirkt, wenn diese „bessere" Arbeitsbedingungen aufweist. Immerhin gelten Betriebsvereinbarungen eigentlich für alle Arbeitnehmer des Betriebs. Dadurch könnte die Gewerkschaft, deren Tarifvertrag die Sperrwirkung für ihre Arbeitnehmer auslöst erheblich unter Druck geraten. Zudem löst jeder Tarifvertrag in gleichem Maße die Sperrwirkung für den ganzen Betrieb aus. Dies rechtfertigt sich ebenfalls aus der ratio des § 77 Abs. 3 BetrVG und steht im Einklang mit dem Schutz der Tarifautonomie aus Art. 9 Abs. 3 GG.

Vor diesem Hintergrund erscheint daher nur eine Lösungsalternative vorzugswürdig. Nach dem Sinn und Zweck von § 77 Abs. 3 BetrVG muss sich letztlich immer der Tarifvertrag durchsetzen, der keine Öffnungsklausel enthält. Richtigerweise ist dies nur dann der Fall, wenn der konkurrierende Tarifvertrag ohne Öffnungsklausel überhaupt Sperrwirkung entfaltet, also Regelungen trifft, die auch die Öffnungsklausel erfasst. Die Wirkung der Öffnungsklausel kann demnach insoweit aufrechterhalten werden, als sie Arbeitsbedingungen regelt, die von dem anderen Tarifvertrag nicht erwähnt werden. Entfaltet einer der Tarifverträge aber Sperrwirkung nach § 77 Abs. 3 S. 1 BetrVG für den gesamten Betrieb und für identische Regelungsbereiche, so kann die Öffnungsklausel des anderen Tarifvertrages nicht zur Anwendung gelangen. Rechtfertigen lässt sich diese Auffassung mit dem Normzweck des Tarifvorbehalts, der die Gewerkschaften und deren Tarifautonomie schützen soll. Jede andere Betrachtung würde diesem Schutz zuwider laufen. Immerhin ist die Möglichkeit einer Öffnungsklausel nur eine Ausnahme zur Beseitigung der Sperrwirkung.

Zwar könnte man hier argumentieren, dass in die Dispositionsbefugnis derjenigen Tarifvertragsparteien eingegriffen wird, deren Öffnungsklausel nun nicht

775 Schmidt, Tarifpluralität im System der Arbeitsrechtsordnung, 2011, S. 509.

zum Tragen kommt.[776] Dagegen lässt sich jedoch einwenden, dass ansonsten die Öffnungsklausel des einen Tarifvertrages immer die Regelungen des anderen Tarifvertrages beeinflussen könnte.[777] Vorrangig muss nach dem Normzweck aber der Schutz der Tarifautonomie gewährleistet werden. Kann dies, wie gezeigt, anders nicht erreicht werden, ist die Beschneidung der Dispositionsbefugnis der Tarifparteien sowie der Regelungskompetenz der Betriebsparteien im Sinne eines höheren Ziels gerechtfertigt, auch wenn dies letztlich dazu führt, dass die Öffnungsklausel des einen Tarifvertrages nicht zur Anwendung gelangen kann. Mit Blick auf den rein kollektiven Schutzweck des § 77 Abs. 3 BetrVG ist dieses Ergebnis hinzunehmen.

d. Bedeutung für die unterschiedlichen Arbeitnehmergruppen

aa. Tarifgebundene Arbeitnehmer

Die Einordnung von § 77 Abs. 3 BetrVG in den tarifpluralen Betrieb führt nur zu geringfügigen Veränderungen, die jedoch gemessen an dem Schutzzweck des Tarifvorbehalts geboten sind. An dem primären Vorrang der Tarifautonomie vor der Betriebsautonomie hat auch die Abkehr vom Grundsatz der Tarifeinheit nichts geändert. Etwaige Anpassungen sind hier nicht vorzunehmen, da § 77 Abs. 3 BetrVG nicht im Zeichen des individuellen Arbeitnehmerschutzes steht, sondern vielmehr einen rein kollektivbezogenen Schutzzweck hat. Für die tarifgebundenen Arbeitnehmer gilt weiter der Grundsatz, dass auf sie derjenige Tarifvertrag anzuwenden ist, an den sie kraft Mitgliedschaft tarifgebunden sind. Regelt nur einer der Tarifverträge Arbeitsbedingungen, die unter den Tarifvorbehalt fallen, so sind entsprechende Betriebsvereinbarungen für alle Arbeitnehmer des Betriebs gesperrt. Insoweit sind die Konsequenzen die gleichen, wie nach der alten Rechtsprechung. Enthalten mehrere Tarifverträge unterschiedliche Regelungen, kommt es zu einer kumulativen Sperre betrieblicher Vereinbarungen. Hier muss den Arbeitnehmern zugemutet werden, dass je nach Gewerkschaftszugehörigkeit größere Bereiche der Beteiligung des Betriebsrates entzogen sind, da nunmehr jeder Tarifvertrag die Sperrwirkung auslöst, auch wenn der eigene Tarifvertrag keine entsprechenden Regelungen enthält, diese aber von einem konkurrierenden Tarifvertrag getroffen werden. § 77 Abs. 3 BetrVG dient aber auch nicht dem Schutz der Arbeitnehmer, sondern dem Schutz der Koalitionen.

Sehen die konkurrierenden Tarifverträge völlig verschiedene bzw. teilidentische Öffnungsklauseln vor und wird der tariflichen Sperrwirkung des

---

776 Schmidt, Tarifpluralität im System der Arbeitsrechtsordnung, 2011, S. 502.

777 Vgl. Plümpe, Die kleine Gewerkschaft, S. 131f.

§ 77 Abs. 3 S. 1 BetrVG Vorrang eingeräumt, ist es den Betriebsparteien nicht möglich, in dem Umfang des Regelungsinhalts Betriebsvereinbarungen für alle Arbeitnehmer des Betriebs abzuschließen. Hier bleibt es für die tarifgebundenen Arbeitnehmer bei den Vorgaben ihres jeweiligen Tarifvertrages. Nur wenn die Tarifverträge identische Öffnungsklauseln aufweisen, können abweichende bzw. ergänzende betriebliche Regelungen getroffen werden. Liegt hingegen nur eine Öffnungsklausel vor und tritt diese, im Falle sich überschneidender Regelungsbereiche zurück, gilt für die tarifgebundenen Arbeitnehmer wiederum nur der Tarifvertrag ihrer Gewerkschaft. Die Öffnungsklausel entfaltet hier keine Wirkung.

bb. Nichttarifgebunde Arbeitnehmer

Für die „Außenseiter"-Arbeitnehmer ergeben sich insoweit keine Veränderungen, als sie ohnehin an keinen der konkurrierenden Tarifverträge gebunden sind und es damit grundsätzlich allein auf deren Individualarbeitsvertrag ankommt. Zwar entfalten für sie auch die zwischen Arbeitgeber und Betriebsrat vereinbarten Betriebsvereinbarungen normative Wirkung. Die Beschneidung etwaiger Regelungskompetenzen der Betriebsparteien zugunsten der Tarifvertragsparteien im Rahmen des § 77 Abs. 3 BetrVG bei Tarifpluralität sind aber gerade von dieser Arbeitnehmergruppe zum Schutze der Tarifautonomie hinzunehmen.

e. Konsequenzen für bestehende Betriebsvereinbarungen

In diesem Zusammenhang stellt sich nunmehr die Frage, wie im tarifpluralen Betrieb mit bereits bestehenden Betriebsvereinbarungen umzugehen ist, die bislang aufgrund des Grundsatzes der Tarifeinheit im Betrieb nicht von dem Tarifvorbehalt des § 77 Abs. 3 BetrVG erfasst wurden. Im tarifpluralen Betrieb wird die Sperrwirkung, wie gezeigt, nach der Rechtsprechungsänderung durch jeden anwendbaren Tarifvertrag ausgelöst. Danach kann es auch zu einer kumulativen Auslösung des Tarifvorbehalts durch die unterschiedlichen Tarifverträge kommen. Mithin besteht die Möglichkeit, dass bis dahin gültige Betriebsvereinbarungen jetzt von der Sperrwirkung des bisher verdrängten Tarifvertrages erfasst werden. Grundsätzlich sind Betriebsvereinbarungen über Arbeitsentgelte oder sonstige Arbeitsbedingungen, die durch Tarifvertrag geregelt sind oder üblicherweise geregelt werden, nach § 77 Abs. 3 BetrVG unwirksam[778], es sei denn,

---

778 BAG, Beschluss vom 21.01.2003, 1 ABR 9/02, AP Nr. 1 zu § 21a BetrVG 1972, NZA 2003, 1097ff.

der Tarifvertrag enthält ausdrücklich eine Öffnungsklausel. Diese Rechtsfolge geht aus dem Schutzzweck des Tarifvorbehalts hervor, wonach die Zuständigkeit des Betriebsrates im Interesse des Schutzes der ausgeübten und aktualisierten Tarifautonomie sowie der Funktionsfähigkeit der Koalitionen einzuschränken ist. Bei § 77 Abs. 3 Satz 1 BetrVG handelt es sich folglich um eine Zuständigkeitsabgrenzung und nicht um eine Kollisionsnorm. Bestehen daher ein Tarifvertrag und eine Betriebsvereinbarung über denselben Regelungsgegenstand, ist die Betriebsvereinbarung unwirksam, wenn der Betriebsrat keine Regelungszuständigkeit besitzt.

Nach hier vertretener Ansicht müssen die betroffenen Betriebsvereinbarungen ab dem Zeitpunkt der Rechtsprechungsänderung des BAG zur Tarifeinheit im Betrieb nichtig sein. Obwohl das BAG bereits bestehende Gesetze nur neu interpretiert hat, die Rechtslage also eigentlich von Beginn an galt, kann die Rechtsprechungsänderung nicht zu einer Wirkung ex tunc führen, da einer solchen Rückwirkung Gründe des Vertrauensschutzes entgegenstehen. Vertrauensschutz ist ein aus dem Rechtsstaatsprinzip Art. 20 GG abgeleiteter verfassungsrechtlicher Grundsatz, der das Vertrauen des Bürgers in die Beständigkeit der Gesetze schützt. Dies gilt auch dann, wenn das Bundesarbeitsgericht eine langjährige Rechtsprechung entwickelt hat, die immer wieder bestätigt wurde und die in der unterinstanzlichen Rechtsprechung, Literatur und Praxis ganz überwiegend als gefestigt galt. So verhält es sich mit dem Grundsatz der Tarifeinheit im Betrieb, der über Jahrzehnte die ständige höchstrichterliche Judikatur des BAG darstellte. Daran vermag auch die jüngste Kritik nichts ändern. Der Bürger durfte daher auf die von der Rechtsprechung festgestellte Rechtslage vertrauen, da mit einer Änderung der Rechtsprechung nicht zwingend gerechnet werden musste.

Vor diesem Hintergrund ist eine Berücksichtigung der Sperrwirkung auf bestehende Betriebsvereinbarungen in zeitlicher Hinsicht nicht absolut zu verstehen, sondern auf den Zeitpunkt der Rechtsprechungsänderung beschränkt. Die absolute Sperrwirkung ist aufgrund des genannten Normzwecks ex nunc für den tarifpluralen Betrieb aufrechtzuerhalten. Insoweit kann für bereits bestehende Betriebsvereinbarungen keine Ausnahme von der Unwirksamkeit gemacht werden. Diese konnten bislang nur rechtsgültig abgeschlossen werden, da nach dem Prinzip der Tarifeinheit ein Tarifvertrag mit entsprechenden Regelungen aus dem Betrieb verdrängt wurde. Nach Wegfall dieses Grundsatzes lebt die Sperrwirkung aber wieder auf. Das Spezialitätsprinzip führte nämlich nicht zu einer Nichtigkeit des verdrängten Tarifvertrages, sondern verhinderte lediglich dessen Wirkung. Behalten daher alle konkurrierenden Tarifverträge ihre volle Wirkung, so muss der Schutz des Tarifvorbehalts auch für bislang nicht anwendbare Tarifverträge eingreifen. Dies kann aber nur dann praktiziert werden, wenn auch bereits abgeschlossene Betriebsvereinbarungen unwirksam sind. Für eine nachträgliche Unwirksamkeit spricht des Weiteren der Wortlaut des Gesetzes. Wenn der Schutzzweck der Norm schon bei Tarifüblichkeit die Auslösung der Sperrwirkung erfordert, dann erst recht, wenn ein Tarifvertrag besteht. Dabei kann es nicht darauf ankommen, dass dieser erst nach Abschluss der Betriebsvereinbarung wieder auflebt. Immerhin hat er von Beginn an grundsätzlich alle Voraussetzungen des § 77 Abs. 3 BetrVG erfüllt. Zwar gelten Betriebsvereinbarungen für alle Arbeitnehmer eines Betriebs. Allerdings schützt der gesetzlich normierte Vorbehalt eines Tarifvertrages nach § 77 Abs. 3 S. 1 BetrVG nicht die Arbeitnehmer, sondern nur die Koalitionen. Daher ging selbst das BAG bisher davon aus, dass die Sperrwirkung auch dann eingreife, wenn der fragliche Tarifvertrag erst nach Zustandekommen einer Betriebsvereinbarung in Kraft getreten ist.[779]

Die Sicherung des Vorrangs der aktualisierten Tarifautonomie erfordert diese Vorgehensweise aber nicht nur, wenn ein Tarifvertrag nachträglich abgeschlossen wird, sondern auch, wenn er ab dem Zeitpunkt der Rechtsprechungsänderung wieder unmittelbare und zwingende Wirkung entfaltet. Wird daher festgestellt, dass ein bislang verdrängter Tarifvertrag nunmehr zur Anwendung gelangt, müssen sich auch bereits bestehende Betriebsvereinbarungen an diesem Maßstab messen lassen. Die Rechtsprechungsänderung kann nicht nur für zukünftige betriebliche Regelungen Wirkung entfalten, sondern muss rückwirkend mit der Aufgabe des Grundsatzes der Tarifeinheit im Betrieb auch auf alle alten Betriebsvereinbarungen, die noch für den Betrieb gelten, angewandt werden. Insoweit besteht hier kein Vertrauensschutz der Betriebsparteien auf Erhalt dieser Regelungen, da der Schutzzweck von § 77 Abs. 3 BetrVG sonst unterlaufen würde. Immerhin greift die Regelungssperre des § 77 Abs. 3 BetrVG auch dann, wenn entsprechende Tarifbestimmungen erst später in Kraft treten.[780] Dann kann aber nichts anderes gelten, wenn sich später herausstellt, dass ein Tarifvertrag immer schon galt und nur aufgrund der bisherigen Rechtsprechung zur Tarifeinheit im Betrieb nicht zur Anwendung gelangte.

Die Betriebsvereinbarung muss damit aber nicht in ihrer Gesamtheit rechtsunwirksam sein. Der Tarifvorbehalt löst die Sperre gegenüber betrieblichen Vereinbarungen nur aus, soweit die Tarifvertragsparteien eine abschließende Regelung über die betreffenden Arbeitsbedingungen getroffen haben. Sofern

779 BAG, Beschluss vom 21.01.2003, 1 ABR 9/02, AP Nr. 1 zu § 21a BetrVG 1972.

780 Vgl. BAG, Beschluss vom 21.01.2003, 1 ABR 9/02, AP Nr. 1 zu § 21a BetrVG 1972.

der Tarifvertrag über die spezifische Frage keine Sachregelung trifft, kann diese zum Gegenstand einer Betriebsvereinbarung gemacht werden. Daher können auch nur die entsprechenden Bestimmungen nach § 77 Abs. 3 S. 1 BetrVG nichtig sein.[781] Dies folgt aus dem Normcharakter der Betriebsvereinbarung, der es gebietet, im Interesse der Kontinuität eine einmal gesetzte Ordnung aufrechtzuerhalten, soweit sie ihre Funktion auch ohne den unwirksamen Teil noch entfalten kann. Ob eine nur teilweise unwirksame Betriebsvereinbarung mit dem Restinhalt rechtswirksam bleibt, ist im Wege der Auslegung zu ermitteln. Die Teilunwirksamkeit einer Betriebsvereinbarung hat die Unwirksamkeit ihrer übrigen Bestimmungen nur dann zur Folge, wenn diese ohne die unwirksamen Teile keine sinnvolle, in sich geschlossene Regelung mehr darstellen.[782] Anders als nach § 139 BGB wird die gesamte Betriebsvereinbarung allerdings dann unwirksam sein, wenn der nichtige Teil mit dem Rest in einem unlösbaren Zusammenhang steht und die Betriebsvereinbarung einen anderen Inhalt gewinnt[783] bzw. nicht länger unterstellt werden kann, dass eine Seite den verbleibenden Teil so abgeschlossen hätte.[784]

f. Ergebnis

Im Ergebnis bereitet § 77 Abs. 3 BetrVG keine unauflösbaren Probleme, wenn Arbeitsbedingungen durch unterschiedliche Tarifverträge geregelt werden. Gelten für den Betrieb mehrere Tarifverträge mit unterschiedlichen Gewerkschaften, muss jeder dieser Tarifverträge die Sperrwirkung hervorrufen, auch wenn er als einziger die Angelegenheit regelt. Aus dem Normzweck des § 77 Abs. 3 BetrVG heraus kann sich auch keine Einschränkung dahingehend ergeben, dass es sich um einen Mehrheitstarifvertrag handeln muss, da sich jede Gewerkschaft wegen Art. 9 Abs. 3 GG auf den Schutz der Tarifautonomie berufen kann und es daher nicht auf ihre Mitgliederstärke im Betrieb ankommen darf. Dies ergibt sich insbesondere auch daraus, dass es nicht um den Schutz der Arbeitnehmer geht, sondern um den der einzelnen Gewerkschaft, was sich unter anderem in der „Üblichkeit“ manifestiert. Etwas anderes kann auch dann nicht gelten, wenn die konkurrierenden Tarifverträge unterschiedliche Arbeitsbedingungen

---

781 BAG, Beschluss vom 30.08.1995, 1 ABR 4/95, AP Nr. 29 zu § 87 BetrVG 1972 Überwachung, NZA 1996, 218ff.

782 BAG, Beschluss vom 21.01.2003, 1 ABR 9/02, AP Nr. 1 zu § 21a BetrVG 1972.

783 BAG, Beschluss vom 30.08.1995, 1 ABR 4/95, AP Nr. 29 zu § 87 BetrVG 1972 Überwachung, NZA 1996, 218ff.

784 BAG, Beschluss vom 21.01.2003, 1 ABR 9/02, AP Nr. 1 zu § 21a BetrVG 1972.

tariflich gestalten und somit möglicherweise ein weiterer Bereich als bisher für Betriebsvereinbarungen gesperrt ist. Hier tritt vielmehr eine kumulative Sperrwirkung des Tarifvorbehalts ein. Auch dies lässt sich aus dem Schutzweck der Norm herleiten, wonach jeder Tarifvertrag für sich genommen ergänzende oder abweichende Betriebsvereinbarungen für den ganzen Betrieb verhindern kann, um die Tarifautonomie zu schützen. Auf die jeweiligen Interessen der Arbeitnehmer oder der Betriebsparteien kann es hier nicht ankommen.

Aus diesem Grund müssen auch alle Betriebsvereinbarungen, soweit sie von der Sperrwirkung der jeweiligen Tarifverträge erfasst werden, mit dem Zeitpunkt der Aufgabe des Grundsatzes der Tarifeinheit im Betrieb für unwirksam erklärt werden. Alles andere ist mit dem Schutzzweck von § 77 Abs. 3 BetrVG nicht zu vereinbaren. Dies kann unter Umständen auch nur eine Teilnichtigkeit zur Folge haben.

Für den Fall des Vorliegens mehrerer Öffnungsklauseln muss hingegen differenziert werden. Beinhalten unterschiedliche Tarifverträge im tarifpluralen Betrieb identische Öffnungsklauseln, sind im Rahmen dieses Regelungsinhalts abweichende Betriebsvereinbarungen zulässig.

Sind die Öffnungsklauseln jedoch völlig verschieden bzw. nur teilidentisch, muss der Sperrwirkung jedes einzelnen Tarifvertrages Vorrang eingeräumt werden. Danach kann die Öffnungsklausel eines Tarifvertrages dann nicht zum Tragen kommen, wenn der andere Tarifvertrag die entsprechende Angelegenheit vollumfänglich regelt und lediglich andere Bereiche der Disposition der Betriebsparteien überlässt. Ansonsten würde der Normzweck des Tarifvorbehalts, wonach jeder Tarifvertrag im tarifpluralen Betrieb Sperrwirkung entfaltet um die Tarifautonomie zu schützen, ins Leere laufen.

Regelt hingegen nur einer der konkurrierenden Tarifverträge die Öffnung für Betriebsvereinbarungen, liegt keine Konkurrenzsituation im klassischen Sinne vor. Vielmehr muss sich im Hinblick auf Arbeitsbedingungen, die von beiden Tarifverträgen erfasst werden, der Tarifvertrag durchsetzen, der keine Öffnungsklausel enthält, da ansonsten der Schutzzweck des § 77 Abs. 3 BetrVG entwertet wäre. Würde man hier zu dem Ergebnis kommen, dass der Tarifvertrag mit der Öffnungsklausel zur Anwendung gelangt, wäre sowohl für Individual- als auch in besonderem Maße für Kollektivnormen immer der Normzweck des Tarifvorbehalts tangiert. Dies würde auch dann missachtet, ließe man die Öffnungsklausel nur für die Arbeitnehmer Wirkung entfalten, die an den entsprechenden Tarifvertrag gebunden sind. Auch hier muss daher gelten, dass die Sperrwirkung jedes einzelnen Tarifvertrages den ganzen Betrieb erfasst. Insoweit tritt die einseitige Öffnungsklausel zum Schutz der Tarifautonomie zurück.

2. Tarifvorrang gem. § 87 Abs. 1 Eingangssatz BetrVG – Auswirkungen der Tarifpluralität auf die Mitbestimmungsrechte des Betriebsrats

Die Folgen der Tarifpluralität wirken sich weiter auch auf den Bereich der Mitbestimmung des Betriebsrats in sozialen Angelegenheiten gem. § 87 Abs. 1 BetrVG aus. Im Gegensatz zu § 77 Abs. 3 BetrVG, der die Wirkung von Betriebsvereinbarungen betrifft, geht es bei dem Tarifvorrang um die Reichweite der Begrenzung der Mitbestimmungsrechte.

Im tarifpluralen Betrieb können nunmehr mehrere Tarifverträge mit mitbestimmungsrelevanter Wirkung gleichzeitig nebeneinander Geltung beanspruchen. Teilweise wird daher befürchtet, die Aufgabe der Rechtsprechung zur Tarifeinheit im Betrieb würde hier zu praktisch kaum lösbare Schwierigkeiten führen.[785] Damit stellt sich die Frage, ob diese Bedenken zutreffend sind, oder ob nicht doch eine adäquate Lösung mit Blick auf den Normzweck des § 87 Abs. 1 Eingangssatz BetrVG gefunden werden kann.

Um die Reichweite tariflicher Regelungen im Hinblick auf den Tarifvorrang nach der Rechtsprechungsänderung zu bestimmen, sollen zunächst die Lösung nach der bisherigen Rechtslage sowie die im Zusammenhang mit der Rechtsprechungsänderung befürchteten Probleme aufgezeigt werden. Im Anschluss gilt es den Regelungsinhalt und den Sinn und Zweck von § 87 Abs. 1 BetrVG zu ermitteln. Abschließend kann dann zu der Frage Stellung genommen werden, in welchem Umfang Mitbestimmungsrechte in sozialen Angelegenheiten im tarifpluralen Betrieb durch den Tarifvorrang ausgeschlossen sind.

a. Bisherige Lösung

Nach der bisherigen Rechtsprechung des BAG zur Tarifeinheit im Betrieb und dem Spezialitätsprinzip kam, wie bereits mehrfach erwähnt, immer nur ein Tarifvertrag im Betrieb zur Anwendung. Nach diesem bestimmte sich dann auch die Reichweite der betrieblichen Mitbestimmung gem. § 87 Abs. 1 BetrVG. Die Arbeitnehmer der tarifvertragsschließenden Gewerkschaft, deren Tarifvertrag sich durchsetzen konnte, genossen sowohl einen allumfassenden Schutz durch ihre tariflichen Regelungen, als auch durch die betriebliche Mitbestimmung für die Angelegenheiten des § 87 Abs. 1 BetrVG, die der Tarifvertrag nicht regelte.

Für die „Außenseiter" ergaben sich nach der alten Rechtsprechung keine wesentlichen Nachteile. Mangels Tarifbindung kamen sie zum einen willentlich nicht in den Genuss tariflicher Regelungen. Zum anderen waren auch betriebliche

785 Kittner, in Kittner/Zwanziger, § 10, Rn. 191ff.; Meyer, NZA 2006, 1391.

Vereinbarungen ausgeschlossen, sofern diese Angelegenheiten beinhalteten, die von dem vorherrschenden Tarifvertrag bereits abschließend geregelt wurden.

Andersorganisierte hingegen, mussten auf die Vorteile ihres Tarifvertrages verzichten, da dieser nicht zur Anwendung gelangen konnte. Sie konnten allerdings auch den Schutz des anderen Tarifvertrages mangels Tarifbindung nicht für sich beanspruchen. Des Weiteren waren für sie jegliche Betriebsvereinbarungen gesperrt, deren Inhalt bereits durch den spezielleren Tarifvertrag geregelt wurde, da es wegen der alleinigen Tarifbindung des Arbeitgebers auf ihre Tarifgebundenheit nicht ankam. Zudem entfaltete der Tarifvorrang Wirkung für den gesamten Betrieb, so dass die Sperrwirkung alle Arbeitnehmer des Geltungsbereichs erfasste. Mithin waren diese Arbeitnehmer zu großen Teilen bezüglich der betrieblichen Mitbestimmung schutzlos gestellt, obwohl ihnen auch kein tariflicher Schutz gewährt wurde. Damit standen sie letztlich auf einer Stufe mit den „Außenseiten".

Betrachtet man rückblickend die Konsequenzen, kommt man zu dem Ergebnis, dass auch hier kein vollständiger Arbeitnehmerschutz gewährleistet werden konnte. Bei der weiteren Begutachtung muss aber bedacht werden, dass nach der Aufgabe der Tarifeinheit im Betrieb, zumindest mit Blick auf die Andersorganisierten, der durch Mitgliedschaft in der tarifschließenden Gewerkschaft erworbene Schutz des eigenen Tarifvertrages im Bereich der Individualnormen nicht länger durch eine Kollisionsregel nachträglich beseitigt werden kann. Damit stehen viele Arbeitnehmer nach der Rechtsprechungsänderung aus tarifvertraglicher Sicht deutlich besser, als zuvor.

b. Probleme bei Tarifpluralität

Mit Blick auf § 87 BetrVG wird teilweise die Kritik geäußert, die Anwendung von Tarifpluralität hinsichtlich der Inhaltsnormen führe zu praktisch kaum lösbaren Folgen.[786] Beispielsweise befürchtet *Meyer*, dass es zu einer Kollision bei der Anwendung unterschiedlicher Arbeitszeitkorridore mit der betrieblich regelmäßig gebotenen einheitlichen Gestaltung der Arbeitszeit kommen könne.[787] Ferner sei der Abschluss unterschiedlicher, sich jeweils an der Gewerkschaftszugehörigkeit orientierender Betriebsvereinbarungen praktisch kaum durchführbar, wenn man die Phänomene des Gewerkschaftshoppings oder der doppelten Gewerkschaftsmitgliedschaft berücksichtige. In diesem Zusammenhang komme es dann auch zu Schwierigkeiten bei dem Fragerecht nach der Gewerkschaftszugehörigkeit.

---

786 Meyer, NZA 2006, 1391; Kittner, in Kittner/Zwanziger, § 10, Rn. 191ff.

787 Meyer, NZA 2006, 1391.

Ferner sei eine Störung des Betriebsfriedens nicht auszuschließen, wenn für vergleichbare Tätigkeiten unterschiedliche Vergütungsmodelle etwa im Rahmen von § 87 Abs. 1 Nr. 10 und 11 BetrVG wegen unterschiedlicher Tarifvorgaben praktiziert würden. Daher werde hinsichtlich der betriebseinheitlichen Geltung auch erwogen, dem Tarifvertrag derjenigen Gewerkschaft den Vorzug zu geben, die die meisten Mitglieder im Betrieb vorweisen kann, da diese insgesamt das betriebliche Geschehen präge.[788] Aus diesem Grund stellt sich, wie auch bei § 77 Abs. 3 BetrVG, die Frage, welche Wirkungen die einzelnen Tarifverträge mit Blick auf § 87 Abs. 1 Eingangssatz BetrVG entfalten.[789] Welcher Tarifvertrag letztlich die Sperrwirkung auszulösen vermag, richtet sich auch hier nach der Reichweite des Tarifvorrangs. Diese lässt sich wiederum nur nach dem Sinn und Zweck der Norm bestimmen.

c. *Regelungsinhalt und Sinn und Zweck*

§ 87 Abs. 1 BetrVG ist die wichtigste Beteiligungsvorschrift im Betriebsverfassungsrecht und bildet damit das Herzstück der betrieblichen Mitbestimmung des Betriebsrats.[790] Geregelt wird der Kernbereich des Mitbestimmungsrechts in sozialen Angelegenheiten. Abs. 1 gibt dazu eine abschließende Aufzählung mitbestimmungspflichtiger Angelegenheiten vor. In diesem Rahmen sollen die Interessen der Arbeitnehmer des Betriebs besondere Berücksichtigung finden.[791] Die Bedeutung der Regelung wird mitunter dadurch sichtbar, dass es sich bei den insgesamt 13 Nummern um Fälle erzwingbarer Mitbestimmung handelt. Kommt eine Einigung zwischen Arbeitgeber und Betriebsrat nicht zustande, ist diese gem. Abs. 2 durch den Spruch der Einigungsstelle zu ersetzen. Die Beteiligungsrechte in § 87 Abs.1 BetrVG sind damit als „echte" Mitbestimmungsrechte ausgeformt.[792]

Allerdings gibt es auch Einschränkungen, nämlich in Form des Gesetzes- und Tarifvorrangs gem. § 87 Abs. 1 Eingangssatz BetrVG. Letzterer soll im Hinblick auf die hier behandelte Thematik näher begutachtet werden. Im Folgenden gilt es daher zunächst den Begriff des Tarifvorrangs sowie dessen Normzweck darzustellen. Anschließend soll der Geltungsbereich von § 87 Abs. 1 BetrVG eingegrenzt werden. Hier ist umstritten, ob ausschließlich Kollektivnormen oder

788 Kittner, in Kittner/Zwanziger, § 10, Rn. 194.

789 Vgl. Brocker, NZA Beilage 3/2010, 124.

790 HWK/Clemenz, § 87 BetrVG, Rn. 1.

791 BAG, Beschluss vom 24.02.1987, 1 ABR 18/85, AP Nr. 21 zu § 77 BetrVG 1972.

792 Preis, Kollektivarbeitsrecht, § 153, S. 611.

eben auch Individualnormen von dem Katalog der Mitbestimmung in sozialen Angelegenheiten erfasst sind. Abhängig von diesem Ergebnis muss dann die Frage beantwortet werden, welche Voraussetzungen an die Tarifbindung der jeweiligen Normengruppen zur Auslösung der Sperrwirkung im tarifpluralen Betrieb zu stellen sind.

aa. Begriff des Tarifvorrangs und dessen Voraussetzungen

Das Mitbestimmungsrecht des Betriebsrats besteht gem. § 87 Abs. 1 Eingangssatz BetrVG nur, soweit eine tarifliche Regelung nicht besteht. Der Tarifvorrang sperrt damit die erzwingbare Mitbestimmung, wenn ein Tarifvertrag existiert und dieser bereits entsprechende Vorgaben zu sozialen Angelegenheiten im Sinne der Vorschrift beinhaltet.

Zum einen wird daher für die Sperrwirkung vorausgesetzt, dass eine tarifliche Regelung besteht. Dies ist der Fall, wenn der jeweilige Tarifvertrag im Betrieb mit unmittelbarer und zwingender Wirkung gem. § 4 Abs. 1 TVG gilt.[793] Der Betrieb muss also vom fachlichen und räumlichen Geltungsbereich des Tarifvertrages erfasst werden.[794] „Bestehen" bedeutet darüber hinaus, dass der Tarifvertrag bereits in Kraft getreten und noch nicht abgelaufen ist.[795] Das heißt, er muss entweder nach § 5 TVG für allgemeinverbindlich erklärt worden sein, oder den Betrieb über die Tarifbindung des Arbeitgebers erfassen. Die Mitbestimmungsrechte des Betriebsrats sind allerdings nicht ausgeschlossen, wenn der Tarifvertrag nur noch kraft Nachwirkung Anwendung findet.[796] Zudem tritt die Sperrwirkung auch dann nicht ein, wenn der Tarifvertrag gem. § 613a Abs. 1 S. 2 BGB als Bestandteil des Arbeitsverhältnisses weitergilt.

Zum anderen setzt der Tarifvorbehalt inhaltlich weiter voraus, dass die mitbestimmungspflichtige Angelegenheit inhaltlich zwingend und abschließend geregelt ist und dadurch das einseitige Bestimmungsrecht des Arbeitgebers beseitigt wird.[797] Der Tarifvertrag selbst muss somit eine ausreichend materielle Regelung der Angelegenheit vorweisen. Eine abschließende Regelung ist dann gegeben, wenn die tarifvertragliche Regelung keine weiteren Reglungsmöglichkeiten zulässt, einer Ergänzung nicht fähig ist und einer solchen im Hinblick auf

793 ErfK/Kania, § 87 BetrVG, Rn. 15.
794 HWK/Clemenz, § 87 BetrVG, Rn. 11.
795 Fitting, § 87 BetrVG, Rn. 41.
796 BAG, Beschluss vom 24.02.1987, 1 ABR 18/85, AP Nr. 21 zu § 77 BetrVG 1972; GK- BetrVG/Wiese, § 87 BetrVG, Rn. 64.
797 Richardi/Richardi, § 87 BetrVG, Rn. 161.

den Schutzzweck der Mitbestimmungsrechte auch nicht bedarf.[798] Entscheidend ist damit, ob der Tarifvertrag eine Materie erkennbar vollständig regelt, ohne dass eine weitere Ergänzung zwingend notwendig erscheint, um die Regelung praktisch handhabbar zu machen.[799] Die Tarifnorm darf sich deshalb nicht darauf beschränken, die notwendige Mitbestimmung des Betriebsrats pauschal auszuschließen, indem sie dem Arbeitgeber ein einseitiges Bestimmungsrecht zuweist.[800] Die Tarifvertragsparteien dürfen das Mitbestimmungsrecht also nicht ausschließen oder einschränken, ohne die mitbestimmungspflichtige Angelegenheit selbst zu regeln.[801] Ob eine tarifvertragliche Regelung abschließenden Charakter hat, bestimmt sich somit nach objektiven Kriterien, also der konkreten Regelung des Tarifvertrages unter Berücksichtigung des Schutzzwecks der Norm. In dem Umfang, in dem der Tarifvertrag eine mitbestimmungspflichtige Angelegenheit abschließend erfasst, ist damit das Mitbestimmungsrecht des Betriebsrats in sozialen Angelegenheiten ausgeschlossen.

bb. Normzweck

Um den Tarifvorrang danach im tarifpluralen Betrieb einordnen zu können ist der Sinn und Zweck der Vorschrift des § 87 Abs. 1 Eingangssatz BetrVG maßgeblich. Die Schutzrichtung der Sperrwirkung wird jedoch nicht einheitlich beurteilt.

Während der Zweck des Tarifvorrangs gem. § 77 Abs. 3 S. 1 BetrVG heute überwiegend in der Sicherung der ausgeübten und aktualisierten Tarifautonomie vor Aushöhlung durch konkurrierende Betriebsvereinbarungen sowie in der Erhaltung und Stärkung der Funktionsfähigkeit der Koalitionen gesehen wird, muss sich der Zweck des Tarifvorrangs vielmehr an der Mitbestimmungsregelung des § 87 Abs. 1 BetrVG als solcher messen lassen.

Die Mitbestimmung in sozialen Angelegenheiten dient dem Schutz der Arbeitnehmer durch gleichberechtigte Teilhabe an den sie betreffenden Angelegenheiten. § 87 Abs. 1 BetrVG beschränkt wegen der sozialen Abhängigkeit des Arbeitnehmers und im Hinblick auf den Teilhabegedanken die individualrechtlichen Gestaltungsmöglichkeiten des Arbeitgebers bei der Ausübung seines Direktionsrechts und dem Abschluss von einheitlichen Arbeitsverträgen, zugunsten

---

798 Rolfs/Giesen/Kreikebohm/Udsching, § 87 BetrVG, Rn. 23.

799 HWK/Clemenz, § 87 BetrVG, Rn. 13.

800 Preis, Kollektivarbeitsrecht, § 153, S. 617.

801 BAG, Beschluss vom 09.11.2010, 1 ABR 75/09, EzA Nr. 15 zu § 87 BetrVG 2001 Arbeitszeit.

kollektiver betrieblicher Regelungen zum Schutze der Belegschaftsinteressen.[802] Im Bereich der betrieblichen Lohngestaltung beispielsweise soll die Mitbestimmung des Betriebsrats die Angemessenheit des innerbetrieblichen Lohngefüges und seine Transparenz gewährleisten.[803]

Der Gesetzgeber ist bei § 87 Abs. 1 Eingangssatz BetrVG allerdings davon ausgegangen, dass die notwendige Mitbestimmung dann nicht erforderlich ist, wenn eine gesetzliche oder tarifliche Regelung besteht, die einen ausreichenden Schutz vor einem individualrechtlichen Vorgehen des Arbeitgebers gewährleistet und damit dem Schutzbedürfnis des Arbeitnehmers bereits Rechnung trägt und folglich Mitbestimmungsrechte entbehrlich macht.[804] Das Mitbestimmungsrecht des Betriebsrats setzt also immer auch ein Bestimmungsrecht des Arbeitgebers voraus. Verbleibt dem Arbeitgeber aber kein Entscheidungsspielraum, braucht auch der Betriebsrat nicht mitzuentscheiden, da den Interessen der Arbeitnehmer an gleichberechtigter Teilhabe bereits nachgekommen wird.[805] Der Schutz erfolgt daher nur in dem Maße, wie tarifliche Regelungen für den Betrieb fehlen.

In Bezug auf den Sinn und Zweck des § 87 Abs. 1 Eingangssatz BetrVG herrscht zumindest im Einklang mit der gefestigten Rechtsprechung des BAG Einigkeit dahingehend, dass die Vorschrift letztendlich dem Schutz des Arbeitnehmers dienen soll.[806] Dem ist soweit auch zuzustimmen. Da die erzwingbare Mitbestimmung des § 87 Abs. 1 BetrVG in sozialen Angelegenheiten den Kernbereich der betrieblichen Mitbestimmungsrechte bildet und das Betriebsverfassungsrecht in seiner Gesamtheit als Arbeitnehmerschutzrecht ausgestaltet ist, erfasst auch der Tarifvorrang diesen Schutzzweck. Immerhin sollen die Arbeitnehmer in jeder Situation vor einer Übervorteilung durch den Arbeitgeber geschützt werden. Die Mitbestimmung ist deshalb nur dann ausgeschlossen, wenn dem Schutzbedürfnis der Arbeitnehmer durch eine gesetzliche oder tarifliche Regelung bereits anderweitig Rechnung getragen wurde. Ansonsten kann der

802 BAG, Beschluss vom 03.12.1991, GS 2/90, AP Nr. 51 zu § 87 BetrVG 1972 Lohngestaltung, NZA 1992, 749ff.; GK-BetrVG/Wiese, § 87 BetrVG, Rn. 56.

803 BAG, Beschluss vom 23.03.2010, 1 ABR 82/08, AP Nr. 135 zu § 87 BetrVG 1972 Lohngestaltung, NZA 2011, 642ff.

804 ErfK/Kania, § 87 BetrVG, Rn. 6.

805 BAG, Beschluss vom 24.02.1987, 1 ABR 18/85, AP Nr. 21 zu § 77 BetrVG 1972.

806 BAG, Beschluss vom 24.02.1987, 1 ABR 18/85, AP Nr. 21 zu § 77 BetrVG 1972; Beschluss vom 03.12.1991, GS 2/90, AP Nr. 51 zu § 87 BetrVG 1972 Lohngestaltung, NZA 1992, 749ff.; ErfK/Kania, § 87 BetrVG, Rn. 14; Fitting, § 87 BetrVG, Rn. 37f.; HWK/Clemenz, § 87 BetrVG, Rn. 9; Löwisch/Kaiser, § 87 BetrVG, Rn. 4; GK-BetrVG/Wiese, Bd. 2, § 87 BetrVG, Rn. 56.

Betriebsrat als von der Belegschaft legitimierte Instanz, das Mitbestimmungsrecht gegenüber dem Arbeitgeber ausüben.

Darüber hinaus ist der Normzweck des § 87 Abs. 1 BetrVG jedoch nicht unumstritten. Während das BAG inzwischen allein auf den Arbeitnehmerschutzgedanken abstellt, ist nach überwiegender Auffassung auch die institutionelle Sicherung der Tarifautonomie als Schutzrichtung des Tarifvorrangs anerkannt.[807] Danach sollen die Tarifvertragsparteien vor der Konkurrenz durch einen beitragsfreien Betriebsrat im Sinne einer Ersatzgewerkschaft geschützt und deren Vorrangkompetenz im Betrieb gesichert werden.[808]

Dagegen wird teilweise eingewendet, dass sich ein effektiver Schutz der Tarifautonomie vor einem Ausweichen auf die betriebliche Kompetenzebene nur dann realisieren lasse, wenn die Sperrwirkung unabhängig vom Willen der Betriebspartner, insbesondere aber des Arbeitgebers eingreife.[809] Dies sei bei § 77 Abs. 3 BetrVG der Fall, da hier allein auf den Geltungsbereich abgestellt wird und es auf die Tarifbindung nicht ankomme. Bei § 87 Abs. 1 Eingangssatz BetrVG lasse sich eine derartige Schutzintention jedoch nicht nachweisen.

Die Abgrenzung zwischen Tarifvorbehalt und Tarifvorrang im Lichte der Vorrangtheorie führt jedoch nicht zwangsläufig zu dem Schluss, dass § 87 Abs. 1 Eingangssatz BetrVG allein dem Schutz der Arbeitnehmerinteressen dient. Vielmehr muss hier von einer doppelrelevanten Schutzwirkung ausgegangen werden. Dafür spricht, dass der Tarifvorrang selbst eine Abwägung zwischen Arbeitnehmerschutz und Tarifautonomie vornimmt. Die Arbeitnehmer des Betriebs sind nur insoweit schutzbedürftig, als eine tarifliche Regelung nicht besteht. Liegen die Voraussetzungen für die Sperrwirkung aber vor, dient der Ausschluss des Mitbestimmungsrechts nicht dem Schutz der Arbeitnehmer, da deren Interessen ja bereits durch den Tarifvertrag erfasst werden. Schutz vor Mitbestimmung auf Betriebsebene bedarf hingegen dann die Tarifautonomie.[810] Primär kommt es danach zwar auf den Schutz der Arbeitnehmer an. Allerdings

---

807 Brecht-Heitzmann, Gedächtnisschrift für Zachert, 2010, S. 517f.; Däubler/Zwanziger, TVG, § 4, Rn. 989; DKK/Berg, § 77 BetrVG, Rn. 66; Richardi/Richardi, § 87 BetrVG, Rn. 143; Stein, Sozialer Dialog in der Krise, liber amicorum Wendeling-Schröder, S. 40ff.; Wank, RdA 1991, 137f.; Wendeling-Schröder in Kempen/Zachert, TVG, Grundlagen, Rn. 346.

808 Jacobs, Tarifeinheit und Tarifkonkurrenz, § 20, S. 381; Richardi/Richardi, § 87 BetrVG, Rn. 143; Thüsing/von Medem, ZIP 2007, 513.

809 Greiner, Rechtsfragen der Koalitions-, Tarif- und Arbeitskampfpluralität 2010, S. 381f.

810 Brecht-Heitzmann, Gedächtnisschrift für Zachert, 2010, S. 518.

tritt der Schutz der Tarifautonomie in den Vordergrund, wenn die Arbeitnehmer nicht länger schutzbedürftig sind, weil eine tarifliche Regelung existiert. Die Auslösung der Sperrwirkung gem. § 87 Abs. 1 Eingangssatz BetrVG basiert damit auch auf dem ordnungspolitischen Grundgedanken, die Tarifautonomie zu bewahren und kann nicht allein als einfache Kollisionsnorm abgetan werden.[811]

Anders ließe es sich auch nicht erklären, dass bei § 87 Abs. 1 BetrVG auf die Anwendung des Günstigkeitsprinzips verzichtet wird. Schließlich würde es nicht im Widerspruch zum Arbeitnehmerschutz stehen, wenn das Mitbestimmungsrecht des Betriebsrats auch bei Vorliegen einer gesetzlichen oder tariflichen Bestimmung erhalten bleibt, sofern entsprechend des Günstigkeitsprinzips lediglich den Arbeitnehmer begünstigende Regelungen zulässig sind.

Einem doppelten Schutzzweck des § 87 Abs. 1 Eingangssatz BetrVG ist damit nach hier vertretener Auffassung der Vorzug einzuräumen. Der Schutz des einzelnen Arbeitnehmers als primärer Schutzzweck schließt nicht aus, dass auch die Tarifautonomie geschützt werden soll. Damit beinhaltet der Tarifvorrang zwei gleichwertige Zwecke. Zum einen den Schutz der Arbeitnehmer vor willkürlicher Ausübung der Organisationsgewalt des Arbeitgebers, zum anderen den Konkurrenzschutz der Tarifautonomie vor der Betriebsautonomie.

cc. Geltungsbereich des Tarifvorrangs

Fraglich ist weiter, ob § 87 Abs. 1 BetrVG ausschließlich kollektive Tatbestände betrifft, oder ob die dort geregelten Angelegenheiten nicht auch Individualtatbestände erfassen.

Teilweise wird vertreten, dass § 87 Abs. 1 BetrVG ausschließlich betriebliche Angelegenheiten i.S.v. § 3 Abs. 2 TVG regele, für welche die Tarifbindung des Arbeitgebers genüge.[812] Danach könnten Probleme im Zusammenhang mit Tarifpluralität nicht auftreten, da ohnehin immer nur eine der kollektiven Regelungen mitbestimmungsrelevante Wirkung entfalte. Nach den Grundsätzen der „betriebsweiten Tarifkonkurrenz“ sei wiederum Tarifeinheit herzustellen. Daran habe sich die Reichweite der Sperrwirkung des Tarifvorrangs im tarifpluralen Betrieb dann zu orientieren. Da eine der kollidierenden Regelungen betriebsweit für jedes Arbeitsverhältnis gelte, sei den Schutzinteressen der Arbeitnehmer Genüge getan.

---

811 a.A. Greiner, Rechtsfragen der Koalitions-, Tarif- und Arbeitskampfpluralität 2010, S. 382.

812 Vgl. Jacobs, NZA 2008, 332.

Ob eine solche Sichtweise zutrifft, ist letztlich jedoch anhand einer genauen Betrachtung der einzelnen Mitbestimmungstatbestände zu klären. Seit dem Inkrafttreten des aktuellen BetrVG ist unstreitig, dass § 87 Abs. 1 BetrVG dem Betriebsrat sowohl bei formellen als auch materiellen Arbeitsbedingungen ein Mitbestimmungsrecht einräumt.[813] Hinsichtlich der Nr. 2, 3 und 10 hat das BAG entschieden, dass ein kollektiver Tatbestand vorliegen muss, damit das Mitbestimmungsrecht des Betriebsrats ausgelöst wird.[814] Die Katalogtatbestände des § 87 Abs. 1 BetrVG betreffen nicht vorrangig individuelle Rechtspositionen, sondern die Beziehungen zwischen dem Arbeitgeber und der Belegschaft oder jedenfalls Teilen von ihr. Das Mitbestimmungsrecht bestehe daher nur, wenn die Maßnahme des Arbeitgebers einen kollektiven Tatbestand erfülle. Es müsse sich grundsätzlich eine Regelungsfrage stellen, die kollektive Interessen der Arbeitnehmer berührt und keine ausschließlich einzelfallbezogene Rechtsausübung zum Gegenstand hat.[815]

Im Hinblick auf § 87 Abs. 1 Nr. 10 BetrVG hat das BAG jüngst entschieden, dass es sich bei tariflichen Vergütungsregelungen zwar nicht um Betriebsnormen i.S.v. § 3 Abs. 2 TVG handele, die unabhängig von der Tarifbindung der Arbeitnehmer für alle Betriebe des tarifgebundenen Arbeitgebers gelten, sondern um Inhaltsnormen, die nur unmittelbar und zwingend im Verhältnis zwischen dem Arbeitgeber und den tarifgebundenen Arbeitnehmern Anwendung finden. Dennoch sei der tarifgebundene Arbeitgeber betriebsverfassungsrechtlich verpflichtet, die tarifliche Vergütungsordnung ungeachtet der Tarifbindung der Arbeitnehmer im Betrieb anzuwenden, soweit deren Gegenstände der erzwingbaren Mitbestimmung des § 87 Abs. 1 Nr. 10 BetrVG unterliegen. Dieses Verständnis würde die Funktion des Tarifvorbehalts in § 87 Abs. 1 Eingangssatz BetrVG sowie der Normzweck des § 87 Abs. 1 Nr. 10 BetrVG vorgeben.[816]

---

813 BAG, Beschluss vom 24.02.1987, 1 ABR 18/85, AP Nr. 21 zu § 77 BetrVG 1972.

814 Vgl. Zu § 87 Abs. 1 Nr. 2: BAG, Beschluss vom 27.06.1989, 1 ABR 33/88, AP Nr. 35 zu § 87 BetrVG 1972 Arbeitszeit, NZA 1990, 35ff.; zu Nr. 3: BAG, Beschluss vom 18.11.1980, 1 ABR 87/78, AP Nr. 3 zu § 87 BetrVG 1972 Arbeitszeit; zu Nr. 10: BAG, Beschluss vom 03.12.1991, GS 2/90, AP Nr. 51 zu § 87 BetrVG 1972 Lohngestaltung, NZA 1992, 749ff.

815 BAG, Beschluss vom 18.10.2011, 1 ABR 25/10; Beschluss vom 18.10.2011, 1 ABR 34/10; Beschluss vom 24.04.2007, 1 ABR 47/06, AP Nr. 124 zu § 87 BetrVG 1972 Arbeitszeit, NZA 2007, 818ff.

816 BAG, Beschluss vom 18.10.2011, 1 ABR 25/10; Beschluss vom 18.10.2011, 1 ABR 34/10.

In der Literatur wird überwiegend die Ansicht vertreten, § 87 Abs. 1 BetrVG beziehe sich grundsätzlich nur auf kollektive Tatbestände. Eine Ausnahme sei nur dann gegeben, wenn das Gesetz selbst dem Betriebsrat auch bei Individualtatbeständen ein Mitbestimmungsrecht zubillige, wie beispielsweise bei § 87 Abs. 1 Nr. 5 und 9 BetrVG.[817] Eine kollektive Regelung setze dabei voraus, dass ein Regelungsproblem unabhängig von der Person und den individuellen Wünschen eines Arbeitnehmers bestehe.[818] Teilweise wird aber auch angeführt, § 87 Abs. 1 BetrVG beinhalte pauschal nur Angelegenheiten, die allein durch Betriebsnormen geregelt werden können.[819]

Nach hier bevorzugter Auffassung muss die Frage jedoch differenzierter beantwortet werden. Nach der einschlägigen Rechtsprechung liegt eine kollektive Regelung dann vor, wenn eine individualvertragliche Regelung wegen „evident sachlogischer Unzweckmäßigkeit"[820] ausgeschlossen ist. Anders formuliert bedeutet dies, dass eine Gestaltung durch betriebliche Normen nur dann in Betracht kommt, wenn aus „rechtlichen oder tatsächlichen Gründen lediglich eine einheitliche Gestaltung möglich ist"[821]. Deshalb dürfen grundsätzlich nur solche Arbeitsbedingungen durch Betriebsnormen geregelt werden, die nicht individuell durch Arbeitgeber und Arbeitnehmer vereinbart werden können, weil diese Arbeitsbedingungen in einer Wechselbeziehung zu den Arbeitsbedingungen der anderen Arbeitnehmer stehen und daher nur in dieser Wechselbezüglichkeit zu regeln sind.[822]

Während § 87 Abs. 1 Nr. 1 BetrVG von einer zwingend einheitlichen Regelung ausgeht, weil beispielsweise über das Rauchen oder den Alkoholgenuss am Arbeitsplatz nur einheitliche Absprachen getroffen werden können, ist das Erfordernis einer zwingend einheitlichen Geltung für die Nr. 3, 10 und 11 nicht unumstritten[823]. So ist der Arbeitgeber zum Beispiel nach § 87 Abs. 1 Nr. 10 BetrVG frei, in unterschiedlicher Höhe Zulagen oder Sondervergütungen zu gewähren. Dabei handelt es sich dann aber nicht um eine zwingend kollektive Regelung.[824] Aus diesem Grund muss zunächst festgehalten werden, dass sich § 87 Abs. 1

817 Richardi/Richardi, § 87 BetrVG, Rn. 17 m.w.N.
818 Richardi/Richardi, § 87 BetrVG, Rn. 29.
819 Vgl. Fitting, § 87 BetrVG, Rn. 42.
820 BAG vom 26.4.1990, 1 ABR 84/87, AP Nr. 57 zu Art 9 GG, NZA 1990, 850ff.
821 BAG, Urteil vom 21.1.1987, 4 AZR 486/86, AP Nr. 46 zu Art 9 GG.
822 Vgl. Löwisch/Rieble, TVG, § 1, Rn 106; H. Hanau, RdA 1996, 158ff.
823 Vgl. Stein, Sozialer Dialog in der Krise, liber amicorum Wendeling-Schröder, S. 39.
824 Anders BAG, Beschluss vom 14.06.1994, 1 ABR 63/93, AP Nr. 69 zu § 87 BetrVG 1972 Lohngestaltung, NZA 1995, 543ff.

BetrVG nicht nur auf Kollektivtatbestände bezieht, die tariflich allein durch Betriebsnormen geregelt werden können, sondern zumindest auch die Möglichkeit besteht, dass individuelle Regelungen das Mitbestimmungsrecht auslösen und damit im Umkehrschluss auch tarifliche Individualnormen die Sperrwirkung aktivieren können.

Die Bedeutung dieser Frage liegt in der Folgenbetrachtung der einzelnen Normengruppen. Während es bei der Kollision von Kollektivnormen nach hier vertretener Auffassung nicht zu einer Tarifpluralität, sondern vielmehr zu einem Fall „betriebsweiter Tarifkonkurrenz" kommt, welcher weiterhin nach den Grundsätzen der Tarifeinheit im Arbeitsverhältnis aufzulösen ist, bleibt es im tarifpluralen Betrieb für Individualnormen bei einem Nebeneinander der Tarifverträge. In diesem Fall ist die Reichweite der Sperrwirkung des § 87 Abs. 1 Eingangssatz BetrVG für den Bereich der betrieblichen Mitbestimmung in sozialen Angelegenheiten von wesentlicher Bedeutung. Hier stellt sich daher weiter die Frage, wie bei einer „Kollision" unterschiedlicher tariflicher Regelungen zu verfahren ist. Vorab muss jedoch ermittelt werden, wie es sich mit der Tarifbindung bei Inhaltsnormen verhält.

dd. Tarifbindung

Abhängig von dem Geltungsbereich des Tarifvorrangs ist weiter umstritten, welche Tarifbindung vorauszusetzen ist. Dies ist relevant, da je nach Vorliegen von Kollektiv- oder Individualnormen aus dem Katalog des § 87 Abs. 1 BetrVG entweder nur der Arbeitgeber oder auch die Arbeitnehmer an den entsprechenden Tarifvertrag gebunden sein müssen.

Einigkeit besteht nach h.M. nur in der Hinsicht, dass für den Tarifvorrang nach § 87 Abs. 1 Eingangssatz BetrVG immer der Arbeitgeber die Voraussetzungen der Tarifgebundenheit erfüllen muss, sofern der Tarifvertrag nicht für allgemeinverbindlich erklärt wurde.[825] Bei einem Verbandstarifvertrag bedeutet dies, dass er gem. § 3 Abs. 1 TVG Mitglied bzw. gem. § 3 Abs. 3 TVG ehemaliges Mitglied im tarifschließenden Arbeitgeberverband sein muss, oder an einen Firmentarifvertrag gebunden ist.[826]

Unterschiedlich wird jedoch eine zwingende Tarifbindung auf Seiten der Arbeitnehmer des Betriebs beurteilt. Ausgangspunkt für die Diskussion ist insoweit, dass die Inhaltsnormen eines Tarifvertrages im Unterschied zu den

825 BAG, Beschluss vom 20.12.1988, 1 ABR 57/87, AP Nr. 9 zu § 87 BetrVG 1972 Auszahlung, NZA 1989, 564ff.; ErfK/Kania, § 87 BetrVG, Rn. 15; HWK/Clemenz, § 87 BetrVG, Rn. 12.

826 Düwell/Kothe, § 87 BetrVG, Rn. 14.

Kollektivnormen grundsätzlich nur dann unmittelbare und zwingende Wirkung entfalten, wenn Arbeitgeber und Arbeitnehmer gem. §§ 3 Abs. 1, 4 Abs. 1 S. 1 TVG gleichermaßen tarifgebunden sind. Allein für die Betriebsnormen reicht nach § 3 Abs. 2 TVG eine einseitige Tarifgebundenheit des Arbeitgebers. Deshalb wird der Streit zumindest hinsichtlich der zahlreichen „betrieblichen Fragen", die von der Mitbestimmung in sozialen Angelegenheiten erfasst werden, vielfach keine Rolle spielen. Hier wird nur auf die Tarifbindung des Arbeitgebers abgestellt. Die Regelungen sind damit für alle Arbeitnehmer des Betriebs, unabhängig von deren Gewerkschaftszugehörigkeit verbindlich.

Allerdings kommen nach den bisherigen Ausführungen zum Geltungsbereich des Tarifvorrangs auch Inhaltsnormen in Betracht, welche durchaus einen sehr hohen Stellenwert haben. Im Hinblick darauf muss geklärt werden, welche Anforderungen an die Tarifbindung zu stellen sind. In Rechtsprechung und Literatur werden hierzu unterschiedliche Auffassungen vertreten.

(1) Rechtsprechung des BAG

Das BAG geht in ständiger Rechtsprechung auch hinsichtlich der Individualnormen davon aus, dass eine „tarifliche Regelung" i.S.v. § 87 Abs. 1 BetrVG bereits dann besteht, wenn nur der Arbeitgeber nach § 3 Abs. 1 TVG an den Tarifvertrag gebunden ist. Einer normativen Bindung der betriebszugehörigen Arbeitnehmer bedürfe es hierfür nicht.[827] Dabei wird eine Differenzierung zwischen den einzelnen Normgruppen vom Bundesarbeitsgericht nicht vorgenommen. Das BAG begründet seine Ansicht damit, dass der Eingangssatz von § 87 Abs. 1 BetrVG für den Ausschluss von Mitbestimmungsrechten nicht voraussetze, dass auch auf Seiten der Arbeitnehmer des Betriebs eine Tarifbindung vorliegt. Wäre dies Voraussetzung, könnten Mitbestimmungsrechte nur dann ausgeschlossen sein, wenn sämtliche vom persönlichen Geltungsbereich der tariflichen Regelung erfassten Arbeitnehmer des Betriebs tarifgebunden sind, oder sich der Ausschluss von Mitbestimmungsrechten nur auf die Regelung von Arbeitsbedingungen der tarifgebundenen Arbeitnehmer erstreckt. Im ersteren Fall wäre der Ausschluss von Mitbestimmungsrechten bei Bestehen einer tariflichen Regelung nach § 87 Abs. 1 BetrVG praktisch ohne Bedeutung. Mitbestimmte Regelungen könnten neben einer tariflichen Regelung schon immer dann möglich sein, wenn nur ein Arbeitnehmer nicht tarifgebunden wäre. Im zweiten Fall müsste die Bejahung von Mitbestimmungsrechten für die Arbeitsverhältnisse der nicht

827 BAG, Beschluss vom 24.02.1987, 1 ABR 18/85, AP Nr. 21 zu § 77 BetrVG 1972; zuletzt Beschluss vom 18.10.2011, 1 ABR 25/10 sowie 1 ABR 34/10.

tarifgebundenen Arbeitnehmer dazu führen, dass im Betrieb hinsichtlich der gleichen Angelegenheit mitbestimmte und tarifliche Regelungen nebeneinander gelten. Abgesehen von den praktischen Schwierigkeiten, die ein Nebeneinander zweier Regelungen der gleichen Angelegenheit zur Folge habe, entspreche dies nicht dem Zweck der Regelung im Eingangssatz von § 87 Abs. 1 BetrVG, da die Vorschrift davon ausgehe, dass bereits eine bestehende tarifliche oder gesetzliche Regelung dem Schutzbedürfnis der Arbeitnehmer ausreichend Rechnung trägt und daher eine Mitbestimmung durch den Betriebsrat entbehrlich macht. Dabei verstehe es sich von selbst, dass die gesetzliche Regelung für alle Arbeitsverhältnisse des Betriebes bindend ist und damit den unabdingbaren Schutz gewährleistet, den § 87 Abs. 1 BetrVG Eingangssatz für erforderlich hält. Fehle es an einer gesetzlichen Regelung und überlasse der Gesetzgeber die Regelung der Angelegenheit den Tarifvertragsparteien, so bringe er damit gleichzeitig zum Ausdruck, dass die Arbeitnehmer eines Schutzes nur in dem Maße bedürftig sind, den tarifliche Regelungen bieten können.[828] Dazu hat das BAG kritisch angemerkt, dass ein solches Normverständnis des Tarifvorbehalts unmittelbar aber nur den Schutz tarifgebundener Arbeitnehmer bewirke. Nur sie können sich gegenüber dem Arbeitgeber gem. § 4 Abs. 1 TVG auf zwingende tarifliche Regelungen bereits individualrechtlich berufen. Bei einer abschließenden tariflichen Regelung einer ansonsten mitbestimmungspflichtigen Angelegenheit bedürfen sie daher nicht des Schutzes der Mitbestimmung. Allerdings führe das alleinige Abstellen auf die Tarifbindung des Arbeitgebers zu einer Schutzlücke zu Lasten nicht tarifgebundener Arbeitnehmer, wenn der Tarifvorbehalt nicht durch Betriebs-, sondern durch Inhaltsnormen bewirkt wird.[829]

Bislang hatte das BAG vertreten, dass diese Schutzlücke zu Lasten der nicht tarifgebundenen Arbeitnehmer hinzunehmen sei.[830] Jeder Arbeitnehmer könne schließlich durch Beitritt zur tarifvertragsschließenden Gewerkschaft den unabdingbaren Schutz der tariflichen Regelung jederzeit erlangen. Darauf, ob und wie viele Arbeitnehmer des Betriebs von dieser Möglichkeit tatsächlich Gebrauch machen, damit die bestehende tarifliche Regelung, an die der Arbeitgeber gebunden ist, Mitbestimmungsrechte des Betriebsrats ausschließt, komme es nicht an.[831] Der Tarifvorrang greife also auch dann, wenn nur der Arbeitgeber an

828 BAG, Beschluss vom 24.02.1987, 1 ABR 18/85, AP Nr. 21 zu § 77 BetrVG 1972.

829 Siehe BAG, Beschluss vom 18.10.2011, 1 ABR 25/10, Beschluss vom 18.10.2011, 1 ABR 34/10.

830 BAG, Beschluss vom 24.02.1987, 1 ABR 18/85, AP Nr. 21 zu § 77 BetrVG 1972.

831 BAG, Beschluss vom 24.02.1987, 1 ABR 18/85, AP Nr. 21 zu § 77 BetrVG 1972.

den Tarifvertrag gebunden ist und dieser Abschluss-, Inhalts- und Beendigungsnormen enthält, die in § 87 Abs. 1 BetrVG geregelte Gegenstände betreffen.

Mit Beschluss vom 18.10.2011 hat der 1. Senat des BAG seine Rechtsprechung zur Tarifbindung bei § 87 Abs. 1 BetrVG erneut bestätigt.[832] Es bleibe dabei, dass allein die Tarifbindung des Arbeitgebers für die Auslösung des Tarifvorrangs ausschlaggebend ist. Allerdings sei das dadurch entstehende Schutzdefizit für die nicht tarifgebundenen Arbeitnehmer nicht wie bisher zu rechtfertigen. Es widerspreche vielmehr der gesetzgeberischen Intention, die einseitige Gestaltungsmacht des Arbeitgebers im Bereich der sozialen Angelegenheiten des § 87 Abs. 1 BetrVG entweder durch eine bestehende tarifliche Regelung oder durch die Mitbestimmung des Betriebsrats zu begrenzen.

In dem zugrunde liegenden Fall stritten die Beteiligten um die Verpflichtung der Arbeitgeberin zur Eingruppierung. Die Arbeitgeberin war an einen im Jahr 2009 geschlossenen Gehaltstarifvertrag für den Einzelhandel in Nordrhein-Westfalen gebunden, der in § 3 die Anforderungen für die Eingruppierung der kaufmännischen und technischen Angestellten bestimmte. Diese Vorgaben wurden von der Arbeitgeberin seit November 2008 bei Neueinstellungen jedoch nicht weiter berücksichtigt. Der Betriebsrat war der Ansicht, die Arbeitgeberin sei verpflichtet, die neu einzustellenden Arbeitnehmer nach § 99 Abs. 1 BetrVG wie bisher in die Gehaltsgruppen des § 3 GTV NRW einzugruppieren. Diesem Antrag hat das BAG letztlich auch statt gegeben. Zur Begründung wurde angeführt, dass die im einschlägigen Tarifvertrag enthaltene Vergütungsordnung im Betrieb eines tarifgebundenen Arbeitgebers zugleich das im Betrieb geltende System für die Bemessung des Entgelts der Arbeitnehmer darstelle. Eine solche tarifliche Regelung i.S.v. § 87 Abs. 1 Nr. 10 sei auch geeignet, den Tarifvorbehalt auszulösen und damit das Mitbestimmungsrecht des Betriebsrats auszuschließen. Dazu komme es nämlich allein auf die Tarifbindung des Arbeitgebers an. Dies gelte nicht nur für die Kollektivnormen eines Tarifvertrages, sondern auch wenn es sich, wie im zugrunde liegenden Fall, bei der das Mitbestimmungsrecht verdrängenden tariflichen Regelung um eine Inhaltsnorm handele.

Insoweit hat der Senat an seiner bisherigen Rechtsprechung festgehalten. Die Neuerung liegt hier darin, dass nunmehr die für die „Außenseiter" aufgrund der einseitigen Tarifbindung des Arbeitgebers auch bei Inhaltsnormen gegebene Schutzlücke nach dem Zweck des jeweiligen Mitbestimmungstatbestands zu

832 Vgl. BAG, Beschluss vom 18.10.2011, 1 ABR 25/10, Beschluss vom 18.10.2011, 1 ABR 34/10.

schließen sei.[833] Im Bereich der betrieblichen Lohngestaltung führe dies zur Verpflichtung des Arbeitgebers, das tarifliche Entlohnungssystem auch gegenüber nicht tarifgebundenen Arbeitnehmern anzuwenden, soweit dessen Gegenstände der erzwingbaren Mitbestimmung des § 87 Abs. 1 Nr. 10 BetrVG unterliegen. Dies schließe die sich aus § 99 Abs. 1 Satz 1 BetrVG ergebende Verpflichtung ein, die vom Geltungsbereich der Vergütungsordnung erfassten Tätigkeiten der Arbeitnehmer unabhängig von deren Tarifbindung den ausgebrachten Vergütungsgruppen zuzuordnen und zu dieser Entscheidung die Zustimmung des Betriebsrats einzuholen.

Gegen ein Verständnis des Tarifvorbehalts, wonach der Schutz der Arbeitnehmer vor den sie betreffenden Maßnahmen des Arbeitgebers von der Mitgliedschaft in der tarifvertragsschließenden Gewerkschaft abhängt, spreche bereits der Zweck des § 87 Abs. 1 Eingangssatz BetrVG. Die Mitbestimmung in sozialen Angelegenheiten solle nur dann ausgeschlossen sein, wenn die Handlungsmöglichkeiten des Arbeitgebers bereits durch Gesetz oder Tarifvertrag beschränkt werden und damit die Arbeitnehmer angemessen geschützt sind. Das BAG führt dazu aus, dass es dem Gesetzgeber bei der Gleichstellung von gesetzlichen und tariflichen Regelungen im Eingangssatz zwar bewusst gewesen sei, dass letztlich nur diejenigen Arbeitnehmer geschützt würden, die sich auch des tariflichen Schutzes bedienen wollen. Allerdings konnte er auch davon ausgehen, dass wegen des kollektiven Bezugs der mitbestimmungspflichtigen Sachverhalte des § 87 Abs. 1 BetrVG, eine abschließende tarifvertragliche Regelung faktisch zugleich die nicht tarifgebundenen Arbeitnehmer schützt. Das Mitbestimmungsrecht bestehe daher nur, wenn die Maßnahme des Arbeitgebers einen kollektiven Tatbestand erfülle und damit eine Regelungsfrage vorliegt, die kollektive Interessen der Arbeitnehmer berührt und keine ausschließlich einzelfallbezogene Rechtsausübung zum Gegenstand hat.[834] Solche Angelegenheiten müssen aber nicht notwendigerweise für alle betriebszugehörigen Arbeitnehmer einheitlich geregelt werden. Eine allein an der Verbandszugehörigkeit orientierte Sachgruppenbildung sei jedoch sowohl den Betriebsparteien wie auch dem Arbeitgeber selbst typischerweise wegen § 75 Abs. 1 BetrVG verwehrt.

833 BAG, Beschluss vom 18.10.2011, 1 ABR 25/10; Beschluss vom 18.10.2011, 1 ABR 34/10.

834 Vgl. BAG, Beschluss vom 24.04.2007, 1 ABR 47/06, AP Nr. 124 zu § 87 BetrVG 1972 Arbeitszeit, NZA 2007, 818ff.

(2) Literatur

Überwiegend folgt das Schrifttum in dieser Frage dem Bundesarbeitsgericht.[835] Danach soll die alleinige Tarifbindung des Arbeitgebers nicht nur bei betrieblichen und betriebsverfassungsrechtlichen Fragen gem. § 3 Abs. 2 TVG, sondern auch bei Inhaltsnormen ausreichen.

In der älteren Literatur wurde jedoch teilweise gefordert, dass zumindest ein Arbeitnehmer gleichfalls tarifgebunden sein müsse.[836] Zudem wird von einer Mindermeinung vertreten, dass die Sperre nur gegenüber den tarifgebundenen Arbeitnehmern greife, für die Übrigen gelte die notwendige Mitbestimmung des Betriebsrats.[837] Allein diese Lösung werde dem Schutzzweck des § 87 Abs. 1 BetrVG normativ und nicht nur faktisch gerecht und stelle dessen notwendige Konsequenz dar. Liege also keine beiderseitige Tarifgebundenheit vor, soll für den Betriebsrat die Möglichkeit bestehen, Regelungen mit unterschiedlichem persönlichem Geltungsbereich für die Arbeitnehmer je nach Tarifbindung abzuschließen. Demnach könne der Betriebsrat sein Mitbestimmungsrecht für die Arbeitnehmer der einen Gewerkschaft ausüben, sofern deren Tarifvertrag keine entsprechende Regelung enthält, wohingegen für die andersorganisierten Arbeitnehmer möglicherweise bei derselben Angelegenheit dem Tarifvertrag Vorrang einzuräumen wäre. Für die nicht organisierten Arbeitnehmer wiederum blieben die Mitbestimmungsrechte des Betriebsrats gem. § 87 Abs. 1 BetrVG mangels jeglicher Tarifbindung insgesamt erhalten. Für sie könne der Tarifvorrang nach dieser Ansicht damit nie Wirkung entfalten. Nur so sei ein lückenloser Arbeitnehmerschutz optimal zu realisieren, da für die nicht und anders Organisierten das Mitbestimmungsrecht bestehen bleibe.[838] Ein Abstellen auf die einseitige Tarifbindung des Arbeitgebers hingegen berge für die nicht gewerkschaftlich organisierten Arbeitnehmer den Nachteil, dass sie allein dem Direktionsrecht des Arbeitgebers ausgesetzt wären. Weil die Mitbestimmung auch hinsichtlich der Inhaltsnormen ausgeschlossen werde, entstehe hier ein Schutzdefizit, das so nicht mit dem Normzweck in Einklang stehe.

---

835 ErfK/Kania, § 87 BetrVG, Rn. 15; Fitting, § 87 BetrVG, Rn. 42; DKK/Klebe, § 87 BetrVG, Rn. 42; Richardi/Richardi, § 87 BetrVG, Rn. 157ff.; HWK/Clemenz, § 87 BetrVG, Rn. 12.

836 Vgl. GK-BetrVG/Wiese, Bd. 2, § 87 BetrVG, Rn. 67.

837 GK-BetrVG/Wiese, Bd. 2, § 87 BetrVG, Rn. 67f.; Löwisch/Kaiser, § 87 BetrVG, Rn. 6.

838 Löwisch/Kaiser, § 87 BetrVG, Rn. 6.

(3) Stellungnahme

Letztlich sprechen die überzeugenderen Gründe für die Auffassung, dass es auf die Tarifbindung der Arbeitnehmer für die Auslösung der Sperrwirkung des § 87 Abs. 1 Eingangssatz BetrVG und damit auch für die Begrenzung der Mitbestimmungsrechte des Betriebsrats im Falle des § 87 Abs. 1 BetrVG nicht ankommen kann.

(a) Gegen eine Tarifbindung durch mindestens einen Arbeitnehmer

Die Forderung, dass zumindest ein Arbeitnehmer tarifgebunden sein müsse, hat eher symbolischen Charakter. Aussagekräftig ist diese Ansicht aber nicht. Auch dogmatisch lässt sich nicht erklären, warum es auf die Tarifbindung eines Arbeitnehmers ankommen soll. Dies lässt sich auch nicht dem Sinn und Zweck der Vorschrift entnehmen. § 87 Abs. 1 BetrVG soll die Arbeitnehmer des Betriebs vor einseitigen Maßnahmen des Arbeitgebers durch das Mitbestimmungsrecht des Betriebsrats schützen. Die Mitbestimmung ist nur dann gesperrt, soweit eine tarifliche Regelung besteht. Das Erfordernis der Tarifbindung mindestens eines Arbeitnehmers an den Tarifvertrag trägt nicht maßgeblich zu diesem Schutz bei und kann damit auch nicht relevant für die Anwendung des Tarifvorrangs sein. Hinzu kommt, dass die Tarifbindung nur schwer festzustellen ist. Eine Offenbarungspflicht besteht gerade nicht. Ferner ist diese Lösung bei Veränderungen nicht interessengerecht. Es bestünde die Gefahr, dass plötzlich die Tarifbindung auf Arbeitnehmerseite entfiele und damit der bisher sperrende Tarifvertrag den Tarifvorrang nicht mehr auslösen würde. Dies würde aber zu erheblichen Rechtsunsicherheiten für alle Beteiligten führen.

(b) Gegen eine generelle Tarifbindung aller Arbeitnehmer

Gegen eine Lösung, wonach alle Arbeitnehmer des Betriebes an den jeweiligen Tarifvertrag gebunden sein müssen um die Mitbestimmung auszuschließen spricht, dass dem Tarifvorrang dadurch jegliche Bedeutung genommen würde. In der Praxis wird es zudem nur in den seltensten Fällen dazu kommen, dass sämtliche Arbeitnehmer eines Betriebs an den gleichen Tarifvertrag gebunden sind. Folglich würde die Sperrwirkung regelmäßig ins Leere laufen.

Mitbestimmte Regelungen wären dann neben einer tariflichen Regelung möglich, wenn nur ein Arbeitnehmer nicht tarifgebunden ist.[839] Dies kann aber so nicht gewollt sein. Immerhin schützt § 87 Abs. 1 Eingangssatz BetrVG auch die Tarifautonomie vor konkurrierenden betrieblichen Vereinbarungen. Dieser Schutzweck würde aber unterlaufen, wenn immer alle Arbeitnehmer

839 Vgl. BAG, Beschluss vom 24.02.1987, 1 ABR 18/85, AP Nr. 21 zu § 77 BetrVG 1972.

tarifgebunden sein müssten. Daran hat sich auch für den tarifpluralen Betrieb nichts geändert. Vielmehr muss der Tarifvorrang gleichermaßen weiter beachtet werden und darf nicht völlig ins Abseits geraten.

(c) Gegen eine beiderseitige Tarifbindung bei Inhaltsnormen i.S.d § 87 Abs. 1 BetrVG

Andererseits kann auch nicht der Ansicht gefolgt werden, dass die Sperrwirkung nur relative Wirkung für die beiderseits tarifgebundenen Arbeitsverhältnisse entfaltet.[840]

(aa) Schutz der Tarifautonomie

Dagegen ist einzuwenden, dass es in einem Betrieb hinsichtlich der gleichen Angelegenheit zu einem Nebeneinander von mitbestimmten und tariflichen Regelungen kommen könnte.

Für die tarifgebundenen Arbeitnehmer würde die Sperrwirkung jeweils nur insoweit greifen, als ihr eigener Tarifvertrag die entsprechenden mitbestimmungsbedürftigen Angelegenheiten abschließend regelt. Darüber hinaus kann der Tarifvertrag jedoch keine Sperrwirkung entfalten. Für die Andersorganisierten fehlt es jedoch an der Voraussetzung der Tarifbindung an genau diesen Tarifvertrag. Für sie wäre die Reichweite des Tarifvorrangs allein nach den Vorgaben ihres eigenen Tarifwerks zu bemessen. Die Nichtorganisierten hingegen müssten mangels jeglicher Tarifbindung in keinem Fall die Mitbestimmung des Betriebsrats entbehren.

Der Vorteil dieser Lösung ist zwar ein Mehr an kollektivarbeitsrechtlichem Arbeitnehmerschutz, da immer dort wo eine tarifliche Regelung mangels Tarifbindung nicht gem. § 4 Abs. 1 TVG zum Zuge kommt, dem Betriebsrat die Möglichkeit eröffnet wird, mitzubestimmen. Mithin würde das vermeintliche Schutzdefizit dadurch kompensiert werden, dass im tarifpluralen Betrieb generell tarifliche und betriebliche Vereinbarungen nebeneinander durchzuführen sind.

Nach *Bepler* soll es jedoch ausgeschlossen sein, Betriebsvereinbarungen nur für einen Teil der Belegschaft abzuschließen, die aber als Ganze den Betriebsrat legitimiert hat, nämlich nur für den Teil, der der Gewerkschaft angehört, welche die nach § 87 Abs. 1 Eingangssatz BetrVG sperrende Regelung nicht mit getroffen hat.[841] Dagegen wird eingewandt, dass es für die vergleichbare Situation

840 Vgl. Greiner, Rechtsfragen der Koalitions-, Tarif- und Arbeitskampfpluralität 2010, S. 382; Thüsing/von Medem, ZIP 2007, 513.

841 Bepler, FS 25 Jahre ARGE Arbeitsrecht im DAV, 2006, 800.

der echten AT-Angestellten, allgemein anerkannt sei, dass die Mitbestimmung insoweit nicht ausgeschlossen ist.[842] Allerdings lässt sich dieser Fall gar nicht unter die dargestellte Problematik subsumieren. Die AT-Angestellten fallen gerade nicht unter den fachlichen und persönlichen Geltungsbereich des maßgeblichen Tarifvertrages und für sie besteht auch keine tarifliche oder gesetzliche Regelung. Soweit die Voraussetzungen des Tarifvorrangs also nicht vorliegen, können auch Mitbestimmungsrechte nicht ausgeschlossen sein. Hinsichtlich dieser Arbeitsverhältnisse gibt es damit gar keine Konkurrenzsituation zwischen Tarifvertrag und betrieblicher Mitbestimmung.

Unabhängig von dieser Argumentation ist ein Nebeneinander tariflicher und betrieblicher Regelungen aber nicht schlechthin verboten. Im Hinblick auf eine mögliche Schwächung der Tarifautonomie, sollte hier jedoch nicht pauschal darauf zurückgegriffen werden. Könnten immer alle Angelegenheiten die von § 87 Abs. 1 BetrVG erfasst und in den jeweiligen Tarifverträgen nicht erwähnt werden, gleichzeitig durch Regelungen des Betriebsrats für die unterschiedlich gewerkschaftlich organisierten Arbeitnehmer abgeschlossen werden, würde der Stellenwert des Tarifvertrages untergraben. Wird dem Betriebsrat grundsätzlich die Möglichkeit eingeräumt sein Mitbestimmungsrecht je nach Tarifbindung der Arbeitnehmer auszuüben, kommt es zu der eigentlich von Gesetzes wegen unerwünschten Konkurrenz von tariflichen und betrieblichen Regelungen. Zwar kann mit Blick auf die organisierten Arbeitnehmer eine Zurückdrängung der Tarifautonomie insoweit ausgeschlossen werden, als der Betriebsrat hier nur legitimiert wird sein Mitbestimmungsrecht auszuüben, sofern keine tarifliche Regelung getroffen wurde. Allerdings trifft dies auf die „Außenseiter" mangels tariflicher Bindung gerade nicht zu. Für sie würde die Mitbestimmung in allen Regelungsbereichen der sozialen Angelegenheiten unabhängig von den Vorgaben der im Betrieb anwendbaren Tarifverträge verbleiben. Dies widerspricht aber der Intention des Tarifvorrangs, wonach eine tarifliche Regelung gerade die betriebliche Mitbestimmung entbehrlich macht.

Vor diesem Hintergrund stellt sich weiter die Frage, ob die organisierten Arbeitnehmer bei Zulassung von Tarifpluralität über ihre bisherige Rechtsstellung hinaus schutzbedürftig sind. Nur dann könnte es überhaupt angebracht sein, an der alleinigen Tarifbindung des Arbeitgebers für die Auslösung der Sperrwirkung des Tarifvorrangs zu zweifeln. Denn die Aufgabe der Tarifeinheit bei Tarifpluralität und die jetzige tarifplurale Situation in den Betrieben kann nicht

842 Thüsing/von Medem, ZIP 2007, 513.

automatisch dazu führen, dass betriebsverfassungsrechtliche Grundsätze verabschiedet werden.

Vor der Rechtsprechungsänderung waren Arbeitnehmer deren Tarifvertrag nach dem Spezialitätsprinzip verdrängt wurde, kollektivarbeitsrechtlich schutzlos gestellt. Immerhin wird den Arbeitnehmern nunmehr der tarifliche Schutz nicht länger versagt. Damit stehen sie bereits um einiges besser, als vor der Aufgabe des Grundsatzes der Tarifeinheit im Betrieb. Folglich ergibt sich aus der heutigen Sicht auf den Sinn und Zweck des § 87 Abs. 1 Eingangssatz BetrVG kein unangemessener Nachteil für die andersorganisierten Arbeitnehmer.

Allein der Teil der Belegschaft, der sich bislang auf den spezielleren Tarifvertrag berufen konnte, muss im tarifpluralen Betrieb Abstriche beim Arbeitnehmerschutz hinnehmen. Dies folgt jedoch lediglich aus der Angleichung der Ausgangschancen für alle Gewerkschaften und mithin auch für jeden einzelnen Arbeitnehmer. Die Herabstufung einer Besserstellung gegenüber dem Rest der Belegschaft kann aber nicht dazu führen, dass nunmehr alle Arbeitnehmer ein Mehr an Schutz erhalten sollen, obwohl sich an den Parametern des Tarifvorrangs nichts verändert hat. Mit Blick auf die gültige Rechtslage lässt sich der Intention des Gesetzgebers nicht entnehmen, dass eine absolute Stärkung der betrieblichen Mitbestimmung in sozialen Angelegenheiten für den tarifpluralen Betrieb notwendig ist. Tarifpolitische Entscheidungen der Rechtsprechung können daran auch nichts ändern. Der Vorrang jeder tariflichen Regelung steht somit weiterhin klar im Fokus.

Entscheidend ist jedoch, dass die Forderung nach beiderseitiger Tarifgebundenheit nicht zu rechtfertigen ist, wenn nur ein Tarifvertrag im Betrieb gegeben ist, der grundsätzlich gegenüber allen Arbeitnehmern die Sperrwirkung auslöst. Immerhin muss es auch jetzt nicht zwangsläufig zu einer Tarifpluralität im Betrieb kommen. Bei nur einem gültigen Tarifvertrag zeigt sich aber, dass die Voraussetzung der beiderseitigen Tarifgebundenheit weit über den Normzweck des § 87 Abs. 1 Eingangssatz BetrVG hinausgeht. Denn hier würde die Sperrwirkung auch nur gegenüber den tarifgebundenen Arbeitnehmern greifen. Für alle anderen bliebe die Mitbestimmung durch den Betriebsrat möglich. Ein solch weites Verständnis der Mitbestimmungsrechte hat aber noch nie existiert. Der Tarifvorrang würde vielmehr an grundlegender Bedeutung verlieren. Liegt nämlich nur ein Tarifvertrag vor, der die Sperrwirkung auslöst, bedeutet das, dass ein anderer Tarifvertrag gar nicht zur Debatte steht. In diesem Zusammenhang wäre es nicht zu rechtfertigen, allein im tarifpluralen Betrieb auf die beiderseitige Tarifgebundenheit abzustellen und ansonsten die alleinige Tarifbindung des Arbeitgebers ausreichen zu lassen.

(bb) Praktische Auswirkungen der beiderseitigen Tarifgebundenheit

Ein weiterer wesentlicher Kritikpunkt an der Forderung nach beidseitiger Tarifbindung liegt in den Folgen für die Praxis. Bei Tarifpluralität wird der Arbeitgeber nunmehr nicht nur mit einem, sondern mit mehreren Tarifverträgen in seinem Betrieb konfrontiert. Nach dieser Lösung kommen dann auch noch die unterschiedlichsten Mitbestimmungsrechte hinzu. Dies ist nach der Intention des Gesetzgebers und dem Normzweck des Tarifvorrangs aber gerade nicht gewollt. Behält der Betriebsrat für die Schnittmenge der Angelegenheiten, die nicht unter die beiderseitige Tarifbindung fallen, sein Mitbestimmungsrecht, stellt sich als Folgeproblem das Fragerecht. Eigentlich müsste der Betriebsrat dann von dem Arbeitgeber wissen, für welche Mitarbeiter er sein Mitbestimmungsrecht ausüben kann und welche tariflich geschützt sind. Diese Auskunft kann der Arbeitgeber aber nicht unmittelbar erteilen. Er muss vielmehr die Mitarbeiter befragen. Zwar steht dem Arbeitgeber nach hier vertretener Auffassung dieses Fragerecht nach Abschluss des Arbeitsvertrages zu und bei Nichtbeantwortung hat er die Möglichkeit, die jeweiligen Arbeitnehmer wie „Außenseiter" zu behandeln. Allerdings ändert das nichts an dem zugestandenen Mitbestimmungsrecht und dem Verhältnis zwischen Arbeitgeber und Betriebsrat. Rechtsstreitigkeiten sind hier vorprogrammiert. Dieses Informationsmanko ist zudem ordnungspolitisch mit Unsicherheiten behaftet. Denn sowohl die jeweilige Gewerkschaft als auch der Betriebsrat haben Anspruch darauf, dass ihre gültigen Vereinbarungen von Arbeitgeberseite durchgesetzt werden. Weiß der Arbeitgeber aber nicht, welcher Gewerkschaft der einzelne Arbeitnehmer angehört und ob für diesen die tarifliche oder die betriebliche Regelung Wirkung entfaltet, hilft ihm letztlich auch das Recht, diesen Mitarbeiter wie einen „Außenseiter" zu behandeln nicht weiter. Daher muss die Organisationsbewältigung im tarifpluralen Betrieb nunmehr mit in die Entscheidungsfindung einfließen. Immerhin darf auch der Arbeitgeber nicht in unzumutbarer Weise überfordert werden.

Die Kennzeichnung des der Mitbestimmung unterworfenen Teils der Arbeitnehmer ist mit Blick auf die Rechtsfolgen einer Nichtbeachtung von wesentlicher Bedeutung. In Ermangelung eines konkreten Auskunftsanspruchs über die Gewerkschaftsmitgliedschaft ist es für den Arbeitgeber nahezu unmöglich, seiner Beteiligungsverpflichtung gegenüber dem Betriebsrat unmittelbar nachzukommen. Dies zieht jedoch zahlreiche Konsequenzen nach sich. Zum einen ergeben sich im Verhältnis zwischen Arbeitgeber und Arbeitnehmer individualrechtliche Rechtsfolgen bei einem mitbestimmungswidrigen Verhalten des Arbeitgebers aus der Theorie der Wirksamkeitsvoraussetzungen, die das

BAG in ständiger Rechtsprechung vertritt.[843] Danach ist eine Maßnahme des Arbeitgebers, die der notwendigen Mitbestimmung entbehrt, gegenüber dem Arbeitnehmer rechtswidrig und unwirksam. Dies gilt sowohl für einseitige Maßnahmen, die in Ausübung des Direktionsrechts vorgenommen wurden, als auch für einzelvertragliche Vereinbarungen. Diese sind unwirksam, wenn der Arbeitgeber das Mitbestimmungsrecht des Betriebsrats verletzt hat und es zu einer Belastung des Arbeitnehmers kommt. Damit soll verhindert werden, dass der Arbeitgeber dem Einigungszwang mit dem Betriebsrat durch Rückgriff auf arbeitsvertragliche Gestaltungsmöglichkeiten ausweicht. Die ohne die Beteiligung des Betriebsrats getroffenen Anweisungen des Arbeitgebers muss der Arbeitnehmer nicht befolgen. Er kann die Leistung vielmehr nach § 273 BGB verweigern. Dem Arbeitgeber darf aus einer betriebsverfassungsrechtlichen Pflichtwidrigkeit auch im Rahmen des Arbeitsverhältnisses kein Vorteil erwachsen. Maßnahmen zum Nachteil der Arbeitnehmer sind dabei nur solche, die bereits bestehende Rechtspositionen der Arbeitnehmer schmälern. Die Verletzung von Mitbestimmungsrechten des Betriebsrats führt allerdings nicht dazu, dass sich individualrechtliche Ansprüche der betroffenen Arbeitnehmer ergäben, die zuvor noch nicht bestanden haben.[844]

Ginge man hier davon aus, dass die Sperrwirkung des § 87 Abs. 1 Eingangssatz BetrVG hinsichtlich der Individualnormen nur bei beiderseitiger Tarifbindung ausgelöst würde, bestünde für den Arbeitgeber zu jeder Zeit die Gefahr, dass aufgrund seines Informationsdefizits Maßnahmen gegenüber den eigentlich der Mitbestimmung des Betriebsrats unterliegenden Arbeitnehmern unwirksam wären, sofern eine Beteiligung unterblieben ist. Diese Rechtsunsicherheit kann aber weitergehende Störungen für den Betriebsablauf nach sich ziehen.

Zum anderen hat der Betriebsrat im Verhältnis zum Arbeitgeber einen Anspruch auf Unterlassung, wenn letzterer ein Mitbestimmungsrecht aus § 87 Abs.1 BetrVG verletzt. Nach § 2 Abs. 1 BetrVG besteht zwischen Arbeitgeber und Betriebsrat ein gesetzliches Schuldverhältnis, das durch wechselseitige Rücksichtnahmepflichten geprägt ist. Daraus resultiert für den Arbeitgeber die Pflicht, mitbestimmungspflichtige Maßnahmen erst nach Zustimmung des Betriebsrats oder einem entsprechenden Spruch der Einigungsstelle durchzuführen. Dem Betriebsrat steht als Nebenleistungsanspruch insoweit der Anspruch

843 BAG, Beschluss vom 16.09.1986, GS 1/82, AP Nr. 17 zu § 77 BetrVG 1972, NZA 1987, 168ff.; Urteil vom 11.06.2002, 1 AZR 390/01, AP Nr. 113 zu § 87 BetrVG 1972 Lohngestaltung, NZA 2003, 570ff.

844 BAG, Urteil vom 15.04.2008, 1 AZR 65/07, AP Nr. 133 zu § 87 BetrVG 1972 Lohngestaltung, NZA 2008, 888ff.

zu, dass der Arbeitgeber mitbestimmungswidrige Maßnahmen zu unterlassen hat.[845] Dieser richtet sich entweder nach allgemeinen Grundsätzen oder nach § 23 Abs. 3 BetrVG. Das BAG vertritt in gefestigter Rechtsprechung die Auffassung, dass dem Betriebsrat bei Verletzung seiner Mitbestimmungsrechte in sozialen Angelegenheiten ein allgemeiner und von den Voraussetzungen des § 23 Abs. 3 BetrVG unabhängiger Unterlassungsanspruch hinsichtlich einer mitbestimmungswidrigen Maßnahme des Arbeitgebers zusteht.[846] Der allgemeine Unterlassungsanspruch setzt eine Widerholungsgefahr voraus. Für diese besteht auf Grund der in der Vergangenheit erfolgten Verletzung eine tatsächliche Vermutung. Die Unterlassung mitbestimmungswidrigen Verhaltens des Arbeitgebers kann der Betriebsrat im Wege einer einstweiligen Verfügung durchsetzen. § 23 Abs. 3 BetrVG hingegen setzt einen groben Pflichtverstoß des Arbeitgebers aus dem Betriebsverfassungsgesetz voraus, wobei es auf ein Verschulden nicht ankommt. Vielmehr muss ein Verstoß objektiv so erheblich sein, dass die Anrufung des Arbeitsgerichts unter Berücksichtigung des Gebots zur vertrauensvollen Zusammenarbeit als gerechtfertigt erscheint.[847] Dies ist regelmäßig zu bejahen, wenn der Arbeitgeber mehrfach erzwingbare Mitbestimmungsrechte des Betriebsrats übergangen hat und dadurch entweder ein andauernder rechtswidriger Zustand oder eine Widerholungsgefahr besteht.[848] Der Arbeitgeber kann dann auf Antrag im Beschlussverfahren vor dem Arbeitsgericht zur Duldung oder Unterlassung einer Handlung verpflichtet werden.

Im tarifpluralen Betrieb besteht daher die Möglichkeit, dass der Arbeitgeber in Unkenntnis der genauen Umstände mitbestimmungswidrige Maßnahmen veranlasst, wenn die Sperrwirkung des Tarifvorrangs nur bei beiderseitiger Tarifgebundenheit ausgelöst wird. Dies würde bedeuten, dass der Betriebsrat regelmäßig einen Unterlassungsanspruch geltend machen könnte bzw. müsste. Gerade weil es auf ein Verschulden nicht ankommt und auch ein grober Pflichtverstoß nicht immer zwingend ist, würden auf den Arbeitgeber zahlreiche Verfahren zukommen, da eine Widerholungsgefahr aufgrund der Sachlage nicht ausgeschlossen werden kann.

---

845 Löwisch/Kaiser, § 87 BetrVG, Rn. 26.

846 BAG, Beschluss vom 03.05.1994, 1 ABR 24/93, AP Nr. 23 zu § 23 BetrVG 1972, NZA 1995, 40ff.

847 BAG, Beschluss vom 14.11.1989, 1 ABR 87/88, AP Nr. 76 zu § 99 BetrVG 1972, NZA 1990, 357ff.

848 Vgl. BAG, Beschluss vom 29.02.2000, 1 ABR 4/99, AP Nr. 105 zu § 87 BetrVG 1972 Lohngestaltung, NZA 2000, 1066ff.

Darüber hinaus ist zu beachten, dass der Gesetzgeber im Rahmen des Betriebsverfassungsrechts und insbesondere mit § 87 Abs. 1 Eingangssatz BetrVG auch ordnungspolitische Ziele verfolgt, die jedoch durch die Annahme der beiderseitigen Tarifgebundenheit für die Auslösung des Tarifvorrangs übergangen werden. Dabei steht ihm eine Einschätzungsprärogative zu. Im vorliegenden Zusammenhang ergibt sich daraus jedoch in erster Linie ein Vorrang des Tarifvertrages vor der betrieblichen Mitbestimmung.

Daher kommt es nach hier vertretener Ansicht allein auf die Tarifbindung des Arbeitgebers für die Aktivierung der Sperrwirkung an und nicht auf die Tarifbindung der jeweiligen Arbeitnehmer.

(cc) Schutz der Nichtorganisierten

Dem steht auch nicht entgegen, dass der Schutzzweck des § 87 Abs. 1 BetrVG dadurch tangiert wird, dass die Mitbestimmung für die nicht tarifgebundenen Arbeitnehmer bereits durch die einseitige Tarifbindung des Arbeitgebers bei Inhaltsnormen ausgeschlossen wird, da sie mangels Gewerkschaftszugehörigkeit nicht in den Genuss des Tarifvertrages kommen und ihnen durch den Tarifvorbehalt auch die betriebliche Mitbestimmung entzogen wird.

Zwar kann hier nicht darauf abgestellt werden, dass es jedem Arbeitnehmer möglich sei, sich durch Beitritt zur tarifvertragsschließenden Gewerkschaft jederzeit den unabdingbaren Schutz der tariflichen Regelung zu sichern.[849] Denn diese Sichtweise greift in die durch Art. 9 Abs. 3 GG geschützte negative Koalitionsfreiheit des Einzelnen ein und beschränkt diese unverhältnismäßig.[850] Von den jeweiligen Arbeitnehmern würde verlangt, darauf zu verzichten, einer Gewerkschaft fernzubleiben. § 87 Abs. 1 BetrVG sieht aber den Schutz aller Arbeitnehmer vor dem einseitigen Direktionsrecht des Arbeitgebers vor. Deshalb darf hier im Falle des Tarifvorbehalts nicht darauf verwiesen werden, dass nunmehr allein gewerkschaftlich organisierte Arbeitnehmer schutzbedürftig sind.

Allerdings kann das Schutzdefizit auch ohne die dargestellten Folgeprobleme gelöst werden, die durch die Auslösung des Tarifvorbehalts bei beiderseitiger Tarifbindung entstehen würden. Hier bietet es sich an, die Schutzlücke einzelfallbezogen nach dem Zweck des jeweiligen Mitbestimmungstatbestandes zu schließen. Da dieses Problem speziell bei Inhaltsnormen auftaucht, muss hier eine Lösung gesucht werden. Es erscheint daher angebracht, die nicht tarifgebundenen

849 So noch BAG, Beschluss vom 24.02.1987, 1 ABR 18/85, AP Nr. 21 zu § 77 BetrVG 1972.

850 Jetzt auch BAG, Beschluss vom 18.10.2011, 1 ABR 25/10; Beschluss vom 18.10.2011, 1 ABR 34/10.

Arbeitnehmer hinsichtlich etwaiger Inhaltsnormen des § 87 Abs. 1 BetrVG vor einseitigen Maßnahmen des Arbeitgebers angemessen zu schützen, indem dieser dazu verpflichtet ist, entsprechende Regelungen auch gegenüber nicht tarifgebundenen Arbeitnehmern anzuwenden, wenn diese der erzwingbaren Mitbestimmung unterliegen und der Arbeitgeber mit dem Betriebsrat keine hiervon abweichende Vereinbarung getroffen hat bzw. eine solche gem. § 87 Abs. 2 BetrVG zur Anwendung bringt. Dadurch wird verhindert, dass den „Außenseitern" in Ermangelung einer Gewerkschaftszugehörigkeit sowohl der tarifliche als auch der betriebliche Schutz verwehrt wird. Vielmehr kann die entstandene Schutzlücke sachgerecht geschlossen werden. Immerhin verlangt § 87 Abs. 1 BetrVG, dass alle betriebszugehörigen Arbeitnehmer in sozialen Angelegenheiten vor der einseitigen Gestaltungsmacht des Arbeitgebers zu schützen sind. Das Verständnis des Tarifvorbehalts darf diese Wertung nicht ohne Weiteres übergehen.

So sieht es grundsätzlich auch das BAG.[851] Allerdings bezog sich der dem Urteil zugrunde liegende Sachverhalt nicht auf einen tarifpluralen Betrieb. Dem Urteil vom 18.10.2011 lässt sich jedoch im Umkehrschluss entnehmen, dass es nach dem Normzweck des § 87 Abs. 1 Eingangssatz BetrVG gerade nicht auf eine beiderseitige Tarifgebundenheit ankommen kann. Vielmehr ist die Lösung durch eine Einzelfallbetrachtung innerhalb der Mitbestimmungstatbestände zu suchen. Für § 87 Abs. 1 Nr. 10 BetrVG hat das Bundesarbeitsgericht insoweit entschieden, dass im Bereich der betrieblichen Lohngestaltung die Schutzlücke dadurch zu schließen ist, dass für den Arbeitgeber die Verpflichtung besteht, das tarifliche Entlohnungssystem auch gegenüber nicht tarifgebundenen Arbeitnehmern anzuwenden. Mit dem Ausschluss des Mitbestimmungsrechts aus § 87 Abs. 1 Nr. 10 BetrVG geht für den tarifgebundenen Arbeitgeber deshalb die Verpflichtung einher, die tarifliche Vergütungsordnung, soweit sie ohne den Tarifvorbehalt dem Beteiligungsrecht des Betriebsrats unterliegen würde, unabhängig von der Tarifbindung der Arbeitnehmer im gesamten Betrieb anzuwenden. Zu beachten ist jedoch, dass sich hieraus kein Anspruch der nicht tarifgebundenen Arbeitnehmer auf eine tariflich bestimmte Vergütung ergibt. Vielmehr darf die Übertragung nur in dem Umfang erfolgen, als das erzwingbare Mitbestimmungsrecht des Betriebsrats beschränkt wird. Eine weitergehende Besserstellung der „Außenseiter" ist nicht geboten. Dies würde ansonsten zu einer unzulässigen Erstreckung von tariflich geregelten Arbeitsbedingungen auf nicht tarifgebundene Arbeitnehmer führen.

---

851 BAG, Beschluss vom 18.10.2011, 1 ABR 25/10; Beschluss vom 18.10.2011, 1 ABR 34/10.

(4) Zwischenergebnis

Im Ergebnis ist damit festzuhalten, dass es nach dem Sinn und Zweck des Tarifvorrangs ausschließlich auf die alleinige Tarifbindung des Arbeitgebers zur Auslösung der Sperrwirkung des § 87 Abs. 1 Eingangssatz BetrVG ankommt. Die Forderung nach einer beiderseitigen Tarifbindung würde dem nicht gerecht werden und ist damit abzulehnen.

Nachfolgend gilt es daher zu untersuchen, ob nach § 87 Abs. 1 Eingangssatz BetrVG jeder Tarifvertrag die Sperrwirkung aktivieren kann, oder ob hier ein bestimmter Tarifvertrag auszuwählen ist und welche Konsequenzen damit verbunden sind.

d. *Reichweite des Tarifvorrangs*

Wie bereits ausführlich erörtert dient § 87 Abs. 1 Eingangssatz BetrVG zum einen dem Schutz des Arbeitnehmers vor dem einseitigen Direktionsrecht des Arbeitgebers, zum anderen soll aber auch die Tarifautonomie vor der Betriebsautonomie geschützt werden. Diese Ziele sind folglich auch im tarifpluralen Betrieb, bei einem Nebeneinander mehrerer Tarifverträge in Einklang zu bringen. Fraglich ist insofern, ob das tarifpolitische Zugeständnis an die Tarifpluralität auch unmittelbare Auswirkungen auf das Betriebsverfassungsrecht haben kann. Dabei ist insbesondere die Intention des Gesetzgebers im Hinblick auf die Reichweite der Schutzwirkung des § 87 Abs. 1 BetrVG zu berücksichtigen. Diese kann durch eine Rechtsprechungsänderung nicht an Bedeutung verlieren. Vorrangig ist daher zunächst auf die Zielsetzung des Betriebsverfassungsgesetzes sowie auf die Gesetzesbegründung zur Mitbestimmung in sozialen Angelegenheiten einzugehen.

Im Jahre 1972 wurde das BetrVG grundlegend novelliert. Nach dem Entwurf der Bundesregierung vom 29.01.1971 sollte das alte BetrVG 1952 den wirtschaftlichen, technischen und gesellschaftlichen Veränderungen angepasst und mit der betrieblichen Wirklichkeit wieder in Einklang gebracht werden.[852] Dabei lagen die wesentlichen Schwerpunkte bei der Verbesserung der Rechtsstellung der Arbeitnehmer im Betrieb, der Ausdehnung der Mitbestimmungs- und Mitwirkungsrechte des Betriebsrats in sozialen, personellen und wirtschaftlichen Angelegenheiten sowie in der Verstärkung der Präsenz der Gewerkschaften in den Betrieben.

Im Hinblick auf die Einordnung des § 87 Abs. 1 BetrVG in den tarifpluralen Betrieb ist dabei wichtig, dass die Mitbestimmungsrechte zwar ausgeweitet, an

852 BT-Drs. 6/1786.

dem bestehenden Tarifvorrang jedoch weiter festgehalten wurde. Dem einzelnen Arbeitnehmer sind daneben weitergehende Unterrichtungs-, Anhörungs- und Erörterungsrechte in Angelegenheiten eingeräumt worden, die ihn selbst und seinen Arbeitsplatz unmittelbar betreffen. Jedoch wurde auch explizit erwähnt, dass es bei der unterschiedlichen Aufgabenverteilung von Gewerkschaften und Betriebsrat bleibt.[853] Die Gewerkschaften sind durch Art. 9 Abs. 3 GG legitimiert, die Interessen ihrer Mitglieder gegenüber dem anderen Tarifpartner, insbesondere durch den Abschluss von Tarifverträgen, zu vertreten. Der Betriebsrat hat seine Befugnisse hingegen auf der Grundlage und im Rahmen des Betriebsverfassungsgesetzes auszuüben. Diese grundsätzlichen Erwägungen sind auch in das am 18.01.1972 in Kraft getretene BetrVG übernommen worden.

Im Jahr 2001 wurde das BetrVG durch das Gesetz zur Reform des Betriebsverfassungsgesetzes (BetrVG-ReformG) vom 28.07.2001 erneut geändert.[854] Im Hinblick auf § 87 Abs. 1 BetrVG ist eine neue Nr. 13 geschaffen worden, wonach dem Betriebsrat nunmehr ein Mitbestimmungsrecht bei der Einführung von Gruppenarbeit zusteht. Trotz dieser Ergänzung erfolgte keine Änderung des Eingangssatzes.

Auch jüngste Vorschläge zu einer Reform des Tarifvorrangs, die zu einer Stärkung betrieblicher Regelungsmöglichkeiten führen sollten, werden aktuell nicht weiter verfolgt.[855]

ee. Ausschluss des Mitbestimmungsrechts im tarifpluralen Betrieb

Im Lichte der gültigen Fassung des BetrVG ist daher nachfolgend zu untersuchen, inwiefern Korrekturen bei Tarifpluralität hinsichtlich der Mitbestimmung in sozialen Angelegenheiten gem. § 87 Abs. 1 BetrVG nötig sind. Die alles entscheidende Frage im tarifpluralen Betrieb ist also, welcher der anwendbaren Tarifverträge die Sperrwirkung des Tarifvorrangs auszulösen vermag.

(1) Auslösung der Sperrwirkung durch jeden Tarifvertrag

Bei Tarifpluralität könnte zunächst jeder Tarifvertrag Sperrwirkung für die von ihm geregelten mitbestimmungspflichtigen Angelegenheiten im Betrieb entfalten.[856] Nach der bisherigen Rechtsprechung zur Tarifeinheit gelangte immer nur ein Tarifvertrag zur Anwendung. Dieser war insoweit auch maßgeblich für die

853 Vgl. BT-Drs. 6/2729 und zu 6/2729.

854 Vgl. BT-Drs. 14/5741; BGBl. I S. 1852.

855 Vgl. BT- Drs. 14/2612, 14/6548, 15/1182, 15/1889 sowie 15/1587, 15/2245.

856 So Bepler, FS 25 Jahre ARGE Arbeitsrecht im DAV, 2006, S. 800; Franzen, RdA 2008, 200; Jacobs, NZA 2008, 332.

Reichweite des § 87 Abs. 1 Eingangssatz BetrVG. Da nunmehr aber mehrere Tarifverträge nebeneinander Geltung beanspruchen können, hätte dies zur Folge, dass jede tarifliche Regelung, bei alleiniger Tarifbindung des Arbeitgebers, das Mitbestimmungsrecht des Betriebsrats einschränken würde. Das bedeutet im Kern, dass sich im Zweifelsfall der Anwendungsbereich der betrieblichen Mitbestimmung im Rahmen des § 87 Abs. 1 BetrVG um ein Vielfaches verkürzt, je nach Reichweite der Regelungen in den einschlägigen Tarifverträgen.

Für die nichtorganisierten Arbeitnehmer könnte es folglich zu einem größeren Verlust betrieblicher Mitbestimmung kommen. Nunmehr wird die Sperrwirkung nicht nur an einem Tarifvertrag gemessen, sondern gilt womöglich kumulativ aus mehreren Tarifverträgen. Da „Außenseiter" unter keinen der Tarifverträge fallen und damit grundsätzlich auch keinen tariflichen Schutz genießen, könnte sich ihre Ausgangslage im Vergleich zu der Situation, dass nur ein Tarifvertrag im Betrieb existierte, verschlechtern, es sei denn, der Arbeitgeber müsste einen der beiden Tarifverträge zur Anwendung bringen, sofern nicht der Betriebsrat einer anderen Regelung zustimmt.

Auch für die organisierten Arbeitnehmer könnten sich abweichende Konsequenzen ergeben. Bislang war eine Mitbestimmung möglich, sofern die Angelegenheiten von dem spezielleren Tarifvertrag nicht erfasst wurden. Zwar ist den Arbeitnehmern, die an den verdrängten Tarifvertrag gebunden waren jeglicher tariflicher Schutz entzogen worden. Jedoch richtete sich die Reichweite der Sperrwirkung allein nach dem einzig anwendbaren Tarifvertrag. In einem tarifpluralen Betrieb stellt sich die Situation hingegen so dar, dass auch Regelungsbereiche, die der eigene Tarifvertrag auslässt, die aber durch einen anderen Tarifvertrag geregelt sind, der betrieblichen Mitbestimmung entzogen wären, obwohl an dessen Stelle mangels Tarifbindung kein tariflicher Schutz tritt.

(2) Auslösung der Sperrwirkung durch einen Tarifvertrag

Nach anderer Auffassung soll die Sperrwirkung nach § 87 Abs. 1 Eingangssatz BetrVG hinsichtlich der Individualnormen nur durch einen der konkurrierenden Tarifverträge ausgelöst werden können.[857] Damit wird hier eine „Einheitslösung" innerhalb des Betriebsverfassungsrechts verfolgt. Maßgebend für den Tarifvorrang soll danach derjenige Tarifvertrag sein, an den die Mehrheit der im Betrieb tätigen Arbeitnehmer gebunden ist. Begründet wird diese Ansicht damit, dass es zweifelhaft sei, wenn der Arbeitgeber einen der Tarifverträge mit

857 DKK/Berg, § 77 BetrVG, Rn. 69c; Stein, Sozialer Dialog in der Krise, liber amicorum Wendeling-Schröder, S. 56f.

einer Gewerkschaft abschließe, die im Betrieb keine oder nur sehr wenige Arbeitnehmer hat und es für die Aktivierung des Tarifvorrangs nach h.M. allein auf die Tarifbindung des Arbeitgebers ankomme, er es in solchen Fällen also in der Hand habe, ohne aktuellen tariflichen Schutz der Arbeitnehmer die betriebliche Mitbestimmung zu sperren.[858] Danach sollen Regelungen, die in einem Minderheitstarifvertrag festgeschrieben sind und die betriebliche Mitbestimmung erfassen, nicht im Stande sein, die Sperrwirkung auszulösen, soweit der Mehrheitstarifvertrag dazu keine Regelung enthält. Für die organisierten bzw. nicht organisierten Arbeitnehmer ergibt sich daraus im Vergleich zu der tarifpluralen Lösung, die jedem der Tarifverträge die Sperrwirkung zuerkennt, eine abweichende Situation, die im Folgenden näher zu beleuchten ist.

Die Arbeitnehmer, die an den Mehrheitstarifvertrag gebunden sind, profitieren von dieser Lösung. Da allein ihr Tarifvertrag die Sperrwirkung gegenüber der betrieblichen Mitbestimmung nach § 87 Abs. 1 BetrVG auszulösen vermag, ist die Ausgangssituation eine viel bessere, als bei Auslösung der Sperrwirkung durch beide im Betrieb anwendbaren Tarifverträge. Sie genießen damit einen allumfassenden kollektivrechtlichen Schutz, entweder durch eine tarifliche Regelung oder eben durch die Mitbestimmung des Betriebsrats in den Bereichen, die vom Tarifvertrag nicht angesprochen werden. Eine Verkürzung der betrieblichen Mitbestimmung durch einen konkurrierenden Tarifvertrag, ohne Ersetzung durch eine tarifliche Regelung, ist nicht zu befürchten. Im Unterschied zu der Lösung, wonach jeder Tarifvertrag den Tarifvorrang aktiviert, sind die Arbeitnehmer hier auch bei den Angelegenheiten geschützt, die der andere Tarifvertrag i.S.v. § 87 Abs. 1 BetrVG regelt, da dieser keine Sperrwirkung entfalten soll und das Schutzdefizit damit durch das Mitbestimmungsrecht des Betriebsrats kompensiert werden kann.

Für die Arbeitnehmer, die in der Gewerkschaft organisiert sind, die den Minderheitstarifvertrag abgeschlossen hat, bringt die Reduzierung der Sperrwirkung auf den anderen Tarifvertrag eine wesentlich kleinere Veränderung. Anders als bei „echter" Tarifeinheit im Betrieb steht ihnen der unmittelbare und zwingende Schutz ihres Tarifvertrages gem. § 4 Abs. 1 S. 1 TVG weiterhin zu. Trifft der Mehrheitstarifvertrag jedoch Regelungen i.S.v. § 87 Abs. 1 BetrVG, so löst dieser auch die Sperrwirkung für das Mitbestimmungsrecht des Betriebsrats aus. Für diesen Bereich kann damit keine Mitbestimmung erfolgen, auch wenn der Minderheitstarifvertrag hierzu keine Stellung nimmt und damit auch kein tarifvertraglicher Schutz besteht.

---

858 Stein, Sozialer Dialog in der Krise, liber amicorum Wendeling-Schröder, S. 56f.

Eine deutliche Besserstellung bestünde hingegen für die „Außenseiter"-Arbeitnehmer. Während bei konsequenter Annahme der Tarifpluralität auf betriebsverfassungsrechtlicher Ebene das Mitbestimmungsrecht für die nicht organisierten Arbeitnehmer sowohl durch den einen als auch durch den anderen Tarifvertrag gesperrt ist und auch ein tarifvertraglicher Schutz nicht besteht, fallen nach der „Einheitslösung" zumindest die durch den Minderheitstarifvertrag geregelten Bereiche des § 87 Abs. 1 BetrVG weg, so dass für diese Angelegenheiten weiter ein Mitbestimmungsrecht des Betriebsrats erhalten bleibt, welches auch den „Außenseitern" zu Gute kommt. Im Gegensatz zur völligen Abstinenz kollektivrechtlichen Schutzes, würde hier ein kleiner Teilbereich für die betriebliche Mitbestimmung aufrechterhalten.

Danach kann festgehalten werden, dass nach dieser Lösung zumindest für die an den Mehrheitstarifvertrag gebundenen Arbeitnehmer und die nicht organisierten Arbeitnehmer ein höheres Schutzniveau zu verzeichnen wäre.

(3) Stellungnahme

Nach der bisherigen Rechtsprechung des BAG zum Tarifvorrang sowie dem Wortlaut des § 87 Abs. 1 Eingangssatz BetrVG ist es alleine konsequent, wenn die Sperrwirkung des Tarifvertrages und die damit verbundene Einschränkung des Mitbestimmungsrechts des Betriebsrates durch jeden im tarifpluralen Betrieb anwendbaren Tarifvertrag ausgelöst wird.[859]

Immerhin sollen die Mitbestimmungsrechte nach dem Wortlaut des Gesetzes ausgeschlossen sein, soweit eine „tarifliche Regelung" besteht. Auf die Anzahl der im Betrieb geltenden Tarifverträge wird dabei nicht abgestellt. Folglich ist es unerheblich, ob nun der eine oder der andere Tarifvertrag die sperrende tarifliche Regelung enthält, solange der Arbeitgeber nach h.M. tarifgebunden ist.

Für die Einordnung des § 87 Abs. 1 Eingangssatz BetrVG in den tarifpluralen Betrieb, ist jedoch auch maßgeblich auf den Sinn und Zweck der Norm abzustellen. Daher müssen sich die unterschiedlichen Lösungswege zum einen am Arbeitnehmerschutz und zum anderen am Schutz der Tarifautonomie vor der Betriebsautonomie messen lassen. Im direkten Vergleich steht dabei die tarifplurale Lösung zu der Variante der „Einheitslösung". Hier stellt sich die Frage, ob an der bisherigen Beurteilung festgehalten werden soll, oder ob die Rechtsprechungsänderung des BAG und die Abkehr von der Tarifeinheit im Betrieb eine neue Sichtweise auf den Tarifvorrang erfordert. Dabei muss jedoch auch

859 So auch Bepler, FS 25 Jahre ARGE Arbeitsrecht im DAV, 2006, S. 800; Franzen, RdA 2008, 200.

berücksichtigt werden, inwiefern das Zugeständnis des Bundesarbeitsgerichts an die Tarifpluralität unmittelbaren Einfluss auf das Betriebsverfassungsrecht nehmen kann. In diesem Zusammenhang ist weiter fraglich, ob überhaupt eine betriebsverfassungsrechtliche Besserstellung der Arbeitnehmer des Betriebs im Vergleich zu ihrer bisherigen Rechtslage erforderlich ist. Letztlich muss auch überprüft werden, wie praxistauglich die Lösungen sind.

(a) Schutzzwecke des § 87 Abs. 1 Eingangssatz BetrVG

Die optimale Lösung muss zunächst anhand einer normzweckorientierten Betrachtungsweise ermittelt werden. Im Fokus stehen dabei der Arbeitnehmerschutz und der Schutz der Tarifautonomie.

(aa) Auslösung der Sperrwirkung durch einen der Tarifverträge

Wie bereits dargestellt, kommt es nach der „Einheitslösung" zu einer potentiellen Verbesserung des Arbeitnehmerschutzes. Allerdings hat dies zur Folge, dass damit eine gleichzeitige Schwächung der Tarifautonomie gegenüber der Betriebsautonomie einhergeht. Diese Differenzen müssen dementsprechend nach der Interpretation des Gesetzeszwecks gegeneinander abgewogen werden.

Im Hinblick auf den Arbeitnehmerschutz führt die Auswahl des repräsentativeren Tarifvertrages für die Aktivierung des Tarifvorrangs gem. § 87 Abs. 1 Eingangssatz BetrVG dazu, dass sowohl die organisierten Arbeitnehmer, als auch die nichtorganisierten Arbeitnehmer einen höheren kollektivrechtlichen Schutz genießen würden. Die Arbeitnehmer, die der Gewerkschaft angehören, welche den richtungsweisenden Tarifvertrag abgeschlossen hat, können sich eines allumfassenden Schutzes sicher sein. Die an den Minderheitstarifvertrag gebundenen Arbeitnehmer wären zwar von der Sperrwirkung des Mehrheitstarifvertrages betroffen, behielten aber ihren eigenen tarifrechtlichen Schutz. Dieser Vorteil wurde ihnen nach der Tarifeinheit im Betrieb und dem Spezialitätsprinzip vorenthalten. Die „Außenseiter" hingegen hätten wesentlich mehr von diesem Lösungsweg. Immerhin würde die gegenüber der betrieblichen Mitbestimmung sperrende Wirkung eines Tarifvertrages entfallen. Löst jeder Tarifvertrag den Tarifvorrang aus, verbleibt für betriebliche Mitbestimmung nur ein kleiner Bereich. Nach der tarifeinheitlichen Lösung würden „Außenseiter" daher einen weitergehenden Schutz erhalten, da sich die Reichweite der Sperrwirkung allein nach dem Mehrheitstarifvertrag richtet und alle Angelegenheiten i.S.d. § 87 Abs. 1 BetrVG, die der konkurrierende Tarifvertrag beinhaltet, nicht der Mitbestimmung entzogen wären. Allerdings kann dieses Argument letztlich nicht zugunsten der „Einheitslösung" greifen.

Hier gilt es einen anderen Lösungsweg aufzuzeigen. Zunächst einmal kann festgehalten werden, dass die Problematik nur bei Inhaltsnormen entsteht. Betriebsnormen eines Tarifvertrages hingegen gelten gem. § 3 Abs. 2 TVG ohnehin für alle Arbeitnehmer des Betriebs. Individualnormen sind zwar im Katalog des § 87 Abs. 1 BetrVG zahlenmäßig weniger vertreten. Da sie dafür inhaltlich aber umso gewichtiger sind, kommt der Mitbestimmung hier besondere Bedeutung zu. Das befürchtete Schutzdefizit kann jedoch dadurch geschlossen werden, dass nach dem Zweck des jeweiligen Mitbestimmungstatbestands, der Arbeitgeber dazu verpflichtet wird, die entsprechende Regelung nach ihrer Systematik auch gegenüber nicht tarifgebundenen Arbeitnehmern anzuwenden, soweit deren Gegenstand der erzwingbaren Mitbestimmung des § 87 Abs. 1 BetrVG unterliegt.[860] Dies muss gerade auch für den tarifpluralen Betrieb gelten. Verfassungswidrig wäre es in diesem Zusammenhang, den Schutz vor einseitigen Maßnahmen des Arbeitgebers im Bereich der Angelegenheiten des § 87 Abs. 1 BetrVG von einem Beitritt zu einer bestimmten Gewerkschaft abhängig zu machen. Dem steht die negative Koalitionsfreiheit des Einzelnen aus Art. 9 Abs. 3 GG entgegen. Hierunter fällt auch das Recht, einer Koalition fernzubleiben oder aus ihr auszutreten. Deshalb kann der Schutz eines Arbeitnehmers nicht von der Zugehörigkeit zu einer vom Arbeitgeber oder seinem Verband als tarifvertragsschließende Partei akzeptierten Gewerkschaft abhängig gemacht werden. Vielmehr muss man den Schutzzweck des § 87 Abs. 1 BetrVG unabhängig von der Gewerkschaftszugehörigkeit betrachten.

Die aus der spezifischen normativen Wirkung tariflicher Inhaltsnormen folgende mitbestimmungsrechtliche Schutzlücke widerspricht der erkennbaren Absicht des Gesetzgebers, alle betriebszugehörigen Arbeitnehmer in den sozialen Angelegenheiten des § 87 Abs. 1 BetrVG vor der einseitigen Gestaltungsmacht des Arbeitgebers zu schützen. Deshalb dürfen diese nicht insgesamt schutzlos gestellt werden. Die Schließung der Schutzlücke muss dadurch erfolgen, dass die in Rede stehende Regelung auch gegenüber den nicht tarifgebundenen Arbeitnehmern anzuwenden ist, soweit sie Gegenstände der erzwingbaren Mitbestimmung des § 87 Abs. 1 BetrVG beinhaltet. Für § 87 Abs. 1 Nr. 10 BetrVG bedeutet dies beispielsweise, dass der Arbeitgeber im Bereich der betrieblichen Lohngestaltung verpflichtet ist, das tarifliche Entlohnungssystem auch gegenüber den „Außenseitern" anzuwenden, ohne dass diese natürlich einen Anspruch auf den Tariflohn erwerben. Damit wird dem Zweck des § 87 Abs. 1 BetrVG Rechnung

860 Vgl. BAG, Beschluss vom 18.10.2011, 1 ABR 25/10; Beschluss vom 18.10.2011, 1 ABR 34/10.

getragen, wonach alle Arbeitnehmer des Betriebs unabhängig von ihrer Gewerkschaftszugehörigkeit vor einseitigen Maßnahmen des Arbeitgebers zu schützen sind. Eine differenzierte Betrachtungsweise würde gegen Art. 9 Abs. 3 GG verstoßen.

Maßgeblich ist für die Nichtorganisierten dann zunächst der Tarifvertrag, der die für die Mitbestimmung gem. § 87 Abs. 1 BetrVG sperrende Regelung hinsichtlich der Inhaltsnorm beinhaltet. An diesem hat sich der Arbeitgeber zu orientieren. Dieser Lösungsweg ist von Vorteil, da es hier nicht zu einem mit dem Tarifvertrag konkurrierenden Mitbestimmungsrecht des Betriebsrats über die gleiche Angelegenheit kommen muss, um den Schutz der nichtorganisierten Arbeitnehmer vor einem einseitigen Weisungsrecht des Arbeitgebers zu wahren. Dies trägt gerade auch dem Normzweck Rechnung. Beinhalten hingegen die unterschiedlichen Tarifverträge jeweils individuelle Regelungen, die unter die Mitbestimmung in sozialen Angelegenheiten fallen würden und machen diese in der gleichen Sache aber unterschiedliche Vorgaben, kann sich nur einer der Tarifverträge im Hinblick auf die nichttarifgebundenen Arbeitnehmer durchsetzen. Diese Situation ist vergleichbar mit der Tarifkonkurrenz im einzelnen Arbeitsverhältnis. Auch hier können nicht zwei inhaltlich unterschiedliche Normen, die denselben Gegenstand betreffen, zur Anwendung gelangen. Da der Arbeitgeber aber wissen muss, welche Regelung er im Zweifel systematisch auf die „Außenseiter" zu übertragen hat, erscheint es sinnvoll, in Anlehnung an das Spezialitätsprinzip die Situation aufzulösen. Besondere Beachtung sollte hier der persönliche Geltungsbereich erhalten, um den Schutz der nichtorganisierten Arbeitnehmer zu optimieren.

Daraus ergibt sich, dass im Zusammenhang mit den Inhaltsnormen eines Tarifvertrages der Gedanke des Arbeitnehmerschutzes aus § 87 Abs. 1 BetrVG mit Blick auf die nicht tarifgebundenen Arbeitnehmer auch bei Tarifpluralität kein Argument darstellt. Eine Belastung durch die Sperrwirkung mehrerer Tarifverträge kann hier genauso kompensiert werden, wie auch bei nur einem anwendbaren Tarifvertrag.

Danach verbleibt für eine Abwägung allein der Schutzgedanke der organisierten Arbeitnehmer. § 87 Abs. 1 Eingangssatz BetrVG bezweckt nach hier vertretener Auffassung aber auch den Vorrang der Tarifautonomie gegenüber der Mitbestimmung auf betrieblicher Ebene. Fraglich ist daher, inwieweit die Auslösung der Sperrwirkung gegenüber dem Mitbestimmungsrecht des Betriebsrats nur durch einen der Tarifverträge nach dem Mehrheitsprinzip dem Schutz der Tarifautonomie vor der Betriebsautonomie Rechnung tragen kann. Benachteiligt wird hier im konkreten die Gewerkschaft, die den Minderheitstarifvertrag abgeschlossen hat. Da dieser Tarifvertrag nicht als „tarifliche Regelung“ i.S.v. § 87 Abs. 1 Eingangssatz BetrVG anerkannt wäre, stünde es dem Betriebsrat frei, für die dort geregelten Angelegenheiten sein Mitbestimmungsrecht auszuüben, sofern der Mehrheitstarifvertrag selbst hierzu keine Vorgaben trifft. Dadurch entstünde aber eine Konkurrenzsituation, die das Gesetz eigentlich verhindern will. Der Betriebsrat könnte sich „contra legem“ als beitragsfreie Ersatzgewerkschaft profilieren, da es ihm offen steht, sein Mitbestimmungsrecht auszuüben, obwohl der Minderheitstarifvertrag eigentlich eigene Angaben zu den entsprechenden mitbestimmungsrelevanten Bereichen vorsehen kann. Der Gesetzgeber hat sich jedoch bewusst für einen Vorrang der Tarifautonomie vor der Betriebsautonomie ausgesprochen, indem er § 87 Abs. 1 Eingangssatz BetrVG den Mitbestimmungsrechten des Betriebsrats voran gestellt hat. Die Lösung, wonach nur ein Tarifvertrag unter mehreren konkurrierenden Tarifverträgen die Sperrwirkung auszulösen vermag, untergräbt aber diese gesetzgeberische Intention.

Der ausgedehnte Arbeitnehmerschutz wirkt sich mithin negativ auf den Schutz der Tarifautonomie aus. Zu berücksichtigen ist dabei, dass die Auswahl eines Tarifvertrages maßgeblich nur einen Teil der Belegschaft begünstigt, nämlich die an den Mehrheitstarifvertrag gebundenen Arbeitnehmer. Die Sperrwirkung ist auf ihren Tarifvertrag reduziert, weshalb sie keine Schutzdefizite durch eine etwaige Sperre der Mitbestimmungsrechte durch den konkurrierenden Tarifvertrag zu erwarten haben. Demgegenüber wird die Gewerkschaft, die den Minderheitstarifvertrag abgeschlossen hat, der beitragsfreien Konkurrenz des Betriebsrats ausgesetzt.

Es stellt sich daher die Frage, wie diese Problematik aufzulösen ist. Für die Aufrechterhaltung der Tarifautonomie spricht zunächst, dass dieser nach der Intention des Gesetzgebers eine herausragende Stellung zukommt. Die Tarifautonomie wird immerhin durch Art. 9 Abs. 3 GG garantiert.[861] Dazu gehört auch, dass die Betriebsautonomie überall dort zurückgedrängt wird, wo dies zur Funktionssicherung gewerkschaftlicher Betätigung unerlässlich ist. Diese Wertung wird auch durch den Tarifvorrang wiedergespiegelt. Hier hat der Gesetzgeber entschieden, dass das Bestehen einer tariflichen Regelung jegliches Mitbestimmungsrecht des Betriebsrats ausschaltet. Diese Weichenstellung kann jedoch nicht dadurch übergangen werden, indem nun einem der Tarifverträge doch wieder die Wirkung hinsichtlich § 87 Abs. 1 Eingangssatz BetrVG nachträglich entzogen wird. Diesem Schutzzweck wird bereits dadurch Rechnung getragen, dass auf die alleinige Tarifbindung des Arbeitgebers abzustellen ist.

861 Schaub, Arbeitsrechts-Handbuch, § 188, Rn. 18.

Ansonsten könnte sich der Betriebsrat regelmäßig im Zuge seiner Mitbestimmung für nur einen Teil der Belegschaft als „beitragsfreie Ersatzgewerkschaft" profilieren. Letztlich wird diese Sichtweise auch durch die Unanwendbarkeit des Günstigkeitsprinzips im Rahmen der betrieblichen Mitbestimmung bestätigt. Den Arbeitnehmern wird über den tariflichen Schutz hinaus kein Interesse zugebilligt, da sie bereits hinreichend abgesichert seien.[862] Hieraus geht hervor, dass günstigere betriebliche Regelungen gegenüber bestehenden Tarifverträgen keine Chance haben sollen, zur Anwendung zu gelangen, da auch dies zu einer unerwünschten Konkurrenzsituation führen würde. Es ist dann aber nicht nachvollziehbar, warum diese Folgenbetrachtung nunmehr durch die Ausschaltung eines Tarifvertrages in Bezug auf die Sperrwirkung erreicht werden kann.

Auch die Rechtsprechungsänderung im Tarifvertragsrecht kann nicht dazu führen, dass auf betriebsverfassungsrechtlicher Ebene der Schutz der Arbeitnehmer derart auszuweiten ist, dass die Tarifautonomie im Rahmen des § 87 Abs. 1 BetrVG zurücktreten muss. Vielmehr sind die einer Gewerkschaft zugehörigen Arbeitnehmer zukünftig tariflich deutlich besser gestellt als noch zu Zeiten der Tarifeinheit im Betrieb. Eine Ausdehnung der Mitbestimmungsrechte des Betriebsrats durch die Auswahl des repräsentativeren Tarifvertrages ist daher im Gesamtblick der Schutzrichtungen des Tarifvorrangs nicht geboten. Die „Einheitslösung" konstruiert vielmehr eine Rechtslage, die mit der Wirklichkeit nicht in Einklang zu bringen ist, da sie die Tarifautonomie unberücksichtigt lässt. Dadurch wird wieder einem Tarifvertrag die Wirkung abgesprochen, die ihm eigentlich von Gesetzes wegen zusteht.

Im Ergebnis ist es daher abzulehnen, einen Tarifvertrag nach dem Mehrheitsprinzip auszuwählen, der die Sperrwirkung gem. § 87 Abs. 1 Eingangssatz BetrVG ausschließlich auslösen kann. Das BAG hat zwar für das Tarifrecht die Rechtsprechung zur Tarifeinheit im Betrieb aufgegeben. Allerdings kann dies nicht dazu führen, dass nunmehr tarifeinheitliche Ansätze auf das Betriebsverfassungsrecht übertragen werden. Dies widerspricht dem Normzweck des Tarifvorrangs, welcher auch die Tarifautonomie schützt.

(bb) Auslösung der Sperrwirkung durch jeden der Tarifverträge

Nach dem bisher Gesagten spricht alles dafür, es auch für den tarifpluralen Betrieb dabei zu belassen, dass jeder der anwendbaren Tarifverträge die Sperrwirkung des § 87 Abs. 1 Eingangssatz BetrVG auslöst. Dieser Lösungsweg ist konsequent und führt zu keinem Widerspruch zwischen den Normzwecken der

862 Brecht-Heitzmann, Gedächtnisschrift für Zachert, 2010, S. 518.

Vorschrift. Allerdings ist dies zunächst einmal nur für den Fall anzunehmen, dass jeder der Tarifverträge für den ganzen Betrieb und die Gesamtheit der Belegschaft gilt. Wie es sich mit einem Tarifvertrag für eine spezifische Berufsgruppe verhält, soll im Anschluss besprochen werden.

Die Reichweite der Sperrwirkung wird durch die konsequente Anwendung zwar ausgeweitet, so dass nunmehr grundsätzlich jeder Tarifvertrag als „tarifliche Regelung" i.S.d. § 87 Abs. 1 BetrVG in Betracht kommt und die Mitbestimmungsrechte des Betriebsrats demnach möglicherweise weiter zurückgedrängt werden. Dabei ist jedoch zu beachten, dass der tarifliche Schutz nicht verloren geht. Zudem kommt es hiernach zu keiner Schwächung der Tarifautonomie. Es ist daher in der Regel ausgeschlossen, dass der Betriebsrat mitbestimmen kann, soweit einer der konkurrierenden Tarifverträge die Angelegenheit abschließend regelt. Es bleibt hingegen zunächst bei den Vorgaben des Gesetzes, dass nur dort betrieblich mitbestimmt werden darf, wo eine tarifliche Regelung nicht besteht. Es kann demnach entweder der Tarifvertrag oder die Mitbestimmung des Betriebsrats zum Zuge kommen.

Für den Schutz der organisierten Arbeitnehmer bedeutet diese Sichtweise nicht unmittelbar eine Verschlechterung. Es kann zukünftig zwar vorkommen, dass gewisse Teilbereiche der Mitbestimmung in sozialen Angelegenheiten entzogen sind, obwohl der „eigene" Tarifvertrag dazu keine Angaben macht. Allerdings ist dieses Schutzdefizit aufgrund der Normzwecke des § 87 Abs. 1 Eingangssatz hinzunehmen. Immerhin soll nach dem Tarifvorbehalt gerade jedem Tarifvertrag Vorrang eingeräumt werden. Auf etwaige Regelungslücken kann es dabei nicht ankommen. Vielmehr müssen die Tarifvertragsparteien hier aufgerufen sein, möglichst detaillierte Regelungen zu treffen, damit Schutzlücken für die gewerkschaftlich organisierten Arbeitnehmer gering gehalten werden. Zu beachten ist dabei auch, dass es allein bei den Inhaltsnormen gem. § 87 Abs. 1 BetrVG zu dieser Problematik kommen kann. Diese sollten in aller Regel aber ohnehin Gegenstand jeder tariflichen Vereinbarung sein. In Bezug auf § 87 Abs. 1 Nr. 10 BetrVG ist es einem Arbeitgeber grundsätzlich auch nicht verwehrt, in demselben Betrieb mehrere voneinander unabhängige Vergütungssysteme zur Anwendung zu bringen.[863] Ist diese Frage in unterschiedlichen Tarifverträgen geregelt, die den Tarifvorrang auslösen, liegt darin für den tarifgebundenen Arbeitgeber die Verpflichtung, die tariflichen Vergütungsordnungen im Betrieb anzuwenden. Hinzu kommt, dass alle organisierten Arbeitnehmer eines Betriebs

863 Vgl. BAG, Urteil vom 18.11.2003, 1 AZR 604/02, AP Nr. 15 zu § 77 BetrVG 1972 Nachwirkung, NZA 2004, 803ff.

heute ohnehin besser stehen, als bisher. Zumindest kann ihnen der tariflich garantierte Schutz nicht länger verwehrt werden. Früher aber war es im Zusammenhang mit dem Tarifvorrang sogar vertretbar, dass für Arbeitnehmer, die an den verdrängten Tarifvertrag gebunden waren, kein zusätzlicher Ausgleich über die betriebliche Mitbestimmung geschaffen wurde, obwohl sie jeglichen tariflichen Schutz verloren hatten. Durch die Aufgabe der Tarifeinheit im Betrieb ist diese tarifliche Ungerechtigkeit bereits beseitigt worden. Für das Betriebsverfassungsrecht bedeutet diese Weichenstellung im Hinblick auf § 87 Abs. 1 BetrVG, dass die Chancengleichheit der Arbeitnehmer und deren Schutzbedürftigkeit nunmehr im Vordergrund stehen. Immerhin sollen durch die Mitbestimmung in sozialen Angelegenheiten alle Arbeitnehmer des Betriebs geschützt werden.

Für alle gewerkschaftlich organisierten Arbeitnehmer wird dies durch den jeweils gültigen Tarifvertrag bewirkt. Für die Erreichung des Mitbestimmungszwecks besteht grundsätzlich kein Raum mehr, wenn ein Tarifvertrag vorliegt. Es kann vielmehr davon ausgegangen werden, dass mit dieser Regelung den berechtigten Interessen und Schutzbedürfnissen der organisierten Arbeitnehmer hinreichend Rechnung getragen worden ist.

Auch die nicht organisierten Arbeitnehmer müssen bei dieser Lösung keine Nachteile erfahren. Sie werden geschützt, indem nach dem Zweck des jeweiligen Mitbestimmungsrechts der Arbeitgeber verpflichtet wird, die entsprechende tarifliche Regelung auch ihnen gegenüber anzuwenden, soweit deren Gegenstand der erzwingbaren Mitbestimmung unterliegt. Dort wo die betriebliche Mitbestimmung des § 87 Abs. 1 BetrVG für die „Außenseiter" aufgrund vorrangiger tariflicher Regelungen ausgeschlossen ist, muss im Einzelfall ein Ausgleich geschaffen werden. Mit Blick auf § 87 Abs. 1 Nr. 10 BetrVG erfordern die Transparenz der betrieblichen Lohngestaltung und die Beachtung der Verteilungsgerechtigkeit eine vergleichende Bewertung des gesamten betrieblichen Entgeltgefüges.[864] Danach besteht für den Arbeitgeber die Verpflichtung, das passende tarifliche Entlohnungssystem auch gegenüber nicht tarifgebundenen Arbeitnehmern anzuwenden, soweit dessen Gegenstände der erzwingbaren Mitbestimmung des Betriebsrats unterliegen. Der Normzweck verlangt, dass nicht allein auf die Gewerkschaftszugehörigkeit abgestellt werden darf, sondern wie von § 87 Abs. 1 Nr. 10 BetrVG vorgesehen, eine tätigkeitsbezogene Zuordnung zu erfolgen hat.

864 BAG, Beschluss vom 18.10.2011, 1 ABR 25/10; Beschluss vom 18.10.2011, 1 ABR 34/10.

Für den tarifpluralen Betrieb folgt daraus, dass der Tarifvertrag, der die Sperrwirkung gegenüber der Mitbestimmung entfaltet, als Bemessungsgrundlage zugrunde gelegt werden muss. Treffen mehrere Tarifverträge hinsichtlich der gleichen Angelegenheit unterschiedliche inhaltliche Regelungen, muss der Tarifvertrag angewandt werden, der für den Arbeitnehmer sachnäher ist. Da diese Situation mit der Normenkonkurrenz im Arbeitsverhältnis vergleichbar ist, erscheint hier eine Lösung über das „modifizierte Spezialitätsprinzip" interessengerecht. Durch diesen Lösungsweg wird die aus der spezifischen normativen Wirkung tariflicher Inhaltsnormen folgende mitbestimmungsrechtliche Schutzlücke geschlossen. Dadurch kann die Intention des Gesetzgebers, alle betriebszugehörigen Arbeitnehmer in den sozialen Angelegenheiten des § 87 Abs. 1 BetrVG vor der einseitigen Gestaltungsmacht des Arbeitgebers zu schützen, umgesetzt werden. Sowohl die tarifgebundenen Arbeitnehmer als auch die nicht tarifgebundenen Arbeitnehmer sind somit im tarifpluralen Betrieb hinreichend geschützt.

Des Weiteren sind Befürchtungen, der Arbeitgeber könne in missbräuchlicher Weise Tarifverträge mit Gewerkschaften abschließen, die im Betrieb keine Mitglieder haben, nur um die betriebliche Mitbestimmung durch seine alleinige Tarifgebundenheit zu entkräften, insoweit hinfällig, als man hier immer noch über den Gedanken des Rechtsmissbrauchs gem. § 242 BGB vorgehen kann. Für den wohl eher seltenen Fall, dass der Arbeitgeber vorsätzlich das Mitbestimmungsrecht des Betriebsrats ausschaltet und damit seine Rechtsposition in zweckwidriger Weise missbraucht, kann dann eben kein Tarifvertrag „bestehen".

Folglich ist nach dem Normzweck des Tarifvorrangs davon auszugehen, dass grundsätzlich jeder im Betrieb anwendbare Tarifvertrag, der eine Angelegenheit i.S.d. § 87 Abs. 1 BetrVG abschließend regelt, die Sperrwirkung auslöst, sofern der Tarifvertrag im ganzen Betrieb und für alle Mitarbeiter gilt. Die Anerkennung der Sperrwirkung jedes einzelnen Tarifvertrages stellt im Gegensatz zu den anderen Lösungsvorschlägen eine konsequente Umsetzung der Normzwecke des § 87 Abs. 1 BetrVG dar.

(cc) Ausnahme bei berufsgruppenspezifischen Tarifverträgen

Problematisch ist die tarifplurale Lösung jedoch dann, wenn es sich bei einem der kollidierenden Tarifverträge um einen Tarifvertrag handelt, der im Verhältnis zu der Restbelegschaft lediglich für eine geringe Anzahl an Mitarbeitern abgeschlossen wurde. Diese Kritik wird auch von der „Einheitslösung" aufgegriffen und ist nicht unberechtigt. Die alleinige Tarifbindung des Arbeitgebers als Voraussetzung für die Auslösung der Sperrwirkung wird unter Umständen dazu führen, dass es zu einem umfangreichen Ausschluss der Mitbestimmungsrechte kommen kann. Es muss daher bedacht werden, dass sich aus der einseitigen Tarifbindung auch Situationen ergeben können, aus denen mit Blick auf die Sperrwirkung unerwünschte Konsequenzen entstehen. Gerade wenn man ausschließlich davon ausgeht, dass jeder Tarifvertrag die Sperrwirkung für den gesamten Betrieb auslöst.

Danach würde folglich auch ein spezifischer Tarifvertrag für Funktionseliten allein aufgrund der einseitigen Tarifbindung des Arbeitgebers die Mitbestimmung für den gesamten Betrieb sperren. Allerdings wird ein solcher Tarifvertrag regelmäßig nur für einen bestimmten Teil der Belegschaft abgeschlossen. Trotzdem wäre dadurch eigentlich auch die Mitbestimmung des Betriebsrates für zahlreiche andere Arbeitnehmer ausgeschlossen, obwohl diese nicht in den Geltungsbereich des Tarifvertrags fallen.

Insoweit hat hier eine Einschränkung zu erfolgen. Dazu bedarf es aber keiner Auswahl des Mehrheitstarifvertrages. Es soll gerade eine betriebsverfassungsrechtliche Lösung bei Tarifpluralität gefunden werden, die allen im Betrieb anwendbaren Tarifverträgen, unter Berücksichtigung der jeweiligen Normzwecke, zu ihrer bestmöglichen Entfaltung verhilft, ohne einen dabei in seiner Wirksamkeit beschneiden zu müssen.

Dies kann dadurch erfolgen, dass der Bezugspunkt für die Sperrwirkung in den Grenzen der alleinigen tariflichen Bindung des Arbeitgebers festgestellt wird. Hier ist insbesondere auf den fachlichen bzw. persönlichen Geltungsbereich des Tarifvertrages abzustellen. Ist der Tarifvertrag beispielsweise zwischen der Vereinigung Cockpit und der Deutschen Lufthansa AG ausschließlich für Piloten abgeschlossen worden, kann die Tarifbindung des Arbeitgebers auch nur in diesem Umfang greifen. Da die Sperrwirkung des § 87 Abs. 1 Eingangssatz BetrVG an die Tarifbindung anknüpft, kann diese nicht weiter gehen, als der Geltungsbereich des Tarifvertrages für den die tarifliche Bindung gegeben ist. Es wäre hier widersinnig, wenn auch das Bodenpersonal, die Flugbegleiter oder andere Mitarbeiter von der Mitbestimmungssperre des Tarifvorrangs betroffen wären, obwohl ihnen gerade kein tariflicher Schutz zukommt. Die Sperrwirkung erfasst daher nur die Arbeitnehmer, die eben den entsprechenden „Spezialisten" angehören. Dafür muss sich allerdings die Berufsgruppe klar abgrenzen lassen. Dies sollte aber gerade bei den Tarifverträgen der Berufsgruppen- oder Spartengewerkschaften kein Problem darstellen.

Dem steht auch nicht der Normzweck des Tarifvorrangs entgegen. Vielmehr wird dadurch zum einen der Arbeitnehmerschutz berücksichtigt, da die Sperrwirkung nur im Rahmen des fachlichen bzw. persönlichen Geltungsbereichs des Tarifvertrags greift und danach, wie im Beispiel, nur die Piloten erfasst werden.

Diese sind, soweit gewerkschaftlich organisiert, durch die tariflichen Regelungen geschützt. Für die nicht organisierten Arbeitnehmer aus derselben Berufssparte ist zwar wegen der alleinigen Tarifbindung des Arbeitgebers kein Platz für die Ausübung der Mitbestimmung. Allerdings erhalten sie ihren Schutz durch die Anwendung der Systematik des jeweiligen Tarifvertrages. Für alle anderen Mitarbeiter bleibt es dem Betriebsrat unbenommen, sein Mitbestimmungsrecht auszuüben, soweit hier kein eigener Tarifvertrag entgegensteht. Durch den betrieblichen Schutz der anderen Arbeitnehmer kann eine Schlechterstellung vermieden werden, ohne dass es zu einem generellen Nebeneinander von Tarifvertrag und betrieblicher Mitbestimmung für die gesamte Belegschaft kommen muss. Es ist ausgeschlossen, dass für Mitarbeiter derselben Berufsgruppe sowohl mitbestimmte Regelungen als auch tarifliche Vereinbarungen nebeneinander zur Anwendung gelangen. Dadurch bleibt der Schutz der Tarifautonomie gewahrt. Die jeweilige Minderheitsgewerkschaft muss nicht befürchten, dass sie im Hinblick auf ihre Berufsgruppe in Konkurrenz zu dem Betriebsrat steht. Auf der anderen Seite können weder sie noch der Arbeitgeber durch den Abschluss des Tarifvertrags verhindern, dass die betriebliche Mitbestimmung für den gesamten Betrieb gesperrt wird. Für den Arbeitgeber besteht vielmehr der Vorteil, dass er durch eine klare und tätigkeitsbezogene Abgrenzung tariflicher und betrieblicher Regelungen keine unzumutbare Mehrbelastung zu befürchten hat. Danach ist auch dieses Problem i.S.d. Tarifpluralität lösbar, ohne eine „Manipulation" an der Tarifwirkung vorzunehmen.

(b) Ordnungspolitische Argumente

Für eine tarifplurale Sichtweise sprechen auch für die Praxis relevante, ordnungspolitische Aspekte. Wie bereits erwähnt würde der Arbeitgeber durch eine generelle parallele Anwendung von tariflichen und mitbestimmten Regelungen ungebührend belastet. Zwar soll § 87 Abs. 1 BetrVG vor allem den Arbeitnehmer vor dem starken Direktionsrecht des Arbeitgebers schützen, um Willkür vorzubeugen. Dieser Schutzzweck darf aber auch nicht dazu führen, dass der Arbeitgeber in einem tarifpluralen Betrieb übermäßig in Anspruch genommen wird. Immerhin haben sowohl die tarifgebundenen Arbeitnehmer, als auch der Betriebsrat ein Recht auf die Durchsetzung und die Anwendung ihrer tariflichen bzw. betrieblichen Regelungen.

Der Arbeitgeber muss diesem Recht aber nachkommen können. Besteht jedoch ungehindert die Möglichkeit der betrieblichen Mitbestimmung, wenn der Mehrheitstarifvertrag keine Sperre auslöst und der Minderheitstarifvertrag ausgeschaltet wird, ist der Arbeitgeber gezwungen, Mitbestimmungsrechte und tarifliche Normen nebeneinander zu koordinieren. In diesem Zusammenhang kann zwar auf sein Fragerecht nach der Gewerkschaftszugehörigkeit im Anschluss an den abgeschlossenen Arbeitsvertrag verwiesen werden. Allerdings ist trotz des immensen organisatorischen Aufwands nicht garantiert, dass die einzelnen Arbeitnehmer ihre Mitgliedschaft auch preisgeben. Dem Betriebsrat selbst wird ein solches Fragerecht ohnehin nicht zugebilligt. Ihm bleibt es aber möglich, Druck auf den Arbeitgeber ausüben, da es an diesem liegt die Betriebsvereinbarungen im Betrieb umzusetzen. Bei einer Vielfalt an mitbestimmten und tariflichen geregelten Angelegenheiten sind Rechtsstreitigkeiten hier wohl vorprogrammiert.

Weiter ist zu berücksichtigen, dass mit dem Betriebsverfassungsrecht zwar die monokratische Struktur eines Betriebs beseitigt und die sich aus der Eingliederung in eine fremdbestimmte Organisation ergebende Abhängigkeit der Arbeitnehmer durch die Schaffung von betrieblichen Arbeitnehmervertretungen ausgeglichen werden soll.[865] Dabei darf jedoch nicht außer Acht gelassen werden, dass eine gewisse Ordnung notwendig ist, um arbeitstechnische Zwecke zielbewusst verfolgen zu können. Gerade in der heutigen Zeit muss deshalb gewährleistet werden, dass der betriebliche Arbeitsablauf nicht über Gebühr verkompliziert wird.

Durch die Aufgabe des Grundsatzes der Tarifeinheit im Betrieb und die Zulassung von Tarifpluralität kommt es in einem Betrieb nunmehr zu Recht zu einem Nebeneinander mehrerer Tarifverträge und damit auch zu einem organisatorischen Mehraufwand für den Arbeitgeber. Bereits durch diese Neuerung wird den tarifgebundenen Arbeitnehmern ein größerer Schutz zuteil. Die Ausweitung des Arbeitnehmerschutzes durch zusätzliche betriebliche Mitbestimmung ist somit nicht gerechtfertigt. Vielmehr wird die betriebliche Ordnung durch Unsicherheiten in der Anwendung und der Kombination aus mitbestimmten und tariflichen Regelungen gestört, ohne dass sich dafür ein gesteigerter Grund aus den Normzwecken des Tarifvorrangs ergeben würde. Immerhin sorgt die Sicherung der Tarifautonomie vor der Betriebsautonomie auch dafür, dass möglichst wenig unterschiedliche Regelungen zur Anwendung gelangen. Hinzu kommt, dass das Betriebsverfassungsrecht nicht nur das Verhältnis von Arbeitgeber und Arbeitnehmern zu regeln versucht. Vielmehr ist auch das Verhältnis von Arbeitgeber, Betriebsrat und den Gewerkschaften von wesentlicher Bedeutung. Dazu regelt § 2 BetrVG das Gebot der vertrauensvollen Zusammenarbeit. Nicht ohne Grund wurde die Vorschrift wegen ihrer Wichtigkeit in die einleitenden Bestimmungen vorgezogen.[866] Aus der Norm geht auch eine Friedenspflicht zwischen

---

865 Schaub, Arbeitsrechts-Handbuch, § 210, Rn. 1f.

866 Vgl. BT-Drs. zu 6/2729, S. 9.

Betriebsrat und Arbeitgeber im Interesse der Sicherung eines geordneten Arbeitsablaufs hervor. Dieser Grundsatz muss im tarifpluralen Betrieb mit der Verfolgung der unterschiedlichen Ziele in Einklang gebracht werden. Darüber hinaus sind die Interessen des Arbeitgebers einzubeziehen.

Etwas anderes ergibt sich auch nicht aus dem Argument des „Gewerkschaftshoppings".[867] Die tarifplurale Sichtweise kann hier nicht als Ursache für einen nicht gewollten Gewerkschaftswechsel gesehen werden. Der Hinweis auf § 3 Abs. 3 TVG erübrigt sich insoweit, als bei nur einem anwendbaren Tarifvertrag ein Wechsel ohnehin unlogisch erscheint. Bei mehreren konkurrierenden Tarifverträgen hingegen, ist der Anreiz von der einen in die andere Gewerkschaft zu wechseln nicht unbedingt erhöht, da jeder einzelne Tarifvertrag im Betrieb besteht und damit auch Sperrwirkung entfaltet. Im Übrigen gilt § 3 Abs. 3 TVG immer und stellt damit kein spezielles Problem bei Tarifpluralität dar. Gleiches gilt auch für die doppelte Gewerkschaftszugehörigkeit.[868]

(4) Konsequenzen für die Mitbestimmung des Betriebsrats

Nach hier vertretener Ansicht wird der Tarifvorrang grundsätzlich durch jeden im Betrieb anwendbaren Tarifvertrag je nach Geltungsbereich ausgelöst. Diese Konsequenz folgt aus den Schutzzwecken des § 87 Abs. 1 Eingangssatz BetrVG, wonach sowohl der Schutz der Arbeitnehmer als auch der Schutz der Tarifautonomie vor der Betriebsautonomie zu berücksichtigen sind.

Fraglich ist daher, wie mit bereits ausgeübten betrieblichen Mitbestimmungsrechten umzugehen ist. Es besteht immerhin die Möglichkeit, dass der Betriebsrat bisher ein Recht zur Mitbestimmung in den Angelegenheiten des § 87 Abs. 1 BetrVG hatte, welchem nach der Aufgabe des Grundsatzes der Tarifeinheit im Betrieb nunmehr aber ein weiterer Tarifvertrag entgegensteht. Die Schutzrichtungen der betrieblichen Mitbestimmung sowie des Tarifvorrangs müssen erneut in Einklang gebracht werden. Grundsätzlich greift die Sperrwirkung dann ein, wenn ein Tarifvertrag „besteht", der im Betrieb unmittelbare und zwingende Wirkung entfaltet. Mit der Rechtsprechungsänderung kommt auch ein bislang verdrängter Tarifvertrag zur Anwendung und ist damit in der Lage den Tarifvorrang auszulösen. Mit dem Urteil des BAG zur Aufgabe des Grundsatzes der Tarifeinheit im Betrieb greift die Sperrwirkung jedes Tarifvertrages gem. § 87 Abs. 1 Eingangssatz BetrVG. Danach entfällt das Mitbestimmungsrecht des

867 Vgl. a.A. Bister, Tarifpluralität – Aufgabe des Grundsatzes der Tarifeinheit im Betrieb und die Folgen, 2010, S. 104.

868 So auch Meyer, NZA 2006, 1391.

Betriebsrats ex nunc, soweit die tarifliche Vorschrift selbst eine zwingende und abschließende inhaltliche Regelung zu den Tatbeständen des § 87 Abs. 1 BetrVG beinhaltet.

Problematisch ist jedoch, dass bislang mitbestimmte Bereiche durch das Aufleben konkurrierender Tarifverträge hinfällig werden, insbesondere wenn die Mitbestimmung bereits durch Betriebsvereinbarung, Regelungsabrede oder Beschluss umgesetzt wurde. Dabei ist zu berücksichtigen, dass die notwendige Mitbestimmung in sozialen Angelegenheiten dem Schutz der Arbeitnehmer durch gleichberechtigte Teilhabe an den sie betreffenden Entscheidungen dient. Dieser Schutz gilt für alle Arbeitnehmer des Betriebs, unabhängig von ihrer Gewerkschaftszugehörigkeit. Folglich kann nicht per se von einer rückwirkenden Unwirksamkeit bestehender mitbestimmter Vereinbarungen ausgegangen werden.

Im Gegensatz zu § 77 Abs. 3 S. 1 BetrVG steht § 87 Abs. 1 Eingangssatz BetrVG nach dem Gesetzeswortlaut allein dem Mitbestimmungsrecht und nicht der Einzelmaßnahme entgegen. Vielmehr muss sich beispielsweise eine bestehende Betriebsvereinbarung im Hinblick auf die organisierten Arbeitnehmer an § 4 Abs. 3 BetrVG messen lassen. Danach sind abweichende Abmachungen nur zulässig, soweit sie durch den Tarifvertrag gestattet sind oder eine Änderung der Regelungen zugunsten des Arbeitnehmers enthalten. In diesen Fällen nehmen die Tarifvertragsparteien ihre Normsetzungsbefugnis nur eingeschränkt wahr. „Andere Abmachungen" i.S.d. Vorschrift sind alle anderweitigen Regelungen. Darunter fallen unter anderem auch Betriebsvereinbarungen. Die in § 4 Abs. 1 und Abs. 2 TVG angeordnete zwingende Tarifnormwirkung tritt zurück und beseitigt den Tarifvorrang nach § 87 Abs. 1 Eingangssatz BetrVG. Dem steht auch nicht § 77 Abs. 3 BetrVG entgegen, da es sich vorliegend allein um Fälle der erzwingbaren Mitbestimmung in sozialen Angelegenheiten handelt und der Tarifvorbehalt ohnehin nicht zur Anwendung gelangt.

Gem. § 4 Abs. 3 Alt. 1 TVG können die Tarifvertragsparteien auf die zwingende Wirkung ihrer Tarifnorm durch entsprechende Öffnungsklauseln verzichten. Entgegenstehende Betriebsvereinbarungen können danach nur Wirkung entfalten, sofern sie durch den jeweiligen Tarifvertrag zugelassen sind. Ist eine Öffnungsklausel nicht vorgesehen, können nach § 4 Abs. 3 Alt. 2 TVG abweichende Abmachungen trotzdem Geltung entfalten, soweit sie eine Änderung zugunsten des Arbeitnehmers enthalten. Das Günstigkeitsprinzip erlaubt die Verbesserung tariflicher Arbeitsbedingungen durch andere Abmachungen von Gesetzes wegen. Damit begrenzt es die zwingende Wirkung tariflicher Rechtsnormen auf Mindestarbeitsbedingungen. Bestehen Tarifvertrag und mitbestimmte Regelung nebeneinander, ordnet das Günstigkeitsprinzip diese Kollisionslage. Ergibt sich aufgrund eines Günstigkeitsvergleichs, dass die mitbestimmte Regelung die „besseren“ Arbeitsbedingungen für den Arbeitnehmer enthält, setzt sich diese auch durch. Dieses Ergebnis entspricht den Vorgaben des Gesetzes.

(5) Ergebnis

Festzuhalten bleibt, dass für den tarifpluralen Betrieb grundsätzlich jeder Tarifvertrag der nach seinem jeweiligen Geltungsbereich zur Anwendung gelangt und eine mitbestimmungspflichtige Angelegenheit im Sinne von § 87 Abs. 1 BetrVG abschließend regelt, die Sperrwirkung des Tarifvorrangs für den gesamten Betrieb auslöst.

Eine Ausnahme besteht nur dann, wenn es sich bei einem der Tarifverträge um einen Tarifvertrag für eine spezifische Berufsgruppe bzw. Sparte handelt. Dann greift die Sperrwirkung auch nur in den Grenzen der tatsächlichen Tarifbindung des Arbeitgebers. Für den Rest der Belegschaft kann der Betriebsrat sein Recht auf Mitbestimmung weiter ausüben, sofern dem kein anderer Tarifvertrag entgegensteht. Dadurch wird den Schutzzwecken des § 87 Abs. 1 Eingangssatz BetrVG am besten Rechnung getragen. Mit dem Sinn und Zweck der Vorschrift ist es nicht zu vereinbaren, dass immer auf den Mehrheitstarifvertrag abgestellt wird.

Im Übrigen entfällt das Mitbestimmungsrecht des Betriebsrats ex nunc mit der Rechtsprechungsänderung. Bereits umgesetzte mitbestimmte Regelungen werden dadurch aber nicht automatisch unwirksam. Es muss vielmehr eine Bewertung des Verhältnisses von Tarifvertrag und einer „abweichenden Abmachung“ anhand von § 4 Abs. 3 TVG vorgenommen werden.

ff. Bindung des Arbeitgebers an zwei oder mehrere inhaltlich abweichende Tarifverträge ohne abschließende Regelung

Bei der bisherigen Begutachtung wurde vorausgesetzt, dass jeder der im Betrieb konkurrierenden Tarifverträge, die von § 87 Abs. 1 BetrVG benannte Angelegenheit abschließend regelt. Allerdings ist es auch möglich, dass der Arbeitgeber an zwei oder mehrere Tarifverträge gebunden ist, von denen keiner die Materie abschließend regelt, dafür aber in inhaltlicher Hinsicht unterschiedlich.[869] Problematisch ist hier, dass eine abschließende tarifliche Regelung, welche die Sperrwirkung auslösen würde nicht vorliegt, sondern vielmehr ein Regelungsspielraum für die betriebliche Mitbestimmung des Betriebsrats verbleibt.

869 Franzen, RdA 2008, 200.

(1) Zwingende Kollisionsauflösung bei Betriebsnormen

Handelt es sich bei den unterschiedlichen tariflichen Vorgaben um Betriebsnormen gem. § 3 Abs. 2 TVG ergeben sich keine Schwierigkeiten. Insoweit liegt wegen der mehrfachen Tarifbindung des Arbeitgebers eine auflösungsbedürfte „betriebsweite Tarifkonkurrenz“ vor, die unstreitig nach dem Grundsatz der Tarifeinheit im Arbeitsverhältnis zugunsten eines konkurrierenden Tarifvertrages entschieden werden muss. Die Auflösung der Kollision erfolgt dabei nach dem Mehrheitsprinzip.

Folglich richtet sich die Reichweite der Sperrwirkung gem. § 87 Abs. 1 Eingangssatz BetrVG allein nach den Vorgaben des für den Betrieb repräsentativeren Tarifvertrages.[870] Finden die dort enthaltenen Betriebsnormen keine abschließende Regelung, kann der Betriebsrat sein Mitbestimmungsrecht in diesem Rahmen weiter ausüben.

(2) Geltung mehrerer Tarifverträge bei Individualnormen

Beinhalten die konkurrierenden Tarifverträge unterschiedliche Individualnormen, die die Materie aber nicht abschließend regeln, hängt die Reichweite der Mitbestimmung konsequenterweise von der Organisationszugehörigkeit des jeweiligen Arbeitnehmers ab.[871] Eine Kollisionsauflösung scheidet hier aus, da § 3 Abs. 2 TVG keine Anwendung findet. Vielmehr führt die Tarifpluralität zu einem Nebeneinander mehrerer Tarifverträge im Betrieb. Der Betriebsrat hat bei der Ausübung seines Mitbestimmungsrechts gem. § 87 Abs. 1 BetrVG die unterschiedlichen tariflichen Vorgaben zu berücksichtigen. Dabei ist es unstreitig, dass die betriebliche Mitbestimmung nur insoweit ausgeübt werden darf, als eine abschließende Regelung nicht besteht. Wird der Tarifvorrang jedoch nicht aktiviert und verbleibt dem Betriebsrat somit ein Regelungsspielraum, kann er in diesem Rahmen tätig werden. Da der jeweilige Tarifvertrag für die tarifgebundenen Arbeitnehmer Wirkung entfaltet, ist der Betriebsrat gehalten diese Vorgaben zu akzeptieren und sein Mitbestimmungsrecht danach auszurichten.

Beinhalten beispielsweise die im Betrieb anwendbaren Tarifverträge mitbestimmungsfreie Regelungen zur Dauer der Arbeitszeit, kann der Betriebsrat sein Mitbestimmungsrecht zur Lage der Arbeitszeit gem. § 87 Abs. 1 Nr. 2 BetrVG weiter ausüben. Allerdings hat er hierbei die unterschiedlichen Stundenvorgaben mit einzubeziehen.

870 Franzen, RdA 2008, 200; Reichold, RdA 2007, 327.

871 Franzen, RdA 2008, 200.

Anders als bei der Auslösung des Tarifvorrangs durch eine abschließende tarifliche Regelung, kann hier nicht angeführt werden, dass es ausgeschlossen ist, Mitbestimmungsrechte differenziert wahrzunehmen. Immerhin enthalten die konkurrierenden Tarifverträge nur lückenhafte Rahmenregelungen, die gerade nicht die Sperrwirkung aktivieren können. Dem Betriebsrat steht es mithin wegen gem. § 87 Abs. 1 BetrVG frei, von seinem Recht mitzubestimmen auch Gebrauch zu machen. Dabei können natürlich aber die Regelungen, die die konkurrierenden Tarifverträge vorgeben, nicht außer Acht gelassen werden. Die Durchsetzung der rechtlich garantierten betrieblichen Mitbestimmung kann nur erfolgen, wenn nach der Gewerkschaftszugehörigkeit differenziert wird. Für die tarifgebundenen Arbeitnehmer kommt es daher maßgeblich auf den Tarifvertrag, für die nicht tarifgebundenen Arbeitnehmer auf den Individualarbeitsvertrag bzw. den in Bezug genommenen Tarifvertrag an.

Des Weiteren spricht für eine solche Sichtweise, dass es hier nicht zu einem Nebeneinander von Tarifvertrag und Mitbestimmungsrechten für ein und dieselbe Angelegenheit kommen kann. Soweit eine abschließende tarifliche Regelung besteht, löst jeder Tarifvertrag die Sperrwirkung des § 87 Abs. 1 Eingangssatz BetrVG aus. Nur wenn ein Regelungsspielraum eröffnet wird, bleibt es bei der betrieblichen Mitbestimmung. Deshalb kommt es möglicherweise zu einem Nebeneinander unterschiedlicher betrieblicher Regelungen, je nach Organisationszugehörigkeit der Arbeitnehmer. Diese stehen aber nicht in Konkurrenz zu den tariflichen Vorgaben der konkurrierenden Tarifverträge. Deshalb bleibt auch der Schutz der Tarifautonomie gewahrt. Folglich liegt keine Missachtung des Tarifvorrangs vor, da weiterhin jeder Tarifvertrag die Sperrwirkung des § 87 Abs. 1 Eingangssatz BetrVG auslöst. Somit spricht in diesem Fall auch nichts gegen eine differenzierte Mitbestimmung.

(3) Ergebnis

Für den Fall, dass mehrere Tarifverträge jeweils unterschiedliche inhaltliche Vorgaben für die betriebliche Mitbestimmung machen, die Materie dabei aber nicht abschließend regeln, kann der Betriebsrat unter Berücksichtigung der Reichweite der Sperrwirkung von seinem Mitbestimmungsrecht weiter Gebrauch machen und dabei je nach Organisationszugehörigkeit der Arbeitnehmer betriebliche Regelungen mit unterschiedlichem persönlichem Geltungsbereich abschließen.

II. Folgen der Tarifpluralität für § 3 Abs. 1 BetrVG und die Organisation der Arbeitnehmervertretung durch Tarifvertrag

Die Abkehr von der Tarifeinheit im Betrieb kann neben der betrieblichen Mitbestimmung auch Auswirkungen auf § 3 Abs. 1 BetrVG sowie auf andere betriebsverfassungsrechtliche Normen haben.

Hier stellt sich ebenfalls die Frage, ob eine Einpassung in den tarifpluralen Betrieb bei betriebsverfassungsrechtlichen Organisationsnormen geboten ist, da es nunmehr möglich sein kann, dass mehrere Tarifverträge mit unterschiedlichem Regelungsinhalt für eine vom Gesetz abweichende oder zusätzliche Interessenvertretung vorliegen.

Zunächst sollen daher die Probleme im Zusammenhang mit einer Tarifpluralität dargestellt werden. Im Anschluss gilt es den Regelungsinhalt von § 3 Abs. 1 BetrVG herauszuarbeiten. Der Normzweck spielt auch hier eine entscheidende Rolle für den abschließenden Lösungsansatz.

1. Probleme bei Tarifpluralität

Bislang ist die Frage noch nicht abschließend beantwortet, wie es sich verhält, wenn der Arbeitgeber im tarifpluralen Betrieb mit zwei oder mehr tarifzuständigen Gewerkschaften Tarifverträge nach § 3 BetrVG abschließt.

Das BAG hat jüngst lediglich darüber entschieden, wer für den Abschluss eines Tarifvertrages zuständig ist, wenn mehrere Gewerkschaften um die Zuständigkeit für den Abschluss konkurrieren.[872] Es ist zu dem Ergebnis gelangt, dass der Arbeitgeber bei Tarifzuständigkeit mehrerer Gewerkschaften im Betrieb den Zuordnungstarifvertrag nicht mit allen in Betracht kommenden Gewerkschaften abschließen muss.

In der Literatur wird daher teilweise befürchtet, dass es in einem Betrieb mit Tarifpluralität bei betriebsverfassungsrechtlichen Organisationsnormen zu Unzuträglichkeiten kommen kann.[873] Des Weiteren wird darauf hingewiesen, dass wegen der grundsätzlichen Erstreikbarkeit solcher Tarifverträge und der Rivalität zwischen DGB und den Christlichen Gewerkschaften sowie anderen

872 BAG, Beschluss vom 29.07.2009, 7 ABR 27/08, AP Nr. 7 zu § 3 BetrVG 1972, NZA 2009, 1424ff.

873 Meyer, NZA 2006, 1391.

Spartengewerkschaften, auf den Arbeitgeber erhebliche Belastungen zukommen könnten.[874]

Damit stellt sich die Frage, wie im tarifpluralen Betrieb mit mehreren Zuordnungstarifverträgen umzugehen ist.

2. Reglungsinhalt

Die Organisationsstruktur der Betriebsverfassung ist zwingend, soweit das Gesetz nicht ausdrücklich Abweichungen zulässt.[875] § 3 Abs. 1 BetrVG sieht vor, dass abweichende Arbeitnehmervertretungsstrukturen durch Tarifvertrag, Betriebsvereinbarung oder Abstimmung der Arbeitnehmer geschaffen werden können.

§ 3 BetrVG ist durch das am 28.07.2001 in Kraft getretene Gesetz zur Reform des Betriebsverfassungsgesetzes grundlegend neu gestaltet worden.[876] Zuvor konnte der fehlende Gestaltungsspielraum den Bedürfnissen der Praxis nicht gerecht werden. Durch die Änderungen sollte die Betriebsverfassung daher organisatorisch flexibilisiert und effektiver gestaltet werden, um der bestehenden Wirklichkeit in den Unternehmen und Betrieben Rechnung zu tragen.[877] Daher wurde die starre Anbindung des Betriebsrats an den Betrieb als ausschließliche Organisationsbasis gelöst. Im Fokus stand, eine verbesserte Wahrnehmung der Arbeitnehmerinteressen zu schaffen, als durch die vorgegebene Standardstruktur des BetrVG. Ziel war es, die betriebliche Mitbestimmung dort zu sichern, wo sie durch Umstrukturierungen und neue Organisationsformen in der Wirtschaft an Effizienz verloren hatte.[878] Im Interesse der Arbeitnehmer sollen deshalb nunmehr die Tarifvertrags- oder Betriebsparteien festlegen können, auf welcher Ebene Betriebsräte anzusiedeln sind, um schnelle und effiziente Mitbestimmungsstrukturen entsprechend den vielfältigen Betriebs- und Unternehmensstrukturen zu schaffen.[879] Eine möglichst interessengerechte Vertretung der Arbeitnehmerseite kann aufgrund der Sachnähe der Tarif- und Betriebspartner gewährleistet werden. Daher wurde im Zuge der Reform von dem Erfordernis einer staatlichen Zustimmung zu abweichenden Regelungen Abstand genommen, da angesichts der Vielgestaltigkeit der zu regelnden Sachverhalte die

---

874 Braun, NZA Beilage 3/2010, 108.

875 HWK/Gaul, § 3 BetrVG, Rn. 1.

876 BT-Drs. 14/5741.

877 Gross, in Gross/Thon/Ahmad/Woitaschek, § 3 BetrVG, Rn. 1.

878 Düwell/Kloppenburg, § 3 BetrVG, Rn. 16.

879 BT-Drs. 14/5741, S. 25f.

Vertragsparteien vor Ort die Sachgerechtigkeit von unternehmensspezifischen Arbeitnehmervertretungsstrukturen besser beurteilen können als staatliche Stellen.[880]

Das Gesetz eröffnet daher gem. § 3 Abs. 1 BetrVG zunächst den Tarifvertragsparteien die Möglichkeit eigene, von § 4 BetrVG abweichende Strukturen zu bilden.[881] Der Tarifvertrag ist damit von Gesetzes wegen das vorrangige Gestaltungsmittel für abweichende Regelungen.

Die abschließende Gewerkschaft muss in diesem Sinne tarifzuständig sein. Dabei richtet sich die Zuständigkeit der Gewerkschaft nach ihrer Satzung. Welche Gewerkschaft die Zuständigkeit für sich beanspruchen kann, wenn mehrere Gewerkschaften im Betrieb vertreten sind, ist in der Literatur streitig.[882] Zum Teil wird vertreten, dass ein Tarifvertrag nach § 3 BetrVG unter mehreren tarifzuständigen Gewerkschaften nur einheitlich unter Einbeziehung aller Gewerkschaften abgeschlossen werden könne.[883] Nach anderer Ansicht soll sich grundsätzlich immer der zuerst geschlossene Tarifvertrag durchsetzen.[884] Eine weitere Meinung will das Spezialitätsprinzip zur Anwendung gelangen lassen.[885] Andere wiederum plädieren dafür, dass einander widersprechende Tarifverträge insgesamt unwirksam sind.[886] Überwiegend wird jedoch auf die stärkere Repräsentativität abgestellt.[887]

Ferner muss der Geltungsbereich des Tarifvertrages den jeweiligen Betrieb auch erfassen. In Betracht kommen sowohl abweichende Regelungen durch einen Firmen- als auch durch einen Verbandstarifvertrag. Der Verbandstarifvertrag ist dabei im Zuständigkeitsbereich auf die beteiligten Unternehmen beschränkt.[888] Da es sich hierbei um Vereinbarungen betriebsverfassungsrechtlicher Normen handelt, ist die alleinige Tarifgebundenheit des Arbeitgebers gem. § 3 Abs. 2 TVG ausreichend.[889] Die betriebsverfassungsrechtlichen Organisationsnormen erfassen nicht nur die tarifgebundenen Arbeitnehmer, sondern auch

880 BT-Drs. 14/5741, S. 33.

881 Düwell/Kloppenburg, § 3 BetrVG, Rn. 17.

882 Fitting, § 3 BetrVG, Rn. 16; DKK/Trümner, § 3 BetrVG, Rn. 157; GK-BetrVG/Kraft/Franzen, Bd. 1, § 3 BetrVG, Rn. 34; Thüsing, ZIP 2003, 699f.; Annuß, NZA 2002, 293.

883 Fitting, § 3 BetrVG, Rn. 16.

884 GK-BetrVG/Kraft/Franzen, Bd. 1, § 3 BetrVG, Rn. 34.

885 Thüsing, ZIP 2003, 699f.

886 Annuß, NZA 2002, 293.

887 DKK/Trümner, § 3 BetrVG, Rn. 157.

888 Richardi/Richardi, § 3 BetrVG, Rn. 53.

889 HWK/Gaul, § 3 BetrVG, Rn. 4.

die nicht tarifgebundenen Arbeitnehmer. Nach überwiegender Auffassung ist die Erfassung von „Außenseitern" durch § 3 BetrVG auch verfassungskonform. Ein Verstoß gegen das Rechtsstaats- oder Demokratieprinzip des Art. 20 Abs. 3 GG wird überwiegend abgelehnt.[890]

Des Weiteren sind Tarifverträge nach § 3 BetrVG auch erstreikbar.[891] Zur Begründung wird angeführt, dass der Abschluss betriebsverfassungsrechtlicher Regelungen zur gesetzlichen Regelungskompetenz gehört und damit Grundlage des durch Art. 9 Abs. 3 GG abgesicherten Anspruchs auf die Gestaltung von Arbeitsbedingungen sein kann. Allerdings ist dies nicht unumstritten.[892] Einen Vorrang gesetzlicher Regelungen, der einer Erstreikbarkeit entgegenstünde, gibt es jedoch nicht.[893] Hinzu kommt, dass sich allein aus der Tatsache, dass Tarifverträge nach § 3 Abs. 1 BetrVG wegen § 3 Abs. 2 TVG für alle Arbeitnehmer des Betriebs gelten, noch nicht ergibt, dass solche Tarifverträge nicht erstreikbar sind. Auch andere Tarifverträge enthalten Betriebsnormen, die nicht nur unmittelbar den Interessen der tarifunterworfenen Belegschaftsmitglieder dienen.[894] Somit ist grundsätzlich von einer Erstreikbarkeit auszugehen.

3. Lösungsansatz

Im tarifpluralen Betrieb besteht die Möglichkeit, dass der Arbeitgeber mehrere Zuordnungstarifverträge mit unterschiedlichen Gewerkschaften abschließt, welche dann in Konkurrenz zueinander stehen.

a. „Betriebsweite Tarifkonkurrenz"

Eine solche Kollisionslage ist nach hier vertretener Auffassung zwingend aufzulösen. Da es sich bei § 3 Abs. 1 BetrVG um eine betriebsverfassungsrechtliche Organisationsnorm und damit um eine Betriebsnorm i.S.v. § 3 Abs. 2 TVG handelt, liegt eine „betriebsweite Tarifkonkurrenz" vor, die weiterhin nach dem Grundsatz der Tarifeinheit im Arbeitsverhältnis aufzulösen ist.[895] Begründet werden kann dieses Ergebnis damit, dass Tarifnormen über betriebsverfassungsrechtliche Fragen allein aufgrund der Tarifbindung des Arbeitgebers unmittelbare und zwingende Wirkung für alle Arbeitnehmer des Betriebs

---

890 Richardi/Richardi, § 3 BetrVG, Rn. 12; Thüsing, ZIP 2003, 694f.

891 HWK/Gaul, § 3 BetrVG, Rn. 5; Richardi/Richardi, § 3 BetrVG, Rn. 59.

892 Vgl. Reichold, NZA 2001, 859.

893 Fitting, § 3 BetrVG, Rn. 17.

894 Düwell/Kloppenburg, § 3 BetrVG, Rn. 25.

895 So auch Bayreuther, NZA 2007, 198; Jacobs, NZA 2008, 332; Teusch, NZA 2007, 129.

entfalten, unabhängig von deren Gewerkschaftsstatus. Dies bedeutet jedoch bei mehrfacher Tarifbindung des Arbeitgebers an unterschiedliche Zuordnungstarifverträge, dass es zu einer direkten Konkurrenz in den Individualarbeitsverhältnissen kommt. Daher muss einem Tarifvertrag der Vorrang gebühren, um sich widersprechende betriebsverfassungsrechtliche Normen zu vermeiden. Schließt der Arbeitgeber also mehrere Tarifverträge mit Wirkung für ein Unternehmen oder einen Betrieb und überschneiden sich die jeweiligen Geltungsbereiche oder entsteht eine solche Konkurrenz als Folge gesellschaftsrechtlicher Veränderungen, führt dies nicht zur Unwirksamkeit der konkurrierenden Regelungen, sondern es bedarf einer Auflösung.[896]

b. *Auflösung der „betriebsweiten Tarifkonkurrenz“*

In Rechtsprechung und Literatur ist umstritten, nach welchen Kriterien einer der Tarifverträge dem anderen vorgezogen werden kann. Dabei muss stets bedacht werden, dass es nach dem Sinn und Zweck von § 3 BetrVG maßgeblich um eine effektive Organisation der Arbeitnehmervertretung geht.

Zunächst einmal ist festzuhalten, dass eine Zwangstarifgemeinschaft ausgeschlossen ist. Insbesondere ist – abweichend von der Auffassung des LAG Nürnberg – nicht auf das Konsensualprinzip abzustellen, wonach ein Tarifvertrag für Arbeitnehmervertretungsstrukturen nur bei größtmöglicher Verhandlungstransparenz im Konsens aller als zuständig in Betracht kommender Gewerkschaften im Betrieb abgeschlossen und über die Legislaturperiode des auf dieser Grundlage gewählten Betriebsrats aufrecht erhalten werden kann.[897] Dies widerspricht eindeutig dem Wortlaut des Gesetzes. § 3 Abs. 1 BetrVG verlangt lediglich, dass die Regelung „durch Tarifvertrag“ getroffen wird. Eine Zwangstarifgemeinschaft ist ferner auch nicht mit Art. 9 Abs. 3 GG zu vereinbaren, da die Tarifvertragsfreiheit auch die Willensfreiheit der Gewerkschaften einschließt, sich in einer Tarifgemeinschaft zusammenzuschließen.[898] Die Koalitionsfreiheit der Gewerkschaften lässt derartige Zwangsgemeinschaften daher nicht zu. Hinzu kommt, dass es in der Praxis in vielen Fällen wegen Dissens in den Sachfragen nicht zum Abschluss eines Strukturtarifvertrages kommen wird. Der Gesetzgeber hat jedoch die Möglichkeit von Strukturtarifverträgen nach § 3 BetrVG nicht dazu geschaffen, dass die weitreichenden und flexiblen tariflichen Gestaltungsmöglichkeiten im Streit der im Betrieb vertretenen Gewerkschaften

---

896 Vgl. HWK/Gaul, § 3 BetrVG, Rn. 7.

897 Vgl. a.A. LAG Nürnberg, Beschluss vom 21.02.2008, 5 TaBV 14/07.

898 Plander, FS 25 Jahre ARGE Arbeitsrecht im DAV 2005, S. 977.

„verpuffen".[899] Aus diesem Grund muss dem Arbeitgeber die Möglichkeit verbleiben, mehrere Organisationstarifverträge abzuschließen, von denen letztlich aber nur einer nach dem Grundsatz der Tarifeinheit im Arbeitsverhältnis zur Anwendung gelangen kann.

In der Rechtsprechung wird dazu vertreten, dass im Falle einer Kollision nach dem Spezialitätsprinzip zu entscheiden ist.[900] Dem ist jedoch entgegenzutreten. Das Spezialitätsprinzip ist in dieser Situation nicht geeignet eine nachvollziehbare Lösung herbeizuführen, da es sich an den allgemeinen Kriterien der räumlichen, betrieblichen, fachlichen und persönlichen Nähe orientiert.[901] Diese sind bei konkurrierenden Organisationstarifverträgen aber nur schwer zu bestimmen und gegeneinander abzuwägen.[902] Darüber hinaus ist das Spezialitätsprinzip eigentlich nur auf das Verhältnis von Normen des gleichen Normgebers anzuwenden. Daher wird diese Vorgehensweise regelmäßig zu keinem brauchbaren Ergebnis führen.

Des Weiteren wird vorgeschlagen, hier das Prioritätsprinzip zur Anwendung gelangen zu lassen.[903] Danach soll sich immer der zuerst abgeschlossene Tarifvertrag durchsetzen. Dagegen spricht jedoch, dass das Prioritätsprinzip keine Stütze im Gesetz findet. Zudem kann dieser Lösungsansatz zu ungerechten Ergebnissen führen, weil es allein der Arbeitgeber in der Hand hat, wann er mit welcher Gewerkschaft einen Tarifvertrag abschließt.

Abzulehnen ist auch die Auffassung, wonach sämtliche einander widersprechende Regelungen unwirksam sein sollen.[904] Stattdessen soll auf die gesetzliche Normierung abzustellen sein. Dieser Ansatz läuft aber der Intention des Gesetzes zuwider. § 3 Abs. 1 BetrVG geht davon aus, dass jeder Tarifvertrag der die gesetzlichen Vorgaben erfüllt, eine abweichende Arbeitnehmervertretungsstruktur schaffen kann. Die Annahme, dass im Falle einer Kollision mehrerer Tarifverträge deren Unwirksamkeit eintritt, geht über das Ziel hinaus. Immerhin hat der Gesetzgeber gerade den Tarifvertragsparteien vorrangig die Möglichkeit eingeräumt, Organisationstarifverträge abzuschließen, da diese in aller Regel sachnäher sind. Wird von diesem Recht einfach nur vielfach Gebrauch gemacht,

---

899 Vgl. LAG Hessen, Beschluss vom 09.08.2007, 9 TaBV 23/07.

900 LAG Hessen, Beschluss vom 09.08.2007, 9 TaBV 23/07; LAG Köln, Beschluss vom 30.01.2008, 8 TaBV 78/06.

901 DKK/Trümner, § 3 BetrVG, Rn. 157.

902 So auch HWK/Gaul, § 3 BetrVG, Rn. 7.

903 Fitting, § 3 BetrVG, Rn. 16; GK-BetrVG/Kraft/Franzen, Bd. 1, § 3 BetrVG, Rn. 34; Schaub, Arbeitsrechts-Handbuch, § 216, Rn. 6.

904 Annuß, NZA 2002, 293.

kann dies aber nicht zur Folge haben, dass keiner der Tarifverträge zur Anwendung gelangen kann.

Die besseren Argumente sprechen für die Anwendung des Mehrheitsprinzips.[905] Danach soll ausschließlich der Organisationstarifvertrag richtungsweisend sein, an den die meisten Arbeitnehmer im Betrieb bzw. im Unternehmen oder im Konzern tarifgebunden sind. Für diesen Lösungsweg spricht der Sinn und Zweck der Vorschrift des § 3 Abs. 1 BetrVG. Auf diese Weise bleibt es im tarifpluralen Betrieb möglich, eine von der Betriebsverfassung abweichende Organisationsstruktur zu schaffen, die den Interessen der Arbeitnehmer gerecht wird, da die Repräsentativität in der Regel eine möglichst effiziente Vertretung der Arbeitnehmerseite gewährleistet. Hinzu kommt, dass hier maßgeblich auf die Belegschaftsinteressen abzustellen ist. Die Auflösung der „betriebsweiten Tarifkonkurrenz" nach dem Mehrheitsprinzip berücksichtigt genau diesen Demokratieaspekt, indem die mitgliedsstärkste Gewerkschaft ihren Tarifvertrag für die gesamte Arbeitnehmerschaft durchsetzen kann. Ferner kann angeführt werden, dass sich aus der größeren Mitgliedszahl regelmäßig eine größere Sachnähe und eine stärkere Normsetzungskompetenz ableiten lässt.[906]

Im Gegensatz zu den anderen Auflösungsprinzipien ist das Repräsentativitätsprinzip zumindest gesetzlich geregelt. In § 7 Abs. 2 AEntG geht der Gesetzgeber davon aus, dass bei mehreren Tarifverträgen in einer Branche mit zumindest teilweise demselben fachlichen Geltungsbereich, die Repräsentativität der jeweiligen Tarifverträge zu berücksichtigen ist. Dieses Modell ist dem Gesetz daher nicht fremd.[907]

Dagegen kann auch nicht eingewendet werden, dass gegen die verfassungsrechtlich garantierte Tarifautonomie verstoßen würde.[908] Vorliegend muss die Kollision zwingend aufgelöst werden. Nach Abwägung aller in Betracht zu ziehenden Prinzipien, kann nur das Mehrheitsprinzip überzeugen. Zwar ist es richtig, dass einer der Tarifverträge nicht zur Anwendung gelangen kann und damit der Mehrheitstarifvertrag Wirkung für alle Arbeitsverhältnisse entfaltet. Allerdings ist dies bei Betriebsnormen gem. § 3 Abs. 2 TVG die Regel. Diese wirken immer für alle Arbeitnehmer unabhängig von ihrer Gewerkschaftszugehörigkeit. Daher muss eine derartige Konkurrenz auch beseitigt werden. Das Argument der Tarifautonomie kann daher hier nicht greifen. Vielmehr ist die

---

905 So auch HWK/Gaul, § 3 BetrVG, Rn. 7, DKK/Trümner, § 3 BetrVG, Rn. 157; Jacobs, NZA 2008, 332.

906 Plander, FS 25 Jahre ARGE Arbeitsrecht im DAV 2005, S. 978.

907 Vgl. auch HWK/Gaul, § 3 BetrVG, Rn. 7.

908 So Gross, in Gross/Thon//Ahmad/Woitaschek, § 3 BetrVG, Rn. 2.

Auflösung durch das Interesse der Arbeitnehmer gerechtfertigt. Aus verfassungsrechtlicher Perspektive erscheint eine „Zwangstarifgemeinschaft“, die augenscheinlich gegen Art. 9 Abs. 3 GG verstößt, weitaus weniger vorzugswürdig.

Des Weiteren kann auch nicht angeführt werden, dass das Prinzip der Repräsentativität dem Missbrauch Vorschub leistet, durch gestellte Tarifverträge, unter Umständen durch kollusives Zusammenwirken von Unternehmen und Gewerkschaften, die konkurrierende Gewerkschaft auszuschließen.[909] Zwar ist es natürlich dem Arbeitgeber überlassen, mit welcher Gewerkschaft er einen Tarifvertrag abschließt. Allerdings hat er keinen Einfluss auf die Mitgliederstärke der im Betrieb bzw. Unternehmen vertretenen Gewerkschaften. Viel bedeutender ist diese Befürchtung im Zusammenhang mit den anderen Prinzipien. Zum einen birgt das Prioritätsprinzip erhöhtes Missbrauchspotential, da hier der Arbeitgeber aufgrund des zeitlichen Moments die Fäden zieht. Zum anderen haben es bei dem Konsensualprinzip allein die Gewerkschaften in der Hand die Konkurrenz auszustechen, indem jegliche Zusammenarbeit blockiert wird. Wird keine einheitliche Entscheidung erzielt, geht dies zu Lasten der Arbeitnehmer, deren Interessen nunmehr durch das wesentlich sachfernere und allgemeiner gehaltene Gesetz bestimmt werden, anstatt durch die Parteien vor Ort.

c. *Bezugspunkt für das Mehrheitsprinzip*

Nach dem vorzugswürdigen Repräsentativitätsprinzip stellt sich dann die Frage, von welcher Mehrheit hier auszugehen ist. Unproblematisch ist, dass sich die Mehrheit je nach Ausrichtung des Zuordnungstarifvertrages entweder an dem jeweiligen Betrieb, Unternehmen oder Konzern zu orientieren hat. Hierzu kann der Grundgedanken des Modells zur Arbeitnehmerentsendung nach § 7 Abs. 2 AEntG herangezogen werden. Kommen danach in einer Branche mehrere Tarifverträge mit zumindest teilweise demselben fachlichen Geltungsbereich zur Anwendung, ist die Repräsentativität anhand der Anzahl der jeweils unter den Geltungsbereich des Tarifvertrages fallenden Mitglieder der Gewerkschaft, die den Tarifvertrag geschlossen hat, festzustellen.

Für § 3 Abs. 1 BetrVG bemisst sich der Bezugspunkt somit nach der Natur des Regelungsgegenstandes. Geht es um eine betriebseinheitliche Regelung, ist nach dem Zweck der Norm auf die Mitgliederstärke im Betrieb abzustellen. Handelt es sich jedoch um Tarifverträge nach § 3 Abs.1 BetrVG die unternehmensbezogene Strukturen schaffen sollen, muss die Repräsentativität im gesamten Unternehmen ermittelt werden. Bei unternehmensübergreifenden bzw.

909 So Gross, in Gross/Thon//Ahmad/Woitaschek, § 3 BetrVG, Rn. 2.

konzernbezogenen Organisationstarifverträgen hingegen ist die Mitgliederzahl im Konzern ausschlaggebend. Dadurch können sachgerechte Ergebnisse im Hinblick auf die jeweilige Vertretungsstruktur erzielt werden, da die Betriebs-, Unternehmens- oder Konzernorganisation einer wirksamen und zweckmäßigen Interessenvertretung der Arbeitnehmer dient.

Schwieriger ist die Frage, ob auf eine relative oder eine absolute Repräsentativität abzustellen ist. Hier spricht viel dafür, der relativen Stärke der Gewerkschaft den Vorzug zu geben.[910] Damit wird auch den Interessen kleiner Gewerkschaften Rechnung getragen, da diese nicht über Gebühr beeinträchtigt werden.

Ein Abstellen auf die relative Mehrheit führt jedoch für den Fall knapper Mehrheitsverhältnisse möglicherweise zu dem Folgeproblem, dass es zu einem ständigen Wechsel des anzuwendenden Tarifvertrages kommt. Dies kann so aber mit Blick auf den Normzweck von § 3 BetrVG nicht hingenommen werden. Alle Beteiligten müssen sich vielmehr darauf verlassen können, dass ein einmal installierter Betriebsrat auch für die Dauer seiner Amtszeit funktionsfähig bleibt und nicht fortwährend neue Betriebsratswahlen auf der Grundlage eines anderen mehrheitsfähigen Tarifvertrages stattfinden.

Allerdings ist diese Problematik dahingehend zu lösen, dass eine Veränderung der Mehrheitsverhältnisse insoweit unbeachtlich ist, als bereits ein Organisationstarifvertrag abgeschlossen wurde, der die Weichen für die Wahl eines Betriebsrats i.S.v. § 3 Abs. 1 BetrVG stellt. Für dessen Wahlperiode kann dann kein anderer „Mehrheitstarifvertrag" einen Regelungsanspruch erheben. Auch wenn sich nachträglich herausstellt, dass es eine repräsentativere Gewerkschaft gibt, ist diese erst zu berücksichtigen, wenn die Amtszeit abgelaufen ist und neue Wahlen anstehen.

4. Ergebnis

Somit kann festgehalten werden, dass sich für den tarifpluralen Betrieb hinsichtlich der betriebsverfassungsrechtlichen Organisationsnormen, insbesondere § 3 BetrVG, keine übermäßigen Schwierigkeiten ergeben. Wie bei allen Betriebsnormen kommt es nach hier vertretener Ansicht zu einer „betriebsweiten Tarifkonkurrenz", die zwingend nach dem Grundsatz der Tarifeinheit im Arbeitsverhältnis aufzulösen ist. Dazu bietet sich am besten das Mehrheitsprinzip an. Bezugspunkt für die Ermittlung der Mitgliederstärke ist je nach Regelungsgegenstand der Organisationstarifverträge entweder der Betrieb, das Unternehmen oder der Konzern. Aufgrund der mitgliedschaftlichen Legitimation erfüllt

910 Vgl. Buchner, ZfA 2004, 251.

diese Lösung alle Anforderungen an den Normzweck von § 3 BetrVG. Der Mehrheitstarifvertrag ist in der Lage, am effektivsten den Interessen der gesamten Belegschaft gerecht zu werden. Dabei ist auf eine relative Mehrheit abzustellen, um kleinere Gewerkschaften nicht unnötig hart zu treffen. Das Problem wechselnder Mehrheitsverhältnisse wird dadurch gelöst, dass für die Dauer der Amtszeit des gewählten Betriebsrats kein anderer Tarifvertrag an der installierten Arbeitnehmervertretung etwas ändern kann.

III. Gemeinsame Einrichtungen gem. § 4 Abs. 2 TVG

Auch hinsichtlich der Tarifverträge über die gemeinsamen Einrichtungen nach § 4 Abs. 2 TVG ergeben sich mit Blick auf den tarifpluralen Betrieb wichtige Fragen, die nachfolgend erörtert werden sollen.

1. Überblick

Gemeinsame Einrichtungen der Tarifvertragsparteien übernehmen Aufgaben, die über das einzelne Unternehmen hinausgehen.[911] Beispielsweise sind gemeinsame Einrichtungen im Baugewerbe eine wichtige Institution. Sie erfüllen im Wesentlichen drei Aufgaben: Urlaubskassen sorgen für die Gewährung zusammenhängenden Urlaubs und die Urlaubsvergütung, Lohnausgleichskassen gleichen die mitunter erheblichen Verdiensteinbußen der einzelnen Arbeitnehmer in den auftragsarmen Wintermonaten aus und sichern den Fortbestand der Arbeitsverhältnisse. Zusatzversorgungskassen wirken in diesem Bereich einer Rentenminderung aufgrund des häufigen Arbeitsausfalls entgegen.[912] Die vorgenannten Einrichtungen haben zum einen eine Fürsorge- und Sozialfunktion, zum anderen eine Ausgleichsfunktion sowie eine Stabilitätsfunktion.[913]

Die Tarifvertragsparteien können in ihrem Tarifvertrag Normen über gemeinsame Einrichtungen festlegen. Gem. § 4 Abs. 2 TVG gelten diese Regelungen auch unmittelbar und zwingend für die Satzung dieser Einrichtungen und das Verhältnis der Einrichtungen zu den tarifgebundenen Arbeitgebern und Arbeitnehmern. Liegt ein Tarifvertrag über gemeinsame Einrichtungen vor, handelt es sich bei den entsprechenden Normen in der Regel um Individualnormen. Diese erfordern gem. §§ 3 Abs. 1, 4 Abs. 1 TVG nach heute zutreffender Ansicht

911 Schaub, Arbeitsrechts-Handbuch, § 202, Rn. 23.
912 Jacobs, Tarifeinheit und Tarifkonkurrenz, § 8, S. 119.
913 Jacobs, Tarifeinheit und Tarifkonkurrenz, § 8, S. 120.

die beiderseitige Tarifgebundenheit von Arbeitgeber und Arbeitnehmer.[914] Teilweise wurde früher vertreten, dass eine einseitige Tarifbindung des Arbeitgebers ausreichend sei.[915] Darauf wird es jedoch regelmäßig nicht ankommen, da Tarifverträge über gemeinsame Einrichtungen grundsätzlich für allgemeinverbindlich erklärt oder deren Normen durch Rechtsverordnung gem. § 7 AEntG erstreckt werden, da sie andernfalls ihre praktische Zielsetzung verfehlen würden.[916] Zunächst ist daher zu unterscheiden zwischen Tarifverträgen, die dem AEntG unterfallen und solchen, die davon nicht erfasst werden.[917]

2. Unterscheidung nach Tarifvertrag

a. Tarifvertrag nach dem AEntG

Für alle Tarifverträge im Anwendungsbereich des AEntG gilt § 8 Abs. 2 AEntG. Danach ist ein durch Allgemeinverbindlicherklärung oder Rechtsverordnung auf „Außenseiter" erstreckter Tarifvertrag von einem Arbeitgeber auch dann einzuhalten, wenn er kraft Mitgliedschaft, als Tarifvertragspartei oder aufgrund einer Allgemeinverbindlicherklärung eigentlich an einen anderen Tarifvertrag gebunden ist.

Der Gesetzgeber hat somit die einschlägige Judikatur des BAG zu § 1 Abs. 1, 3 AEntG a.F. aufgegriffen[918] und eine bestimmte Rechtsfolge für Tarifkollisionen in diesem Bereich angeordnet.

Nach der Wertung der Legislative stellt § 8 Abs. 2 AEntG eine Vorrangregelung für eine in der Person des Arbeitgebers eintretende Tarifkonkurrenz dar, die unabhängig davon eingreift, ob der andere Tarifvertrag spezieller ist.[919] Infolge dessen kommt es auf das tarifrechtlich fundierte Spezialitätsprinzip hier nicht mehr an.

§ 8 Abs. 2 AEntG löst jedoch nicht die bestehende Bindungswirkung oder gar die Rechtswirksamkeit des zurücktretenden Tarifvertrages auf, sondern entzieht diesem lediglich die Kraft, den anderen Tarifvertrag „auszuhebeln".[920]

---

914 BAG, Urteil vom 05.12.1958, AP Nr. 1 zu § 4 TVG Ausgleichskasse; Urteil vom 05.10.1993, 3 AZR 586/92, AP Nr. 42 zu § 1 BetrAVG Zusatzversorgungskassen.

915 Däubler, TVR, Rn.1153; Wendeling-Schröder, in Kempen/Zachert, § 4 TVG, Rn. 157.

916 Jacobs, in Jacobs/Krause/Oetker, Tarifvertragsrecht, § 7, Rn. 222.

917 Vgl. Oetker, NZA Beilage 1/2010, 19ff.

918 BT-Drs. 16/10486, S. 17.

919 Bayreuther, DB 2009, 680.

920 Oetker, NZA Beilage 1/2010, 19.

Nach zutreffender Ansicht bewegt sich der Gesetzgeber mit § 8 Abs. 2 AEntG aufgrund des ihm eröffneten Ermessensspielraums auch im Bereich der Grundrechtsausgestaltung.[921] Die Verdrängungswirkung ist aus teleologischen Gründen insoweit einer einschränkenden Auslegung zu unterziehen, als der andere Tarifvertrag die günstigeren Regelungen enthält.[922] Demnach ist ein ungerechtfertigter Eingriff in Art. 9 Abs. 3 GG ausgeschlossen.

b. *Tarifverträge außerhalb des AEntG*

Abseits des AEntG fehlt es an einer klaren gesetzlichen Regelung. Hier ist somit nach den bereits bekannten Prinzipien zu verfahren.

Problematisch ist, dass z.B. im Baugewerbe, aber auch im Maler- und Lackiererhandwerk oder im Dachdeckerhandwerk in der Regel allgemeinverbindliche Tarifverträge gegeben sind, die die wesentlichen Arbeitsbedingungen über gemeinsame Einrichtungen regeln. Die Tarifvertragsparteien in den einschlägigen Branchen wickeln über gemeinsame Einrichtungen gem. § 4 Abs. 2 TVG große Teile der tarifvertraglich vereinbarten Leistungen ab. Diese Tradition reicht zurück bis in die Weimarer Zeit und ist den Besonderheiten der einschlägigen Branchen geschuldet. Anlässlich der branchenspezifischen Bedingungen und der Prägung durch Kleinbetriebe sind Rahmentarifverträge, die Leistungen über gemeinsame Einrichtungen vorsehen, grundsätzlich allgemeinverbindlich, so dass insbesondere ein gemeinsames soziales Leistungssystem aufrechterhalten werden kann.

Vor diesem Hintergrund ist fraglich, wie Tarifkollisionen mit Blick auf gemeinsame Einrichtungen aufzulösen sind. Dabei gilt es zunächst verschiedenen Fallkonstellationen zu unterscheiden.

aa. Kollision eines allgemeinverbindlichen Tarifvertrages mit einem mitgliedschaftlich legitimierten Tarifvertrag

In aller Regel wird sich die Frage stellen, wie bei einer Kollision von einem mitgliedschaftlich legitimierten und einem für allgemeinverbindlich erklärten Tarifvertrag über gemeinsame Einrichtungen zu verfahren ist.

Bei Arbeitsverhältnissen, in denen kraft Gewerkschaftszugehörigkeit neben dem für allgemeinverbindlich erklärten Tarifvertrag auch ein Firmentarif bzw. ein Verbandstarif gilt, entsteht eine Tarifkonkurrenz. Für die Arbeitnehmer, die durch Mitgliedschaft an den nicht für allgemeinverbindlich erklärten

921 Oetker, NZA Beilage 1/2010, 20.
922 Vgl. Oetker, NZA Beilage 1/2010, 22f.

Tarifvertrag gebunden sind, gilt grundsätzlich sowohl dieser Tarifvertrag nach §§ 3 Abs. 1, 4 Abs. 1 TVG bei beiderseitiger Tarifgebundenheit, als auch der allgemeinverbindliche Tarifvertrag nach § 5 Abs. 4 TVG. Gleichzeitig liegt auch Tarifpluralität vor, da im Betrieb zum einen der Firmen- oder Verbandtarifvertrag zur Anwendung gelangt und zum anderen der für allgemeinverbindlich erklärte Tarifvertrag Wirkung entfaltet.

Im Falle der Tarifkonkurrenz ist wegen der Tarifeinheit im Arbeitsverhältnis zwingend eine Auflösung herbeizuführen.[923] Es kann mithin nur ein Tarifvertrag zur Anwendung gelangen. Gleiches gilt für den Fall der Tarifpluralität. Aufgrund der dargestellten besonderen Interessenlage bei gemeinsamen Einrichtungen, ist von einer „betriebsweiten Tarifkonkurrenz" auszugehen, da sich beide Tarifverträge unmittelbar auf die Arbeitsverhältnisse der jeweiligen Arbeitnehmer auswirken. Die Umsetzung tariflicher Regelungen über gemeinsame Einrichtungen erfordert daher eine betrieblich einheitliche Anwendung, so dass vorrangig auf einen der Tarifverträge abzustellen ist.

Fraglich ist aber, welche Auflösungskriterien hier zur Auswahl eines Tarifvertrages maßgebend sein sollen.

In Betracht kommt das Spezialitätsprinzip. Da es dabei maßgeblich auf die Sachnähe ankommt, würden die allgemeinverbindlichen, bundesweit geltenden Flächentarifverträge des Baugewerbes regelmäßig verdrängt.

Einer Heranziehung des Spezialitätsprinzips steht daher der Zweck der Allgemeinverbindlicherklärung entgegen, wonach die Regelungen des Tarifvertrages über gemeinsame Einrichtungen bewusst auf alle Arbeitgeber einschlägiger Betriebe und deren Arbeitnehmer übertragen werden. Dieser Schutz würde jedoch immer ins Leere laufen, wenn der allgemeinverbindliche Tarifvertrag stets durch einen spezielleren mitgliedschaftlich legitimierten Tarifvertrag verdrängt wird, unabhängig von der Zahl der an ihn gebundenen Arbeitnehmer[924] Folglich könnten die Tarifnormen nur für die beiderseits tarifgebundenen Arbeitnehmer zur Anwendung gelangen. Dies widerspricht jedoch dem Normzweck des § 4 Abs. 2 TVG, der gerade eine Ausweitung des tariflichen Schutzes auf alle Arbeitnehmer beinhaltet.

Setzen sich die allgemeinverbindlichen Tarifverträge der Branche in der Konkurrenz zu anderen, abweichenden Verbands- oder Firmentarifverträgen nicht durch, wäre der Bestand der gemeinsamen Einrichtungen gefährdet, da sich einzelne Betriebe nicht mehr an der Finanzierung bzw. Gewährung der

923 Jacobs, NZA 2008, 327.

924 Oetker, NZA Beilage 1/2010, 31.

vereinbarten Leistungen beteiligen müssten. Dies hätte insbesondere negative Auswirkungen auf umlagefinanzierte Berufsbildungssysteme, tarifvertragliche Zusatzrenten, Urlaubssysteme, Winterförderungssysteme und andere branchentypische Sonderregelungen.

Die besseren Argumente sprechen daher für eine Anwendung des Mehrheitsprinzips als Kollisionsregel.[925] Der entscheidende Bezugspunkt für die Ermittlung der Arbeitnehmermehrheit im Hinblick auf Regelungen über gemeinsame Einrichtungen ist der Betrieb, so dass der allgemeinverbindliche Tarifvertrag insgesamt vorrangig zu bewerten ist, da er im Ergebnis für alle Arbeitnehmer des Betriebes gilt.

Zwar kommen die kraft Mitgliedschaft tarifgebundenen Arbeitnehmer danach nicht mehr in den Genuss der Früchte ihres Tarifvertrages über gemeinsame Einrichtungen. Allerdings ist diese Beschränkung der Koalitionsfreiheit mit Blick auf den Schutzgedanken gemeinsamer Einrichtungen im Ergebnis nicht zu beanstanden.

Zum einen belässt die Allgemeinverbindlicherklärung die Freiheit zum Abschluss eines Firmentarifvertrages und ist nicht von vornherein in der Lage, eine kraft Mitgliedschaft bestehende Tarifgebundenheit zu überwinden.[926] Zum anderen ergibt sich der Vorrang unmittelbar aus dem Normzweck des § 4 Abs. 2 TVG. Tarifpluralität mit der Folge, dass Normen über gemeinsame Einrichtungen nur für einen Teil der Belegschaft gelten, ist mit dem Zweck der gemeinsamen Einrichtungen nicht zu vereinbaren.[927] Immerhin entscheidet das Bundesministerium für Arbeit und Soziales über die Allgemeinverbindlichkeit eines solchen Tarifvertrages. Hält diese Instanz es gem. § 5 Abs. 1 Nr. 2 TVG im öffentlichen Interesse für geboten, den Inhalt eines Tarifvertrages auf alle Arbeitsverhältnisse in dessen Geltungsbereich zu erstrecken, dann ist damit inzident auch der Wille verbunden, dass sich der für allgemeinverbindlich erklärte Tarifvertrag durchsetzen soll.[928] Dieses Ziel würde jedoch vereitelt, wenn die Bindung an einen anderen Tarifvertrag in der Lage wäre, die Anwendung des allgemeinverbindlichen Tarifvertrages abzuwenden.[929] Insbesondere wäre es

---

925 So auch Bepler, NZA Beilage 2/2011, 78; Däubler/Zwanziger, TVG, § 4, Rn. 950; Jacobs, in Jacobs/Krause/Oetker, Tarifvertragsrecht, § 7, Rn. 223; ders., NZA 2008, 327; Kempen, in FS 50 Jahre Zusatzversorgungskasse des Baugewerbes, 2007, S. 85f.; Oetker, NZA Beilage 1/2010, 31; Thüsing/von Medem, ZIP 2007, 516.

926 Schliemann, in FS für Hromadka, 2008, S. 375.

927 Thüsing/von Medem, ZIP 2007, 516.

928 So auch Jacobs, in Jacobs/Krause/Oetker, Tarifvertragsrecht, § 7, Rn. 223.

929 Vgl. Oetker, NZA Beilage 1/2010, 31.

dem Arbeitgeber überlassen, durch Beitritt in einen anderen tarifschließenden Verband oder durch Abschluss eines entsprechenden Firmentarifvertrages, die erstreckten Normen für seinen Betrieb partiell außer Kraft zu setzen.

Darüber hinaus ist eine Aufweichung tarifvertraglicher Strukturen in diesem Kontext nur schwierig mit Art. 9 Abs. 3 GG zu vereinbaren, da die Regelung der Arbeits- und Wirtschaftsbedingungen einen konsistenten Ablauf des Tarifsystems durch die Tarifvertragsparteien beinhaltet.

Letztlich kann, wenn auch nicht über einen Analogieschluss, zumindest die Wertung des Gesetzes aus § 8 Abs. 2 AEntG und § 613a Abs. 1 S. 3 BGB herangezogen werden. Hier wird der Vorrang eines Tarifvertrages als Rechtsfolge in vergleichbaren Kollisionslagen gesetzlich angeordnet. Im Unterschied zum AEntG liegt bei „lediglich" allgemeinverbindlichen Tarifverträgen tatsächlich nur keine Erstreckung auf Arbeitgeber mit Sitz im Ausland vor. Insbesondere § 8 Abs. 2 AEntG zeigt aber, dass es durchaus übergeordnete Gründe geben kann, die Bindung an einen allgemeinverbindlichen Tarifvertrag nicht bereits deshalb entfallen zu lassen, weil der Arbeitgeber an einen anderen Tarifvertrag gebunden ist. Die gesetzgeberische Intention des TVG und der Allgemeinverbindlicherklärung ist aber –beschränkt auf das Inland– dieselbe wie die des AEntG.

bb. Kollision mehrerer mitgliedschaftlich legitimierter Tarifverträge

Des Weiteren ist es möglich, dass eine Tarifbindung des Arbeitgebers selbst an zwei unterschiedliche Tarifverträge gem. § 3 Abs. 1 TVG kraft Mitgliedschaft besteht. Dies ist wohl eher selten der Fall. In der Praxis kann es theoretisch jedoch vorkommen, dass der Arbeitgeber sowohl an einen Verbandstarifvertrag gebunden ist, darüber hinaus aber auch einen Firmentarifvertrag abgeschlossen hat, an den er sich als Tarifvertragspartei halten muss.[930] In diesem Fall muss ebenfalls eine Auflösung nach dem Prinzip der Tarifeinheit stattfinden, da es hier wiederum zu einer „betriebsweiten Tarifkonkurrenz" im Individualarbeitsverhältnis kommt und gerade nicht zu einer Tarifpluralität.

Zweifelhaft in diesem Zusammenhang ist jedoch die Behandlung von Abschluss-, Inhalts- und Beendigungsnormen. Ausgehend von den Aufgaben und Zwecken einer gemeinsamen Einrichtung ist dafür zu plädieren, dass eine Tarifpluralität insoweit ausgeschlossen sein muss, als der jeweilige Tarifvertrag die Beitragspflicht und die Leistungsansprüche unabhängig von der Tarifgebundenheit der Arbeitnehmer ausgestaltet.[931] Hier liegt vielmehr eine den Betriebsnormen

930 Vgl. Oetker, NZA Beilage 1/2010, S. 30.
931 Oetker, NZA Beilage 1/2010, S. 29f.

vergleichbare Situation und damit eine „betriebsweite Tarifkonkurrenz" vor, die aufzulösen ist. Dies ist gerechtfertigt, da ansonsten die Funktionsfähigkeit der gemeinsamen Einrichtung ohne die einheitliche Geltung des Tarifvertrages gefährdet wäre. Diese Vorgehensweise kann jedoch nicht generell auf alle tarifvertraglichen Regelungen über gemeinsame Einrichtungen übertragen werden, sondern nur, wenn die Leistungen unabhängig von der Organisationszugehörigkeit der Arbeitnehmer gewährt werden.

Zur Auflösung muss auch hier auf das Mehrheitsprinzip abgestellt werden.[932] Für eine Durchbrechung des Spezialitätsgrundsatzes spricht zum einen eine Abwägung der betroffenen Grundrechtspositionen. Die Herstellung von Tarifeinheit, mit der Folge der Verdrängung des einen Tarifvertrages durch den spezielleren Firmentarifvertrag, beeinträchtigt aufgrund der überbetrieblichen Anlage gemeinsamer Einrichtungen deren Funktionsfähigkeit und damit den Normzweck des § 4 Abs. 2 TVG.[933] Im Gegensatz zum eher einseitigen Prinzip der Spezialität, kommt einer Auflösung nach der Repräsentativität eine demokratische Grundlage zu, die einer Erstreckung der Tarifnormen auf alle Arbeitnehmer besser gerecht wird. Zum anderen kann die gesetzliche Wertung aus § 7 Abs. 2 AEntG herangezogen werden, da der Gesetzgeber hier auf ein vergleichbares Abwägungsproblem reagiert hat. Diese gesetzgeberische Entscheidung muss auch in diesem Zusammenhang gewürdigt werden.

Der Bezugspunkt für die Ermittlung der Mehrheitsverhältnisse hat sich vorliegend aufgrund der Kollision mehrerer Tarifverträge auf betrieblicher Ebene aber nicht an der Zahl der von den tarifgebundenen Arbeitgebern beschäftigten Arbeitnehmer zu orientieren, sondern an der Mitgliederstärke der tarifschließenden Gewerkschaft. Zwar übernehmen gemeinsame Einrichtungen Aufgaben, die über das einzelne Unternehmen hinausgehen, weshalb § 7 Abs. 2 Nr. 2 AEntG als Maßstab für die Kollisionsauflösung zwischen mehreren Tarifverträgen in einer Branche auch auf den Geltungsbereich der Tarifverträge abstellt. Allerdings geht es vorliegend um eine Entscheidung bezogen auf den konkreten Betrieb. Aus diesem Grund kann weder das Unternehmen, die Branche oder die Region ausschlaggebend für die Mehrheitsverhältnisse sein, sondern nur die Mitglieder der Gewerkschaften im Betrieb.

932 Bayreuther, NZA 2007, 189; Thüsing/von Medem, ZIP 2007, 516.
933 Thüsing/von Medem, ZIP 2007, 516.

cc. Kollision mehrerer allgemeinverbindlicher Tarifverträge

Eher unwahrscheinlich ist auch die Konstellation, dass mehrere allgemeinverbindliche Tarifverträge aufeinander treffen. Hier kommt es ebenfalls nicht zu einer Tarifpluralität, sondern immer zu einer Tarifkonkurrenz im einzelnen Arbeitsverhältnis, da wegen der Allgemeinverbindlichkeit beider Tarifverträge alle Arbeitsverhältnisse des Betriebs betroffen sind.[934] Kollidieren demnach mehrere Tarifverträge in einem Arbeitsverhältnis, muss eine Auflösung nach dem Grundsatz der Tarifeinheit im Arbeitsverhältnis erfolgen. Hier ist auf das Repräsentativitätsprinzip als maßgebliche Kollisionsregel abzustellen.

3. Ergebnis

Festzuhalten bleibt somit, dass auch die Kollision von Tarifverträgen über gemeinsame Einrichtungen im tarifpluralen Betrieb beherrschbar ist. Grundsätzlich kommt es hier in den aufgezeigten Konstellationen immer zu einer auflösungsbedürftigen „betriebsweiten Tarifkonkurrenz", die nach den Grundsätzen der Tarifeinheit im Arbeitsverhältnis zu behandeln ist. Die Auflösung erfolgt dabei nach dem Mehrheitsprinzip. Den ausschlaggebenden Bezugspunkt für die Ermittlung der Repräsentativität bildet der Betrieb. Für die besondere Situation der Konkurrenz eines für allgemeinverbindlich erklärten Tarifvertrages mit einem mitgliedschaftlich legitimierten Tarifvertrag gilt nichts anderes. Nach dem Sinn und Zweck des § 4 Abs. 2 TVG ist hier stets der allgemeinverbindliche Tarifvertrag vorrangig.

---

934 So auch Jacobs, NZA 2008, 327.

H. Zusammenfassung und Endergebnis

I. Zusammenfassung

- Das BAG hat seine Rechtsprechung zu dem Grundsatz der Tarifeinheit im Betrieb im Hinblick auf die Tarifpluralität zu Recht aufgegeben. Dazu hat maßgeblich auch der Wandel in der Tariflandschaft beigetragen. Die dadurch bedingten Veränderungen für den tarifpluralen Betrieb sind jedoch, entgegen der befürchteten rechtlichen und tatsächlichen Schwierigkeiten lösbar. Trotz der vorgeschlagenen Gesetzesänderungen in Bezug auf eine modifizierte Normierung des Grundsatzes der Tarifeinheit im Betrieb, ist eine gesetzliche Regelung nicht absehbar. Für die Praxis gilt es daher, mit der gegenwärtigen Situation eines tarifpluralen Betriebs umzugehen.
- Für die Kollision mehrerer Tarifverträge in einem Betrieb hat dies zur Folge, dass nunmehr keine generelle Verdrängung mehr stattfindet, sondern je nach Gewerkschaftszugehörigkeit unterschiedliche tarifliche Regelungen Wirkung entfalten. Allerdings muss zwischen Individual- und Kollektivnormen unterschieden werden. Bei Individualnormen, also tariflichen Regelungen über Inhalt, Abschluss und Beendigung des Arbeitsverhältnisses gem. § 4 Abs. 1 S. 1 TVG i.V.m. § 3 Abs. 1 TVG, bedarf es der beiderseitigen Tarifbindung. Hier ist der Arbeitgeber verpflichtet je nach Mitgliedschaft den entsprechenden Tarifvertrag auf die jeweils tarifgebundenen Arbeitnehmer anzuwenden. Etwas anderes muss aber für die Kollektivnormen der kollidierenden Tarifverträge gelten. Es handelt sich dabei letztlich gerade nicht um eine klassische Tarifpluralität. Vielmehr liegt eine „betriebsweite Tarifkonkurrenz“ vor. Da Kollektivnormen allein bei Tarifbindung des Arbeitgebers nach § 3 Abs. 2 TVG für alle Arbeitnehmer des Betriebs, also auch für die „Außenseiter“ gelten, kollidieren sie zwar im Arbeitsverhältnis, aber betriebsweit. Die entscheidende Überschneidung findet jedoch im Individualarbeitsverhältnis statt. Diese Kollision ist zwingend auflösungsbedürftig. Als Kollisionsregel ist der Grundsatz der Tarifeinheit im Arbeitsverhältnis heranzuziehen. Eine Auflösung wird also entweder nach dem Spezialitätsprinzip oder dem Mehrheitsprinzip vorgenommen. Danach kann es dazu kommen, dass für ein und dasselbe Arbeitsverhältnis die Individualnormen des eigenen Tarifvertrages

und die Kollektivnormen eines anderen Tarifvertrages zur Anwendung gelangen. Allerdings ist die Aufspaltung eines Tarifwerkes in Individual- und Kollektivnormen zulässig. Immerhin setzt das TVG eine Abgrenzung der verschiedenen Normgruppen voraus.

- Für die Durchführung der Tarifverträge steht dem Arbeitgeber nach der Einstellung des Arbeitnehmers ein Fragerecht nach der Gewerkschaftszugehörigkeit zu. Vor der Einstellung verstößt eine solche Frage gegen Art. 9 Abs. 3 GG. Auch besteht kein genereller Auskunftsanspruch des Arbeitgebers gegenüber dem Arbeitnehmer. Macht der Arbeitnehmer jedoch keine Angaben zu seiner Mitgliedschaft, ist der Arbeitgeber berechtigt, ihn wie einen nichtorganisierten Mitarbeiter zu behandeln. Im Zweifel lässt sich die Gewerkschaftszugehörigkeit dann klären, wenn der Arbeitnehmer entsprechende Rechte aus dem für ihn anwendbaren Tarifvertrag geltend machen will. Dafür muss er alle anspruchsbegründenden Tatsachen darlegen und beweisen. Dazu gehört auch die Offenbarung der Gewerkschaftsmitgliedschaft.
- Des Weiteren führt die Aufgabe des Grundsatzes der Tarifeinheit bei Tarifpluralität nicht zu unüberwindbaren Problemen bei der Auslegung bereits bestehender Bezugnahmeklauseln. Enthält der Arbeitsvertrag für einen nichtorganisierten Arbeitnehmer eine statische Verweisung wird auch nach neuer Rechtslage nur der bestimmte Tarifvertrag in seiner konkreten Fassung in Bezug genommen. Liegt hingegen eine große dynamische Verweisungsklausel vor, ist im Wege ergänzender Vertragsauslegung gem. §§ 133, 157 BGB zu ermitteln, auf welchen Tarifvertrag die Parteien verwiesen hätten, wenn sie bedacht hätten, dass im Betrieb mehrere Tarifverträge gelten. Das Günstigkeitsprinzip kann hier nicht angewendet werden, da die Unklarheit hinsichtlich der Bezugnahme erst im Nachhinein aufgrund der bei Vertragsschluss nicht vorhersehbaren Tarifpluralität aufgetreten ist. Weist der Arbeitsvertrag eine kleine dynamische Verweisungsklausel auf, gilt bei Tarifpluralität nichts anderes.

  Für die Gewerkschaftsmitglieder kommt grundsätzlich der kraft ihrer Tarifbindung einschlägige Tarifvertrag zur Anwendung. Sofern der jeweilige Arbeitsvertrag eine große dynamische Verweisungsklausel enthält, ist wegen der unmittelbaren und zwingenden Wirkung des Tarifvertrags gem. § 4 I TVG in diesen Fällen gem. § 4 Abs. 3 Var. 2 TVG das Günstigkeitsprinzip anzuwenden. Dies gilt gleichermaßen bei der kleinen dynamischen Bezugnahmeklausel.
- Auch ergeben sich keine unüberwindbaren Probleme bei Tarifpluralität für die betriebliche Mitbestimmung. Zum einen besteht für den tarifpluralen

Betrieb kein Erfordernis einer Anpassung des Tarifvorbehalts gem. § 77 Abs. 3 S. 1 BetrVG, da die Sperrwirkung auf die jeweils geltenden Tarifverträge differenziert Anwendung finden kann. Es bleibt dabei, dass jeder Tarifvertrag, der den Betrieb räumlich, persönlich, betrieblich und fachlich erfasst, die Sperrwirkung für Betriebsvereinbarungen aktiviert, auch wenn er als einziger die Angelegenheit regelt. Dies folgt aus dem Schutzzweck der Norm. Der Tarifvorbehalt dient der Sicherung der ausgeübten und aktualisierten Tarifautonomie vor Aushöhlung durch betriebliche Rechtsetzung sowie dem Erhalt und der Stärkung der Funktionsfähigkeit der Koalitionen. Es ist deshalb nicht auf den Mehrheitstarifvertrag abzustellen, da sich jede Gewerkschaft wegen Art. 9 Abs. 3 GG auf den Schutz der Tarifautonomie berufen kann und es daher nicht auf ihre Mitgliederstärke im Betrieb ankommen darf. Dies gilt auch, wenn die konkurrierenden Tarifverträge unterschiedliche Arbeitsbedingungen tariflich gestalten und somit möglicherweise ein weiterer Bereich als bisher für Betriebsvereinbarungen gesperrt ist. Danach kommt es zu einer kumulativen Sperrwirkung des Tarifvorbehalts, da nach dem Normzweck vorrangig die Tarifautonomie geschützt wird und die Interessen der Arbeitnehmer oder der Betriebsparteien zurücktreten müssen. Für den Fall des Vorliegens mehrerer Öffnungsklauseln i.S.v. § 77 Abs. 3 S. 2 BetrVG muss hingegen differenziert werden. Sehen die konkurrierenden Tarifverträge identische Öffnungsklauseln vor, sind im Rahmen dieses Regelungsinhalts abweichende Betriebsvereinbarungen zulässig. Sind die Öffnungsklauseln jedoch völlig verschieden bzw. nur teilidentisch, ist der Sperrwirkung jedes einzelnen Tarifvertrages Vorrang einzuräumen. Ansonsten würde der Normzweck des Tarifvorbehalts, wonach jeder Tarifvertrag im tarifpluralen Betrieb Sperrwirkung entfaltet, um die Tarifautonomie zu schützen, ins Leere laufen. Regelt hingegen nur einer der konkurrierenden Tarifverträge die Öffnung für Betriebsvereinbarungen, muss sich im Hinblick auf Arbeitsbedingungen die von beiden Tarifverträgen erfasst werden, der Tarifvertrag durchsetzen, der keine Öffnungsklausel enthält, da ansonsten ebenfalls der Schutzzweck des § 77 Abs. 3 BetrVG untergraben würde. Die Konkurrenz vor abweichenden Betriebsvereinbarungen soll gerade verhindert werden. Dieses normative Verständnis führt dann zu dem Ergebnis, dass alle bestehenden Betriebsvereinbarungen, soweit sie von der Sperrwirkung der jeweiligen Tarifverträge erfasst werden, mit dem Zeitpunkt der Aufgabe des Grundsatzes der Tarifeinheit im Betrieb für unwirksam erklärt werden. Dies kann unter Umständen auch nur eine Teilnichtigkeit zur Folge haben.

Darüber hinaus existieren auch keine betriebsverfassungsrechtlichen Unzuträglichkeiten mit Blick auf § 87 Abs. 1 Eingangssatz BetrVG. Im Gegensatz zu § 77 Abs. 3 BetrVG verfolgt der Tarifvorrang zwei Schutzzwecke, den Schutz der Arbeitnehmer vor willkürlicher Ausübung der Organisationsgewalt des Arbeitgebers sowie den Konkurrenzschutz der Tarifautonomie vor der Betriebsautonomie. § 87 Abs. 1 BetrVG erfasst in seinem Katalog zwar zahlenmäßig mehr Betriebsnormen, allerdings sind die Inhaltsnormen aus wirtschaftlicher Sicht gewichtiger. Bei der Kollision von Kollektivnormen bestehen insoweit keine Probleme, da es sich hierbei um einen Fall „betriebsweiter Tarifkonkurrenz" handelt, welcher weiterhin nach den Grundsätzen der Tarifeinheit im Arbeitsverhältnis aufzulösen ist. Vorzugsweise ist auf das Repräsentativitätsprinzip mit dem Bezugspunkt Betrieb abzustellen. Das bedeutet, es ist der Tarifvertrag vorrangig anzuwenden, der mehr Arbeitnehmer des Betriebs erfasst. Für die Individualnormen des § 87 Abs. 1 BetrVG hingegen bleibt es im tarifpluralen Betrieb bei einem Nebeneinander der Tarifverträge. Sie entfalten aber, anders als durch das TVG vorgegeben, bereits dann Wirkung im Rahmen des Tarifvorrangs, wenn allein der Arbeitgeber tarifgebunden ist. Dies ergibt sich aus dem Sinn und Zweck der Norm. Die Forderung nach einer beiderseitigen Tarifbindung ist hingegen abzulehnen. Daran hat sich auch die Reichweite der Sperrwirkung des Tarifvorrangs zu orientieren. Für den tarifpluralen Betrieb folgt daraus grundsätzlich, dass jeder Tarifvertrag der nach seinem Geltungsbereich zur Anwendung gelangt und eine mitbestimmungspflichtige Angelegenheit im Sinne von § 87 Abs. 1 BetrVG abschließend regelt, die Sperrwirkung des Tarifvorrangs für den gesamten Betrieb auslöst. Nur dadurch wird den Schutzzwecken des § 87 Abs. 1 Eingangssatz BetrVG am besten Rechnung getragen. Zu beachten ist jedoch, dass die Mitbestimmungsrechte des Betriebsrates nach § 87 Abs. 1 BetrVG auf unterschiedliche Arbeitnehmergruppen differenziert anzuwenden sind, beispielsweise wenn ein berufsgruppenspezifischer Tarifvertrag vorliegt, der im Verhältnis zu der Gesamtbelegschaft nur einen kleinen Teil der Arbeitnehmer erfasst. Es wäre mit dem Arbeitnehmerschutz nicht zu vereinbaren, wenn ein Minderheitstarifvertrag das Mitbestimmungsrecht des Betriebsrats für die übrigen Mitarbeiter ausschalten könnte. Hier ist vielmehr eine Abgrenzung nach der Tarifbindung des Arbeitgebers vorzunehmen. Da sich der Tarifvorrang gem. § 87 Abs. 1 Eingangssatz BetrVG an der Tarifbindung auf Arbeitgeberseite orientiert, bestimmt diese auch die Reichweite der Sperrwirkung. Die Rechte des Betriebsrates sind tarifakzessorisch, so dass die Mitbestimmung in sozialen Angelegenheiten bei verschiedenen Tarifverträgen für unterschiedliche Berufsgruppen an der Reichweite des jeweiligen Tarifvertrages zu messen ist. Mithin ist nicht pauschal auf den Mehrheitstarifvertrag abzustellen. Eine andere Lösung wäre mit dem Sinn und Zweck der Vorschrift nicht zu vereinbaren.

Soweit Mitbestimmungsrechte des Betriebsrats mit der Rechtsprechungsänderung gesperrt sind, gilt dies ex nunc ab der Urteilsverkündung. Bereits umgesetzte betriebliche Regelungen sind aber nicht per se unwirksam. Es muss vielmehr eine Bewertung des Verhältnisses von Tarifvertrag und einer „abweichenden Abmachung" anhand von § 4 Abs. 3 TVG vorgenommen werden. Aus Gesichtspunkten des Vertrauensschutzes ist eine Übertragung der Rechtsprechungsänderung ex tunc abzulehnen.

Beinhalten die konkurrierenden Tarifverträge jeweils unterschiedliche Regelungen hinsichtlich der betrieblichen Mitbestimmung, regeln die Materie dabei aber nicht abschließend, steht dem Betriebsrat im Rahmen der Reichweite der Sperrwirkung weiter ein Mitbestimmungsrecht zu. Er kann danach je nach Organisationszugehörigkeit der Arbeitnehmer in Bezug auf die entsprechende Angelegenheit nach den unterschiedlichen persönlichen Geltungsbereichen mitbestimmen.

- Im Hinblick auf betriebsverfassungsrechtliche Organisationstarifverträge, insbesondere § 3 BetrVG, kann ebenfalls festgehalten werden, dass die Probleme einer Kollision für den tarifpluralen Betrieb beherrschbar sind. Hier liegt eine „betriebsweite Tarifkonkurrenz" vor, die zwingend nach dem Grundsatz der Tarifeinheit im Arbeitsverhältnis aufzulösen ist. Danach kann nur einer der Tarifverträge zur Anwendung kommen. Für die Kollisionsauflösung ist das Mehrheitsprinzip heranzuziehen. Bezugspunkt für die Ermittlung der Mitgliederstärke ist je nach Regelungsgegenstand der Organisationstarifverträge entweder der Betrieb, das Unternehmen oder der Konzern. Dabei ist auf eine relative Mehrheit abzustellen.
- Auch ergeben sich durch die Kollision von Tarifverträgen über gemeinsame Einrichtungen im tarifpluralen Betrieb keine übermäßigen Schwierigkeiten. Für alle Tarifverträge die unter den Anwendungsbereich des AEntG fallen, gilt die gesetzlich normierte Rechtsfolge des § 8 Abs. 2 AEntG. Danach sind durch Allgemeinverbindlicherklärung oder Rechtsverordnung auf „Außenseiter" erstreckte Tarifverträge stets vorrangig. Außerhalb des AEntG kommt es grundsätzlich zu einer auflösungsbedürftigen „betriebsweiten" Tarifkonkurrenz, die nach den Grundsätzen der Tarifeinheit im Arbeitsverhältnis zu behandeln ist. Das ist sowohl der Fall, wenn mehrere allgemeinverbindliche Tarifverträge aufeinander treffen, als auch wenn eine Tarifbindung des

Arbeitgebers selbst an zwei unterschiedliche Tarifverträge gem. § 3 Abs. 1 TVG kraft Mitgliedschaft besteht oder eine Kollision eines allgemeinverbindlichen Tarifvertrages mit einem mitgliedschaftlich legitimierten Tarifvertrag vorliegt. Die Auflösung hat in allen Konstellationen nach dem Mehrheitsprinzip zu erfolgen. Den ausschlaggebenden Bezugspunkt für die Ermittlung der Repräsentativität bildet dabei der Betrieb.

II. Endergebnis

Der Grundsatz der Tarifeinheit im Betrieb ist seit der Rechtsprechungsänderung gegenstandslos. Das BAG hat seine jahrzehntelange Begründung für die Auflösung von Tarifpluralität aufgegeben. Die Gewerkschaftskonkurrenz und deren Konsequenzen sind als Folge gesellschaftsrechtlicher Veränderungen nunmehr hinzunehmen. Dies gebietet der Schutz der Koalitionsfreiheit durch Art. 9 Abs. 3 GG. Es steht zwar außer Frage, dass die Umsetzung von mehreren Tarifverträgen in einem Betrieb und damit einhergehende Restriktionen für den einzelnen Arbeitgeber immer komplexer werden, aber nicht unzumutbar oder gar unmöglich. Die vorliegende Arbeit hat gezeigt, dass die befürchteten „rechtlichen und tatsächlichen Unzuträglichkeiten" ohne eine Normierung der betriebsweiten Tarifeinheit in den Griff zu bekommen sind. Insbesondere die für das Betriebsverfassungsrecht erwarteten Probleme sind im Ergebnis in den Grenzen des aktuellen Gesetzes lösbar. Eine normzweckorientierte tarifplurale Sichtweise führt dazu, dass alle in dem Betrieb zur Geltung kommenden Tarifverträge auch auf betriebsverfassungsrechtlicher Ebene bestmöglich miteinander in Einklang gebracht werden, ohne dass es hier mit Blick auf die Inhaltsnormen der Auswahl eines Mehrheitstarifvertrages bedarf. Für die Praxis sind damit keine schwerwiegenden Folgeprobleme in Bezug auf die betriebliche Mitbestimmung, die Organisation der Betriebsverfassung durch Tarifvertrag oder die Gemeinsamen Einrichtungen zu erwarten.

Literaturverzeichnis

Annuß, Georg: Schwierigkeiten mit § 3 I Nr. BetrVG?, in Neue Zeitschrift für Arbeitsrecht (NZA), 2002, 290ff.

—: Tarifbindung durch arbeitsvertragliche Bezugnahme?, in Zeitschrift für Arbeitsrecht (ZfA), 2005, 405ff.

Band, Maren: Tarifkonkurrenz, Tarifpluralität und der Grundsatz der Tarifeinheit, 1. Auflage, Frankfurt 2003.

Bauer, Jobst-Hubertus: Flucht aus Tarifverträgen: Königs- oder Irrweg?, in Festschrift für Günter Schaub zum 65. Geburtstag, Tarifautonomie für ein neues Jahrhundert, S. 19ff., München 1998.

Bayreuther, Frank: Tarifautonomie als kollektiv ausgeübte Privatautonomie, 1. Auflage, München 2005.

—: Gewerkschaftspluralismus im Spiegel der aktuellen Rechtsprechung - Abschied vom „Einheitstarifvertrag"? in Betriebs-Berater (BB), 2005, 2633ff.

—: Der Arbeitskampf des Marburger Bundes - Ein Lehrstück zur Tarifeinheit im Betrieb, in Neue Zeitschrift für Arbeitsrecht (NZA), 2006, 642ff.

—: Tarifpluralitäten und -konkurrenzen im Betrieb - Zur Zukunft des Grundsatzes der Tarifeinheit, in Neue Zeitschrift für Arbeitsrecht (NZA), 2007, 184 ff.

—: Bezugnahmeklauseln und Tarifpluralität am Beispiel der Tarifmehrheit in Kliniken und Krankenhäusern, in Neue Zeitschrift für Arbeitsrecht (NZA). 2009, 935ff.

—: Die Novellen des Arbeitnehmerentsende- und des Mindestarbeitsbedingungsgesetzes, in Der Betrieb (DB), 2009, 678ff.

—: Gesetzlich angeordnete Tarifeinheit: Verfassungsrechtliche Diskussion, in Der Betrieb (DB), 2010, 2223ff.

Bayreuther, Werner: Tarifeinheit und Gewerkschaftspluralität - Die Lösung der Deutschen Bahn, in Festschrift für Hromadka zum 70. Geburtstag, S. 1ff., München 2008.

Bepler, Klaus: Tarifeinheit im Betrieb - Eine Skizze der bisherigen Rechtsprechung, in Neue Zeitschrift für Arbeitsrecht (NZA), Beilage 3/2010, S. 99ff.

Berg, Peter/ Platow, Helmut/ Schoof, Christian/ Unterhinninghofen, Hermann: Tarifvertrags- und Arbeitskampfrecht, 3., überarbeitete Auflage, Frankfurt am Main 2010.

Bieback, Karl-Jürgen: Tarifrechtliche Probleme des Verbandswechsels von Arbeitgebern, in Der Betrieb (DB), 1989, 477ff.

Bispinck, Reinhard: WSI-Tarifhandbuch 2010, WSI-Tarifarchiv (Hsg.), Schwerpunkt: 20 Jahre Tarifpolitik in Ostdeutschland, 1. Auflage, Frankfurt am Main 2010.

Bister, Jeremy: Tarifpluralität – Aufgabe des Grundsatzes der Tarifeinheit im Betrieb und die Folgen, Frankfurt am Main 2010.

Buchner, Herbert: Wirkliche und vermeintliche Gefährdungen der Tarifautonomie, in Festschrift für Otto-Rudolf Kissel zum 65. Geburtstag, Arbeitsrecht in der Bewährung, S. 97ff., München 1994.

—: Tarifpluralität und Tarifeinheit – einige Überlegungen zur Rechtsprechung des Bundesarbeitsgerichts, in Festschrift 50 Jahre Bundesarbeitsgericht, S. 631ff., München 2004.

—: Tarifverträge im Wettbewerb? – Tarifpluralität, Tarifeinheit, Allgemeinverbindlichkeit -, in Zeitschrift für Arbeitsrecht (ZfA), 2004, 229ff.

Butzer, Hermann: Verfassungsrechtliche Grundlagen zum Verhältnis zwischen Gesetzgebungshoheit und Tarifautonomie, in Recht der Arbeit (RdA), 1994, 375ff.

Braun, Axel: Ende der Tarifeinheit in Sicht, in Der Arbeits-Rechts-Berater (ArbRB), 2010, 115 ff.

—: Konsequenzen einer Gewerkschaftspluralität auf betrieblicher Ebene, in neue Zeitschrift für Arbeitsrecht (NZA), Beilage 3/2010, 108ff.

Brecht, Holger: Die Umsetzung von Tarifverträgen auf Betriebsebene, Berlin 2003.

Brocker, Ulrich: Ende der Tarifeinheit aus betrieblicher Sicht, in neue Zeitschrift für Arbeitsrecht (NZA), Beilage 3/2010, 121ff.

Brox, Hans/ Rüthers, Bernd/ Henssler, Martin: Arbeitsrecht, 18. neu bearbeitete Auflage, Stuttgart; Berlin; Köln 2010.

Däubler, Wolfgang: Tarifvertragsrecht, 3., grundlegend überarbeitete Auflage, Baden-Baden 1993, (zitiert: Däubler, TVR).

—: Tarifausstieg- Erscheinungsformen und Rechtsfolgen, in neue Zeitschrift für Arbeitsrecht (NZA), 1996, 225ff.

—: Tarifvertragsgesetz (TVG), 2. Auflage, Baden-Baden 2006, (zitiert: Däubler/ *Bearbeiter*).

—: Rechtsgutachten: „Die gemeinsame Initiative von DGB und BDA zur Schaffung einer neuen Form von Tarifeinheit“, 2010.

Däubler, Wolfgang/ Kittner, Michael/ Klebel, Thomas: Betriebsverfassungsgesetz: 11., überarbeitete und aktualisierte Auflage, Klebe, Thomas: Frankfurt am Main 2008, (zitiert DKK/*Bearbeiter*).

Deinert, Olaf: Arbeitsrechtliche Herausforderungen einer veränderten Gewerkschaftslandschaft, in neue Zeitschrift für Arbeitsrecht (NZA), 2009, 1176 ff.

Dieterich, Thomas: Die betrieblichen Normen nach dem Tarifvertragsgesetz vom 09.04.1949, Heidelberg 1964.

—: Gewerkschaftswerbung im Betrieb, in Recht der Arbeit (RdA), 2007, 110ff.

—: Koalitionswettbewerb –Nutzung von Freiheit oder Störung der Ordnung?, in Gedächtnisschrift für Ulrich Zachert, S. 540ff., Baden-Baden 2010.

—: Gesetzliche Tarifeinheit als Verfassungsproblem, in Arbeit und Recht (AuR), 2011, 46ff.

Dörner, Hans-Jürgen: Die Anrechnung von Krankheits- und Kurtagen auf den tarifvertraglich geregelten Erholungsurlaub nach § 4 a EFZG und § 10 I BurlG, in Festschrift für Günter Schaub zum 65. Geburtstag, Tarifautonomie für ein neues Jahrhundert, S. 135ff. München 1998.

Düwell, Franz Josef: Betriebsverfassungsgesetz Handkommentar, 3. Auflage, Baden-Baden 2010, (zitiert: Düwell/Bearbeiter).

Engels, Andreas: Die verfassungsrechtliche Dogmatik des Grundsatzes der Tarifeinheit, in Recht der Arbeit (RdA), 2008, 331ff.

Etzel, Gerhard: Tarifordnung und Arbeitsvertrag, in neue Zeitschrift für Arbeitsrecht (NZA), Beilage 1/1987, 19ff.

Ehrich, Christian: Fragerecht des Arbeitgebers bei Einstellungen und Folgen der Falschbeantwortung, in Der Betrieb (DB), 2000, 421ff.

Fenn, Herbert: Der Grundsatz der Tarifeinheit, in Festschrift für Otto-Rudolf Kissel zum 65. Geburtstag, Arbeitsrecht in der Bewährung, S. 213ff., München 1994.

Feudner, Bernd W: Zum Arbeitskampfrecht von Berufsgruppengewerkschaften, in Recht der Arbeit (RdA), 2008, 104 ff.

Fitting, Karl: Betriebsverfassungsgesetz mit Wahlordnung, 25., neubearbeitete Auflage, München 2010, (zitiert: Fitting, § BetrVG).

Franzen, Martin: Tarifrechtssystem und Gewerkschaftswettbewerb – Überlegungen zur Flexibilisierung des Flächentarifvertrags, in Recht der Arbeit (RdA), 2001, 1ff.

—: Die geänderte Rechtsprechung zur Auslegung von arbeitsvertraglichen Bezugnahmeklauseln als Herausforderung für die Vertragsgestaltung, in Festschrift 50 Jahre Zusatzversorgungskasse des Baugewerbes, Soziale Sicherheit durch Sozialpartnerschaft, S. 68ff., München 2007.

—: Das Ende der Tarifeinheit und die Folgen, in Recht der Arbeit (RdA), 2008, 193ff.

—: Tarifeinheit – Element der Tarifautonomie oder Grundrechtsverletzung?, in Zeitschrift für Arbeitsrecht (ZfA), 2/2009, 297ff.

Friedrich, Hans-Wolf: Nachwirkender Tarifvertrag und seine Ablösung durch einen Tarifvertrag eines anderen Arbeitgeberverbandes mit einer anderen Gewerkschaft – eine Fallstudie –, in Festschrift für Günter Schaub zum 65. Geburtstag, Tarifautonomie für ein neues Jahrhundert, S. 193ff., München 1998.

Fritz, Michael/ Meyer, Cord: Quo Vadis Tarifeinheit?, in Neue Zeitschrift für Arbeitsrecht (NZA), Beilage 3/2010, S. 111ff.

Gamillscheg, Franz: Kollektives Arbeitsrecht, Band 1, München 1997.

Gaul, Björn: Die einzelvertragliche Bezugnahme auf einen Tarifvertrag beim Tarifwechsel des Arbeitgebers, in Neue Zeitschrift für Arbeitsrecht (NZA), 1998, 9ff.

Giesen, Richard: Tarifeinheit im Betrieb, in Neue Zeitschrift für Arbeitsrecht (NZA), 2009, 11 ff.

Giesen, Richard: Bezugnahmeklauseln – Auslegung, Formulierung und Änderung, in Neue Zeitschrift für Arbeitsrecht (NZA), 2006, 625ff.

Göhner, Reinhard: 60 Jahre TVG – Zeit für Reformen, in Festschrift für Jobst-Hubertus Bauer zum 65. Geburtstag, S. 351ff., München 2010.

Greiner, Stefan: Der Arbeitskampf der GDL – Überlegungen zur Parität im Sparten- und Spezialistenarbeitskampf, in Neue Zeitschrift für Arbeitsrecht (NZA), 2007, 1023ff.

—:Anm. zu LAG Sachsen vom 02.11.2007, 7 SaGa 19/07, LAGE Nr. 80 zu Art. 9 GG Arbeitskampf.

—: Der Regelungsvorschlag von DGB und BDA zur Tarifeinheit, in Neue Zeitschrift für Arbeitsrecht (NZA), 2010, 743ff.

—: Rechtsfragen der Koalitions-, Tarif- und Arbeitskampfpluralität, München 2010.

Gross, Roland/ Thon, Horst/ Ahmad, Natascha/ Woitaschek, Frank: Kommentar zum BetrVG, 2., neubearbeitete Auflage, Neuwied; Berlin 2008 (zitiert: *Bearbeiter*, in Gross/Thon/Ahmad/Woitaschek).

Hammerschlag, Lutz: Tarifverträge für die Leistungsträger – Ein Blick auf die Praxis, in Der Betrieb (DB), 2010, Beilage Standpunkt zu Heft 44, 79f.

Hanau, Hans: Gemeinsame Einrichtungen von Tarifvertragsparteien als Instrument der Verbandspolitik, in Recht der Arbeit (RdA), 1970, 161ff.

—: Zur Verfassungsmäßigkeit von tarifvertraglichen Betriebsnormen am Beispiel der qualitativen Besetzungsregeln, in Recht der Arbeit (RdA), 1996, 158ff.

—: Der Tarifvertrag in der Krise, in Recht der Arbeit (RdA), 1998, 65ff.

—: Verbands-, Tarif- und Gerichtspluralismus, in Neue Zeitschrift für Arbeitsrecht (NZA), 2003, 128ff.

—: Ordnung und Vielfalt von Tarifverträgen und Arbeitskämpfen im Betrieb, in Recht der Arbeit (RdA), 2008, 98ff.

—: Der Kampf um die Tarifeinheit, in Der Betrieb (DB), 2010, 2107ff.

Kania, Hanau, Peter/ Thomas: Anm. zu BAG vom 20.03.1991, 4 AZR, 455/90, AP Nr. 20 zu § 4 TVG Tarifkonkurrenz.

Heinze, Meinhard/Ricken, Oliver: Verbandsaustritt und Verbandsauflösung im Spannungsfeld von Tarifeinheit und Tarifpluralität, in Zeitschrift für Arbeitsrecht (ZfA), 2001, 159 ff.

Henssler, Martin: Unternehmensstrukturierung und Tarifrecht, in Festschrift für Günter Schaub zum 65. Geburtstag, Tarifautonomie für ein neues Jahrhundert, S. 311ff., München 1998.

—: Soziale Mächtigkeit und organisatorische Leistungsfähigkeit als Voraussetzungen der Tariffähigkeit der Gewerkschaften – Das Beispiel der Christlichen Gewerkschaft Metall, 1. Auflage, Baden-Baden 2006.

Henssler, Martin/ Willemsen, Heinz-Josef/ Kalb, Heinz-Jürgen: Arbeitsrecht Kommentar, 5. neu bearbeitete Auflage, Köln 2012, (zitiert: HWK/*Bearbeiter*).

Heß, Harald: Rechtsfragen zum „betriebsnahen Tarifvertrag“ unter Berücksichtigung von Tarifpluralitäten, in Zeitschrift für Arbeitsrecht (ZfA), 1976, 45ff.

Hohenstatt, Klaus-Stefan: Problematische Ordnungsvorstellungen des BAG im Tarifrecht, in Der Betrieb (DB), 1992, 1678 ff.

Hohenstatt, Klaus-Stefan/ Katrin/ Hinrichs, Lars: Background Checks von Bewerbern in Stamer, Deutschland: was ist erlaubt?, in Neue Zeitschrift für Arbeitsrecht (NZA), 2006, 1065ff.

Hromadka, Wolfgang: Tarifvertrag und Arbeitsvertrag bei der Ausgründung von Betriebsteilen, in Der Betrieb (DB), 1996, 1872ff.

—: Wozu Arbeitszeitquoten?, in Arbeit und Arbeitsrecht (AuA), 1998, 73ff.

—: Tarifeinheit bei Tarifpluralität, in Gedächtnisschrift für Meinhard Heinze, S. 383ff., München 2005.

—: Entwurf eines Gesetzes zur Regelung der Tarifkollision, in neue Zeitschrift für Arbeitsrecht (NZA), 2008, 384ff.

Hromadka, Wolfgang/ Schmitt-Rolfes, Günther: Am Ziel? – Senat will Grundsatz der Tarifeinheit bei Tarifpluralität kippen, in neue Zeitschrift für Arbeitsrecht (NZA), 2010, 687 ff.

Hromadka, Wolfgang/ Maschmann, Frank/: Arbeitsrecht Band 2, Kollektivarbeitsrecht + Arbeitsstreitigkeiten, 5., überarbeitete u. aktualisierte Auflage, Berlin; Heidelberg 2010.

Hromadka, Wolfgang/ Maschmann, Frank/ Wallner, Franz: Der Tarifwechsel, Tarifvertrag und Arbeitsvertrag bei Änderung von Verbandsmitgliedschaft, Betriebszweck und Betriebsinhaber, 1. Auflage, München 1996.

Hueck, Alfred/ Nipperdey, Hans-Carl: Lehrbuch des Arbeitsrechts, Band 2, Kollektives Arbeitsrecht, Erster Halbband (II/1), 7. Auflage, Berlin; Frankfurt 1967.

Hueck, Alfred/ Nipperdey, Hans-Carl/ Dietz, Rolf: Gesetz zur Ordnung der nationalen Arbeit, 3. Auflage, München; Berlin 1939, (zitiert: Hueck/Nipperdey/ Dietz, AOG).

Jacobs, Matthias: Tarifeinheit und Tarifkonkurrenz, Berlin 1999.

—: Tarifpluralität statt Tarifeinheit – Aufgeschoben ist nicht aufgehoben!, in Neue Zeitschrift für Arbeitsrecht (NZA), 2008, 325 ff.

—: Tariffrieden bei Gewerkschaftspluralität, in Festschrift für Herbert Buchner zum 70. Geburtstag, S, 342ff., München 2009.

Jacobs, Matthias/ Krause, Rüdiger/ Oetker, Hartmut: Tarifvertragsrecht, München 2007 (zitiert: *Bearbeiter*, in Jacobs/Krause/Oetker).

Jarass, Hans D./ Pieroth, Bodo: Grundgesetz für die Bundesrepublik Deutschland, 70. Auflage, München 2010, (zitiert: Bearbeiter, in Jarass/Pieroth).

Kania, Thomas: Anm. zu BAG vom 28.05.1997, 4 AZR 546/95, AP Nr. 26 zu § 4 TVG Nachwirkung.

—: § 77 Abs. 3 Betriebsverfassungsgesetz auf dem Rückzug – auch mit Hilfe der Verbände, in Betriebs-Berater (BB), 2001, 1091ff.

Kamanabrou, Sudabeh: Der Streik durch Spartengewerkschaften – Zulässigkeit und Grenzen, in Zeitschrift für Arbeitsrecht (ZfA), 2008, 241ff.

Kempen, Otto Ernst: Aktuelles zur Tarifpluralität und zur Tarifkonkurrenz, in Neue Zeitschrift für Arbeitsrecht (NZA), 2003, 415ff.

—: Die „Tarifeinheit" der Koalitionsfreiheit – ein Zwischenruf –, in Festschrift für Hromadka zum 70. Geburtstag, S. 177ff., München 2008.

Kempen, Otto Ernst/ Zachert, Ulrich: Tarifvertragsgesetz (TVG), 4., überarbeitete und aktualisierte Auflage, Frankfurt am Main 2006 (zitiert: *Bearbeiter*, in Kempen/Zachert).

Kissel, Otto-Rudolf: Arbeitskampfrecht, 1. Auflage, München 2002.

Kittner, Michael/ Zwanziger, Bertram: Arbeitsrecht, Handbuch für die Praxis, 3. aktualisierte u. überarbeitete Auflage, Frankfurt am Main 2005, (zitiert: Bearbeiter, in Kittner/Zwanziger).

Klebeck, Ulf: Unklarheiten bei arbeitsvertraglicher Bezugnahmeklausel, in Neue Zeitschrift für Arbeitsrecht (NZA), 2006, 15ff.

Koch, Hartmut: Zusatzversorgungskasse des Baugewerbes, München 1994.

Konzen, Horst: Tarifbindung, Friedenspflicht und Kampfparität beim Verbandswechsel des Arbeitgebers, in Zeitschrift für Arbeitsrecht (ZfA), 1975, 401ff.

—: Die Tarifeinheit im Betrieb, in Recht der Arbeit (RdA), 1978, 146ff.

—: Fünfzig Jahre richterliches Arbeitskampfrecht – Grundlagen, Bilanz, Weiterentwicklung –, in Festschrift 50 Jahre Bundesarbeitsgericht, S. 515ff., München 2004.

—: Die Kodifikation der Tarifeinheit im Betrieb, in Juristenzeitung (JZ), 2010, 1036ff.

Kothe, Wolfhard: Anm. zu BAG vom 26.01.1994, 10 AZR 611/92, in Sammlung Arbeitsrechtlicher Entscheidungen (SAE), 1996, 14ff.

Kraft, Alfons: Tarifkonkurrenz, Tarifpluralität und das Prinzip der Tarifeinheit, in Recht der Arbeit (RdA), 1992, 161ff.

—: Tarifgeltung bei Allgemeinverbindlicherklärung von einzelvertraglicher Vereinbarung – Tarifpluralität – Betrieb des Baugewerbes – Landwirtschaftliches Lohnunternehmen, in Arbeit und Recht (AuR), 1994, 391f.

Lehmann, Friedrich-Wilhelm: Tarifverträge der Zukunft, 1. Auflage, Frankfurt am Main 2008.

Lieb, Manfred/ Jacobs, Matthias: Arbeitsrecht, 9., neu bearbeitete Auflage, Heidelberg 2006.

Lindemann, Achim/ Simon, Oliver: Tarifpluralität – Abschied vom Grundsatz der Tarifeinheit?, in Betriebs Berater (BB), 2006, 1852 ff.

Loritz, Karl-Georg: Die rechtlichen Rahmenbedingungen für die Modernisierung des Bundes-Angestelltentarifvertrages, in Zeitschrift für Tarifrecht (ZTR), 1993, 91ff.

Löwisch, Manfred/ Rieble, Volker: Tarifvertragsrechtliche und arbeitskampfrechtliche Fragen des *Übergangs* vom Haustarif zum Verbandstarif, in Festschrift für Günter Schaub zum 65. Geburtstag, Tarifautonomie für ein neues Jahrhundert, S.457ff., München 1998.

—: Tarifvertragsgesetz, 2. völlig neubearbeitete Auflage, München 2004, (zitiert: Löwisch/Rieble, TVG).

Löwisch, Manfred/ Kaiser, Dagmar: Kommentar zum BetrVG, 6., neu bearbeitete und erweiterte Auflage, Frankfurt am Main 2010 (zitiert: Löwisch/Kaiser, § BetrVG).

Maschmann, Frank: Tarifautonomie im Zugriff des Gesetzgebers, München 2006.

Merten, Philip: Das Prinzip der Tarifeinheit als arbeitsrechtliche Kollisionsnorm, in Betriebs-Berater (BB), 1993, 572ff.

Meyer, Cord: Aktuelle Fragen zum Grundsatz der Tarifeinheit, in Der Betrieb (DB), 2006, 1271 ff.

—: Rechtliche wie praktische Unzuträglichkeiten einer Tarifpluralität in Neue Zeitschrift für Arbeitsrecht (NZA), 2006, 1387ff.

—: Zum Kooperationsgebot konkurrierender Gewerkschaften – erste Lehren aus dem Tarifkonflikt im Bahnkonzern, in Festschrift für Herbert Buchner zum 70. Geburtstag, S. 628ff., München 2009.

Michel, Paul/ Möller, Sabinie/ Peter, Gabriele: Tarifpluralität und die Frage nach der Zugehörigkeit zu einer Gewerkschaft, in Arbeit und Recht (AuR), 2008, 36 ff.

Moll, Wilhelm: Kollektivvertragliche Arbeitsbedingungen nach einem Betriebsübergang, in Recht der Arbeit (RdA), 1996, 275ff.

Müller, Bernd: Tarifkonkurrenz und Tarifpluralität, in Neue Zeitschrift für Arbeitsrecht (NZA), 1989, 449ff.

Müller, Gerhard: Das Rangverhältnis zwischen allgemeinverbindlichen und dritten Tarifverträgen, in Der Betrieb (DB), 1989, 1970ff.

Müller-Glöge, Rudi/ Preis, Ulrich/ Schmidt, Ingrid: Erfurter Kommentar zum Arbeitsrecht, 11., neu bearbeitete Auflage, München 2011, (zitiert: ErfK/ *Bearbeiter*).

Münchner Handbuch zum Arbeitsrecht: Band 1 Individualarbeitsrecht, §§ 1–113, 3. Auflage, München 2009, (zitiert: MünchArbR-*Bearbeiter*, Bd. 1).

Münchner Handbuch zum Arbeitsrecht: Band 2 Kollektivarbeitsrecht/ Sonderformen, 3. Auflage, München 2009, (zitiert: MünchArbR-*Bearbeiter*, Bd. 2).

Münchner Handbuch zum Arbeitsrecht: Band 3 Kollektives Arbeitsrecht, §§ 240 - 394, 2. Auflage, München 2000, (zitiert: MünchArbR-*Bearbeiter*, Bd. 3).

Nebeling, Martin/ Gründel, Sarah: Die Aufgabe des Grundsatzes der Tarifeinheit und die daraus folgenden Konsequenzen, in Neue Zeitschrift für Arbeitsrecht (NZA), 2009, 1003 ff.

Nikisch, Arthur: Arbeitsrecht Band 2, Koalitionsrecht, Arbeitskampfrecht und Tarifvertragsrecht, 2. erweiterte und neubearbeitete Auflage, Tübingen 1959.

Nipperdey, Hans-Carl: Anm. zu RAG vom 19.01.1929, RAG 270/28, in ARS Bd. 5 (1929), S. 87.

Oetker, Hartmut: Anm. zu BAG vom 28.05.1997, 4 AZR 663/95, AP Nr. 6 zu § 1 TVG Bezugnahme auf Tarifvertrag.

—: Tarifkonkurrenz und Tarifpluralität bei Tarifverträgen über Gemeinsame Einrichtungen (§ 4 II TVG), in Neue Zeitschrift für Arbeitsrecht (NZA), Beilage 1/2010, 13ff.

Otto, Hansjörg: Arbeitskampf- und Schlichtungsrecht, 1. Auflage, München 2006.

—: Tarifzensur und Arbeitskampf, in Festschrift für Horst Konzen zum 70. Geburtstag, S. 663ff., Tübingen 2006.

Plander, Harro: Tarifverträge nach § 3 BetrVG im Streit konkurrierender Gewerkschaften, in Festschrift 25 Jahre ARGE Arbeitsrecht im DAV, S. 969ff., München 2006.

Plümpe, Sabine: Die kleine Gewerkschaft -Zur Wirkung der Tarifverträge kleiner Gewerkschaften-, Köln 2007.

Preis, Ulrich: Arbeitsrecht: Praxis-Lehrbuch zum Kollektivarbeitsrecht, 2. Auflage, Köln 2009.

Preis, Ulrich/ Greiner, Stefan: Vertragsgestaltung bei Bezugnahmeklauseln nach der Rechtsprechungsänderung des BAG, in Neue Zeitschrift für Arbeitsrecht (NZA), 2007, 1073ff.

Reichold, Hermann: Betriebsverfassung als Sozialprivatrecht, Historisch-dogmatische Grundlagen von 1848 bis zur Gegenwart, München 1995.

—: Die reformierte Betriebsverfassung 2001, in Neue Zeitschrift für Arbeitsrecht (NZA), 2001, 857ff.

—: Notwendige Mitbestimmung als neue „Anspruchsgrundlage", in Festschrift für Horst Konzen zum 70. Geburtstag, S. 763ff., Tübingen 2006.

—: Abschied von der Tarifeinheit im Betrieb und die Folgen, in Recht der Arbeit (RdA), 2007, 321ff.

—: Rechtsgutachten zur Verfassungsmäßigkeit eines von BDA und DGB geplanten „Gesetzes zum Erhalt der Tarifeinheit", 2010.

Reuter, Dieter: Die problematische Tarifeinheit – BAG, in Juristische Schulung (JuS), 1992, 105ff.

Richardi, Reinhard: Tarifeinheit im tarifpluralen Betrieb, in Festschrift für Herbert Buchner zum 70. Geburtstag, S. 731ff., München 2009.

—: Betriebsverfassungsgesetz, 12., neu bearbeitete Auflage, München 2010, (zitiert: Richardi/*Bearbeiter*).

Rieble, Volker: Anm. zu BAG vom 22.03.1994, 1 ABR 47/93, EzA Nr. 10 zu § 4 TVG Geltungsbereich.

—: Arbeitgeberfrage nach der Gewerkschaftsmitgliedschaft, in Gedächtnisschrift für Meinhard Heinze, S. 687ff., München 2005.

—: Gutachten über die Verfassungsmäßigkeit eines Gesetzes zur Regelung der Tarifeinheit, 2010.

Rolfs, Christian/Giesen, Richard/Kreikebohm, Ralf/ Udsching, Peter: Arbeitsrecht: Schwerpunktkommentar 1. Auflage, München 2007.

Säcker, Franz Jürgen: Die Regelung sozialer Angelegenheiten im Spannungsfeld zwischen tariflicher und betrieblicher Normsetzungsbefugnis, in Zeitschrift für Arbeitsrecht (ZfA), Sonderheft 1972, 41 ff.

Säcker, Franz-Jürgen/ Oetker, Hartmut: Tarifeinheit im Betrieb – ein Akt unzulässiger richterlicher Rechtsfortbildung?, in Zeitschrift für Arbeitsrecht (ZfA), 1993, 1ff.

Salje, Peter: Anm. zu BAG vom 20.03.1991, 4 AZR 455/90, in Sammlung Arbeitsrechtlicher Entscheidungen (SAE), 1993, 79ff.

Schaub, Günter: Aktuelle Fragen des Tarifvertragsrechts, in Betriebs-Berater (BB), 1995, 2003ff.

—: Anm. zu BAG vom 04.12.2002, 10 AZR 113/02, AP Nr. 28 zu § 4 Tarifkonkurrenz.

—: Arbeitsrechts-Handbuch, 13. Auflage, München 2009, (zitiert: Schaub, Arbeitsrechts-Handbuch).

—: Tarifeinheit, in Die Personalvertretung (PersV), 2011, 44ff.

Schliemann, Harald: Tarifkollision- Ansätze zur Vermeidung und Auflösung, in Neue Zeitschrift für Arbeitsrecht (NZA), Sonderbeilage zu 24/2000, S. 24ff.

—: Betriebliche Tarifeinheit und Gewerkschaftspluralität, in Festschrift für Hromadka zum 70. Geburtstag, S. 359ff., München 2008.

Schmidt, Benedikt: Tarifpluralität im System der Arbeitsrechtsordnung, Berlin 2011.

Scholz, Rupert: Bahnstreik und Verfassung, in Festschrift für Herbert Buchner zum 70. Geburtstag, S. 827ff., München 2009.

—: Rechtsgutachten zur Problematik von Tarifpluralität und Tarifeinheit – Verfassungsfragen zu einer gesetzlichen Reformlösung, 2010.

Schubert, Jens M.: Mindestlohn, Tarifkollision, Streikrecht – welche arbeitsrechtlichen Grundsätze gelten denn noch?, Sozialer Dialog in der Krise – Social dialogue in crisis?: Liber amicorum Ulrike Wendeling-Schröder, S. 59ff., Baden-Baden 2009.

Sinzheimer, Hugo: Arbeitstarifgesetz, 2. Auflage, Berlin 1977.

Stein, Axel: Tarifvertragsrecht, Stuttgart; Berlin; Köln 1997.

von Steinau-Steinrück, Robert/ Glanz, Peter: Dauerarbeitskämpfe durch Spartenstreiks – Die verbliebenen Kampfmittel der Arbeitgeber, in Neue Zeitschrift für Arbeitsrecht (NZA), 2009, 113ff.

Teusch, Jan L: Organisationstarifvertrag nach § 3 BetrVG, in Neue Zeitschrift für Arbeitsrecht (NZA), 2007, 124ff.

Thüsing, Gregor: Vereinbarte Betriebsratsstrukturen – Zum Gestaltungsspielraum der Tarifvertragsparteien im Rahmen des § 3 BetrVG, in Zeitschrift für Wirtschaftsrecht (ZIP), 2003, 693ff.

—: Tarifkonkurrenz durch arbeitsvertragliche Bezugnahme, in Neue Zeitschrift für Arbeitsrecht (NZA), 2005, 1280ff.

Thüsing, Gregor/ Medem, Andreas: Tarifeinheit und Koalitionspluralismus: Zur Zulässigkeit von konkurrierender Tarifverträge im Betrieb, in Zeitschrift für Wirtschaftsrecht (ZIP), 2007, 510ff.

Thon, Horst: Die Regelungsschranken des § 77 III BetrVG im System der tarifvertraglichen Ordnung des TVG, in Neue Zeitschrift für Arbeitsrecht (NZA), 2005, 858ff.

Waas, Bernd: Tarifkonkurrenz und Tarifpluralität, 1. Auflage, Baden-Baden 1999.

—: Tarifvertrag und Betriebsübergang, 1. Auflage, Baden-Baden 1999.

Wallisch, Jochen: Die gewillkürte Tarifpluralität – ein Sonderfall?, in Festschrift für Manfred Löwisch zum 70. Geburtstag, S. 425ff., München 2007.

Wank, Rolf: Tarifautonomie oder betriebliche Mitbestimmung?, in Recht der Arbeit (RdA), 1991, 129ff.

—: Anm. zu BAG vom 26.01.1994, 10 AZR 611/92, EzA Nr. 9 zu § 4 TVG Tarifkonkurrenz.

—: Kündigung und Wegfall der Geschäftsgrundlage bei Tarifverträgen, in Festschrift für Günter Schaub zum 65. Geburtstag, Tarifautonomie für ein neues Jahrhundert, S. 761ff. München 1998.

Wendeling-Schröder, Ulrike: Anm. zu LAG Niedersachsen vom 12.11.1999, 3 Sa 780/99, LAGE Nr. 3 zu § 4 TVG Tarifpluralität.

—: Ein oder mehrere Tarifverträge im Betrieb?, in Arbeit und Recht (AuR), 2000, 339 ff.

Wiedemann, Herbert: Rationalisierungsschutz, Tarifmacht und Gemeinsame Einrichtungen, in Recht der Arbeit (RdA), 1968, 420ff.

—: Anm. zu BAG vom 24.09.1975, 4 AZR 471/74, AP Nr. 11 zu § 4 TVG Tarifkonkurrenz.

—: Tarifvertragsgesetz (TVG), 7. neubearbeitete Auflage, München 2007, (zitiert: Wiedemann/*Bearbeiter*).

Wiedemann, Herbert/ Arnold, Markus: Anm. zu BAG vom 14.06.1989, 4 AZR 200/89, AP Nr. 16 zu § 4 TVG Tarifkonkurrenz.

—: Tarifkonkurrenz und Tarifpluralität in der Rechtsprechung des Bundesarbeitsgerichts, in Zeitschrift für Tarifrecht (ZTR), 1994, 399ff.

Wiedemann, Herbert/ Stumpf, Hermann: Tarifvertragsgesetz, 5. Auflage, München 1977, (zitiert: Wiedemann/Stumpf, TVG, 1977).

Wiese, Günther/ Kreutz, Peter/ Oetker, Hartmut/ Raab, Thomas/ Weber, Christoph/ Franzen, Martin: Gemeinschaftskommentar BetrVG (Band 1 und Band 2), 9. Auflage, Neuwied; Berlin 2009, (zitiert: GK-BetrVG/*Bearbeiter*).

Witzig, Andreas: Der Grundsatz der Tarifeinheit und die Lösung von Tarifkonkurrenzen, Kiel 1992.

Woltzke, Otfried/ Preis, Ulrich/ Kreft, Burghard: Betriebsverfassungsgesetz Kommentar, 4. Auflage, München 2009, (zitiert: WPK/*Bearbeiter*).

Zöllner, Wolfgang: Die Wirkung der Normen über Gemeinsame Einrichtungen der Tarifvertragsparteien, in Recht der Arbeit (RdA), 1967, 361ff.

—: Veränderung und Angleichung tarifvertraglich geregelter Arbeitsbedingungen nach Betriebsübergang, in Der Betrieb (DB), 1995, 1401ff.

Schriften zum Deutschen und Europäischen Arbeits- und Sozialrecht

Herausgegeben von Ulrich Preis

Band 1 Ulrich Preis / Felipe Temming: Die Urlaubs- und Lohnausgleichskasse im Kontext des Gemeinschaftsrechts. 2006.

Band 2 Einiko B. Franz: Der Abschluss eines Aufhebungsvertrags. Schutz des Arbeitnehmer-Verbrauchers und seine Grenzen. Insbesondere das Widerrufsrecht gem. §§ 312, 355 BGB. 2006.

Band 3 Klaus Tenbrock: Die betriebliche Altersversorgung im Betriebsübergang bei konkurrierenden Versorgungszusagen. 2006.

Band 4 Christoph Nießen: Fehlerhafte Betriebsratswahlen. Eine am Gang des Wahlverfahrens orientierte Untersuchung der Folgen von Rechtsverstößen bei der Betriebsratswahl unter besonderer Berücksichtigung deren Relevanz für die Gewährung von einstweiligem Rechtsschutz zur Verhinderung einer fehlerhaften Betriebsratswahl. 2006.

Band 5 Klaus Linde: Übertragung von Aufgaben des Betriebsrats auf Arbeitsgruppen gemäß § 28a BetrVG. 2006.

Band 6 Petra M. Knorr: Der Vergleich der Invaliditätsrenten in Deutschland und den Niederlanden. 2006.

Band 7 Jan Botterweck: Gewerkschaftspluralismus im Betrieb. 2007.

Band 8 Patrizia Chwalisz: Die Transformation des polnischen Arbeitsrechts und die Gewerkschaften. Eine Analyse aus dem Blickwinkel des Arbeitsrechts der ehemaligen Deutschen Demokratischen Republik und der Bundesrepublik Deutschland. 2007.

Band 9 Wiebke Brose: Der präventive Kündigungsschutz bei betriebsbedingten Kündigungen. Vergleich von Entwicklung und Stellenwert im deutschen und französischen Kündigungsrecht. 2007.

Band 10 Oliver Reinartz: Der Firmentarifvertrag als Flexibilisierungsinstrument. Unter besonderer Berücksichtigung des sogenannten tariflichen Sozialplans. 2008.

Band 11 Sebastian Maiß: Die Entsendung von Arbeitnehmern aus den MOE-Staaten auf Werkvertragsbasis nach der EU-Osterweiterung. Eine Untersuchung der grenzüberschreitenden Beschäftigungsmöglichkeiten von Staatsangehörigen aus den Beitrittsstaaten – insbesondere im Baugewerbe – im Kontext der Übergangsbestimmungen zur Arbeitnehmerfreizügigkeit, der Dienstleistungsfreiheit und des Niederlassungsrechts. 2008.

Band 12 Tilman Isenhardt: Relative Tariffähigkeit. 2008.

Band 13 Mirjam Roesgen: Die betriebsbedingte Kündigung im öffentlichen Dienst. 2008.

Band 14 Philipp Schütt: Die Vertragskontrolle von Ausgleichsquittungen. 2008.

Band 15 Astrid Weber: Ist die Rotkreuzschwester Arbeitnehmerin ihrer Schwesternschaft? Zugleich eine Untersuchung der Arbeitnehmereigenschaft mithilfe der AGB-Kontrolle. 2009.

Band 16 Ute Heinemann: Medizinische Begutachtung in der privaten und sozialen Pflegeversicherung. Gemeinsamkeiten und Unterschiede. 2009.

Band 17 Cindy Hümmerich: Die Zuständigkeitsabgrenzung zwischen Gesamtbetriebsrat und Einzelbetriebsräten. 2010.

Band 18 Sven Wolf: Das moralische Risiko der GKV im Spannungsfeld zwischen Solidarität und Eigenverantwortung. 2010.

Band 19 Frank Zaumseil: Die Minderleistung als Kündigungsgrund. Zugleich ein Beitrag zur Bestimmung der Arbeitspflicht. 2010.

Band 20 Dieter Fabisch: Die unmittelbare Drittwirkung der Grundrechte im Arbeitsrecht. Die Auswirkungen der von Hans Carl Nipperdey begründeten Lehre auf die Rechtsprechung des Bundesarbeitsgerichts. 2010.

Band 21 Martin Begiebing: Contractual Trust Arrangement (CTA) – Insolvenzfestigkeit und Verwertungsbefugnisse im Pfandrechtsmodell. 2011.

Band 22 Sofia Davilla: Die Eigenverantwortung im SGB III und SGB II. Obliegenheiten und Sanktionen zur Beendigung von Arbeitslosigkeit und Hilfebedürftigkeit. 2011.

Band 23 Tanja Hiebert: Verfahrensprobleme im Rahmen des Sonderkündigungsschutzes für schwerbehinderte Menschen nach den §§ 85 bis 92 SGB IX. 2011.

Band 24 Sebastian Schröder: Das Verhältnis von Direktionsrecht und Änderungskündigung. 2012.

Band 25 Julian Wölfel: Die Sozialplanabfindung. Differenzierungskriterien und Ausgestaltungen. 2012.

Band 26 David Kruchen: Telekommunikationskontrolle zur Prävention und Aufdeckung von Straftaten im Arbeitsverhältnis. Private Arbeitgeber im Spannungsverhältnis zwischen Datenschutz und Compliance. 2013.

Band 27 Annette Aßmuth: Die Beteiligungsrechte des Betriebsrates bei Bagatellspaltungen gemäß § 111 Satz 3 Nr. 3, 2. Alt. BetrVG. 2013.

Band 28 Sebastian Skocki: Der transnationale Konzerntarifvertrag. 2013.

Band 29 Patrick Esser: Die Begünstigung von Mitgliedern des Betriebsrats. 2014.

Band 30 Karl Schindeldecker: Die paritätisch mitbestimmte GmbH. 2014.

Band 31 Christoph Römer: Entgeltflexibilisierung zur Arbeitnehmerbeteiligung. 2014.

Band 32 Stefan Freh: Betriebliche Übung und Gleichbehandlungsgrundsatz. 2015.

Band 33 Lena Kristina Kuzbida: Die Aufgabe des Grundsatzes der Tarifeinheit bei Tarifpluralität und die Auswirkungen auf das Betriebsverfassungsrecht. 2015.

www.peterlang.com